『アリランの歌』覚書

『アリランの歌』覚書

——キム・サンとニム・ウェールズ——

李　恢　成
水野直樹　編

岩　波　書　店

The second chapter of this book is a translation of

NOTES ON KOREA AND THE LIFE OF KIM SAN
(MY YENAN NOTEBOOKS)
by Helen Foster Snow (Nym Wales)

まえがき

改めて言うまでもなく、本書はニム・ウェールズ、キム・サン共著のこの本に長年魅せられてきた者たちによる、共同作業という性格を持っていよう。そこには、日本人も中国人も朝鮮人も加わっている。
てきたものである。

正確にのべるならば、ニム・ウェールズの『アリランの歌』に啓発されて生まれてきたものである。

正確にのべるならば、ニム・ウェールズ、キム・サン共著のこの本に長年魅せられてきた者たちによる、共同作業という性格を持っていよう。そこには、日本人も中国人も朝鮮人も加わっている。

一九五三年一〇月といえば、朝鮮戦争が終わってまだほどない時期だが、この時はじめて『アリランの唄』(朝日書房版)が刊行され、それ以来この「共著」は四〇年近い歳月にわたり、多くの読者によって読みつがれてきた。すでに古典としての地位を確立している類い稀なルポルタージュ文学であるといえよう。

この書は、今ではアメリカや日本のみならず、韓国で大きな反響を呼び、中国や香港など各国でも飜訳・出版されていて、東アジアの現代史と人間の運命を知ろうとする者にとっては必読の書として、その評価もきわめて高い。ひとは誰でも、わが身に引きつけて書物を読むものだが、恐らくこの一冊の書から人びとが受けとったのは、革命の時代の困難な人間の生き方であり、地獄めぐりにひとしい、そうした逆境の中でも未来を信じようとする人間のひたむきな生命力のようなものではあるまいか。キム・サンという未知の一朝鮮人革命家の生き方や運命が、立場を異にしても、ひとごとならず思えるのは、そのせいであろう。

ところで、『アリランの歌』が不滅の書として国境を越えひろく知られているのに引きかえ、著者であるニム・ウェールズとキム・サンについては従来殆ど知られていないのが実情であった。ニム・ウェールズがはたしてどんな思想信条の持主であるのか、またいかなる執筆動機と背景を持つのか、などについては、アジアでは残念ながら、これまで見るべき資料も研究もなく、殆ど野晒しにされてきた。同じことは、キム・サンの消息についても言えよう。ひとつには、朝・日・中の現代関係史がまだまだ深い闇をかかえているせいであろうが、いずれにせよ読者は、『アリランの歌』のキム・サンがその後どんな生涯を歩んだのかを知らされぬままであった。

わずかに、こうした実情をのりこえ、貴重な報告をもたらしたのが、故梶村秀樹氏の近年の仕事である「解説」(『アリランの歌』岩波文庫版)であり、これまで私たちは氏の篤実精緻なこの労作にたよるしかすべはなかった。

本書は、こうしたニム・ウェールズ、キム・サン研究の実状を踏まえ、いくらかでもこの二人の精神世界に近づき、歴史の空白を埋める作業をつうじて、時代の背景をも明らかにしたい、というのが、ささやかなねらいである。

時は来れり、というか、今この時機を逸すれば、永久に歴史の真実は闇の中に消えてしまう。こうした切迫感をひしひしと抱くのは、戦後の歳月がすでに半世紀に近づいており、いつまでも時は待ってくれないからだ。これは『アリランの歌』の世界にもそのまま適用されるものである。

本書にとってじつに幸運なことは、ヘレン・フォスター・スノー女史が健在でおられることだった。現在、女史は、アメリカのコネチカット州マジソンで独り余生を送っているが、これはまさに歴史的事件といってよいほどの慶事であり、この恩恵にさずかることなしにこの本は成立することがなかったであろう。

一九八七年の夏、私たちは、在日文芸『民涛』誌の仕事で、マジソンの陋居に住むニム女史を訪れ、三日間におよぶインタビューを試みた。その際、女史は『朝鮮とキム・サンについての覚書』と題する私家版タイプ印刷の小冊子を私に託し、日本での飜訳・出版をゆるしてくれたが、これがようやく本書に収録されるまでに四年もの歳月を費やしてしまったのは、雑誌編集の仕事で余力がなかったせいであった。ニム女史は、一日千秋のおもいで公刊を待っておられたのではないだろうか。おなじ同人である金賛汀氏がその後中国に赴き、張志楽の忘れ形見である高永光氏と三〇年代の生き証人である文正一氏との会見を果たしたのは、キム・サンを解明する上で一石を投ずるものであった。

さらに本書では、張志楽についての追跡調査が、朝鮮史研究者である水野直樹氏の手によって綿密になされている。氏の労作「キム・サンの足跡」は、中国亡命時代の張志楽の足どりを、中国吉林省在住の劉登氏の研究資料を基に丹念に裏づけたものである。また水野氏には、本書におさめられた文章についての考証と注釈をおねがいしたが、この煩瑣な作業は歴史的事実を比定する上で役立っており、さらに、キム・サンの小説「奇妙な武器」が発掘されたのも、貴重な収穫であった。はじめこの書は『民涛』編集委員会編として刊行する予定であったが、同人とはからい、この書の共同編集者になっていただいた次第である。さらに翻訳では、加地永都子、蒲豊彦、ビバリー・ネルソンの各氏に負うところが大きく、H・F・スノー女史とのインタビューの翻訳監修は朴重鎬氏がつとめた。また中国現代史については、釜屋修氏のご教示をいただいている。

こうして各人の意欲と努力が重なり合って、どうにかこの書を世に送り出すことが出来、やっと肩の荷がおりた感じがする。とはいえ、はたして、大方の期待に沿うだけの内実を備えているかどうか、不安の感が深い。私個人に即していえば、H・F・スノー女史のインタビューは、いかんせん不勉強のために荷の重いものであった。

僭越であるが、ニム・ウェールズ、キム・サンの研究や朝・日・中三国史の解明は、やっとその緒についたばかりであるといえるだろう。その意味で、本書が、いささかでも役立つとすれば、いくらかでも心が安んじるというものである。みなさんのご叱正とご教示を希望したい。

この本が公刊されるまでには、多くの方々から言葉に尽くせない協力やご支援をいただいている。いちいち氏名をあげて御礼を申しあげるのが道理である。だが、ここでは割愛する非礼のほどを寛恕していただきたいと思う。何よりも、本書は、H・F・スノー女史の慈愛と配慮なしには人びとの目に触れることが出来ぬものであった。しかし、彼女に会いに出かけることになったその時から、私たちの試みを支えてくれたすべての人びとの献身によって、この書は裏づけられているのである。

私事にわたって恐縮であるけれど、本書に収録されている私の評論「ニム・ウェールズ・ピルグリム」(初校ゲラ)が、郵便車盗難事件に捲きこまれ、そのゲラを復元するための作業に手間取って、当初の刊行日を遅らせてしまった。関係者のみなさんにご迷惑をおかけしたことをお詫びしたい。

最後になったが、H・F・スノー女史のご健勝をお祈りしたいと思う。今年で八四歳になるニム女史は、心臓病の持病をかかえながらも、「克己」の生活を送っておられる。「冷蔵庫」のなかの埋もれた大作が一日も早く外部に紹介・伝播されるのをねがっているのはひとり私だけではあるまい。どうか、「宝の持ち腐れ」にならぬために、有為の方々による摂理がはたらかんことを。

この本が刷りあがれば、いの一番にマジソンに送ってくれる筈の岩波書店編集部の平田賢一氏には、何かと煩わせることが多かった。記して、謝意にかえたい。

こぶしの花が咲く日に。

(一九九一年三月三〇日)　李　恢　成

目　次

第一部

ニム・ウェールズ・ピルグリム

李恢成

1

ニューイングランド地方のマジソンという小さな町の郊外で、ニム・ウェールズ(本名ヘレン・フォスター・スノー[1])は独りで暮らしている。

坦々と続くムンガスタン街道をニューヘブンからおよそ一時間ばかり北上すると、右手の道路肩に、鳥籠の形をした郵便ポストが見える。一四八の数字が入ったその郵便ポストの右手を五メートルばかり引っ込んだ地点に、蔓草の生い茂った垣根があって、その間を通ると、前景によく手入れした芝生があり、その後方に清潔な白いペンキを塗った木造の平屋の家が眼に入る。この地方の田園風景にふさわしい、ごく平凡な農家である。平屋の木目板に、この家の来歴をしめす文字盤が貼りつけてあった。よく見ると、〝リュークフィールド一七五二〟と読める。つまり、この家は一七五二年に始原をもつ〝リュークフィールド型〟の家なのだ。

一九八七年八月二〇日、私は、コネチカット州のニューヘブンの閑静で清潔なモーテルに宿をとると、旅装をとくのももどかしく、ニム・ウェールズ女史の家に電話を入れた。といっても、私は英語がだめなので、通訳として私に同行した、当時、『民涛』編集委員であった朴重鎬がかわりに連絡をとったのである。

待ちかねていたのか、ニム・ウェールズは早速訪ねてくるように催促した。実際は、この日は、長旅の疲れを癒やして、明日お伺いするつもりでいたのだが、それならばと、表敬訪

(1) ヘレン・フォスター・スノー　ニム・ウェールズの本名。H・F・スノーは一九〇七年九月二一日、アメリカ、ユタ州の弁護士の娘として生まれる。二二歳で、上海に渡る。「すんなりした健康な身体で、青い眼が踊り、静安寺路をうろついているには似つかわしからぬ美と頭脳の両者をそなえていた」とエドガー・スノーは『目ざめへの旅』(筑摩書房)で書いている。ニム・ウェールズというペンネームの由来は、同書によれば、次のとおり。

……彼女は作家になりたいという情熱を持っていたが、なれないのだと語った。

「なれないことはないでしょう。誰でも何かは書けますよ。僕をみて御覧」

「私の名前が作家らしくないからなのよ」

「それは考えようじゃないですか」

われわれはペンネームをつくった。ニィムというのはシェークスピアから拝借し、後半は彼女の両親の故郷名である。彼女は

問に出かけることにした。こんどの旅ではいくつかの幸運に恵まれたが、クロムウェル市に住む在米韓国人のアレックス・チェ医師と知り合ったのも、その一つであったといえる。あらかじめ、東京から国際電話で何回か連絡をとり、ニューイングランドの地理に不案内な私たちは、ニム・ウェールズとは旧知の間柄である、この青年医師の便宜を受けることになっていた。気さくなチェ医師は、患者を看る聴診器を放り出し、私たちの案内のため、にわか運転手（ドライバー）になってくれた。

市街地を抜け出した自家用車は、広々とした眺望をもつ、森林の美しいニューイングランドのハイウェイを疾駆し、目的地に向かった。ニューヘブンを北上することほぼ一時間、一九マイルいった地点に、ニム・ウェールズの家がある。

いよいよ目的地に到着し、私たちは〝リュークフィールド型〟の家を眼にしたのであった。勝手知ったチェ医師の後について蔓草に囲まれた芝生の中に入ったとき、私は、さすがに緊張の面持を隠せなかった。これから、あの、ニム・ウェールズに会見するのだ、と思うと、身震いがきそうであった。平屋の家は、ひっそりと静まり返っていた。常緑樹で囲まれている、建物にそった小径を下って裏手に廻ると、そこに正面玄関がある。建物は、なだらかな崖の斜面を利用して段違いに造られていた。

「おや、不在かな」

とチェ医師は呟き、私たちを促して、木の階段をのぼった。

私は、一瞬そこに突っ立っていた。青ざめていくような気分であった。何と貧相な家のた

最初に出版された著書に〝ニム・ウェールズ〟と署名し、それ以来ひきつづきこの筆名を使っている……。

なおニム・ウェールズは一九四九年にエドガー・スノーと離婚したあとに著した書物では、本名を用いている。

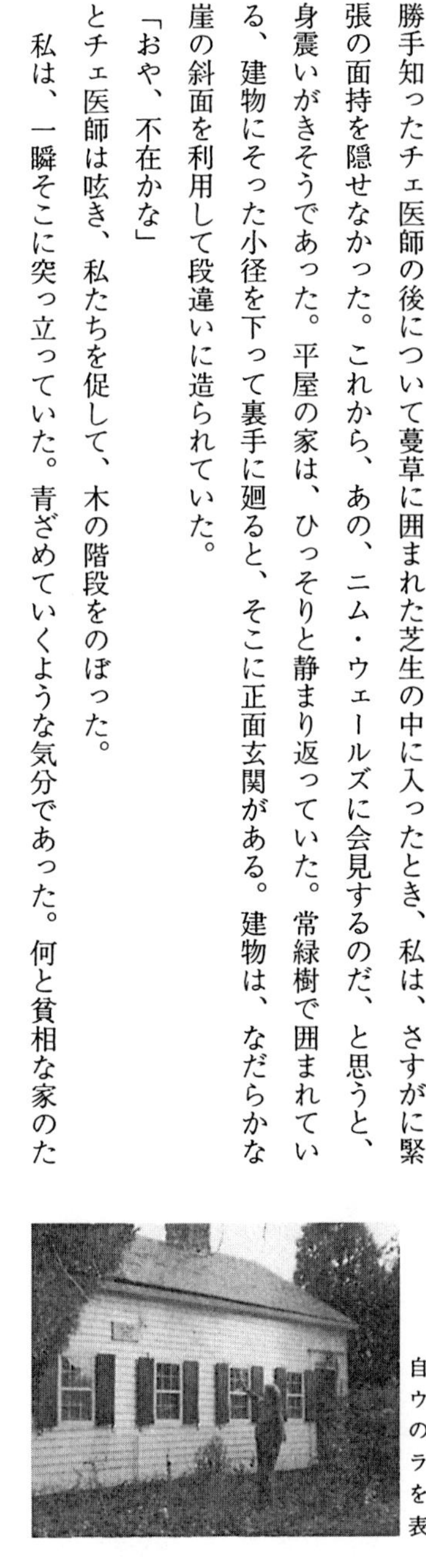

自宅の前に立つニム・ウェールズ．木造母屋の壁に，ニューイングランドに入植した時期を示す1752年建築の表示がある．

たずまいであろう。とっさに、私の眼を射たその印象はじつに強烈なものであった。私は、手すりの壊れた階段をのぼった。長年の風雨にさらされ、すっかり傷んでペンキのはげた建物は、無人の家を想像させるに足るほどである。古びた木目板、煤けた煙突、黒っぽく光る窓、花瓶が壊れ、テーブルと椅子が荒れ放題になり、鳥舎の餌が散らばっている露台——そうした外見は、私に、なぜか〝アンクル・トムズ・ケビン〟という言葉を思い浮かべさせた。しばらくあとで、またなぜか、〝魔女の家〟といったイメージも湧いてきたが、こちらの方が、より正確な、ニューイングランド的な何かであったろう。

いずれにせよ、清潔に見えるのは、街道に面した建物の壁だけであった。〝リュークフィールド型〟一七五二年の、補修された白い壁はいかにも田園風景としてしっくりした情景であるが、いったん正面にまわると、がらりと一変する様相が、ここにはよほどの変人が隠栖しているにちがいない、との印象をあたえるのだ。

チェ医師は、頑丈そうな木の扉をノックし、何回か声をかけた。しばらくして、黒っぽい窓の内側で人影が動き、やっとドアが少し開けられた。チェ医師はかなりなまりの強い独特の英語で、親しみのこもった挨拶をした。ニム・ウェールズが、姿をあらわしたのだ。

初めて見るニム・ウェールズは、碧い大きな瞳が目立つ人で、どちらかというとアメリカ人にしては小柄な体つきをしていた。銀白のふさふさした短髪をもつ顔の輪廓が下ぶくれしてみえたのは、年輪のせいでいくらか頬がたるんでいるせいだろう。なにしろ、彼女はもう八〇歳に手が届く高齢なのである。だが、往年の美しさをその容貌はあきらかにとどめていた。

ニム・ウェールズは戸口で私たちに明るく声をかけ、招じ入れた。部屋は薄暗かった。明るい外から入ったせいもあるが、昼間でも裸電燈がともっているのは異様であった。そのせいか、ニム・ウェールズが、とっさに朝鮮の民謡「アリラン」を戸口で歌い出したときは、私は面喰らい、ぎくりとしたほどだ。彼女の身なりが、その驚きを誘った。真赤なドレスというか、それは、大ぶりの花柄をあしらったもので、裾が床まで届いていた。そして、ニム・ウェールズは裸足であった。そのうえ、どぎつい厚化粧をしているので彼女の顔は薄暗がりのなかで、一瞬、狂女のように私に映ったほどである。

もちろん、こんな想像は、昂奮した私の一方的な思いこみが生み出したものでしかない。私は、すぐに我に返り、「アリラン」を歌った。お互いに、肩と手でぶきっちょにリズムを取りながら。ニム女史は、「京畿道アリラン」を殆ど正確な発音で歌っていた。途中で、私たちは歌うのをやめた。どこか、お互いにてれており、昂奮しているのだった。キム・サンという一人の朝鮮人革命家の存在が、私たちを目に見えぬ糸で結びつけている、と思ったとき、私は、ニム・ウェールズのこの芝居気たっぷりの暖かいもてなしに心がくるまれるのを感じた。

私たちは応接間に案内された。

そこは彼女の居間と寝室をも兼ねているところで、戸口と隣接した書斎の奥に位置していた。二間続きの部屋は、ドアの仕切りがなく、見通しになっている。私の坐ったソファの位置からは、玄関がまっすぐ先に見えたが、異様だったのはカギが三つ備えつけられていることだ。一つは南京錠で、あとの二つは留め金式のものである。独り暮しの境遇なので、泥棒や不意の闖入者を警戒して万全の防禦策を講じているのであろう。

ニム・ウェールズは極めて上機嫌であった。部屋は、大の男が三人入ると、足の踏み場がないほどで、仕方なく、チェ医師はニム女史のベッドに腰をかけた。それは、窓際にあって、手術台みたいな感じのするシングルベッドであった。

私たちにアイスクリームを振舞いながら、ニム・ウェールズは次々にしゃべった。

「あなた方は、アジアから最初に私を訪れてきた朝鮮人です」

その言葉に、どんな意味がこめられているのか、私はその時はよくわからなかった。

「日本人は訪ねてきません。どうしてでしょう」

ともいった。

ニム女史が、私たちの訪問をそんな言い廻しでいったわけは、正式に取材のためにやってきたケースとしてのべたにちがいない。なぜならば、現に、チェ医師がこの場に同席しているように、在米韓国人の何人かはすでに彼女の知己となっていた。もともと私に彼のアドレスを手紙で知らせてくれたのもニム女史である。

話の合間に、私は部屋のなかを眺め廻した。三つのカギが掛かるドアが異様だとすれば、この部屋はいかにも女人の城らしい見栄と雰囲気をただよわせていた。まず、肖像画が眼につく。戸口の左右の壁に、対角線をつくって、二〇号大の額縁に入れた女人半身像がそれぞれかけられていた。その油絵のモデルがニム・ウェールズであることはいうまでもない。いずれも若さと美しさを誇っているものだった。二人とも首にネックレースをつけ、両肩が覗けて胸元に切り込んだ大胆なドレスを着ているが、一人はゆるく腕を組み、もう一人は彼方に眼を放している、図柄のものだ。たぶん、エドガー・スノー(2)と暮らしていた頃、彼女が三〇歳代のものだろう、と私は想像した。それから気付くのは、部屋のなかが、花と植物で飾られていることだった。一つの肖像画は蔓を巧みに細工した円形の花輪で守られており、もう一つの方も鉢植に咲くゼラニウムの花で引き立てられていた。こうした意匠に満ちた女性的な雰囲気は、この部屋の女主人が、過去の追憶と郷愁のなかで生きていると思わせぬでもない。

　私は、目の前に坐っているニム・ウェールズのいかにも早口の話し方を聞きながら、朝鮮の旅についての思い出を聞いたりした。彼女は、黒いうるし塗りの木彫りの鶴をどこからか探してきて見せてくれた。大小二つのそれは、一九三六年夏に、ニム・ウェールズが朝鮮の短い旅をした折に金剛山で買いもとめたものだ。

　そんな話をしている内、ニム・ウェールズは思い出が昂じてきたのか、

「これからすぐインタビューをはじめましょう」

といい出し、私たちをあわてさせた。

　今日はまず表敬訪問のつもりであったので、私たちは手ぶらでやってきていた。取材用のテープレコーダはモーテルの部屋に置いたままである。その事情を説明すると、自分の家に

(2)　エドガー・スノー　一九〇五―七二。中国の革命勢力の全体像を海外にはじめて紹介した『中国の赤い星』が主著。ミズリー州カンサスシティで生まれる。一九二八年に上海に着き、一三年間、中国にとどまった。彼は中国人民の「誠実な友人」として数多くの著作をあらわし、毛沢東との会見も三十数年の間に五回におよんでいる。ニクソン訪中を示唆する記事はとくに有名で、一九七一年には米中関係に大転換をもたらしたニクソン訪中を取材している。

　ニム・ウェールズとの離婚後、一九四九年に女優ローイス・ホイーラーと再婚した。マッカーシーの〝赤狩り〟に苦しみ、「制約のない環境をもとめて」スイスに移住し、当地で一九七二年二月一五日没した。エドガー・スノーゆかりの地である北京の燕京大学に墓碑があり、分骨されている。

ある録音テープを使えば済むではないかと迫った。

　どうにか、はやるニム・ウェールズをなだめて明日から取材をするということにしたが、さらにもう一つ、厄介なことが降って湧いてきた。

　だしぬけに、康生(3)のことは、一切、インタビューに応じない。そこのくだりは、オフ・レコにする、とニム女史が急に言い出したのだ。

　私は、すっかり当惑してしまった。ニム女史は顔を紅潮させ、切迫した感じで何かを弁じ立てていた。なぜ、彼女が、釘を差すのか、漠然とながら察せられる。そのわけは康生によるキム・サンの〝粛清〟という歴史的事情にかかわってくる。しかし、その辺の事情こそ、今回の取材によって明らかにしたい重要な一点であった。もしかすると、このインタビューはこのまま暗礁にのりあげ、失敗するのではないか、という不安がよぎった。いったん決心すると、どんなに強い意志を発揮するか、エドガー・スノーならずとも、私は、彼女の生き方によって、いくらかでも知り、それに魅せられてきた者の一人だった。

「わかりました。そうしましょう」

と私は承知した。あとは、彼女の翻意を待つしかない。結果は、神のみぞ知る、だ。

　そんなわけで、とにかくニム女史のたっての意向を尊重し、二時間ばかり歓談して私たちは彼女の家を辞した。

　帰路、新しいドライブコースを案内し、自家用車で軽快に飛ばしていたチェ医師が、とつぜん、晴れ晴れとした声で、

(3)　康生　一八九八—一九七五。本名は趙栄、山東省の豪紳の家庭に生まれる。一九二七年以後中国共産党江蘇省委組織部長、中央組織部長などを歴任。三〇年、モスクワに派遣され、三三年に上海に短期間滞在したのをのぞいては、三七年に王明と陳雲とともに延安にもどるまで、コミンテルンで活動をする。延安では中央社会部部長、中央書記処書記などを務め、建国後は中央理論小組組長などになった。六四年、フルシチョフ失脚の後、周恩来に随行し、会談のためモスクワに赴いたが、不首尾に終わる。六六年八月に毛沢東の下で常務委員会の六番目の地位に昇格した。国務院の副首相で、党統制委員長。文化大革命のときの〝指導者〟の一人で、陳伯達とともに、劉少奇および鄧小平を〝修正主義者〟として攻撃した。七三年八月、第一〇期中央委員、党副主席、中央政治局常務委員。七五年一月、第四期全人代で同常務委副委員長。一二月、北京で病死、七七歳。八〇年一〇月、「文革期間中、林彪、江青らの反党、奪権の反革命陰謀

「ニム・ウェールズは、本当はキム・サンが好きだったんじゃないですかね。あれだけ打ち込んであの素晴らしい本を書いたんだから。それに、今も、熱が相当なもんだし」
と話しかけてきた。

ふだんなら、私は、この愉快だがたわいない話を一笑に付してしまうところだった。こういう平俗な臆測が、まことしやかに信じられるのは、朝鮮人の鼻の下がいかに長いか、あまりにも歴史事情に疎いか、そのいずれかでしかない。チェ医師は、愛族心のつよい医師であるが、残念ながら歴史は彼の専門ではなかった。私は、黙り込んでいた。何かしゃべろうにも、ニム・ウェールズの〝拒否〟が重く頭にのしかかっていたのだ。

私も、また、アジアの歴史について疎い、一個の小説家でしかない。

なぜ、ニム・ウェールズが康生のことで、あれだけ厳しく〝NO COMENT〟の態度をとったのか、その真意がよく飲みこめずにいた。それでも、表敬訪問がともかくも無事に済んだことで、半ばホッとしたのも事実である。とにかく、ここまで辿り着いたのだ。

私が、在日文芸誌『民涛』の同人たちと語らい、はじめてニム・ウェールズ女史に手紙を書いたのは、一九八七年二月二八日のことだ。自分たちが出す予定になっている『民涛』の創刊号にインタビューを懇請したのである。ニム・ウェールズから承諾の返事が届いたのは、ほぼ一カ月後のことで、タイプ印刷されたその文面に接したときの感動は忘れがたい。小躍りしたい気持だった。さっそく、地方にいる裵鐘真に電話をかけ、その歓びを分かち合った

活動に直接参与、重大な罪を犯した」として、党中央により「党籍はく奪、追悼大会(七五年一二月)の弔辞を取り消す」と決定された。一一月、六八年七月に「江青あて密書を送り、中央委員一九三名、候補中央委員八八名、第三期全人代常務委員六〇名および第四期政協常務委員七四名を叛徒、特務、反革命修正主義分子と誣告した」こと等が立証されたとされている。

ものだ。

そもそも、私は手紙を出すほんの数カ月前まで、ニム・ウェールズがこの世に存在していることさえ知らずに過ごしていた。自分の無知を棚上げしていえば、これは歴史がもたらした奇妙な錯覚であり、古典のもつ巧まざる悪戯といえるものかも知れない。良書は、歳月とともに、古典として蘇えるが、しばしば読者は、その著者を歴史上の人物と思いこんでしまう。生きながらにして、著者は、永遠の追憶の対象に叙されてしまうのだ。本人にとっては、なんとも有難迷惑な話であろう。しかし、私は、この歴史の玄妙な陥穽にはまってしまっていた。なにしろ、私が『アリランの歌』を読んで、眼から鱗がとれるような衝撃を受けたのは青年になったばかりの頃であり、その時からはや三十余年の歳月が経っている。

だからこそ、ニム・ウェールズが生きていると知ったときの新鮮な驚きは、ちょっと言葉に尽くしがたいものであった。天啓に浴する思いとでもいうべきか。すぐに、アメリカに行こうという考えがそのとき私に閃めいた。これは、一個の在日文芸誌のためでもあるが、それ以上に、歴史の隠された真実を明らかにできればどんなによいだろうという、素朴かつ切迫した思いが強かったせいである。大袈裟なようだが、時代はそのおのずからの機運を今あたえていると私は信じた。

こうして、アメリカ行きをめざし、「朝鮮国籍」のために困難な入国査証のために手を尽くしていた折も折、ニム・ウェールズから届いた第三信は、こんどは私をひどく落胆させるものであった。彼女は、いったんはインタビューを承諾しておきながら、なぜか、その直後

に書留速達便で会見を断わってきている。その理由として、
"It is no favor to me for you to visit me and would make a lot of trouble for us all."
とあった。
いったい何が、お互いの間に、好ましからぬ「多くの厄介事」を惹き起こす、というのであろう。私は、あれこれ推測してみたが、これと断定できるはっきりした原因をとらえることができなかった。それは、私が、歴史に疎いせいもあろう。とはいえ、このまま諦めるには、未練が大きすぎた。いったんは、好意あふれる文章で、日本から舞いこんできた便りが、自分のかんばしくない心臓の具合を良好にしてくれた、とニム・ウェールズは書いてくれたのである。「魅力的で文学的な考えだ」とさえ言ってくれた。それなのに、なぜだろう。思いきって私は、翻意を促す長文の手紙を書いた。若かりし頃、ニム・ウェールズがどんな態度と覚悟で、延安に赴いたか、を思い出すのはこの場合私にとって有益なことであった。いかなる「厄介事」が生じるにせよ、それを甘受するか否かは、その行為の目的によって左右されることとはいえ、すでに彼女は、キム・サンを延安で取材した際に、みずからその範を垂れている。彼女は、自分の「延安行」について、「私は事実を求め、真実、歴史的真実を求める巡礼者である」と『アリランの歌』(第二版への序文)のなかで書いている。だとすれば、その日からおよそ半世紀の歳月が経っている今日、こんどは在日朝鮮人がアメリカ人のニム・ウェールズをたずねて何かの「真実」をあきらかにしようとするのは、きっとそれなりの意味がある、と思われるのである。私たちのこの試みが、もし非難されるとすれば、そ

れはニム・ウェールズに会いに行くことではなく、なぜもっと早く訪ねようとしなかったか、ということでしかない。

こういう内容のことを、あれこれ苦心して書いたのであった。長文の手紙にたいして戻ってきた彼女の返事は、短いものであった。しかし私はまた躍りあがった。さっそく、アメリカ領事館に足を運んで、日本を発つ手続きを急いだ。領事館の窓口でおこなわれる愚劣な反共審問は呆れるばかりだ。ここには、アメリカの伝統的な汚れた別の顔がある、と思ったくらいだ。だが、目的のためにはいくらでもすりぬけることができる。こんなのは、一九三七年五月に、西安からニム・ウェールズが脱出したときの命がけの冒険にくらべれば、まったく、お安い御用であったわけだ。

私の「敵」は、他ならぬ自分の無知であった。出発前、私は雑誌編集に忙殺される間隙を縫って、ニム女史の新著や文献をよんだ。すべて、にわか仕込みであった。急場の役に立ちそうな何冊かのそれらの本は、会社員や大学生が分担してほとんどボランティアで訳してくれたし、アメリカ人の大学講師であるビバリー・ネルソンも協力してくれた。その間、私は朴重鎬と質問事項の一部をねった。こうしたみんなの力に助けられ、私は、付け焼刃ながら、質問項目を頭に叩きこんでどうにかアメリカに出発しようとしていた。おそらく、別の誰かが、この千載一遇の機会を生かした方がもっと価値があるのではないかという逡巡が、私の中になかったわけではない。だが、これも時の勢いというものであった。何人かの日本人ジャーナリストが、私たちの試みに手を貸し、在日朝鮮人のアメリカ行を容易にしようと努力してくれたのは、歴史のめぐり合せ、といえるものだったろう。さらに遡れば、延安をたずねた若い女性画家の玄順恵や何人かの若者が、キム・サンの生涯について熱情をこめて語りかけていたことが、いつの間にか、私にこの旅を引き出す潜在的な力になっていたにちがいない。

こうしてみると、この旅は、たんなる思いつきではなく、何か全体的な意志が働いていたのかも知れなかった。

それにしても、ニム・ウェールズは、いったい何を拒絶しているのだろう。康生についての異常な彼女のこだわりは、不思議なくらいであった。万が一、康生についての質問がだめだということになれば、キム・サンの〝粛清〟にからむ歴史的真実が、うやむやになりはしないか。そうなれば、高い旅費を使って、はるばるアメリカにやってきた意味は半減しかねない。私は、そうなるのを恐れていた。今回の旅の目的は、キム・サンの生涯とニム・ウェールズの人生を知ることにある。この二人にかかわる歴史的事実のすべてを知りたいという貪欲な願望を絶対化すれば、どんな邪魔も入ってほしくないのだった。

その晩、清潔なモーテルの一室で、あれこれ考えていると、眼が冴えてきて困った。ニム・ウェールズの個性の強い振舞いや廃屋みたいな家が蘇えってくるのだった。ニム・ウェールズ女史も、この晩は、きっとさまざまな想いに耽っていたにちがいない。

2

翌八月二一日から二四日まで、まる一日の休みをはさんで三日間にわたり、インタビューは行なわれた。

毎朝九時に、私たちはチェ医師夫人の運転する車にのって、ニム・ウェールズ家を訪れる。ニム女史は、インタビューに入る前に、自宅の裏手にある納屋風の平屋に案内してくれた。赤いペンキを塗った二棟のその平屋は、かつてエドガー・スノーが仕事部屋として使っていたところである。部屋のなかはがらんとしていた。しかし、そこにはありし日にエドガー・スノーが使っていた木製の両袖机が置いてあり、左かたわらには清潔なシーツをかけたシングルベッドがあった。机の前には大きな一枚ガラスの窓があり、そこからは灌木の生い茂っているのが見える。仕事の合間、疲れた眼をやすめたのであろう。エドガー・スノーは、この部屋で『中国の赤い星』(4)の改訂版を書いた、とニムはいった。中国紅軍の内幕をものして世界にセンセーショナルな反響を呼んだこの本は一九三七年七月に初版が書き終えられているが、その書が世に出るまでのもう一つの内幕としていえるのは、妻のニム・ウェールズが文章の仕上げ段階でおおいに力を貸していることであろう。二人は、夫婦の間は、おたがいに、よき協力者であった。エドガー・スノーは『目ざめへの旅』もこの平屋で仕上げているが、その著のなかで、「八年間」つれ添ったニムのことを、「しばしば私を苦しめ、鼓舞し、絶えず精力的に創造的な忠実な協力者であり、妻であり、批評家であった非常に珍しい女

ニム・ウェールズ(左)と李恢成(右).

(4)『中国の赤い星』 原題 *Red Star Over China.* エドガー・スノーの主著。エドガー・スノーは一九三六年六月、陝西省北部のソビエト地区に入り、三カ月にわたり欧米の新聞記者として、初めて中国の共産主義運動について取材をおこなった。イギリスで一九三七

年、アメリカで三八年刊行。

性」と評している。

ニム・ウェールズが東京で彼と結婚したのは一九三二年であるが、第二次大戦後、アメリカに戻り、一九四五年にここマジソン・ムンガスタン通り一四八に移り住んでから一九四九年に離婚するまでの一七年間、エドガー・スノーと暮らしている。もっとも、実際の夫婦生活の期間については両者の間に食い違いが見られるのであるが。

この日、ニム・ウェールズは、半袖のポロシャツにスラックスといういで立ちで、昨日の正装したドレス姿とはがらりと違ってスポーティな感じであった。

ニム女史は、昨日とは違って、とても落ち着いて見えた。物腰が柔らかく、私たちにたいする態度には、どこか遠くからやってきた親戚の甥にでも接しているおだやかな御隠居といった趣きがあった。

だが、私の方は、いぜんとして緊張と不安を隠せなかった。自分の眼の前で花飾りのついた肘掛ソファに坐り、よく透る声で気さくにしゃべっている、碧い眼をした銀髪の老婦人は、外ならぬ、あのニム・ウェールズなのである。「あの」というのは、いかにも大袈裟だが、それでも私の方は畏敬の念があるせいか、キム・サンのインタビューをなしとげた彼女を眼の前にしていると、身震いしそうであった。

もしも、と考えてみる。歴史的事実には、「もしも」という仮定は禁物だが、しかし、どうしてもそんな想いに駆られる。もしも、一九三七年の初夏のこと、ニム・ウェールズが延安の魯迅図書館で、おやと思う人物に頭をめぐらさなかったならば、どうなったであろう……。そこで、彼女は、英語の書籍を何十冊と借り出している未知の人物に強い関心を抱くことになったが、その時からすでに『アリランの歌』は生まれるべき運命を迎えたのであった。その他の、いくつかの偶然も、この運命に加担したといえるだろう。たとえば、延安を去る予定日をずらしてしまった豪雨とか、空いた座席のなかった自動車。政治的事件さえも、この一冊の本が世に出るために加担したといえる。七月七日に起こった蘆溝橋事件、この政治的陰謀は偶然の出来事とは到底いえないが、その結果が、ニムに図書館に出かける時間を保証したのはたしかであった。

こうしたいくつかの偶然を一つの必然にかえたのはニム・ウェールズの旺盛な知的好奇心と公平な精神ということになるだろう。もし彼女の資質のなかに、たんなる知識欲ではない、アジアへの関心や人間への公平な精神をもとめる志向性がなかったとするならば、キム・サンという人間を理解できなかったであろうし、そもそも出会うこともなかったにちがいない。

だが、私の眼の前に座っている人は、『アリランの歌』を若くして世に著わした人であった。かつては「ギリシャ女神」のように美しかった彼女も、今ではあらがいがたい年輪のせいで、ふくよかな顔や腕にはシミが浮かんでいるが、おだやかさのなかにもどこか侵しがたい威厳を備えているのは、今もなお、歴史を生きている現役としての自恃のせいであろう。

私は、ニム・ウェールズの胸元に録音用の小型マイクをはめてもらった。彼女は、ちょっとくすぐったそうな顔をしてから、なされるがままになっていた。

インタビューは、あらかじめ準備しておいた質問リストに沿って行なわれた。これは、ニム・ウェールズの要求にもよるが、こうした方法をとることで取材上のロスを防ぎ、正確さを期すことができる。

最初は、若かりしニム・ウェールズが上海に上陸したあたりからインタビューははじめられた。話はよどみなくすすんで、いよいよキム・サンとのことになったとき、

「私は、彼に、或る不滅を与える神の役を担ったのです」

とニムはいった。

「不滅」とか「神の役を担った」という耳馴れない言葉が私には刺戟的であった。はたしてどんな意味でいっているのだろうか。どうやら、宗教的なニュアンスがこめられているようであるが。

私は、戸惑いを覚えたが、こだわらずにそのまま質問をつづけた。全体を通して、理解するしかなかったからである。

頃合を見計らい、私は「共著」の意味について訊ねてみた。注意深い読者は、『アリランの歌』が「共著」であることに気づくであろう。これは、ニム・ウェールズとキム・サンの二人による「共著」なのである。今、そのプロセスを覗いてみると、この本は、ニム・ウェールズがキム・サンにたいして二〇回にわたるインタビューをくりかえし、それをまとめあげたものである。彼女は、最初はしぶるキム・サンを説得し、一緒に本をつくることに同意させている。延安でのことだ。

「決めました。私たちは本をつくるべきです」

キム・サン（1937年延安にて，ニム・ウェールズ撮影）．

とキム・サンは、ある日、ニム・ウェールズに伝えている。そのときのキム・サンはかつてなく明るい表情をしていた、とも本はしるしている。

「なぜ、彼はそれほど嬉しそうな顔をしたんでしょうか」

私のこの質問にたいし、ニムは少し考える面持ちで、

「それは、もし私たちが本を書いたならば、五〇年後にも朝鮮の若い人びとに読まれるだろうということを彼自身知っていたからです。彼は、私たちが、ちょうど今、こんな風にしてここに座っていることさえ想像していたと思いますよ」

と答えた。

これは、聞いているこちらの想像力がためされる返答であった。まさか彼女が、私たちに過剰なサービス精神を発揮しているのではない以上、ニム女史はキム・サンの意志を代弁しているし、ここにはあきらかにキム・サンの思想がひそめられているのである。なぜ、彼が、「共著」に同意したのかという。

彼女は、こうもいった。

「キム・サンは私が彼の話を書いてその本を出版すれば、それが永久に残ることを知っていました。そこで、『よろしいでしょう。あなたに真実の話をしましょう』と言ったんです」

さらに、こうもいった。

「『アリランの歌』がすぐれている理由は、キム・サンの記憶力がよいだけではなく、彼がそれまでずっとつけていた日記を持っていたからです。日記は、中国語でも英語でもなく、

誰も解読できない暗号で書かれていました」

「なるほど」

と私は深く頷いた。

ニム女史が、自作を名著と信じていて疑わないその率直な言い方は、きいていて気持がよかった。ここには、東洋的謙譲というまわりくどいモラルは露ほどもない代わり、「よし」「あし」をはっきりさせる近代的合理精神のようなものが貫かれている。それは、リアリストである彼女の精神をも感得させた。それもそうだが、私が心を打たれたのは、キム・サンが「暗号」の日記を書いていた、ということだった。このことは、なにも今知ったことではない。ずっとまえから頭に入っていたはずのものであるが、ニム女史の口から直接聞いてみると、臨場感が湧いてきた。いずれにせよ、自分の半生の足跡を、「暗号」の日記で記録していたとは、驚くべきことだ。それは、人生の最大のピンチにあった人間の、自己の記録を守るための命がけの方法であったといえる。とはいえ、それはどんな記号法によるものだったのだろう。

残念ながら、会話のタイミングがはずれ、きいてみる機会を逸してしまった。けれども、自分のなかでずっと引っかかっていた問題が、この会話のなかで解けてきたのがうれしかった。

それは、「共著」という、この本の性格が、今やはっきりとしたことだ。従来、日本では、『アリランの歌』はニム・ウェールズ個人の著作とみなされてきた。私自身も、そのように思いこんでいた。どうして、こういう誤った見方が生じたのだろうか。おそらくそれは、この本が出版された際に表紙に、「ニム・ウェールズ」と著者名がしるされてきたことと無関係ではあり得ないだろう。かつて、安藤次郎氏の訳で『アリランの唄』(朝日書房版、一九五三年)を読んだとき、私は、その格調の高い男性的文章に魅せられたものだ。しかし、このたび、著者名の表記について強い疑念を抱いたのもたしかである。これまで出版された二種類の本、『アリランの唄』と『アリランの歌』(みすず書房)は、それぞれ、表紙に、ニム・ウェールズと謳っているだけである。そして、わずかに扉の裏に、by Kim San and Nym Wales と英語表記されてきたが、はたしてこれでよかったのか。

ニム・ウェールズがいう通り、『アリランの歌』は、キム・サンの「暗号」で書かれた「日記」を基に書かれている。この「日記」に基づいて、二人は共同作業をした。つまり、キムは語り、ニムは執拗に質問しつづけ、ノート七冊分の分量をあとで整理し、一切フィクションを含まぬ、自分の文体に仕上げている。

こうしてみると、『アリランの歌』はまぎれもなく二人の総力が注がれた共同の産物であり、それは、「共著」という性格を帯び、その約束を前提としたものであった。だからこそ、ニム・ウェールズは、一九四一年にニューヨークのジョン・デイ社からこの本を刊行するときに、はっきりと表紙の装幀に「共著」と銘打っている。だが、遺憾なことに、そのことが日本では長いことなされなかった。

なぜ、こんなことになったのだろう。この場合、「共著」としてこの本を理解するかどうかでは、一九三〇年代の朝鮮人の精神史を理解する度合が根本的にちがってくる。くり返すが、キム・サンは、自分をたんに素材として提供したのではなく、みずからが共同の主体者としてこの書にかかわった。そうでなければ、彼は、身の危険をおかしてまで、暗号を解くような愚かな行為はしなかったであろう。こうして考えれば、この書は、ある大きな目的のためにキムとニムという二人の同時代人――朝鮮人とアメリカ人による――が時代に賭けた精神史的な実験であったとみなされる。ニム・ウェールズは、キム・サンの内面世界に強い理想主義と殉教の思想を発見しているが、それはイデオロギーこそ違え、彼女の内面にある清教徒としての信仰世界と一脈相通じるものがあったと思われる。

それゆえ、彼女もまた喜んで「共著」に応じ、両者相たずさえる形で、『アリランの歌』を生み出すために全力を投じたのにちがいない。ここには、たぐい稀な、緊張した人間関係があるのである。二人は精神的に対等であり、創造する行為にたいしては共同の責任を負っていた。残念ながら、このことが長いこと日本では見過ごされてきた。時代の制約性ということもあろうが、こうした人間的関係が歴史と思想のレベルできっちり把握されなかったために、こうした誤ちが生じたとみるのはまちがいであろうか。

ところで、私は『白衣族の影』の行方についても質問してみた。これは、未完の小説である。キム・サンは延安に入るとき、この題名をもつ小説をたずさえていた。延安の洞穴のなかで、それを書きつづけていた。そして、ニム女史に会ったときは、最後の一章さえ仕上げれば、脱稿するばかりになっていた。これは、「暗号」のノートではなく、朝鮮語で、書かれていたものであるが、はたして、どんな形式と構想を持つものだったのか。

私の質問に、ニム女史は首を振った。

「知りません。彼は私に話したことがありません。彼は話すのに忙しくて、そのディテールについてはのべませんでした。でも私の印象では、それは小説の予定だったと思います……」

「なるほど」

私は呟いたが、まだよく飲みこめずにいた。内心、私は、この未完の小説『白衣族の影』が、もしかすると、『アリランの歌』のプロットとして援用されている可能性があるかもしれないと考えていたのだ。これは、たんなる推測にすぎないものである。だから、いい加減な臆測で判断するのは危険であり、この際、事実の有無を確かめておきたかった。私の表情に翳りを認めたのか、ニム女史は、

「……私の知る限りでは、彼は書きませんでした。それについてのノートはつけていましたが、完成されたとは思いません。私に話してくれませんでした」

と繰り返した。

ということは、キム・サンが、自分の小説のプロットを大筋で話したとしても、原稿そのものはニム女史に見せていなかった、ということになる。その小説は、「最後の一章」を完成せぬまま、埋もれてしまった。『アリランの歌』によれば、満州に行ってから「最後の一章」は書き上げられる筈だった。キム・サンは、そのためにも、中国東北部に行こうと考え

ていたのである。

「満州にいる、ある朝鮮人亡命革命家について書くとキム・サンはいっていますが、特定される主人公は実在していたんでしょうか」

ここで私は、質問リストには予定していない質問をした。

「主人公はおそらく彼の友人たち何人かの組み合せでしょう。たとえば、呉成崙[5]とか、或いは朴兄弟[6]のような……。ああ、思い出しました。キム・サンはよく朴兄弟について話していましたよ。彼が書こうとしたのは、彼ら一家のことだったと思いますよ。彼らは、キム・サンの友人で、彼らが好きでした」

呉成崙(中国名、全光)は、キム・サンに大きな影響をあたえたテロリストであり、また民族的共産主義者でもあった。八歳年下の彼にとって、呉成崙は革命運動における親密な同志でありながら、二人の間柄はキム・サンが自分のことを「特別の子分」(『アリランの歌』)とのべているほどで、「革命工作」における二人の関係についても、呉が「秘密の指導者」をつとめ、「私が表面に出た指導者」だったとのべている(同)くだりは、キムの「延安行」の背景などを考える上でも欠かすことのできないものであろう。

朴兄弟とは、朝鮮が日本によって植民地化された後、祖国独立の日を夢みてシベリヤに亡命し、やがてソ連や中国の広州コミューンの現場で散っていった四人兄弟のことである。

私の心に、そのときちょっとした感慨が生まれていた。この朴家の四人兄弟の身内が、東京にいて、年配者のあいだでは彼を知る人が多いからだ。たまたま、私も彼つまり朴英逸氏

(5) **呉成崙**　一八九八―一九四七。咸鏡北道生れ。義烈団員として田中義一暗殺計画などに関わった。モスクワに学んだ後、黄埔軍官学校の教官を務め、広州蜂起、海陸豊ソビエトに参加した。一九三〇年代には、全光の名前で中国共産党の指導下にあった満州抗日パルチザンの指導者の一人となった。東北抗日連軍第二軍政治部主任、第一路軍総務処長を歴任するとともに、在満韓人祖国光復会の結成にあたって発起人の一人となる。日本軍によるパルチザン部隊に対する討伐が激しくなる中で、一九四一年に投降、日本軍に協力した。解放後、熱河省承徳で八路軍に逮捕され、病死。

(6) **朴兄弟**　咸鏡北道慶興郡の出身。シベリアに亡命し、一九一八年チタで創建された極東共和国で活躍した。五人兄弟の三男、朴振(本名・朴根万)は広州コミューンで戦死、子息の朴英逸氏は日本の朝鮮新報社等で組織生活を永くしていたが、先年亡くなった。岩波文庫『アリランの歌』四〇六頁参照。

とおなじ職場で一時期はたらいていたので面識があった。朴英逸氏は、朝鮮新報社の編集局につとめ、若手記者の陣頭指揮をしていた。部署はちがっても、若い私の眼にうつる彼は、いつも微笑をたやさずによく働く忠実な活動家との印象が深かった。彼はまた小説も書いていた。だが、当時の私は、朴氏が、広州コミューンで「悲運の大隊」を指揮して戦死した朴振の一粒種であることや、ましてや彼が母親のお腹のなかにいたことなぞ知る由もなかった。なぜか彼は、文学関係者のあいだでも、あまり自分の過去の来歴を語りたがらなかったようだ。朴振の妻は、『アリランの歌』によれば、戦死した夫に悲しみにくれるいとまもなく広州から逃れ、シベリヤの農場に戻ってそこで朴英逸氏を産んでいる。

「在日」朝鮮人が成立する内実のふかぶかとした来歴がここにもある。『アリランの歌』の登場人物をたぐっていくと、その身内が、日本にいるという、この事実が私を沈黙させ、歴史のめぐり合せの陰影が胸をときめかせる。

昔の朝鮮人は誰にしろ、大ロマンを世に生み出すくらいの歴史を持っているという想いが私の胸中にひろがった。キム・サンの『白衣族の影』にかぎらず、朴英逸氏もまた大作を書く資格がある。彼が、それを書いたか、どうかは、私は知らない。だが、素地と資格は十分なのである。ところが、朝鮮人はしばしば他国の作家の素材として登場する方が容易だった。日本近代文学をみれば、一目瞭然であろう。おそらく、日本近代文学くらい、朝鮮人が多く登場する「外国文学」は世界のどこにもないはずである。その作品舞台で、人物がどんな形で登場したかという次元の問題は別としていえば、これは不思議なほどの現象である。ソ連はどうか。この国の文学の中で、朝鮮人の形象は、わずかな痕跡をとどめているにすぎない。たとえば、ファジェーエフの『壊滅』の中で朝鮮人農夫が登場するように。この小説は、ソビエトの反革命軍と日本の干渉軍とたたかう極東のパルチザン部隊の物語であるが、ここに出てくる朝鮮人農夫のくだりはほんの数行にすぎず、藁を焼いているか、豚をとられまいとして哀願しているか、要するに小説のプロットではごく些細な部分でしかない。ところで、肝心の朝鮮人はといえば、よしんば書く資格と力があっても、それを成しとげる余裕がなかったのが不幸であった。たとえば、カップ(朝鮮プロレタリア芸術同盟)の中心人物の一人である趙明熙がそうである。名作『洛東江』(一九二七年)を書いたあと、彼は伏字の世界を逃れてソ連のウラジオストックに亡命するが、そこで金日成将軍をテーマとする大長篇『満州パルチザン』を書いた、とされている。しかし、その小説は、いまだに発見されていない。一説には、この長編小説の主人公は、洪範図将軍との見方もあり、時代考証をすれば信憑性がつきまとうのは避けられない。それはそれとして、いずれにせよ、趙明熙をとりまく状況は苛酷なものであった。ここでいえるのは、これら朝鮮人革命家の受難はその生命にかぎらず、彼らの小説にまで及んでいるということなのだ。

キム・サンは、『白衣族の影』を、なんとか仕上げたかったであろう。そのために、ニム・ウェールズにも資料として提供しなかったのだとも考えられる。作家とは、生きている限り、自分の小説を書きあげたいと願う人間なのだから。その小説は、今どこにあるのだろうか。ニム・ウェールズが、四カ月間の滞在をおえて延安を離れたのは九月七日であるが、なぜ彼女にその原稿を託さなかったのか、とくやむのは、歴史の後智慧でしかない。

ともすると、私は、自分の感慨にのめりこみがちだった。しかし、今は、どんな個人的感慨よりも、いかに些細なことであっても、事実を知ることの方がはるかに重要であった。

キム・サン、つまり張志楽が、どんな生涯をすごし、とくに延安における生活の真相は、どのようなものだったのか。私が、知りたいことはそこにものびていた。そのために、私たちは、はるばるアメリカの地を踏んだのである。この目的を達成しようとすれば、私たちは中国にも行かなくてはいけなくなるかも知れない。だが、今は、『アリランの歌』を世に著わした著者が生存しているのである。ニム・ウェールズは、この瞬間、類い稀な歴史の証人でもあった。

いよいよ、キム・サンの、延安における日々について触れかかったとき、ニム・ウェールズは緊張した面持になった。彼女は、注意深く、

「ひとつ訊ねたいんですが、あなたはわたしに送ってくれた手紙のなかで、キム・サンを無罪として、その名誉を回復した本がある、と書いていましたね。それについてはまだ聞いていませんが、その本の題名はなんというんですか?」

と逆に質問してきた。

その本は、中国で発行された『朝鮮族革命烈士伝』(第二集)である。私は、わりと質素な装幀の二六五ページからなるこの本を、歴史研究者の水野直樹氏から入手し、読んでいた。一九八六年に遼寧民族出版社(パク・チャンオク主編)から出されたこの文献によれば、延安

での張志楽は、「トロツキスト分子」「日本の特務」との嫌疑を受け、審査の過程では結論を下すに足る根拠が見当たらなかったにもかかわらず、「秘密裡に処断」された、ことになっている。この「処断」を命じたのは、当時、陝甘寧辺区保安処の責任者であった康生とされている。張志楽は享年、三三歳であった。そして、その日から四五年経った一九八三年一月に、党中央組織部は張志楽同志の汚名を晴らす決定を出して「党籍」を回復した、と記している。また、この本によれば、張志楽は、「処断」後、四五年ぶりに、名誉回復し、同時に「朝鮮族革命烈士」のひとりに叙せられている。

ニム・ウェールズは、中国で出版されたこの本のことを知らずにいた。

だが、張志楽が粛清されたことは、ジョージ・トッテン教授(7)をつうじて知らされていた。ロスアンゼルス市に住むこの大学教授は、かつて『アリランの歌』を読んでスノー夫人に傾倒し、自分の生涯をかけてアジア関係史を研究している人物ときく。

ニム・ウェールズは、話が、この粛清のくだりになってくると、声が高くなり、早口になった。

「この本(『アリランの歌』)は、今でも不当に利用される可能性があるのです。でも、歴史はもっと研究されなくてはならないし、延安でおこったことについては、もっと知っている人を見つけなくてはなりません。そんな仕事は私にはできません。体に悪いのでね」

といったかと思うと、

「『朝鮮とキム・サンの生涯についての覚書』(8)という私の本をよみましたか？　その本は、

(7)　ジョージ・トッテン教授　『アリランの歌』英語版(一九七三年版)に序文、史注を寄せている。

(8)　『朝鮮とキム・サンの生涯についての覚書』　本書第二部に収録。

あなたにとって、ひじょうに価値あるものです。私は『アリランの歌』にすべてを書きこむことはできませんでした。でも、残りは私のノートにおさめています」

と注意を喚起した。

最初、私は、スノー夫人が何に苛立ち、何を言わんとしているのか、その意味がよくわからなかった。彼女の話し方はひじょうに早く、同時通訳でもしない限り、到底、把握できるものではない。私は、通訳の朴重鎬が苦労して要約してくれる話の大意をたよりに彼女の言わんとする真意を模索するしかなかった。

だが、聴き手がいかに頼りなくても、話し手が、きわめて重要な歴史上の事柄について話していたことに変りはない。

スノー夫人は、いきなり、

「ちょっと言っておきたいのですが、キム・サンの処刑については、しゃべらない方がいいですよ。一言もいってはいけません。それをしゃべれば中国へは行けなくなりますよ。今これが本当のことかどうかはわからないのです。私は信じません。なぜ信じないかというと、その時期について、私はよく知っているからです」

といい、私に、中国側の公式文献を鵜飲みにすることを戒めた。

私が、生悟りしているようなのが危うく思えたにちがいない。あきらかに彼女は、張志楽の「処断説」について何らかの疑念を抱いているのだった。これは、見方によっては、驚くべきことであった。なぜならば、ニム・ウェールズといえば、かくれもない中国友好家であ

ニム・ウェールズ生誕80周年を記念する展覧会が西安で開催された(1987.7～1988).

り、中国は彼女が生涯をかけた第二の故郷といってよい国なのである。現に今年(一九八八年)の七月、中国の陝西省ではスノー夫人の生誕八〇周年を祝う記念展覧会(9)がおこなわれたばかりであった。私は、そのことをスノー夫人が送ってくれた資料や写真をみて知った。中国は、一九三七年五月に、西安の封鎖線を突破して延安に入り、たたかう紅軍のほんとうの姿を世界にしめしたヘレン・フォスター・スノーにたいし、それなりの敬意をしめしていた。これは、中国の現政権が彼女にとっている態度である。その「党中央組織」が公表した、〝張志楽処分〟の真相について、スノー夫人はあらわに不信をしめしているのだ。

では、「康生」が指示した、という中国側の公式文献とのかかわりはどうなるのか。

「あ、ちょっと訊ねたいんですが、康生が、キム・サンを暗殺したと言われているのはいつのことですか?」

こちらの質問をさえぎって、ニム・ウェールズは訊ねた。

「一九三八年です」

「そう、それなら理屈に合いますね。康生はその頃、一九三七年頃に帰国していますから。人びとが『トロツキスト』として処刑されていたソ連から」

ニム・ウェールズは、広いひたいで何かを考え合わせているようだった。

だが、その口から滔々と出てきたのは、「処断説」を否定する強い主張であり、その論拠だった。スノー夫人によれば、一九三八年は、中国は抗日統一戦線の時期であり、スターリン統治下のソ連とは違って、毛沢東が指導する中国では反対者は追放こそしても、「粛清」

(9)　**記念展覧会**　一九八七年七月から八八年までの期間、中国陝西省の首都・西安において、H・F・スノー八〇歳生誕を記念し、その業績を讃える「《海倫・斯諾在中国》图片(写真)実物展覧会」が開かれていることを意味する。

展覧会で展示されたエドガー・スノーとニム・ウェールズの写真.

という肉体的抹殺による反対者の除去はしなかった、というのだ。

それでは、張志楽の死因は、どのように説明されるのだろう。どうあれ、キム・サンは死んだという事実は動かない。

結局、この動かない事実を前にして、ニム・ウェールズがいえるのは、「病死説」であった。すでに延安にいく途中、キム・サンは保安で死んでしまってもおかしくないほど心臓が弱っていたし、結核もすすんでいた、というのだ。しかも洞穴にふせっている生活なのに、卵ひとつ、入手できない窮状がつづいていた。だから康生が、張志楽に会ったにせよ会わなかったにせよ、それが主因ではなく、衰弱と病気がもとでキム・サンは死んだ、これが、スノー夫人の見解なのである。

その話し方は、かなり微妙で、ときには混乱が感じられた。慎重に言葉を選んでいるが、中国政府をかばい、かといって康生をもかばわずにはいられぬ、という、一種アンビバレントな境地がのぞけていた。

もっとも、そうした心理上の複雑な反応や政治的配慮ともうつる韜晦ぶりはそれとして、ここではっきりさせておきたいのは、彼女が歴史的真実にたいして曖昧な態度をとっているということではないということだ。彼女は、何かの〝謎〟をふせたまま、真実があきらかになるためには、もっと事実を調べる必要がある、といっているのである。こうしたリアリズムの精神は、彼女の一貫した生き方でもある。かつて『中国革命の内部』(三一書房、一九七六年)を著したときの精神が持ちこされているともいえるだろう。この生き生きとした本の中で彼女は、抗日闘争に挺身する延安の領袖や一兵士に至るさまざまな人間像を、先入見のない公正な文章でとらえている。この公正な姿勢を、いまの懸案の問題においても保とうとしているのにちがいない。それは彼女が、康生という人物を個人的に知っていようがいまいが、或いは、彼が文化大革命の際にどんな役割を演じたか、に、一切かかわりなく適用される彼女の人間にたいする見方であるともいえる。

もっとも私なりに忖度してみれば、彼女のこうした信念は、歴史的な体験によって、裏づけられているのかも知れない。『中国革命の内部』のなかで、ニムは、「延安内には、トロツキスト派分子はいない、いるのはみな外部である」との呉亮平の発言をのせている。呉亮平は、当時、毛沢東が最も信頼する若手の理論家であった。延安の内部に「トロツキスト」がいなかったとすれば、張志楽の「罪名」は不可思議なものになり、康生の「罪状」もまたあり得ない、という理屈になる。

ニム・ウェールズは、何かを胸中深く、秘めているように映った。

それは、苦渋に満ちて、

「これはとても複雑な問題です。結局、私の死後、真相がわかります」

と意味深長に洩らした言葉や、

「私は危険なのよ。なぜって私は多くの事実を摑んでいるし、そのことについて情報を伝える本を書くことができるからです」

と凄みの利いた言葉を吐いた辺りからも、ゆうに想像できるのであった。

3

ところで、張志楽である。

私の関心はおのずとそこに向かっていた。張志楽の生涯については、まだまだ知られていない部分が多く、肝心な問題が謎に包まれているからだ。ことに、彼の短い生涯の晩年期に当たる、延安に行く過程や到着したあとの実態については、まったくといってよいほど書かれていない。それはまだ、アジアの現代史の、書かれざる一章として、私たちの前に残されているのである。

その手がかりは、まったくないわけではない。たしかに、ニム・ウェールズのいうとおり、『覚書』は、謎を解く一つの鍵である。なぜか、スノー夫人は、キム・サンの全身像を理解する上で重要と思われるいくつかの要素を、『アリランの歌』にではなく、『覚書』のなかに託している。だから、『覚書』は、『アリランの歌』の附属的なものではない。前者と後者は、合せ鏡となっている。一方が、事実を伝えているとすれば、他方は、意味を含んでいる。もちろん、一方を読むだけでも、一人の亡命革命家の悲劇的なプロフィールは十分に伝わってくるように書かれている。その文章は叙事的スタイルで見事に整序され、首尾一貫していて、ほとんど完璧といっていい。だが、あえて、何らかの思慮によって、落とした部分があるのはたしかで、また歴史的事実が確定していない部分もあるのも否みえず、それが分かれば、歴史のなかの一人の人間像がいっそうあきらかになってくるのはまちがいない。

たとえば、個人的な関係では妻、趙亜平との関係である。一般に、張志楽は、この中国人妻との関係で、束の間でも平和的な家庭生活をいとなんでいたと信じられている。だが、『覚書』をつぶさに読めば、それは否定される。張志楽は、一九三四年一月に北京で趙亜平と正式に結婚し、一子をもうけた(彼は若い頃、別の女性との間にも子供を生んでいる)。その妻と幼な児を石家荘にのこしたまま、一九三六年六月に長年の同志である金星淑[10](中国名、金忠昌)らと計らい延安に赴くのだが、『覚書』をみると、「この妻は朝鮮につれていけない」とのべ、「関係を断ちきりたい」ともいっている。その理由は、妻の〝紊乱〟な性格のせいとされている。"promiscuous"を〝紊乱〟と訳すか〝気まぐれ〟と訳すかでは内実に大きな差があるとはいえ、キムのピュリタント的な結婚観にしたがえば、それが神聖であるためには、妻は貞淑でならねばならなかった。ここのところのくだりを、ニム・ウェールズは、何らかの意図、おそらくは惻隠の情によってか、落としてしまっている。

　こうしてみると、張志楽の家庭生活は、かならずしも幸福ではなかったとみることができそうだ。彼は、北京にいる頃、はじめてのすばらしい恋をする。しかし、実際に結婚したのは、三三年四月に中国警察に再び逮捕され、身辺が危うかったときに一緒につかまり、あとで窮地を救ってくれた娘・趙亜平であった。彼は、恋の成就より、忠誠を選んだのだ。

　こうした個人的事情は、キム・サンの恋愛観・人生観の推移をみれば、おのずと読めてくるものだともいえよう。彼が、革命と女性の関係について、かなりストイックな考え方をしているのは『アリランの歌』をみれば容易にうなずけることであるけれど、それだけに現実

(10)　**金星淑**　一八九八―一九六九。変名・金忠昌。中国名は金奎光。平安北道生れ。一九一六年に出家、金剛山で僧侶になる。三・一運動に参加、投獄された後、北京に赴き民族運動を展開した。広州に移ってキム・サンらとともに活動、広州コミューンにも加わった。一九三〇年代前半には、中国左翼作家連盟に加入して文筆活動をした。一九三〇年代後半、朝鮮民族解放同盟、朝鮮民族戦線連盟、朝鮮義勇隊の活動に関わり、のち大韓民国臨時政府国務委員にもなった。解放後に臨時政府の一員として南朝鮮に帰国した。四・一九革命の後、社会大衆党、統一社会党などの革新政党に関わったが、一九六一年の軍事クーデタの際、投獄された。

と理想のあいだでつねに自虐的に振舞い、そうであればあるほど不遇感になやんでいた「影」の部分が『覚書』には滲み出ているといえる。

次に、政治的側面でも、大切な鍵が『覚書』には秘められている。

たとえば、コミンテルンとの関係である。二、三十年代の各国共産主義運動は、このコミンテルンとの関係を抜きに論じることはできない。朝鮮共産主義運動にしてもまたおなじことである。じっさい、外国の党の指導下にあった朝鮮人共産主義者の運動は、この歯車にがっしりと組みこまれていた。だから、外国共産党と朝鮮人共産党員の関係がうまくいかなければ厄介であった、ともいえる。相互の協力が円滑にいかないとき、歴史の上では悲劇が生じる。

一九一九年三月、レーニンの指導の下に誕生したコミンテルンは、世界の共産主義運動を統括する立場にあった。それは、帝国主義列強とたたかい、社会主義革命をおしすすめ、植民地解放・独立闘争を支援するためのさまざまな手を打ってきた。だが、その指導なりテーゼが、各国の実情にそわなかったり間違っていたときは、大きな災いの種を生んだのもたしかであった。

張志楽は、コミンテルンにたいする自分の見解を、『覚書』の中でのべている。彼によれば、コミンテルンは第五回大会(一九二四年六月)までは、正しい路線を歩んだ。しかしそれ以降は、正しくない、とのべ、別のページでは、第六回大会(一九二八年七月)から現在までの主流の路線に関しては賛成であるが、賛成できない時期があった、とものべている。そして、自分は、レーニンを信用している、とも。このくだりは、張志楽の思想を理解する上で、貴重な手がかりになるものだ。一九二四年一月二一日のレーニンの死は、ロシア革命のみならず、コミンテルンの路線が大きく変化していく序幕となるが、スターリンとトロツキーの対立がまさにその代表的なものであることは人のよく知るところである。この両者の対立は、とどのつまり、「一国社会主義革命」か「永続革命」かの違いにすべて収斂されていく。『覚書』のなかでキム・サンは、中国革命をめぐるこの二人の革命理論の違いを分析しながら、彼自身は、「広州コミューン」(一九二七年一二月)は革命勢力の血ぬられた敗北とみなすトロツキーの否定的見解にたいして、反対の立場を表明している。その点では、むしろ彼の立場は、広州蜂起を「英雄的後退」とみなすスターリンの評価を受けとめているようにみえる。

張志楽が、コミンテルン第六回大会以降の運動路線について、どの点で賛成し、反対であったかは『覚書』には、明記されていない。この大会では、スターリンの意を体してブハーリンが戦略戦術を立て、綱領草案をつくっているものの、すでに彼自身の地位は脅かされていて、スターリンへの権力集中がすすんでいる時期であった。この綱領は、「社会主義の達成」とか「階級の完全な廃絶」などが謳われる一方、社会民主主義をファシズムの双生児とみなす「社会ファシズム」論の定義づけがなされるなど、きわめて矛盾の多いものとみることができ、歴史に禍根をのこしているものである。こうした状況について、張志楽が、「今ではすべてがスターリンによって決められる」と語っているのは、婉曲な表現ながら彼のスターリンにたいする批判的見解として読むことができそうだ。

しかしながら、「広州コミューン」当時の張志楽は極端に情報の少ない環境の中で、二五歳という若さもあり、スターリンとトロツキーによる熾烈な路線闘争をほとんど知らずにいたことをみても、革命という複合的な諸状況のなかで、彼がどこまで整合的な一つの革命理論を持っていたか、というと、むしろそれを望む方が無理というものなのかも知れない。これはキム・サンの生涯をつうじて言える問題であろうが、あの時代には誰彼なく、大なり小なり、こうした思想・理論上の混迷は避けがたいものであった。

いずれにせよ、『覚書』には、大切なことがのこされていた。そして、スターリンに従属したコミンテルンの方針は、そのつど人間の運命を変え、張志楽の人生をも左右するものでもあった。私なりにいえば、彼の「死」さえも、コミンテルンの眼に見えぬ糸とつながっているのである。

ところで、張志楽の「延安行」を、ニム・ウェールズはどう見ているのか。

彼女は、「完全な失敗だった」といった。

「キム・サンは、延安で歓迎されなかったのです」

「中国人は、キム・サンを理解できませんでした。彼らには、キム・サンがなぜ延安にまでくるようなことをするのか到底考えられなかったのです」

「本当に愚かにも、なんとも愚かしく、彼は延安に行ったのです。毛沢東が、一介の朝鮮人の言葉に耳を傾けるとでも思っていたのかしら。彼は、延安にいけば毛沢東と話ができて、毛沢東に朝鮮を助けてもらうことができると考えていたのよ。もちろん、そんなことはできっこないというのに。何の成果もありませんでした」

次々に、スノー夫人の口をついて出る言葉は、張志楽の「甘さ」を衝く、厳しいものであった。それをいうとき、ニム・ウェールズの表情には、口惜しさがありありと滲んでいた。一徹な母親が、いい訳を聞かない息子の不心得に業を煮やしている、といった図を想像させるくらいに。二人が「共著」となるノートを前にして語らっていた時、どんな会話が行き交ったのであろう。当時、延安でのキム・サンは三二歳、ニム・ウェールズは三歳年下の二九歳。ニムが、彼のおかれた政治的境遇に同情し、取材者の領域をこえて、親身になって助言した様子が眼に浮かんでくる。

私は、スノー夫人の紅潮した顔を見つめながら、現実と空想との落差の大きさを思い知らされていた。むかし、大学生の私は、『アリランの歌』のなかで、キム・サンが延安の抗日軍政大学で日本経済や物理や化学をおしえているのを知ったときは、ひそかに誇らしく思ったものだ。彼が、「極秘の朝鮮人代表」として延安で遇せられ、しかもそこで紅軍の幹部や兵士におしえている、というのはすこぶる民族的プライドをくすぐる話であった。それにキム・サンは、英語をよくし、仏語やギリシャ語までかじっている。一四歳で家出し、日本にもきた、中国各地を転々としながらテロリスト、アナーキズムの洗礼を受け、ついにはコミュニストとなったばかりか、中国の革命根拠地で、教鞭をとっているというので、まさに舌を捲く思いをしたものだ。

しかし、現実はきびしい。それは、理想をたえず修正する教師だといえるだろう。延安で

30代のニム・ウェールズ.

のキム・サンにも、それは仮借なく、あてはまるものだ。たしかに彼は、その知力を紅軍のために提供していた。が、それらは政治的に無難な科目のみだった。物理や化学や英語の基礎をおしえている分には、彼は有益であり、安全だと思われていたのだ。ひとに歴史や経済の見方をおしえる者は危険である。それは、ひとの思想を変えるからだ。キム・サンは、延安では、ひとにものはおしえても、思想を変えてはならない人間であった。肝心の思想を疑がわれていたからである。彼は、「トロツキスト」だと見做されていた。そればかりか、「スパイ」の嫌疑もかかった。

いったい、いつ頃からだろうか。延安で、いつから、彼は、そういうハメに陥ったのか。それがいつであれ、「抗大(カンター)」で講義しているキム・サンは、若い大学生が無邪気に民族的プライドをくすぐられていたのとはうらはらに、屈辱にまみれていたにちがいない。『アリランの歌』では、「日本経済」をもおしえていたとあるが、『覚書』では、外されている。この記述の違いは、もしかすると、最初とその後の、キム・サンにたいする延安側の対応の変移をしめす証拠になるかも知れない。

さらにくわしくいうと、キム・サンは、延安では、「講義」という自由しか与えられていなかった。当時、彼は、自分がそこに行きたいとねがっていた「満州」はおろか、前線に出ることも、白色地域に戻ることも禁じられていた。「スパイ」と「トロツキスト」の嫌疑をかけられていたのだから当然といえば当然であるが。

しかし、なぜ、こういうことになったのだろう。それを公開した中国側の文献『朝鮮族革命烈士伝』(第二集)には、具体的な説明がない。第一、張志楽の半生を要約した部分は、すべてニム・ウェールズの『アリランの歌』からの抜萃でしかない粗末さである。

だから、ここは、スノー夫人の見方をききたかった。

「延安にいたとき、彼は、おそらく人びとに日本が最初に革命を起こすだろうと言っていたはずです。そこで、中国人はたぶん、キム・サンはスパイであり、日本人を支援するためにああ言っているんだと勘ぐったのです。愚かなことでした。あんなことはけっして言うべきではなかったのです。外交的でありません。信頼しすぎたのです」

「彼は、外交的ではなかったのです。日本軍と戦っている共産党本部のある場所で、まず革命は日本で起こるだろう、なんて言ってはならなかったのよ」

考えてみると、これはたしかに異常なことであった。張志楽の「思想」なり、「革命」への展望は、今から思うと、まったく的外れであり、幼稚にさえ思える。だが、歴史の後智慧で、ああだこうだといったところではじまらない。肝心なのは、なぜ彼が、そういう革命展望を持つに至ったかが明らかにされることである。

この問題の詮索はひとまず措くとして、中国側の対応をみておきたい。

「トロイの木馬」の故事を引くまでもなく、紅軍の革命根拠地にやってきた者が、日本帝国主義の力を過小評価し、楽天すぎる勝利への展望をひけらかすとすれば、内側から城門をひらこうとするにひとしい行為、との見方が出てきても、あながち不思議ではない。時あたかも、毛沢東は延安の洞穴のなかで、『実践論』『矛盾論』を書き、党内における教条主義や経験主義を批判する一方、徹底抗日の持久戦論を打ち出している最中であった。

だから、この「危険人物」は、かりに「スパイ」でなくても、敵の思う壺に嵌まることを宣伝する人間であった。

それゆえ、この「要監視人物」を、延安は、誰にも会わせたくなかった。ニム・ウェールズが、魯迅図書館で好奇心をそそられた「朝鮮人代表」は、すでに要監視人物であったわけだ。ニムが、一週間後に、ねばった揚句にどうにか取材の許可を取りつけることができたのは、延安にとって相手がエドガー・スノー夫人という無視できない大切な「友人」であったからだ。これは、まさに特別の「パスポート」であった。一年前の一九三六年六月、毛沢東との劇的な会見を果たし、その取材内容を世界に発表して以来、エドガー・スノーは毛沢東が最も信頼する外国人ジャーナリストとなっている。

ここで、なぜ張志楽が、あえておのれを窮地に追いやってまで、自分の考えを主張し、かつまげなかったのか、その事情をみておきたい。彼ほどの人物が、なんの考えもなしに、ニム女史のいう「外交的」でない、自分の見解に固執するということはあり得ないことだから。よしんば、それが、彼女が歎くような「おそろしい誤ち」をおかす結果を招いたにしても、それは彼なりの思想と革命へのビジョンがしからしめたものと考えるのが自然であろう。

ニム・ウェールズは、再三、「水中の塩」という言葉を、キム・サンからきいた。その言葉を私に向かって彼女は何度かくりかえし、そのよってきたる意味を想起させようとした。

「覚えていますか?　私が『アリランの歌』のなかで、この言葉を使っているのを?」

「中国側は、彼の意見に賛成しなかったのです。要するに、彼が分離独立した朝鮮民族解放同盟を設立したがっていたのに、中国側は中国共産党の一員となり、彼らの命令を受けるように彼に求めたのでした。朝鮮人たちは、独立し、分離したがっていたのですが。「水中の塩」のようになりたくなかったのです」

ここでいう「水中の塩」という比喩は、『アリランの歌』では、もっとくわしく説明されている。キム・サンは、朝鮮革命の新しい有利な展望をのべながら、自国の革命勢力を温存するためには、中国革命は支援するものの、それ以上ではなく、朝鮮人を「水に塩をつむように注ぎこむわけにはいかない」との考えを打ち出している。「われわれは、われわれ自身の力を温存し構築して、世界革命におけるわれわれ自身の特殊な独自の役割を遂行しなければならない」

これが、張志楽の、基本的な思想であった。

そうであれば、中国における朝鮮人共産主義者のあり方は、中国共産党に加盟しつづけることではなく、実は一九二八年にその生命をいったん閉じた朝鮮共産党の再建に全力を傾注し、そこに結集すべきだ、との考え方が導き出される。この考えにもとづき、張志楽は、一九三五年五月以降は、中国共産党の党籍を回復する手続きをとらなかった。彼の盟友であり指導者格の金星淑がこの時期にやはり中国共産党を脱党しているのも、注目されよう。華北党委員会が、張志楽に党籍回復の意志を打診したとき、「いや、望まない。朝鮮人の側で働きたい」とはっきり拒否している。この部分は、『覚書』に出てくる。ところが、一九八六年に出た『朝鮮族革命烈士伝』(第二集)の、キム・サンにかかわる序文では、たんに「党内であありとあらゆる迫害と誤解を受け、組織関係までも回復できなかった」と記している。これでは、主客が転倒してしまい、本人の意志が、故意かどうか、ぼかされてしまう結果になっている。一人の人間の同一性の破壊につながりかねない記述といえよう。

考えてみると、張志楽は、肚をくくって出かけている。

あらかじめ、中心人物と目される金星淑らと連絡をとり合い、上海で協議し、無政府主義者や民族主義者の一部もとりこんで「朝鮮民族解放同盟」を発足させているのは、その周到な準備を意味するだろう。張志楽は、この同盟の中央委員の一人であった。そして、この同盟の、中華ソビエト地区派遣代表に選ばれているのである。この同盟の行動綱領(一九三六年七月)は、抗日闘争を基礎とするもので、「朝鮮革命のブルジョア民主主義階段を実現する」(『アリランの歌』)となっている。つまり、この同盟を核心として、張志楽らは「朝鮮民族連合戦線」を形成しようとしていて、その支持をとりつけるために、延安に行く必要があったのである。いかに自分たちで決めたところで、こうしたことは延安の承認なしには公知されないからだ。これが、現実の厳しさであった。よかれあしかれ、コミンテルンの「一国一党の原則」はまだ生きていたのである。

だが、国際情勢は動いていた。コミンテルン第七回大会(一九三五年)が、反ファッショ人民戦線の方針を打ち出し、同時に、各国共産党の組織的独立性を確認したことが、それである。おそらく、この新方針は、中国の朝鮮人が、待ちに待ったものであったろう。彼らの多くが、自由に朝鮮のために活動したいとねがっていたのは容易に想像できる。ちなみにこの当時の朝鮮人の革命運動の中心は、すでに中国東北部に移っていた。だから、朝鮮人革命家たちは、心理的にも祖国に近い「満州」に行きたがっていた時期であった。張志楽とても同じであったにちがいない。現に、「満州」には呉成崙がいて、彼は抗日連軍第一軍第二師団の政治代表という大物であったが、張志楽に「満州」にやってくるように連絡をよこしていたのだった。

それまでの中国の朝鮮人共産主義者たちは、「一国一党の原則」にもとづき、中国各地でたたかってきた。これは、国際主義精神にもとづく行動である。張志楽も、早くから中国共産党に加盟し、命を投げ出してたたかってきた。三〇年一一月に中国警察に逮捕されてからは、党籍が回復されないという逆境にあったが、それでも北京、石家荘など、行く先々で、党組織の拡大のために貢献してきている。

しかし、困難なのは、民族問題である。張志楽が、「一国一党の原則」にしだいに懐疑的になっていったのは、この民族問題のせい、と思われる。民族問題は、洋の東西を問わず、普遍的に存在する。人類の歴史がはじまって以来の課題だといってよいかも知れない。大国による小国の合併や統合、抑圧のあるところ、かならず民族的少数者の抵抗と反乱があった。これは、スターリンのヘゲモニーの下にあったコミンテルンがついに解決し得なかった問題であり今日に尾を引くものであるが、中国においてははたしてどうであったか。じつは、その悲劇的なシンボルとして、〝張志楽処分〟があるといえる。

キム・サンにとってみれば、延安での〝処遇〟は、よもやの出来事であったろう。彼が、延安に入ったのは、革命の総本山で、きっと自分の主張と念願がきき入れられるとの主観的判断があってのことにちがいない。だが、その〝読み〟が甘かったのは、ニム・ウェールズが指摘してやまないところである。

キム・サンは、進退きわまっていた。みずからをたのんでやってきたせいとはいえ、おそろしい嫌疑をかけられ、するどい論難に遭っていた。しかも、わが身は、肺結核に蝕まれ、回復の見通しはない。

「スパイ」という嫌疑の前で、彼はどのように身のあかしを立てようとしたのだろうか。彼は、自分の不運を呪咀したにちがいない。中国革命に身をささげていた三三年四月、彼は中国警察に逮捕されなければいけなかった。転向を拒否したために日本領事館に引き渡されたのは、朝鮮が日本の植民地のもとにあり、「日本人」という国際法上の規約を適用されたせいだが、朝鮮に送還されたあとでは日本警察の審問に耐え抜き、釈放されるや、三四年一月にはふたたび、北京の革命現場にもどってきている。ところが、あっさり釈放された、ということで党では朝鮮人の韓偉健らに警戒され、今では延安でも疑ぐられているのである。

彼が不遇感を抱いたとしても少しも不思議ではない。その不遇感とは、自分の無実を証し立てようにも、「証人」が見当たらない、というそれである。「日本のスパイ」という最も唾棄すべき、最も致命的な嫌疑を受けているとき、彼はおのれの潔白を証し立てる相手を持っていなかった。いや、それを証明することのできる者は、唯一人、いるにはいた。それは、日本の特高である。皮肉にも、敵こそが、非転向をつらぬいた自分をよく知っているのである。だからといって、延安ではどうできるというのだろう。

彼は、よもや自分が、「トロツキスト」として指弾されるハメになるとは思わなかったにちがいない。「トロツキスト」という呼称は、当時の延安では「一回革命論」なるものを主張する、「スパイ」と同義語にひとしい響きをもつ呪われし者の別名であった。それは、延安の見方にしたがえば、日本帝国主義が計画的につくりだしたものであり、反革命運動をおこなう者、敵の特務と通じて日本の侵略に有利な活動をする者、をさしていた。「トロツキスト」の大量生産が、トロツキーその人の思想の卑小化・歪曲によるスターリンのあくない粛清理論によって世界の共産主義運動に蔓延しつつあるとき、中国でもこの思想はきびしく弾劾されていた。

いずれにせよ、張志楽は、進退きわまっていた。前門の虎、後門の狼とはこのことである。彼は、孤立無援のなかで、必死になって自分を弁護するしかなかった。自分に救いの手を差しのべてくれるにちがいない朝鮮人や中国人の同志たちは、延安からはるか遠い地域にいるだけであった。

張志楽にとって不幸だったのは、彼の革命展望が甘かったことである。そればかりか、大いにまちがっていた。なかんずく、日本にたいする幻想があり、日本の革命勢力についての過大な思いこみは眼を掩うばかりである。三七年当時、もし日本共産党が、三〇万以上の労働者を全面的にその指導下においていたとすれば話はまったく別であるが。これは、『覚書』

にみられる、彼の心許ない情勢分析である。しかし、現実は、残酷なほど異なった様相をしめしていた。ニムにその分析を語る二年前、日本共産党中央委員会はすでに解体させられていた。日本帝国主義は、海外侵略というその野望を本格化する前に、日本革命の前衛をまず徹底的に破壊していたのだ。

だから、日本には今や朝鮮解放の有力な「革命基地」があるといい、日本で革命の決定的段階である民衆の蜂起があれば、朝鮮はすぐさま武装闘争に加わらなくてはいけない、と彼が考えていたことも、その日に備えて、朝鮮人革命分子が「満州」に結集すべきだと、彼が考えていたことも、すべて情勢分析の救いがたいあやまちがもたらした、それなりの避けがたい論理の帰結であった。彼は、いずれ朝鮮は日本と一つの単位になる日がやってくるだろうとまで予測している。

これは、殆ど、政治的虚言といってよい。彼は、虚言を吐いていたのである。ただし、きわめて真剣かつ誠実に。そうであればあるほど、彼ほどの明晳な知性と弁別力を備えた人物が、なぜこんな粗末な情勢分析でことをすまし、日本と朝鮮はいずれ「連邦共和国」になると揚言したのかという疑問が湧いてくる。これに対してはしっかりした説明がなくては叶わぬところだ。迂回するようだが、ここで思い浮かぶのは、ニム・ウェールズの不思議な言葉である。彼女は、張志楽の〝粛清〟の謎を解くためには、もっと歴史的事実をしらべるべきだときびしく注文をつけているが、「これはとても複雑な問題です」と洩らし、「私の死後、真相がわかります」とも意味深長に予言している。いったい、その隠された真実とは何であろうか。スノー夫人は、何をおそれ、何をまもろうとしているのか。もしかすると、彼女は、キム・サンの思想の本質については、『アリランの歌』のみならず『覚書』でもありのままには出さず、あぶり出すように仕向けているのかも知れない。そうであれば、これらの書は、まさに「パンドラの箱」みたいなものであるが、彼女がそれを今はみずからの手で開けぬ以上、この疑問を解くための鍵は、こちらで見つける外ないのである。ここはひとつ、卓越した彼女のリアリズム精神にまなんで、事実に照らして真実を探していく方法にたよるしか手はない。

さしあたり、その手がかりは、ある。それは他ならぬ張志楽の言葉であり、その中から彼の思想の核心を引き出すことは不可能ではない。張志楽の次の言葉は、いかに読まれるべきなのか。「われわれは、われわれ自身の力を温存、構築して、世界革命におけるわれわれ自身の特殊で独自な役割を遂行しなくてはいけない」(『アリランの歌』「朝鮮革命の分析」、みすず書房)。

ここでいわれている「世界革命」とは、何か。はっきり言って、この政治的理念は、たんなる「民族的メシア主義」からは生まれてこない。「水に塩を注ぐ」ことを拒否する彼は、民族革命を追求すると同時に、国際主義者として世界革命のなかでそれを位置づけていたことをこのことはしめしている。朝鮮は、地理的にも政治的にも、国際主義の国である、と彼が語っているのを思い出してもらいたい。

ここで目を惹くのは、張志楽の革命思想が、かなりにトロツキーの永続革命論と重なり合っているようにみえることである。彼は、こう言う。「朝鮮革命の高揚を決定する第一の条件は、日本国内における階級諸関係であり、日本プロレタリアートが盛り上がるとき朝鮮の運動も昂揚する」(『アリランの歌』みすず書房)、「もし日本にそれ(革命的蜂起)が起こる場合は、朝鮮はすぐさま武装闘争に加わらなければいけない。両者が一緒になって成功の好機が生まれるからである」(同書)。こうした彼の見解は、「社会主義革命は民族の舞台で演じられても民族的境界内での完成は考えられない」とするトロツキーの永続革命論とよく似ており、民族の解放と社会主義建設を国際的規模での階級闘争を基礎としてはじめて可能とみるトロツキーの革命思想の影響がつよく認められる。つまり、張志楽はスターリンのとなえた「一国社会主義」よりは、トロツキーの「永続革命」の方に、より近い心理と革命観をもっていたのだ。

張志楽は、自説をのべるときに、そのことに気づいていたのであろうか。抗大で、「経済」の科目を外されたのを自分にとって危険な黄信号がともったと考えていたかどうか。延安にしてみれば、中国との戦争期間に、「日本には一大恐慌が起こるであろう」(同前)と日本資本主義の全面的危機を予測する人物に、教鞭をとらせることは自殺行為にひとしいことであった。しかしながら彼は、もしかすると、自分がいつの間にか危険人物視されていくのをどこか他人事のように思い、最後までこの異様な成行を認めたくなかったのではなかろうか。ドイッチャーが言うように、迫害される革命家の心理として、彼は自説を理想化し、他人の影響を超越したものとして自己純化をしていた可能性がある。そうであればあるほど、彼は自己の思想と行動を統一的にとらえる立場から遠ざかっていく。他人との関係でいえば、彼は誰よりもレーニンの思想を「信用」していたとのべているのであるから、自分を「トロツキスト」として断罪する者にたいしては、自己の主張を卑小化・歪曲するものとして受けとめ、みずからをまもるためにも、けっしてそのことを容認しなかったと思われる。ここに、彼のアンビバレントな思想と実在がある。

それにしても、張志楽は、なぜこのような悲劇的な役割を担うことになったのであろうか。人間の運命は、どうあれ歴史のなかで生まれ形づくられるのであり、その人生が激しい変遷を体験すればするほど誤ちも避けがたい。そして、どのような人間的欠陥もそれが時代や人間の運命を変えるために貢献しているさなかにあらわれる場合は、かえって魅力的にさえうつるものだ。彼の人生にも、このことが当てはまるだろう。彼がその人生で体験した不幸とは、多かれ少なかれ、植民地時代を生きた朝鮮人の知識人や革命家がわが身に刻印させられていた困難であり、試練でもあった。その意味で、彼が生きた時代の歴史は、彼らの時代でもあり、彼らの人生をねじ曲げ、災いするものであったといってよいだろう。

日本も、彼に深い痛手を負わせた国であった。日本にたいする彼の幻想は、中国にたいする彼の幻滅とは好一対をなすだけに、余計めだつところがある。たとえば、彼には、日本の近代化にたいする幻想がなかったであろうか。日本の「大正デモクラシー」とは何だったのか。だが、日本に留学した朝鮮人留学生のなかには、日本の知的雰囲気にたいする憧れを持つ者がおおかったのはたしかである。「東京(トンギョン)」は、「憧憬(トンギョン)」でもあった。たしかに日本には、儒教的朝鮮には欠けていたものがあったのである。しかしながら、こうした知的仰望と期待が実質以上にふくれあがるとき、彼らは、玄海灘から知識とともに幻想をも持ち返っていった。これが、朝鮮の若い知識人や文学者たちの避けがたい宿命でもあった。張志楽は、三・一独立運動のほとぼりがまだのこっている一九一九年の夏ごろ(?)、玄海灘をわたり、東京で新聞配達をしながら受験勉強にはげみ、東京帝国大学に進もうとしている。日本に滞在したのはわずか一年足らずであるが、「極東における学生のメッカ」であり、「あらゆる傾向の革命家たちの避難所」でもあった当時の日本の比較的自由な知的環境が、張志楽の心のなかに刻印したものが大きかったのはいいなめない。それは、生涯、彼が日本人にたいしては好感を持ち、なかんずく、日本共産党員にたいしては、その誠実で自己犠牲をおそれぬ生き方にきちんと敬意を払っていたことにもあらわれている。彼は、日本帝国主義にたいする憎悪と闘争心は終生持ちつづけたが、それを日本人と同一視するような愚は犯さなかった。とはいえ、日本の革命にたいする過大な幻想が彼の命とりになったのは歴史の後世にのこした反省点以外のなにものでもない。

それに加えて、当時の朝鮮人共産主義運動にみられた理論上の問題と内部分裂の実情が、どこかで張志楽の判断を誤まらせるのに加担したと思われる。朝鮮が植民地化され、日本の中国侵略の兵站基地となっているかぎり、彼らは海外で祖国光復の日を夢み、さしあたりのものとして、中国革命のためにたたかうしか道はなかった。無政府主義者であれ、民族主義者であれ、共産主義者であれ、この一点においては一致していた。彼らは、その民族的心理としては、中国の大河の一滴となるより、祖国の大地におのれの血潮を染めることを望む感覚の、現実との齟齬にくるしみながら生きていた。そしてまた、彼らの各個べつべつの運動は、日本警察の巧妙かつ残忍な手口によって分断され、同時に、朝鮮人内部の派閥意識によっていっそう分裂していったのが実情であった。

張志楽がその中心的人物の一人であった「朝鮮民族解放同盟」は、はたしてどれだけの実体をもつ組織であり得たか。おそらく、それは華北の一つの派閥の域を出るものではなかったであろう。広大な中国には、あちこちに朝鮮人革命家が散在、分拠し、それぞれの派閥を形成していた。一九三〇年代の半ばにかぎってみても、民族主義者のさまざまの派閥があり、とくに韓国独立党と朝鮮民族革命党が有名であった。こうした主流をなす二つの民族主義党の存在にくらべると、共産主義者はすでに組織的な拠点を失い、分散・割拠して、それだけにきびしい状況に置かれていた。張志楽が、ともに天を戴かなかったとされる韓偉健[11]は、M・L派の指導者として朝鮮共産党の再建に執念を燃やしており、第四次事件で検挙をのがれ上海にいくが、コミンテルン第七回大会に「朝鮮共産党」の「代表」を自派から送りこんでいる。ついでに言えば、この韓偉健は、筋金入りの共産主義者で、彼の党歴や指導者としての長年の実績からすれば、はたして『アリランの歌』に出てくる「韓という名前の男」と同一人物なのか、キム・サンの「敵」として対決した人物なのか、いまひとつはっきりしない。張志楽は、朝鮮から上海に逃げてきた「韓」という「分裂主義者」の「愚劣なセクト的な態度」をロベスピエール的な峻烈さで批判し、「スパイ」との嫌疑をかけているが、「韓」

(11) **韓偉健** 一八九六―一九三七。三・一運動のときから朝鮮独立運動に参加。東京留学、帰国後は朝鮮共産党に加入。中国に亡命後、朝鮮共産党再建に努めた後、一九三〇年に中国共産党に加入、河北省委宣伝部長として活動。李鉄夫の名で中共の極左路線を批判して、一時党との連絡を断たれた。キム・サンが延安にいた一九三七年七月、同地で病死した。本書四四〇頁参照。

の方は、自分が中国共産党に入党できなかったのは張志楽のせいと思い、三〇年に張志楽が逮捕され、釈放されて出てきたときには、こんどは逆に「スパイ」とか極左の「李立三主義者」として「復讐」のために、「査問」にかけている。

韓偉健が、もし「韓」だとすれば、『アリランの歌』のこのくだりの記述だけで、彼の全体像を判断するのは無理があろう。韓偉健が「韓」だとすれば、彼の思想はもっと客観的に記述されてよい。張志楽と彼とのあいだの「私闘」には、もっとべつの背景があったものと想像される。それは、もしかすると、金星淑と韓偉健との間の路線闘争や分派闘争が基本としてあり、キム・サンは彼の立場を代行していたと推察される。年齢的にみても、張志楽は一〇歳も若く、韓偉健の指導力や実力にはかなわなかったとみるのがふつうであろう。強いて言えば、呉成崙や金星淑がそのレベルにあり、この推測からすれば、『アリランの歌』の記述には単純化があるか、事実誤認があると思われる。

しかし、いずれにせよ、当時の革命運動内部では、はげしい「分派闘争」があったのはまぎれもなかった。コミンテルンの十二月テーゼ(一九二八年)は、朝鮮共産主義運動における分派主義を非難しているが、その後の「クーシネン意見書」(一九三〇年)にせよ、分派運動をおわらせる根本的対策として、階級的視点を確立した党の再建を要求している。ところが、当時の朝鮮人共産主義者たちは、その目的のために統一戦線をつくろうとする際にも、自派の指導権にきゅうきゅうとしている。これが、当時の実情であり、張志楽たちが抜け出ることのできなかった運動の限界であり、今なお歴史に残されている課題なのであるが。

おそらく、延安は、こうした朝鮮人内部の実情をかなり正確に把握していたのであろう。そうであれば、どのていどに張志楽が処遇されたかは、その側面からも類推されてくる。また、張志楽の「宿敵」である韓偉健が、彼の延安行きを前後した時期にやはり当地に赴いているこことは注目すべきであろう。それが偶然のものか、何らかの因果関係があるのか、比定できる資料はない。しかし、それまでの対立関係からすれば、張志楽にとって不気味でこそあれ有利な事態ではなかった筈である。さらにその韓偉健にしても、延安で「病死」しているのは目を惹き、このくだりの真相は今後の研究にまつべきものである。

いずれにせよ、ニム・ウェールズが「延安に行くべきでなかった」というのは、そのかぎりで正しかった。彼は、無防備すぎたのだ。それに彼女が指摘するように、彼は、その主張と行動において、すべての面で正しいわけではなかったのである。忌憚なく言えば、張志楽は、理論指導者ではなく、また、思想家でもなかった。彼自身のことばを借りれば、「理論は私が自分でつくった一対の手錠のようなもの」であった。それは彼の両手をたばねたばかりか、ついには全身を金縛りにしていった、とさえいえる。しかしこのことは、彼が、鋼鉄のような意志と決意をもつ人物でないことを意味しない。それればかりでなく、すぐれた人間的感性と知性を備えた、有情の人でなかったことをも意味しない。彼は、本質的に革命的ロマンチストであり、その分だけ人生のツメが甘かったにせよ、生涯を人間解放のためにささげた人物であった。ローザ・ルクセンブルクの言葉を思い出すのは、この際ふさわしいだろう。「歴史的に真に革命的な運動によっておかされた過ちは、賢明きわまりない中央委員会の無謬性よりも限りなく実りゆたかなものである」。キム・サンは、ニム・ウェールズがいう通り、彼女が七年間アジアですごしていた期間に出会った人間群のなかで、「最も魅力のある人物の一人」であったことは信じてよい。

「あの人は――」

とスノー夫人は面影を偲ぶ口ぶりで、

「口を閉しているべきでした。外交的な手腕に欠けていたのです」

と吐露した。

「外交的」に振舞えば、あるいは非業の死をとげずにすんだであろうか。たしかに、「トロツキスト」とか「スパイ」という決定的な罪名を着せられている段階では、どんな振舞もむなしいものであろうが、中国共産党からの「分離」を主張せず、抗日路線に忠実に「一国一党の原則」に沿って生きたならば、あるいは長征をした武亭のように中国人に信頼され、ともに戦うこともできたであろう。それは、彼が生きのびる道でもあった。そして、祖国へ帰る日を期待することもできたであろう。よしんば、帰国後にどんな生涯を歩んだにせよ、である。だが、彼は自分が正しいと信じれば、誰が何をいおうと、その主張を変えることをしない人間であった。それが、彼の個性であり、長所とも欠陥ともなってあらわれるものである。とにかく、彼は、当時の中国人がよくつかった「没有法子《メイヨウファズ》(仕方ない)」とか「馬馬虎虎《マーマフーフ》(まあいいさ)」といった言葉を嫌っていたのだ。自分の処世術のために、彼は、延安に出かけたのではなかった。

スノー夫人は、私を喰い入るように見つめておもむろにこういった。

「あなたはキム・サンが彼の自伝を語り終えたとき、何と言ったか、わかりますか？」

私は答えなかった。もとより、知るすべもないことだからだ。しかし、スノー夫人の表情には、何か挑みかかるような耀きがあって、どこか眩しく感じられた。

「彼はこう言ったのです。『私はなぜかわからない。なぜ、こういうことになるのか、想像できません』と。さらに彼は『私は何もしなかったのに、彼らが私をこのように扱う、ただ一つの理由は、私が朝鮮人だからとしか考えられません』と、そう言ったのですよ。彼は、朝鮮人という、アウトサイダーでした。彼は、中国に属していなかったのです。もっとあるのですよ。中国人は、朝鮮にまったく敬意を払っていませんでした。朝鮮は、独立国家ではなかったからです」

私は、つぎつぎに通訳される言葉を黙ってきいていた。だが、内心では、スノー夫人の直截的な言葉がつらく感じられた。キム・サンの吐露には自虐的な要素があるにしても、こう言わずにはいられなかった気持は伝わってくる。また彼女が、あえてこういう話を私にしている本意がどこにあるかも理解することができる。彼女の口調には、肝に銘じておくべきだと迫るような調子があるが、きっとこの調子で、キム・サンにもいろいろと助言したのではあるまいか。

思ってみれば、これはむずかしい問題である。延安にとってみれば、張志楽は、厄介な「外国人」であったわけだ。延安は、朝鮮の独立のために手を貸したが、張志楽はニム・ウエールズのように大切な「友人」でも「外国人」でもなかった。朝鮮は、独立国でないために欧米人がふつう享受することが可能な特恵や敬意、そして期待とか関心を中国人から望むのはむずかしいことだったにちがいない。

三七年当時、延安には、何人かの欧米人がいた。スノー夫人を除けば、アメリカ人のアグネス・スメドレーとジョージ・ハテム(中国名、馬海徳(マハイテ))、それにドイツ人のオットー・ブラウン[12](中国名、李徳(リテイ))である。ジョージ・ハテムは、三六年夏に延安に入り、それ以来、八路軍ではきわめて数少ない正規の医師として歓迎されていた。ほどなく、カナダ人のノーマン・ベチューン医師も、その無私の貢献によって賞讃の的になるのであるが。スメドレー女史は、三七年二月に延安入りし、中国人民の永遠の友として、新しい著作の仕事に取りかかっていた。そして、コミンテルンが派遣したオットー・ブラウンは、中国革命のやり方でことごとく毛沢東と対立しながら、丘の上の「城」のなかで暮らしていた。

ニム・ウェールズによれば、「延安では、スメドレーとオットー・ブラウン、そしてキム・サンを除けば、みんな朗らかで楽しそうであった」(『私の中国時代』)ことになる。スメドレー女史のことはとにかく、李徳が不機嫌で、人を避けて超然としていたというのは十分に想像できることだ。それはともかく、彼ら欧米人は、どうあれ「正客」として、それにふさわしい待遇を受けていたのはまちがいない。いかに、洞穴のなかで、ねずみと同居していようと。そこが、「朝鮮人」のキム・サンとちがうところであった。オットー・ブラウンとキム・サンの共通点は、あきらかに存在するだろう。この二人は、理由はちがうにせよ、中

(12) オットー・ブラウン　一九〇〇—七四。第一次大戦後、ドイツ共産党員となり武装闘争に参加。ソ連のフルンゼ陸軍大学に学んだ後、一九三二年コミンテルン軍事顧問として中国に派遣され、中央ソビエト区で軍事作戦の指導に当たった。長征に参加したが、毛沢東が中共の指導権を確立した遵義会議で中共は李徳の軍事顧問としての地位を取り消した。三九年まで延安にとどまり抗日軍政大学で教えたが、中共に対する影響力はなかった。

国にとって「異端」の思想を延安に持ち込んだために、毛沢東からしりぞけられていた。そのために二人は、超然として打ち溶けない、その外見においても似ていた。オットー・ブラウンは、自分の軍事戦略を毛沢東から嘲笑されるたびに怒りっぽくなり、「城」にこもってドビッシーやラヴェルの音楽に耽っていた。一方、キム・サンは、洞穴のなかで、自分の「暗号」で小説を書いていた(『中国革命の内部』)。ニム・ウェールズは、最初に会ったときに、この朝鮮人はきっと陰謀型の人物なのだ、と思いこんだくらい、キム・サンは暗い顔をしていたのは以上のような事情があってのことなのだ。

スノー夫人は、またもや話しかけてきた。

「彼は、作家で善良な人間でした。説明できませんが、とても並はずれていて、人柄がとても優れていましたよ。でも、老錬な共産主義組織家ではなかったんですね。そんなたぐいの人間とはまるで異質の人でした」

過去の回想に浸っているニム・ウェールズを見ていると、私は、直情径行なキム・サンの性格や多感な人となりが想像され、今にもキム・サンがこの部屋にぬっとあの長身を引っさげて現われ、話しかけてくるような錯覚にとらえられた。それは、不思議と懐かしい、自然の感情さえ伴っていた。

しかし、それは絶対に起こり得ない現象である。キム・サンは、延安で、その命日さえも知られぬまま永遠に口を閉ざしてしまったのだから。

その張志楽にとって、ニム・ウェールズは、おそらく延安で心をゆるした唯一の外国人であった。わずか二〇回ばかりの接触とはいえ、ローソクの火を頼りに取材する彼女の知的で犀利な質問に答えることは彼にとっては日々の歓びでありながら、ついには精神的苦痛にも高められる道なりであったかも知れない。二人は、衛兵につきそわれ、日によってはニムの居所をあとにして、丘の上や洞窟や寺院を歩き廻っている。

考えてみれば、キム・サンが彼女にのべたすべての感懐は、一種、遺言という性格を帯びていよう。彼は、ほどなく延安を去るこの才色兼備のアメリカ人ジャーナリストにわが半生を託すことで、何らかの意味を後世にのこそうと賭けたのだった。そうしてみると、超然として打ち溶けたことのないキム・サンがようやく笑顔をみせたという、取材を受諾した日の彼の表情は、また一段と私の想像のなかで濃い。

今年(一九八七年)は、張志楽が逝って、ほとんど半世紀になろうとしていた。

私は、ニム・ウェールズに相談を持ちかけてみた。もしも、「キム・サンの生涯を追悼する夕」のようなものを持つことができるならばと考えたからだ。その試みが、スノー夫人の手でおこなわれるとすれば、これ以上ふさわしい人物はどこにもいないと思われた。

インタビューの最後に、私がこの件を切り出したとたん、スノー夫人は、にわかにきっとなった。彼女は、キム・サンの回想に浸っていたのではなかった。

スノー夫人は、ただちに拒否した。どの国が、彼のその〝夕〟を歓迎するのか、というのだ。それをいう彼女は、何かを激しく怒っているのだった。

4

三日間、インタビューはつづいた。

毎朝九時、私たちはムンガスタン通り一四八に到着し、ヘレン・フォスター・スノー夫人に朝の挨拶をする。これが、一日のはじまりであった。インタビューは、昼食の刻をはさむ以外は、ほとんど休憩もなく、一日八時間はつづけられた。

このインタビューの意義を、彼女にせよ私たちにせよ、大切にしていたからである。

初日の取材が終わったとき、私は、ようやく〝謎〟が解けたことに気づいていた。それは、“a lot of trouble for us all”の意味するものである。

「厄介な事」は、他人のみならず、わが身にも振りかかる問題である。その「厄介な事」を、彼女はみずから引き受けたのである。彼女がしゃべった内容は、けっして生やさしいものではない。すでに見たとおり、一つの「革命伝説」にたいして異議申し立てをし、否定しているからである。このことを、中国の現政権がどう思うか、おそらく愉快ではないに違いないが、しかし彼女は、中国の長年の友人として、あえて自分の懸念をはっきりと表明しているのである。

その姿勢は、スノー夫人の生来の信条からきているのはまちがいない。それは、“do-gooder”という生き方に尽きる。

二日目のインタビューの冒頭、この英語の訳語をめぐって、彼女は質問リストをみながら厳しく注文をつけた。私が、スノー夫人の人格形成を、「作家あるいは思想家、社会改良家」と位置づけたとき、彼女は、私をさえぎり、自分は「社会改良家」なんかの類ではない、と断乎として拒否したのである。

〝do-gooder〟とは、〝善いことをする人間〟の謂なのだった。彼女は、自分の本質を、この一言で明快に説明していた。「社会改良」とは、「たんに繕う」ものにしかすぎないが、「善いことをする者」は、根本的に「革命」をする者なのである。しかし、それは、共産主義者のやり方ではなく、彼女独自の〝do-gooder〟としての思想や生き方に根ざしたもの、なのである。

この「善いことをする者」である以上、スノー夫人は一切の社会的虚偽、体制的偽善にたいして、〝No〟を唱え、非妥協的に、正義を主張せざるを得ない。すべての善きことをもとめるその生き方は、おそらく神との契約にはじまるものなのだ。神はその契約を批准し、彼女の任務に封印をなし給うたわけである。そうであるかぎり、その事業のために彼女は、おのずと自分に厳しい克己の精神と自己犠牲を要求せざるを得ない。〝do-gooder〟は、際限なくつづく道を歩く人にひとしく、途中で停まることは、この精神から〝降りる〟ことになってしまうからだ。彼女が、中国に旅をしたのも、私たちの旅を引き受けたのも、キム・サン〝処刑〟説に異議を申し立てるのも、このことで説明される。

私は、ニム・ウェールズの人となりや思想を知りたいと思っていた。わずか三日間の触れ合いで、それができるとはまさか考えていなかったが、渡米に先立ち、あらかじめスノー夫人が送ってくれたいろいろなエッセイや回想記を読んだことで、いくらかでも彼女の世界に近づくことができたつもりだった。しかし今は、もっと深く、この人の全体像を知る必要があると思ったのである。そのひとつとして、キム・サンとの共著である『アリランの歌』をニム・ウェールズの精神世界に即して読み直してみれば、それまで眼に見えなかったものがはっきりしてくるのではないか、というひそかな期待があった。が、同時に、この書を離れても、ニム・ウェールズその人をとおして、一つのアメリカを知る、あるいは発見することができる、との新しい考えも湧いてきたのだった。

すでに、私は、その徴候を見出していた。

それは、思わぬことに、郵便配達夫が持ち込んできた。インタビューの二日目、航空便の荷物がニム家に届いた。その荷物は取材の最中に届いたが、私たちはほっとした。それは、ニューヨークを出発するときに私たちがあらかじめニューヘブン空港に宛てて送ってあった、日本から持ち込んだ大きな一幅の刺繡画であるが、空港に着いてみると、そこの荷物引取所には着いておらず、私たちをあわてさせたものである。私は金髪の女の子のうんざりするほど事務的な応対に腹を立てながらニューヨークに問い合わせるように督促し、とりあえず二人は出迎えのチェ医師夫人の車に乗ったのだった。それがいまスノー家に届いたので、やれやれと胸を撫でおろした。

さっそく、梱包を解き、私たちは横長の額に入った刺繡画をニム・ウェールズに披瀝した。御徒町の朝鮮アパートで私が妻にたのんで買ってきて貰ったその刺繡画は、金剛山一万二千峰を象ったものだ。一九三六年夏に、ニム・ウェールズは朝鮮に短い旅をした折、金剛山に登っている。そのことにあやかり、何かの記念にと持ってきたのである。そんな趣旨を説明して贈呈しようとしたところ、

「ありがとう」

とスノー夫人は感謝した。

だが、彼女は受け取らなかった。意外な顔をすると、

「贈物はとても嬉しいです。でも、これは物質です。これは精神的なものではありません。だから、いただくわけにはいきません」

と断わった。まったく、思わぬ展開であり、私は朴重鎬と顔を見合わせてしまった。

「しかし……」

「いいえ。たんなる物質です。私たちは精神的に結ばれている。それで十分です。それは物質なんぞでは到底得られない大切なものです。そうではありませんか」

「でも、志として持ってきたものですから」

そんな押し問答がなんどか繰り返された。私は、その段階では、彼女がなぜこれほど頑固に固辞するのか、真意を摑みかねていた。アメリカは、よろずに合理主義の支配する国である。それが資本主義の総本山であるこの国での生存競争に生き抜くときのごく普通の人間関係であり、それだけに"give and take"の徹底した社会構造を持っている、と何かの本で読んだ記憶がある。

だが、その常識が、ここでは通用していないのである。

スノー夫人は、半ば当惑している私を見て、むしろ怪訝そうに話しかけた。

「どうしよっていうんです。ご覧なさい、この部屋を。もう何もかも、びっしり詰まっているわ。一体、どこにこんな大きな額縁を掛けておく場所があるっていうの？」

たしかにそれはそうだった。この部屋の壁は、彼女の二つの肖像画や花や本棚やですっかり占められてしまい、どこにも空間はなかった。

「折角ですから、これは頂いとくけれど」

と彼女は折りたたみ式の韓国土産品の小さな屛風を受け取った。そして、私たちが遠路はるばる傷つけないように気をつかって持ってきた金剛山の額縁の運命はというと、われらが友、チェ医師の自宅に落ち着くことになった。何かと骨を折ってくれたドクター・チェに酬いるのがいいわ、という彼女の発案で決まったのである。

だが、スノー夫人は、そればかりか、私たちが用意していった取材費をも固辞した。アメリカまで二人でやってくるのに金がかさんだだろうし、この金は雑誌を創るのに役立てた方がよい、といい、頑として受け取らないのだ。

二人は途方に暮れてしまった。好意は有難いけれど、もともと準備してあったものだし、いくらなんでも図にのって甘えるわけにはいかない。これは、けっして“give and take”の原理からではなく、彼女の協力に対してごく当然のこととして私たちがしめそうとしている態度なのであった。しかし、スノー夫人の態度は変わらなかった。私は考えこんだ。それが、彼女の思想と人生観から由来していると知れたのは、三日間をつうじた、さまざまの対応からである。

インタビューの最中、スノー夫人は、精神と物質に関する自分の思想に触れた。

「物質と精神、二つの異なったものがありますね。あなたが持参したこれらの贈物は、物質です。それらはなくなりますし、単なる贈物というものです。でも私たちの間には、高い精神的な資質が介在しているでしょう。あなた方と私は、この精神的な資質を共有しているのです。なぜならば、私たちは同じ本をもっているからです。あなた方は私に会いにきました。これは特別な旅なのです」

スノー夫人は、私たちの訪問を「特別な旅」と位置づけていた。それは、『アリランの歌』によって結ばれた旅であるが、そこには共有すべき精神的世界が存在していると説くのである。

私の頭のなかで、そのときになってはじめて、"pilgrim"という単語がゆっくりと一つの世界像を結びはじめていた。それは、スノー夫人が、単純に、この言葉をさっきから使っているのではない、ということに気づいた、ということでもある。この言葉には、どうやら宗教的な意味が含まれていた。そういえば、スノー夫人は、プロテスタントであった。迂闊にも、私はこの事実にそれまで重きを置いて考えていなかったのであるが。私にとって、ニム・ウェールズとは、敬愛の対象であっても詮索の対象ではなかった。それが、私の、宗教にたいする無知から多分にきているものだとしても。

だが、今は、ニム・ウェールズを理解しようとすれば、宗教という側面から、彼女という存在を見直してみる必要があった。それは、異質の文化に私自身が触れかかることであろうが、またこのことはまた『アリランの歌』が成立した根源的なものに立ち入るという新たな入口を見つけたということでもあった。

とはいえ、その段階で、私がスノー夫人をよく理解していたということにはならない。それは、ちょっとした彼女の振舞いに対する私の戸惑いにもあらわれていたと思う。

例の贈物は、スノー夫人の意向で一件落着したが、いったん彼女に贈ったものとし、なにかの記念にと手渡す場面をキャメラに納めることになった時のことだ。じゃあ、と私が金剛山の刺繡画を気さくに手渡そうとすると、スノー夫人は、待ったをかけた。何だろう、といぶかった私に、跪いて捧げよ、といっているらしかった。

私は、とまどって彼女を見つめた。一瞬、脳裡をよぎったのは、孤高な老婦人の残忍なほどの自己劇化の影である。「女帝」[13]という彼女につきまとう伝説的な評判を私は思い浮かべた。若かりし頃のニムは、エドガー・スノーがいうとおり、その美と知力によってつねに取り巻きを擁する女神のような存在であった。そういう両方の資質を、老いてなお、その片鱗を失っていないニムの、これは「女帝」としての傲りではないのか。

一方、私が、こんなことを考えたのもたしかであった。

もしかして、今ニム・ウェールズは、キリストとして私たちの前に降臨しているつもりなのでは……。キリスト生誕を祝いに東方から三博士が幾つかの捧げ物をたずさえて馬小屋に

(13)「女帝」　エドガー・スノーの『目ざめへの旅』に、次のようなくだりがある。
……アメリカで中国について学び、彼女の言葉によれば、ある日「アジアの女帝」になろうとこの地に来たのである。彼女は上海アメリカ総領事館で臨時の仕事をしていた。
「女帝になるには帝王が必要じゃありませんか。結婚しないといわれたのはどういうわけです」
「あれは言葉のアヤ」と彼女は笑った。……

おとずれる図が、ちらっと私の頭に浮かんだ。このていどの知識は私も持っていた。もっとも新約聖書とちがっているのは、当方はアジアからやってきた二人の男であることだが、いや、チェ医師を加えると三人になる。それに、この部屋はまさに馬小屋のように雑然としているではないか。

だから、私は、ぎくりとし、スノー夫人の威厳のある、真に迫った顔をおもわず見つめ直したほどである。彼女の容貌のなかに、窺い知れぬある種の狂気を見つけ出すのを怖れでもするように。

こんな想像がとっさに湧いたのは、その前にこんな場面があるからだろう。すでに表敬訪問をすませた日、私は、スノー家の貧しいたたずまいや彼女の強烈な印象から、鬼趣のただようものを感じ取っていた。図らずも、そのとき一つの映画が思い浮かんだものだ。それは、中学生の頃に観た「サンセット大通り」というアメリカ映画である。荒れ果てた邸宅に住む老女優が銀幕への復帰を夢み、若い脚本家との恋にも破れて、ついに狂ってサロメの扮装でキャメラの前に立つ、鬼気迫る幕切れであったのを憶えている。名画であった。しかし、その映画のシーンが、ニム・ウェールズの印象とだぶってきて、われになく不安であった。

三日前の、そのときの不安な気持を再現させたのが、「キリスト生誕」の、私の、勝手な想像であった、といえる。

だが、こうしたことが私の空想癖からくるものである以上、私はきちんと現実に立ち返り、事柄を処理すべきであった。私は、抵抗しなかった。照れながらも、床に跪き、恭々しく、その額縁をささげ持った。スノー夫人は、それを受けとる自分の役どころに満足し、とてもご機嫌であった。私は、このシーンについてどんなことがいえるにせよ、おおらかに理解したかった。よしんばそれが、一瞬の幻視の舞台だとしても、彼女にはその世界を支配し享受するだけの威厳と資格がある、と思いたかった。

ところで、「特別な旅」のことだが、この意味について知ろうとすれば、もっと彼女の精神内部に入ってみなければならない。彼女は私に「精神的な活力」をもとめていた。

「精神的な活力」"Spritual Power"。この言葉は、スノー夫人が好んでつかう慣用句である。造語といってよいかも知れない。彼女の生涯の回想と思索のなかから生まれてきた信念であり、思想である。どうやらこれは、"do-gooder"としての志向性と照応し、その精神的な核ともなるもののようであった。彼女によれば、この「精神的な活力」とは、宗教的範疇をも超えたものであり、現存する資本主義や社会主義をも超えたものである。体制と体制、異なった文明をもつ人間と人間を結びつける「架橋」である。

この「精神的活力」が、ニム・ウェールズの内部で、いつ芽生えたのかとなると、それは彼女自身の「特別な旅」に求められるにちがいない。言うまでもなく、それはアジアへの旅であり、中国、朝鮮、日本、フィリピン遍歴の歳月のなかで芽生え、増殖していったものと思われる。なかんずく、七年の歳月をそこで過ごし、その後も一貫してかかわりを求めた中国との関係を抜きに、彼女の思想形成と哲学的見地は語ることはできない。さらに個人的な関係でいえば、彼女の生涯を彩るいろいろな人物、影響をもたらし、忘れがたい記憶を刻印した人物のなかには、キム・サンが加わる資格を持っているのはたしかである。彼女は、「自己克己」を核とする一種の哲学観を持っているが、この人生への態度を自恃するとき「つねに思い出す」(『私の中国時代』)のは、延安におけるキム・サンの「何ごとにも勝る清い魂」(同前)であった。

だが、この「特別な旅」についていうとき、どうしても立ち帰らなくてはいけないのは、宗教とのかかわりであろう。ニム・ウェールズが、プロテスタントであること、そして清教徒としての信念を持つ生き方のなかに、この「特別の旅」を解く鍵があると思われる。

彼女の家系を遡ってみると、先祖は、イギリスのウェールズ出身であり、一六三五年にマサチュセッツ湾にやって来、コネチカット州を築いた六家族の内の三家族の出身である。メイフラワー号が、ニューイングランドのケープ・コッドに錨を降ろしたのは一六二〇年一一月一一日のことだから、これに遅れることわずか一五年であり、先祖は最先陣を切って新大陸に渡ったグループに属している。ニューイングランドのプリマスに最初に入植したこれら渡来人は〝ピルグリム・ファーザーズ〟と呼ばれた。世にいう〝巡礼の使徒たち〟、である。このピルグリムズが、母国イギリスを後にした理由が宗教上の抗争にあり、ローマ・カトリック的な権威をカサに着たイギリス国教の弾圧を潔しとしない清教徒たちであることは言うまでもない。

スノー夫人は、ユタ州の弁護士であった父をもち、「英語を早口で話す」母の下に四人兄弟の長女としてソルトレイク市で育ったが、このピルグリム・ファーザーズの精神を受け継

散歩するニム・ウェールズ.

いでおり、それを誇りとしている。自分が何であり、何であるべきかを考えるとき、ひとはしばしば自分の原点に立ち返る。スノー夫人について言えば、自分の先祖がウェールズ出身であり、彼女が清教徒の末裔としての生き方を求めていることと同じである。上海でエドガー・スノーと一緒に頭をひねってつくった彼女のペンネームが、ニムはシェークスピアから借り、ウェールズを彼女の両親の故郷からとったのは、伊達ではない。自分の、アイデンティティの証明であるわけだ。

こうしてみると、スノー夫人のアジアへの旅は、精神的にはピルグリムズの末裔としての〝巡礼〟であり、〝ブラザーズ〟を求める「特別の旅」という要素を介在させていたことがわかってくる。あえていえば、キム・サンは、そのブラザーとなるべき、ねがってもない素材であった。朝鮮は、アジアでも稀にみるキリスト教徒の多い国であり、なかでもプロテスタントが当時その大部分を占めていた。これは、この「隠者の国」の民にたいする、西欧列強による伝道が、いかに熾烈であったかをしめしている。張志楽も、未成年期には、故郷でキリスト教の影響をそれなりに受けていた。平壌のキリスト教系中学でまなび、宗教については、三・一独立運動の頃は人間と民族の解放につながるものとしての理想を抱いている。また彼の母は熱心な信者で、欠かさず教会に通っていた。総じて、青年期の彼は、ヘーゲルやフォイエルバッハの書物をつうじ、キリスト教にたいして批判的になっていくが、それでも、宗教が一定段階では実践的な社会理想主義の役割を担うことを認めており、たんなる精神的道楽ではない、との見方をしている。彼の、こうした生い立ちなり感性は、ニム・ウェールズにとってはまさに重要なものであったにちがいない。もし張志楽が、宗教についてまったく無理解な、「ただの共産主義者」であったとするならば、はたして彼女があれだけ強い関心と取材意欲を持ったかどうかは疑わしい。張志楽は、キム・サンではあり得なかった、のではないか。

ここで、もういちど、『アリランの歌』に立ち返ってみたい。なぜ、「共著」が成立したのか、私がその動機を訊ねたとき、スノー夫人はいみじくも、

「私は、彼に、或る不滅を与える神の役を担ったのです」

と答えているが、この「不滅」とか「神の役」という宗教的匂いのつよい言葉は、ピルグリムズの巡礼精神を中心に据えてみるとき、はじめて深い意味をあらわしてくるものだ。

もっとも、ここで注意しておきたいのは、ニム・ウェールズのピルグリムの動機をあまり古典主義的に宗教的秘儀としてとらえてしまうと、こんどは彼女が、「ただのキリスト教徒」となってしまい、キム・サンの受け入れるところとはならなかったということだ。なぜならば、彼女がたんなるキリスト教徒として、「神の役」をつとめようとするならば、マルクス主義者のキム・サンは、自分の生い立ちや体験から、そこに内在している偽善はすかさず見破った筈だし、「共著」の精神は生まれてこない。だから、二人のあいだには、おたがいの思想と宗教の枠組をこえたレベルでの、精神的な力をたしかめ合おうとしたとみるのが妥当であろう。どうあれそれは、従来の宗教や教条的なマルクス主義をこえた何か、なのであり、歴史の発展の中での革命性をもつ何か、でなくてはならぬものであった。それを、スノー夫

人は自分なりに「精神的活力」とよんでいるようだが、彼女のそれは宗教思想としてみれば、進歩的なキリスト教的社会主義の領域でとらえられるものなのかも知れない。しかし、これはあくまでも臆測にすぎない。一方、キム・サンが今は何も語らぬ以上、やはりこの「共著」という契約の思想が何であったか、推し量るよりすべはないのであるが、おそらく彼は、自分を「異端裁判」で死に追い込んでいく現存社会主義のもつ思想的限界への深い懐疑と未来への夢を抱いて、あえて「神の座」についたのではあるまいか。

それならば、なぜ彼女は、私たちに向かって、「これは特別な旅なのです」と強調したのであろうか。スノー夫人が私たちの訪問をたんなる偶然の出来事(取材)としては受け止めず、キム・サンの生涯をめぐる歴史的因果としてとらえているのはまぎれもなかった。

ここにも、ピルグリムズの精神の活力を求める、彼女の意向が働いているものと思われる。だが、それは狭義のものではなく、在来の宗教を超えたものであり、さらに民主主義的な価値をもつ、「精神的な活力」というものであろう。その彼女は、刻苦勉励してきた自分の禁欲的人生をかえりみつつ、人間の解放と人類の普遍的な価値を追求する、“do-gooder”としての困難な道を歩むことを、アジアから訪れた〝若い者〟に期待しているのである。そして、彼女の信仰的想像力によれば、キム・サンは、この日の私たちの出現を予想していたことになるのだった。

スノー夫人の私生活は、きわめて質素である。

廃屋に近い家の外観からして、そうであった。すでに書いたように、私は、表敬訪問の日、その様子を眺めて、衝撃を受けたのであった。

だが、これはヘレン・フォスター・スノーの生き方にたいする私の無知からきているものでしかない。彼女は、ちっとも、質素な生活を苦にしていない。家の外見がどうあろうが、それは〝物質〟でしかない、ということになる。

こうした彼女の生き方はじつは清教徒のもつ、禁欲主義的な生活を励行しているところから来ている。マックス・ウェーバーの言葉を借りれば、それはまさに、禁欲的プロテスタンティズムのもつ反営利的性格、といえる生活である。

私生活に容喙するようで恐縮だが、部屋の中は、お世辞にも綺麗だとは言えなかった。書斎と居間をのぞけば。ある部屋は、衣類が乱雑にぶち込まれて山をなしており、トイレの中のバスも汚れていた。そして、五間ほどの書斎はといえば、机の回りは資料で堆くなり、昼でも仄暗いので裸電灯をつけているその部屋は何かの蔓で編んだ花が暖炉の辺りを飾っていなければ、いかにも殺風景の感は免れなかったであろう。台所は、料理のために余り使っているようには見えなかった。せいぜい、スーパーマーケットでまとめて買ってくる食糧をガスレンジで温めて食べる日常のようだった。

もっとも、アメリカのような広大な土地で不便なく暮らしていくためには自動車が不可欠である。スノー夫人はニューヘブンから一時間も北上した郊外のマジソンに居を構えている以上、どこに出るにしても、自動車に頼らなくてはいけない。しかし、彼女は、この文明の道具は持っていないので、日常生活では、他人の手助けを必要としていた。この役を担当しているティム・ジェネットは、数マイル離れた所に両親と住んでいる巨漢の三〇がらみの独身男で、私たちが訪問した最初の日から顔を出していた。イタリア系なのか太い眉と鷲鼻をもつどこか気のよさそうな男で、この青年をスノー夫人は私たちに数カ国語をあやつる才能の持主だと紹介した。が、どうやらそれは彼女のお世辞で、私には独学者の匂いのつよい、たんなる言葉の蒐集家(マニア)にうつった。彼はスノー夫人を心から尊敬していて、私淑しているようにみえたが、インタビューを聴きながらうとうとまどろみはじめ、突然「ティム!」と彼女に叱られたりしていた。「ティム、このインタビューは滅多に聴けない、大切なものなのに!」。するとティムは、小さな椅子から転げ落ちんばかりに驚き、巨きな背中をありったけ丸めて、“Yes, sir.”と小学生のように返事をする。

その様子をみていると、どこか微笑ましかった。もしかすると、私に「サンセット大通り」のイメージを喚起させたのには、彼が一役買っていたのではあるまいか。それはともかく、忠実な彼は、スノー夫人から呼び出しがかかると、すぐスッ飛んでいって、自分の中古自動車を四方八方に走らせていた。といっても、ティムは無料奉仕(セルフサービス)をしているわけではなかった。自動車の走行距離と労働力に見合う金額をそのつど請求し、スノー夫人もきちんとその分を支払っていた。

この様子を見ていると、スノー夫人は日常生活では、アメリカの現代資本主義のもつ生存競争と合理主義の歯車のなかにしっかりと組み込まれているのである。この社会では、それが当り前であり、いわば文句のつけようのない現実であった。しかしながら、スノー夫人は、この物質万能の現代資本主義が、とっくにその倫理(エートス)を失った、一時代前のプロテスタンティズムの精神を生きており、ここからは現実と理想の、するどい亀裂が垣間見えぬでもない。アメリカは、スノー夫人のような精神と倫理の持主の存在によって、その遺産を食いつぶすことで、辛うじて生きのびている社会なのかも知れなかった。

スノー夫人の書斎のなかで、最も目立つのは、タイプライターである。

雑然とした机の周囲で、鉄銹びしたこの小型タイプライターだけはいつでも自分のきまった場所を確保している唯一の特権的な存在のようだった。

最初、このタイプライターを見たとたん、私は、この機種で『アリランの歌』を打ち出したのだろうかと勝手に想像してみたものだ。もしそうだとすれば、これは感激的な対面であった。しかし、ニム・ウェールズが中国を離れ、フィリピンのルソン島バギオでこの書をまとめ上げたのは一九三九年のことだから、それから五〇年近い歳月にわたって彼女が同じ機種を使っていたかどうか、これはタイプライターの寿命に聞いてみるべき事柄である。

とはいえ、少なくともこのタイプライターは、ニムの長い人生をその忠実な伴侶としてつかえ、何百万字も打ち出してきたものであることはまちがいない。

見方によっては、スノー夫人は、このタイプライターと同居し、エド(エドガー・スノーの愛称)とは別れたのであった。二人の結婚について、彼女は「工合的結婚(クンホー)」[14]という表現を

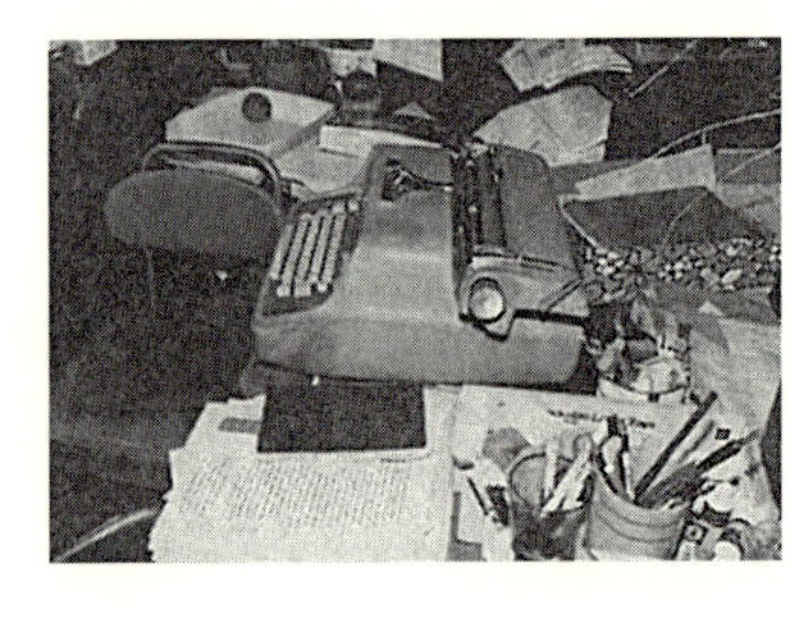

ニム・ウェールズの仕事部屋にあるタイプライター.

用いて説明した。この「工合」とは、彼女が一九三八年から一〇年間にわたって活動した中国の合作社運動(インダスコ)(15)の一種の合言葉で、「共に働く」といった、意味合いをもっている。彼ら二人の結婚が、この「工合」的な熱烈さを共有していたのは、いつ頃までであろうか。別居の期間を置き、和解の努力も空しく、けっきょく、二人が別れたのは、ニムによれば、一九四五年のことである。ファシズムとの第二次世界大戦が終わった年、二人の家庭の中でも、一つの小さな戦争が終末を辿っていた。結婚生活の期間、彼女は、ずっと自分の執筆生活を犠牲にしてきた。愛する人の執筆活動を保証するために、自分は内助の功に甘んじる生活であった。もしかすると、エドガー・スノーのすぐれた著作の幾つかは、彼女の協力なしには誕生しなかったものかも知れない。ここにも、別の、「共著」がある可能性がある。

しかし、二人の生活が、犀利な知識人同士のものであれば、いかに極度の緊張を強いられるものであったか、容易に想像できそうだ。スノー夫人は、それを「非常に高い電圧をもつ電線の上での生活」とするどく表現した。理想主義の傾向のつよいニム・ウェールズのつよい性格が、エドガー・スノーにとっては、どこまで身のもつものだったか、ということも言えるかも知れない。一方がそうならば、他方の言い分もまたあるのが、こうした問題での万古不易の常なのである。スノー夫人は、自分たちの離婚から、一つの省察を引き出している。それによれば、「離婚は、戦争の始めに起こるのではなく、戦争の終りに起こるのであり、戦後の社会的、心理的な適応の一部なのである」。味わいのある観察といえよう。

いずれにせよ、ニム・ウェールズは、タイプライターを叩く生活に完全に戻ったのであっ

(14)　**「工合的結婚」**　ニム・ウェールズとエドガー・スノーの結婚生活は一九三二年から四五年(四九年に正式離婚)まで続いた。

(15)　**合作社運動**　一九三八年にニム・ウェールズはレウィ・アレーやエドガー・スノーとともに中国工業合作社運動をおこした。この運動を着想したのはニム・ウェールズであるとの見方は一般的であるが、本人もこのインタビューで確信をもってのべている。工業合作社は後に人民公社に吸収された。中国における工業合作社組織のことを海外では、インダスコと略してよんでいる。

た。ヘレン・フォスター・スノーとして。

なぜ、離婚したのに、「スノー」という呼称がつくのか、私は疑問に思ったが、ついに質問することは差し控えてしまった。いや、落葉を踏んで裏手の年老いた樹木に囲まれたエドガー・スノーのかつての仕事部屋に入ったとき、そんな質問はすでにやぼだったといえるだろう。そこは、かつてのエドの孤独な戦場であるが、ニムにとっては、主は去っても、ありし日を回顧する唯一の楽園なのである。

この仕事部屋に案内した折、スノー夫人はなぜかスパナーを片手に持っていた。エドが寝起きしていたシングルベッドに座り、窓の外を眺めてしばし昔を回顧する風だったスノー夫人は、やがておもむろに腰をあげ、戸口の脇にある大型冷蔵庫の前に私たちを導いた。彼女は、スパナーで冷蔵庫の閉じ目のねじを回しはじめた。一体、何を見せようとしているのであろうか。彼女がねじを外し、蓋を開いたとき、私はおもわず息をのんだ。冷蔵庫のなかは、冷凍食品の代わりに、びっしりと書物が詰まっていた。全集のような趣きのある箱入りの書物であるが、タイトルもイニシャルも入っていない未刊のものである。

「ここには私の重要な本を収めてあります。盗まれるのが怖いからね。これらは、私が長年かけて、ずっと書き溜めておいたものです」

スノー夫人は、事もなげに、そう洩らした。

しかし、これは驚くべきことにちがいなかった。ヘレン・F・スノーが、これまで四三冊の本を書き、その内、出版されたのは僅か八冊に過ぎないと知れば、まずこの現実の厳しさ

エドガー・スノーの書斎で今は廃屋のベッドに腰をかけているニム・ウェールズ.

を感じないわけにはいかない。これまで刊行された本は、『アリランの歌』(一九四一年)の外に『中国革命の内部』[16](一九三九年)、『中国は民主主義を建設する』(一九四一年)、『紅い塵』[17](一九五二年)、『西安事件』(一九六〇年)、『延安ノート』(一九六一年)、『私の中国時代』[18](一九八四年)などで、圧倒的に、アジア関係のものが多い。

そして、冷蔵庫のなかで眠っているのは、『倫理とエナジスム』『アメリカ文明と社会主義』『工合論文集』『長い思索』シリーズなどの社会思想と東西文明にかかわる大著や、儒教と民族制度を研究した中国やアジアの『婦人論』や『コネチカット州史研究』『地方及び家族史研究』などの文明論、さらには『心と花』『ルーツと技』などの歴史小説と随筆集、音楽論など、多岐にわたる。

ヘレン・F・スノーは、「克己」を旨とした禁欲的生涯のなかで、これだけの書物を産み出してきた。しかし、それらの本の多くが、冷蔵庫から書店に場所を変えぬかぎり、客観的に、一人の思想家、文明批評家、文学者としての評価が定まらないのもまた冷酷な事実である。

「私の本を熱烈に愛してくれているのは、二つだけ。つまり、ねずみと香港の海賊です」

スノー夫人は、あとで私に送ってきた手紙でこう書いてきている。彼女にしては珍しく、自嘲のまじった調子のものだった。最新刊の『私の中国時代』がアメリカであまり売れず、香港では英語版と中国語版の二種類が出版されたものの、いずれも海賊版であることに対する痛烈な当てこすりとも解される。アジアは、恩義あるこのアメリカ人ジャーナリストにた

(16) **『中国革命の内部』** 原題 *Inside Red China.* 戦う中国共産党の正しい姿を全世界に報道した本格的ルポルタージュ。一九三九年、アメリカのダブルデイ・ドーラン社から刊行された。日本語訳には、『人民中国の夜明け』(浅野雄三訳、新興出版社、一九六五、七一年)、『中国革命の内部——続、西行漫記』(高田爾郎訳、三一書房、一九七六年)がある。

(17) **『紅い塵』** 原題 *Red Dust.* 一九五二年に刊行された中国革命家たちの列伝で、董必武、徐特立、王首道、廖承志など(女史は三四人と言っているが実際には二四人)の人物が紹介されている。日本語による翻訳(陸井三郎訳、新評論社刊、一九五三年)は前半のみ。

(18) **『私の中国時代』** 原題 *My China Years.* ニム・ウェールズが中国に滞在した一九三一年から一九四一年までの歳月を回想した本格的エッセイで、一九八四年にアメリカのウィリアム・モロー社から刊行された。岩波書店より近刊予定。

いして、その正当な出版方法をいまだに知らずにいるのだ。

アメリカは、ヘレン・F・スノーを長いこと、異端として遇してきた。第二次大戦後にはじまった冷戦体制のあおりが、トルーマン・ドクトリンを生み、マッカーシズムを吐き出したとき、それまで中国問題で脚光を浴びていたアジア通のジャーナリスト達にも災いが及んでくるのは、避けられなかった。「赤狩り」の暴風のなかでは、エドガー・スノーにせよヘレン・F・スノーにせよ、非米活動調査委員会に呼び出されぬ筈はなかった、といえる。彼らはすでに離婚していたが、聴問会で顔を合わせた。この時期、『偉大なる道』を書いていたアグネス・スメドレーは「ゾルゲ事件」に関与したとのデッチ上げ等によって、アメリカを去っている。エドガー・スノーもまたマッカーシー旋風に追われ、再婚したロイス・ホイーラ・スノーと共に五九年にスイスに移住する。

スノー夫人は、アグネスほど酷い目には遭わなかったようだが、しかし、社会的に疎外され、執筆活動が自由でなかったのはたしかだった。彼女がインタビューで語ったように、中国の共産主義者にたいして好意的だということのために。出版界では、自粛して、誰も、彼女の本を出そうとはしなくなった。彼女に好意的で、かつては『アリランの歌』を激賞したパール・バックでさえも避けるようになった。『大地』で大成功をかちとった彼女は、堅実な出版社を経営していたのだが。

スノー夫人の著作が、その後、郷土史研究や東西文化の比較文明論や回顧録などに傾いていったのは、老境に伴う心理の反映だとはいえ、アメリカの政治的動向の右傾化と切り離し

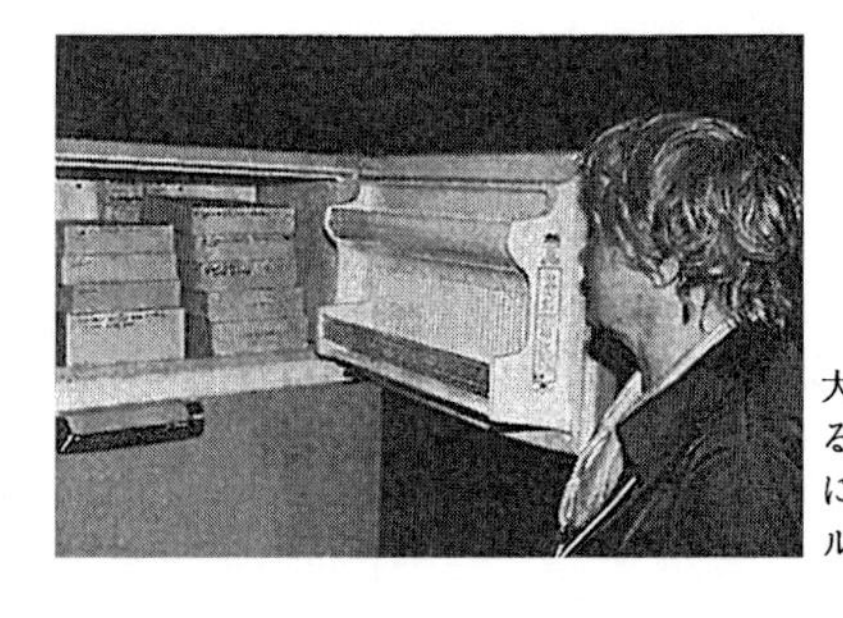

大型冷蔵庫に収めている43冊の未刊の自著に見入るニム・ウェールズ.

て考えることはできない。アメリカは台湾の蔣介石と結び、中国敵視政策をとりつづけた。こうした状況下ではもはやアジアのことを書くのは危険であり、また「赤狩り」に同調する国民的感情もあって、出版界は「ニム・ウェールズ」というペンネームで書かれる彼女のアジア物に手を出さなくなったのだ。

彼女は、マジソンの小さな家に閉じこもった。そして、雑音を避け、孤立感とたたかいながら、タイプライターを打ちつづける毎日を過ごしてきた。

こういう日常生活は、ホーソンの『緋文字』を思い出させぬでもない。姦淫の罪を犯したヘスタ・プリンは、赤い文字を胸に縫いつけられ、人里離れたあばら屋で、苦行の日々を過ごす。彼女は、あまりにも戒律的なニューイングランドの清教徒的気質の土壌のなかで人びとに疎まれながら、父親の名を明かせぬ一人娘を育てるのだが、しかし針仕事で編み出した刺繡は人びとの心を打たずにはおかない。今、この物語を、スノー夫人に当てはめてみれば、「赤狩り」に追われた彼女が、身の潔白を信じながら黙々と“do-gooder”としての生涯を、タイプライターで打ちつづけてきたことと、一脈通じ合うものがあるのである。

だが、ヘスタ・プリンと違うのは、スノー夫人が、何ら問責されるべき点を持たぬ倫理的生活を励行してきており、しかも、いつか自分の「無実」を明かそうとする自己克己の信念を持続してきた、ということであろう。

スノー夫人は、その時機が到来するのを待っていた。

一九七二年二月、ニクソンが訪中し、歴史的な米中和解が実現する。七〇年一〇月の国慶節の際、エドガー・スノー夫妻が毛沢東主席の隣に立つという演出、さらにピンポン外交のあとに、米中首脳はそれぞれの思惑で新たな国際戦略のカードを引いたわけである。この劇的な米中和解がH・F・スノーの生活を変えたのは当然であった。七二年の末から七三年のはじめ、スノー夫人はほぼ三〇年ぶりで中国を再訪し、かつての親しかった友人たちと旧交を温め、また忘れられぬ人生の転換点となった冒険の地・西安市に出かけている。おそらく彼女にとって、最も感慨深かったのは、一九三五年一二月九日、燕京大学(今の北京大学)で抗日デモをおこした大学生たちとの再会であったろう。この運動は、キリスト教の影響をうけた学生たちが起こしたものであり、全国の抗日運動に火をつけた、現代中国革命史でも異彩を放つものであるが、スノー夫妻はこの愛国運動に助言者として深くかかわっていた。当時の大学生リーダーたちは、すでに老いていた。しかし、何人かの生き残りは、革命の波にもまれながらも中国の第一線に踏み止まっていた。その一人である黄華は中華人民共和国の初代国連大使になっていた。彼は康生らと共に文化大革命を推進している。この康生と江青は山東省出身の同郷人であり、〝四人組〟と指弾される間柄でもある。ニム・ウェールズは、彼らの思想なり行動を、中国の政治的変動の中でどのように見ていたのであろうか。「私の死後、明らかになる」とインタビューで洩らした独白には、ここらのことが深くかかわってくるような気がする。

一九八一年と翌八二年、スノー夫人は、二回にわたって、ノーベル平和賞候補にノミネートされる。いずれも受賞には至らなかったものの、長年にわたるアジアにたいする平和運動の推進と工業合作社運動にたいする貢献が、その推薦理由であった。

工業合作社運動(インダスコ)とは、ニム・ウェールズが一九三八年から一〇年間、彼女が宋慶齢やルーズベルト夫人を支持者にし、中国やインドで精力的に繰り広げてきた産業民主主義運動であり、もとはといえば、日本の中国侵略によって破壊された中国産業の基礎を築き、何百万もの難民を救済しようとしてはじめたものであった。

合作社運動の事実上の提案者であるニム・ウェールズが、夫のエドガー・スノーや実践者のレウイ・アレイと共に「宣教師のような情熱」(エドガー・スノー)をもって粉骨砕身したこの運動は、共生共存の理念をもつ「工合(クンホー)＝共に働く」として、その後新中国建設期に導入され、またインドではネルーの支持を得て各地で教材として採用されるなどその反響の大きさをしめしている。日本でも戦後の一時期、この合作社運動に夢をかける人びとがいた。

スノー夫人が生涯賭けた夢であるこの協同組合システムは、現在、社会主義圏において広がる展開を見せている。協同組合についてはすでにレーニンの論文もあるが、硬直した中央集権体制下で蝕まれた統制経済を活性化するために、ゴルバチョフがペレストロイカを合言葉に、この協同組合方式を導入したことは、スノー夫人にとってはまさに我が意を得たことなのである。ソ連のみならず、中国においても、ひと頃は修正主義的方法として一蹴されたこの協同組合が、今や混合経済システムとして取り入れられている昨今の急激な変化は、スノー夫人が長年待ち望んでいた方向であった。ただ、彼女は、その場合、既存の社会主義国が高度の精神的社会主義文明をめざさぬかぎり、物質至上主義に陥り、「工合」は死滅し、資本主義と同じ轍を踏む、と見ている。つまり、競争の原理にもとづき、「物質的刺激」による利潤追求ばかりしていると、それは装いを変えた資本主義の復活になる、と彼女はみているようだ。

こうしたスノー夫人の考察は、今日の世界の潮流をみるとき、きわめて現実的な示唆に富んだ問題といえるだろう。H・F・スノーは過去の人ではない。彼女は今も生きているのだ。自分の著作を、未来の架橋、としてスノー夫人が自認しているのもこのせいである。しかし、その未来への架橋であるおのれの著作がまだ十分に完成していないと自覚しているのも彼女である。

インタビューが終わる前の日、スノー家のチャイムが鳴り、三人の男女が姿を見せた。どこかの教会関係者らしく、静かな物腰で大きなダンボール函を室内に持ち込み、スノー夫人の前で、梱包を解いた。中から出てきたのは、大型タイプライターであった。IBM製の銘柄をもつ、白い塗装をほどこしたいかにもどっしりした多機能をもつそのタイプライターは、やがてスノー夫人の机にあった黒い小型タイプライターをおしのけて、その位置を占めた。

スノー夫人は、これからも何百万字を叩き出すつもりでいるのだ。

三日間の取材は終わろうとしていた。

誕生日がくると、八〇歳になるH・F・スノーにとって、この連続インタビューは相当きついものだったに違いない。

スノー夫人は、驚くばかりの精神力で対応し、明晳な記憶力と判断力で、一つ一つの質問に答えてくれた。また彼女は、強い意志力で、自分の肉体的な衰えを補っていたといえよう。「克己心」。この言葉は、インタビューの間じゅう、何度か、聞かれた。彼女が好んで用い、人生の座右銘としているもので、この克己心こそが彼女の日常生活における精神的安定をもたらしているものなのだ。

何かを求め、創り出そうとすれば、何かを犠牲にしなければならない。そのためには、虚栄とか遊びの要素を極力削って、一つの目的に精神を集中する生き方。スノー夫人は、それを「エナジスム」"energism"という言葉で説明したが、この〝エネルギー主義〟はスノー独特の哲学でもあるのだった。

彼女の言葉によれば、それは、世界の原理をエネルギーに見る、新しい哲学的見地なのだが、率直なところ、私にはただ彼女の信念としてしか理解できぬものである。

だが、その私にしたところで、スノー夫人がこの「エナジスム」の生き方を励行していること、そしてその精神的背景にイギリス系清教徒の生き方が規範としてあることは容易にわかった。いや、最初は、そうとは知らないでいた迂闊な自分をいまはそっくり認めるべきであろう。何しろ、私は、ニム・ウェールズを見た当初は、さまざまに妄想を逞しゅうし、「魔女」とか「サンセット大通り」の老女優に仮託してみたりするのが関の山だったのだから。

別の言い方をすれば、私はやっと、彼女の手紙を思い浮かべた、ということでもある。その手紙の一節に、自分の家のことを、「作家にとって理想的な所です」とあった。日一日と、私は、H・F・スノーの内部に近づき、その緊張した対話から何かを会得していたといえるだろう。なかんずく、私は、彼女の、禁欲的な精神に深い感銘を受けていた。そこには、厳格すぎるほどのものでありながら人を感得させずにはおかない美しさがあった。

とはいえ、スノー夫人の所説が、ことごとく私に理解できたということではない。アメリカ文明の凋落に話がおよんだとき、彼女は、少数民族のことに触れ、黒人やメキシコ人移住者の都会生活における、福祉に頼り酒や麻薬に浸っている生活を非難したが、そうした現実がアメリカを「下り坂」にさせている一つの要因だといったのには、私は反発せざるを得なかった。現実の問題として、アメリカ在住の少数民族が、その社会的条件の低さから犯罪を含むさまざまな問題を起こしているのは事実だとしても、これは生活水準の向上をもたらすべき社会問題でこそあれ、アメリカ文明の一つの病根とは決めつけがたいからである。

一方、彼女は、金持ちのユダヤ人についても、彼らが今やニューヨークから避暑地のマジソンにやってきてドルの力で自分の故郷を買い占めようとしていると歎いたが、この物言いにも、私の偏見でなければ、物質至上主義の腐ったアメリカを忌避するのとは別の、排他的な感情が瞥見できた。少なくとも、そうした見地にはイギリス的文化伝統を正統とみなす、志向がまさりすぎるように思われるのである。

私は、一瞬わが眼を疑い、スノー夫人の暗く輝く碧い瞳を見つめた。大袈裟にいえば、百年の恋が瞬時に冷めていくような感覚が私を見舞ったが、「工合」精神とおよそ異なる、こうした矛盾を内在させているスノー夫人の痛ましい二律背反を悲しむ気持ちが強く湧いたのだった。

私は、自分の質問の結果が、思わぬ方向に転んでいくのを慌てていた。できることならば、聞きたくなかった言葉であり、ニム・ウェールズの伝説に棹をさしたくもなかった。

だが、考えてみると、スノー夫人は、必死になって、破壊されようとしている自分のアイデンティティを守ろうとしているのであった。アメリカが、建国以来の、清教徒的な勤勉さを失い、資本主義的な生存競争のカオスのなかで、潔白な証明力を失ってしまったことへの絶望と怒りが彼女をして悲痛な被害者の境地に陥れているのだ。

その瞬間、スノー夫人は、まさしくアメリカによる被害者に外ならなかった。

マジソンは、その彼女にとっては、唯一の理想の土地である。ここは、まだ清教徒的な気質が残っている先祖が拓いた土地なのである。この町がアメリカの現代資本主義によって蝕まれていくのを彼女は絶望しているのだった。

インタビューの最後の日、スノー夫人は私たちを誘って海岸にドライブした。

例のティム青年が運転する自動車に乗り、私たちはマジソンの町をゆっくりとドライブした。清潔な町だった。白いペンキを塗った大きな建物は星条旗を掲げており、町の中心には立派な教会が目についた。

入江の海に到着すると、私たちは砂浜まで少し歩いた。岩がごつごつした入江に立つと、遠くに岬がけぶるようにみとめられた。ああ彼女の先祖はあの沖合からやってきたんだな、と私は心の中で思った。快い陽射しだった。ニム・ウェールズは、大きなつばのついた麦わら帽子をかぶり、肩に赤いポンチョを羽織ったメキシコ風のいで立ちで、堂々として見えた。

水着になったニムは、浅瀬で少し泳いだ。泳ぎ疲れてあがってきたニムは、波打際で私たちに向かって、わざと右腕を曲げて力瘤をつくるポーズをとってみせた。私は、「エナジスム！」といってはやした。

最後の、別れる時刻が迫っていた。

私は、あらためて、ニム・ウェールズの部屋のなかを見回した。肖像画や花やタイプライターを。そして、酸素ボンベを。彼女の部屋で、違和感をあたえるこの二基の酸素ボンベは、いつでも栓をひねればよいようにセットされ、彼女の寝台の脇に備えつけられている。それを見たときの最初の重苦しい驚きを私は忘れない。だが、一九八一年三月三〇日に心臓発作で倒れた日以来、この文明の機械は、この部屋では不可欠のものになっていた。いざという時に、この酸素ボンベは、きっと役に立ってくれるものなのである。

私たちはといえば、この三日間、ニム・ウェールズにとっては、あまり頼もしい友人ではなかったようだ。不手際なインタビューで彼女を苛立たせて昂奮させるか、ちっとも約束を守ってくれない人間であった。彼女は、インタビューの途中で、昼過ぎの決まった時刻に心臓病の薬を飲んだ。その時刻を私たちはきちんとおしえる約束になっていたのだが、三日間、

インタビューに疲れたニム・ウェールズは昼のひととき，海岸で泳ぎ老いてなお健壮なポーズをとる．

ついに一度も成功しなかった。それほど、私たちは取材に余念がなかったせいだが、ニム・ウェールズはぶつぶつ文句をいった。いちどは「あなた方、罪人よ」とおこった。もし自分があなた方に頼らなくてはいけないとしたら、私はとっくに死んでしまっているわ、と。キム・サンならば、こんなことはないのに、と。

しかし、三日間をつうじて、ニム・ウェールズの私たちにたいする対応には、遠く離れてアジアで暮らしている身内の甥にでも接するような寛容さと情愛がこめられていた。

夕闇が迫っていた。ティム・ジョネットが、自動車で迎えにきた合図で、私たちは椅子を立った。私たちは、ニム・ウェールズに玄関口でお別れの抱擁をした。

いつもなら、ニム・ウェールズは外まで散歩がてら出てきて、別れを告げる。その日は、ドアの内側にこもり、出てこなかった。

この原稿を書くにあたって、特に次の書には多くの示唆を得た。
『朝鮮共産主義運動史』(徐大粛著、コリア評論社)
『ピュリタリズム』(大下尚一訳、研究社)
『最初のアメリカ人』(加藤恭子著、福武書店)

(一九九〇年七月二〇日)

《インタビュー》

ニム・ウェールズとの対話

（ヘレン・フォスター・スノー）

（聞き手＝李恢成　通訳＝朴重鎬）

ここに掲載したインタビューは、在日文芸『民涛』一—三号(一九八七・一一—一九八八・五)に掲載したもののうち、『アリランの歌』をめぐる対話を中心に、およそ三分の二に縮めたものである。

1　『アリランの歌』と私の生涯

「アジアの女帝」と上海

――今日はお訪ねできて非常にうれしく思います。長年お会いしたいと念じておりました。今日はこの機会を借りて、ヘレン・フォスター・スノー女史の名著である『アリランの歌』や、それからアジアで貴重な青春を過ごされたあなたの人生観とか現在の考え方についてお訊ねしたいと思います。このインタビューは、きっと多くの朝鮮人や中国人、そして日本人によって読まれることでしょう。私たちアジア人によるこうした関心はすべて、あなたの業績によるものだと考えます。あなたは歴史の証言者として、きわめて高いヒューマンな精神で、『アリランの歌』とか最近では『私の中国時代』を著していらっしゃいます。そこで、後世のために、あなたが見たアジアの真実を語っていただきたいのです。私は、事実を求め、真実、歴史的真実を求めています。これは、あなたの言葉からの引用ですが。

まず、お聞きします。一九三一年八月のことですが、若いヘレン・フォスター・スノーさんは、蒸気船プレジデント・リンカーン号にのって上海に上陸しています。エドガー・スノーによれば、あなたは中国について学びたいと、そしていずれは「アジアの女帝」になるつもりで中国にやって来たといいますけど、これは一体どういう意味なのでしょうか。

『アリランの歌』(第2版，1973年刊)の表紙.

ニム・ウェールズ　彼はそれ(私の話し方)をとてもウィットがあり、ユーモラスだと考えたのです。何も意味はありません。ただの形容です。「アジアの女帝」とはアジアで最も重要な女性、「女帝」のことだったのでしょう。でもそんな女(ひと)はいなかったし、単に想像上のことです。ただ私は、偉大な作家になるために中国へ行ったということ、私の目的はそこにあったのです。私は八歳のとき、偉大な作家になろうと決めていました。それがどのようにして終わったか知りたいですか。私はただ長い手紙を書いた人にとどまったのです。あなたは私の手紙を沢山持っているでしょう。

——ええ。つまりユーモアとして受けとめて欲しいということですね。

ニム・ウェールズ　想像上のウィットにすぎません。サッチャー首相が「ヨーロッパの女帝」といわれているのと似たようなことです。でも、彼女は女帝ではありません。ただ人びとがおもしろがって言っているだけです。何も意味はありません。でも私は零(ゼロ)の、さらにはそれ以下のマイナスの存在になるつもりはなかったということを強調しておきます。零の人間になるつもりはありませんでした。

——上海にのぼって、どういう職業についたんですか?

ニム・ウェールズ　中国に行く前、私は外務省の入省試験を受けました。イタリア語、フランス語、スペイン語の三つの言語を学んでいたんです。アメリカ総領事館で事務官の職を約束されていました。そこでよい仕事が与えられるという約束がなかったなら、行くことはなかったでしょうね。で、私は行ったのです。同時に私は接待担当の渉外係秘書でした。パーティでの席順を決めたりするんです。

――いまおっしゃったようなことは、『私の中国時代』の冒頭のあたりに出てきますね。エドガー・スノーに会ったときの第一印象をのべていただけますか。

ニム・ウェールズ　私は彼とは上海のチョコレート店で会いました。南京路(1)(Nanking Road)にあるとても有名な店で、アイスクリームも売っていた。そこがアイスクリームを売っていた唯一のお店です。小さなテーブルとイスがおいてあった。Ed(エドガー・スノーの愛称)は私をじっと見つめていました。それから近づこうとしてテーブルにつまずいてしまったものです。でも第一印象は、彼が体の具合がとても悪かったこともあって、かんばしいものではありませんでしたね。彼は二、三週間前にインド、ビルマ、インドネシアへの旅から帰ってきたばかりで、マラリアにかかっていたのです。病状がすぐれないので、とてもやせていた。そのうえ悪性の赤痢まで患っていたんですよ。ですから彼の第一印象はとても悪いものでした。これまでみたことがないようなよれよれの背広を着てたしね。私は彼にガンジーの仕立屋(2)で作ったのと言ってやりましたよ。(笑)　インド製で熱帯地方のたいへん安っぽい背広なんです。彼の体にぶらさがり、全体にたるんでいて……。私は彼に、もし新しい背広をつくらないなら、一緒に人前に出るのはいやだと言ってやったんです。彼の最初の印象はざっとこんなものでしたよ。

――『私の中国時代』を読むとあなたは、「勇敢でたくましく健康的な大旅行家を想像していた」と書いています。もっとも後になって、「ローレンス・オリビエに似ていると思った」

(1)　**南京路**　上海共同租界にある第一の繁華街。本書三八〇頁地図参照。

(2)　**ガンジーの仕立屋**　熱帯地方で着るため、よれよれになっている着物を、ここではニム・ウェールズが即興的なジョークをとばして、「ガンジーおかかえの仕立屋」につくらせたのかとからかったものと思われる。

1933年，日本からジャバ(現在のインドネシア)に向かうカナダ丸の甲板上のニム・ウェールズ．

とか「私よりずっと大人だ」と感じるくだりが出てきますが。

ニム・ウェールズ　あのとき、私はそう言いましたか。でも私はまだ理想の男性に出会っていないと思っていました。もちろん望みはすべてかなうはずはないし、一部しか得られないものです。でも私の夫は中国で最も敬愛される外国人になりました。外国人で、今彼ほど中国で敬愛されている人は誰もいません。私はそのことを喜んでいます。彼は私の投資でしたから私はこのことが嬉しかったのです。あの時代ずっと私は彼の世話をし、すべての面倒をみました。ですから彼が中国人とひじょうにうまくいって私も幸福です。明らかに朝鮮人、日本人はそうは思っていません。でも中国人は彼を完璧だと思っています。そしてエドガー・スノーは毛沢東（マオツォートン）が友人として気に入った唯一の外国人でもあるのです。唯一の外国人ですよ。

——どうして日本で結婚式を挙げたんですか。エドガー・スノーは自伝『目ざめへの旅』(3)で、必死にあなたをかきくどいたいきさつを興味深く書いています。エドガー・スノーは「君の囚人」となったわけですね。そして、彼はある独身主義者からあなたをやっと解放して、一緒に日本に行くわけですが……。

ニム・ウェールズ　それは大変不思議なことですよね。何故そうしたのか不思議でしょう。理由はこうです。上海は汚れていて不潔でみにくくて、私はその外観が大嫌いでした。私は日本のような美しい場所で結婚したかったのです。雪景色の冬で、絵ハガキのようで、本当にきれいでした。そして新しい帝国ホテルが建ったばかりでした。私は、日本女性が着る、

エドガー・スノーがニム・ウェールズに最初に贈った自分の写真.「ベッグに. あなたの引き立て役のエドより」と書かれている.「ベッグ」とはニム・ウェールズのあだ名の一つ.

(3)『目ざめへの旅』原題 *Journey to the Beginning.* エドガー・スノーの自伝。一九五八年発行。アメリカ人が目をそむけている状況下で、中国の解放勢力の真実を知らせたエドガー・スノーは、自伝という形で、この書を世に問うたとされる。

唐時代のような床まで届く長袖の着物を着ようと決め、一揃い買いましたの。それを着て結婚生活をするためではなく、ただ結婚式で着るために。私は日本での結婚をとてもロマンチックだと思っていましたし、ぞっとする程きたない場所では結婚したくなかったのです。（笑）　私はずっとその着物を保存していました。二階のタンスの中に入れておいたはずなのに、それがこんど見にいったら見当たらないのです。あなたにそれを見せ、あなたに日本に持って帰ってもらおうと思ってたのに。強盗が盗んでいったのです。

朝鮮への旅

――……それはひどい災難でした。話を続けてよろしいでしょうか。あなたは一九三六年の夏、朝鮮に保養のために短い旅をしています。当時、日本の植民地下におかれていた朝鮮を見て、どう思われましたか。

ニム・ウェールズ　朝鮮は日本に似ていましたね。当時は汚染されておらず、川もひじょうにきれいで世界で最も美しい場所でした。朝鮮のすべての川はとても澄んでいて冷たく、女性たちはみんな白い着物をきて、川で洗濯をするのです。もっとも、下流では少々石けん水を飲んだものです。（笑）　朝鮮は、わらぶき屋根の家などひじょうに素朴でしたが、とても魅力的なところでした。私はご存知のように芸術家ではありませんが、自然が好きなのです。この部屋は朝鮮のようでしょ。もし朝鮮人がここに来たら好きになると思います。私がこれらの葦（あし）を作りましたし、これら全部、自分で作ったんですよ。朝鮮ではみな木材を使って物を作っていました。朝鮮の彫刻はどれもこれも気に入ったので、いくつか買いましたよ。でも私が行ったとき、朝鮮は日本の支配下にありましたからね。金剛山（クムガンサン）のあるホテルに泊ったのですが、そのときはちょうど朝鮮人がマラソン競技で金メダルをとった年でした。このときが、アジア人が初めてオリンピックのメダルを獲った年なのです。彼は孫基禎（ソンキジョン）(4)です。名前は日本のそれでした。でも彼は朝鮮人でした。日本人はみんな彼が日本人だと主張していましたがね。ホテルの受付で私は聞いてみたんです。「教えて下さる。彼は朝鮮人なの、それとも日本人なの？」って。日本人は私にこう言いましたっけ。「おそらく、朝鮮人でしょうねぇ。だけどあなたはそのことを大声でしゃべったりしては困りますよ」。彼は私が注意しないと首がとぶと言ったんです。（笑）

ホテルには宣教師たちも泊っていたので、私は彼らと朝鮮の状況について話し合いました。彼らは朝鮮人を愛していましたから、けっして朝鮮人ともめ事を起こしませんでしたしね。でも、中国や他の国では宣教師はそこの土地の人びとと大変ないざこざを起こしていました。彼らはプロテスタントではありませんでしたし、プロテスタンティズムを理解しなかったからです。朝鮮人は違いました。当時の朝鮮は真空状態のようなものでした。だれも思い切ってしゃべれませんでしたからね。あなたは真空とは何かご存知でしょう。真空とは空気がないだけでなく、音も伝わらない状態なのです。朝鮮全土に音がなくなっていたのです。日本人はどんな事実であれ、話すことを許しませんでした。朝鮮語を話すことさえできなかったのですよ。だから朝鮮について何も知ることができませんでした。質問さえろくにできなか

(4) 孫基禎　一九一二—　。一九三六年のベルリン・オリンピックのマラソン優勝者。日本帝国主義によって朝鮮が植民地化されていたため、彼は日本選手団の一人として南昇龍選手（三位）と共に出場した。『東亜日報』などが、孫選手の胸の日の丸を塗りつぶした写真を掲載して、朝鮮総督府から停刊処分をうけた（日章旗抹消事件）。なお、副賞として受けた「ギリシャ青銅兜」が一九八七年、五一年ぶりに本人の手にもどり、韓国で宝物第九〇四号に指定された。

ったのですからね。

――『アリランの歌』の中で、あなたは朝鮮人の風姿がアジアではいちばん美しいと書いていらっしゃいます。たいへんこそばゆいような気がしますけれど、何か、本当に朝鮮びいきですね。

ニム・ウェールズ　ええ、そうです。私は朝鮮を愛していましたから。本当の朝鮮は傷つけられていなかったのです。つまり、まだまだ美しく素朴なところだったのです。でも、キム・サンがなぜこれほど重要で、なぜ私があの本を書いたか、そのゆえんがここにあるのですよ。朝鮮では誰ひとり物を言えませんでした。人びとは私にもけっして話しませんでした。キム・サンが朝鮮で私に話していたら、彼は自分がした事を私に話したことだけで罪に問われ、刑務所に入れられていたでしょう。当時は何も語ることが出来ませんでした。朝鮮人はとても用心深くならざるを得なかったのです。

　私は朝鮮人が日本人と人種的には別であることに気づきました。日本人はマレー人種、つまり海洋民族、漁民なのです。彼らは大陸系民族である朝鮮人とは違っています。朝鮮人は中央アジアからやってきて、ツングース系なのです。中国人や日本人とは違っています。でも彼らは背が高くてハンサムです。それにとても強い。朝鮮人のクーリー(苦力)が重い荷物を運んでいるのを昔の人びとは見たはずでしょう。でも彼らは幸福そうに見えなかった。彼らはあまり笑顔を見せませんでした。中国人はいつも笑顔を浮かべていますが、朝鮮人は違います。彼らは笑顔を見せませんでしたが、日本人にくらべて健康で頑強に見えたので私に好印象を与えました。朝鮮では、小さな日本人が自由に駆けまわり、体が大きくて強い朝鮮人が奴隷のように扱われている……。これが私の抱いた印象です。ええ、朝鮮人はとてもハンサムですよ。

延安へ

――一九三七年五月のある日、あなたは西安（シーアン）の迎賓館を脱け出して、延安（イエンアン）に潜入しております。これは、たいへん危険でかつ勇気のある行動でしたけれど、この延安行きの動機と目的について、すこし話してください。

ニム・ウェールズ　はじめに言っておきますが、現在あの窓(5)は発掘された六千体の兵馬俑（へいばよう）を除いて、中国北部の観光の主要な名所になっています。これらの兵馬俑は外国人と中国人双方にとって主な観光名所となっているのです。今西安では五〇年前の私の業績をたたえる記念セレモニーが行なわれていますが。私がなぜそこへ行ったかを答えるには、まず一九三六年に起こった事件について話さなければなりません。

その年エドガー・スノーは延安に行きました。彼は誰かが共産主義者の支配地区に行き、事実を書かなければならないと考えていたのです。もちろん彼はそれがとても危険であることは重々知っており、そのことについて、よしんば誰ひとり読んでくれないとしても、その本を書くためにそこへ赴くべきだと決心をしたのです。彼は延安にたどりついて、そこに滞在している間に、毛沢東やほかの幹部たちと会いました。でも彼は二つの方面軍には会えま

中国の名勝地を訪れたニム・ウェールズ（右）.

（5）あの窓　「塀で囲まれた大きな空地に面した窓」のこと。一九三七年四月二八日の真夜中、ニム・ウェールズは迎賓館の一階の部屋の窓から跳びおり、ケンプトン・フィッチの手引きで延安に脱出している。

せんでした。一つは朱徳(チュトウ)将軍にひきいられた部隊でした。彼はその軍隊の最高指揮官でした。朱徳将軍はまだ南方からの長征の途中で、他の大部隊は徐向前(シュイシアンチエン)に率いられていました。彼はまだ生きていると思いますよ。いや、ごく最近まで生きていました。彼は四川(スーチョワン)から来て、そこでは二つの異なった部隊と政府があったのです。毛沢東は一方の勢力でしたが、ほかに二つ以上の勢力があり、それらは延安からエドガー・スノーが去った一〇月まで到着しませんでした。ほんのちょっとのところで彼らと会うことができなかったのです。

そこで私たちは誰かがそこへ行って、その後のことを知る必要があると感じたのです。なぜならば、後の指導者たちの方が毛沢東よりも優れているかも知れないじゃないですか。ひょっとするともっと優れた人びとがいて、エドが得た毛沢東の話よりもすばらしい話を聞けるかも知れなかったのです。エドが帰ってきたとき、私は彼のノートを全部タイプしました。彼はたくさんのノートを持ち帰り、私がそれらすべてをタイプしたのです。それは機密のものでした。というのは、もし日本人が、私たちが情報をすべて握っていることを知ったならば、きっと私たちの家にやってきて盗んでいったでしょう。とても危険でした。けれど誰もこのことについて知りませんでした。私たちは、誰もが帽子に赤い星をつけている人たちの写真を、すべてドイツ人のいる場所、ナチであるハルトゥン写真店へ持ってゆかねばなりませんでした。私たちは日本人がこれらの写真を没収するのではないかと死ぬほど恐れていたのです。でも彼らはそうしませんでした。ともかく、このことは誰かが北方へ行き、エドが逃したもの——それは物語の三分の二にあたりますが——を手に入れなければならないこと

延安に潜入する途中，
最前線の雲陽で彭徳懐
将軍と．

を意味しました。あなたは覚えているでしょうが、エドが毛沢東の支配地区で、あの革命の真只中で、毛沢東の自伝を書きとめた後、私がそれを書きあげたのです。私はそうすることはすばらしいことだと考えました。

　そこで私はこのことについて考え、私がその何たるかを理解し、そのために自分の命を賭(か)ける決心をしたのです。別の危険、それは病気のことでした。北方には恐ろしい病気が流行していましたからね。ペストがどんなものかご存知でしょう。それは恐ろしい病気です。ヨーロッパを破滅させましたからね。それが延安で依然として流行していたのです。でも私はそのすばらしい物語を入手するため、どのような代価を払っても行こうと決心したのです。エドガー・スノーはわずか数人の伝記しか書きませんでした。彼が書いたものは毛沢東と彭徳懐(ポントウホワイ)、徐海東(シュイハイトン)と周恩来(チョウエンライ)四人の伝記でした。そして林彪(リンピャオ)が五人目でした。彼は全部で六人しか書いていないと思います。でも私は延安へ行って、三四人にインタビューしました。そしてそれらのインタビューから私は『紅い塵』という本を書きました。この本は私がそこで四カ月間行なったことの記録です。

　でもそのときだれも延安では英語を話せなかったために、私はキム・サンをつかまえたのです。彼は英語を話すのはそれほどうまくなかったのですが、読むのはたいへん上手でした。それで、その後私はキム・サンについての長い物語を書きました。それを書くのに七月、八月のおよそ二カ月かかりました。もちろん『アリランの歌』は最高のものです。これに匹敵するものはありません。私には彼と話を交わす時間がありました。他の人びととのインタビューは短いものでしたが。

キム・サンとの出会い

――キム・サンの話が今出てきましたけれど、延安で会った朝鮮人の亡命革命家であったキム・サンについて、その第一印象を語ってください。

ニム・ウェールズ　私のボディガードが彼を扉の外までつれてきました。そこには青いカーテンがかけられていました。私は彼が扉の所でカーテンを押さえていたのを憶えています。彼は中国人にくらべてとても背が高かったですよ。最初私は彼が何者かわかりませんでした。でも彼はどこか外国人のように見えましたね。スペイン人みたい。スペイン人の顔をしていたのです。彼は中国人には見えませんでした。

会ってたいへんよい印象を受けましたが、彼は悲しげで病気のようでした。本当に悲しそうで、患ってもいました。彼は私と握手をしたとき、にこりともしませんでしたよ。どちらかと言うと悲しそうでした。一度だけ、私たちが本を作ることで同意したとき以外は、けっして楽しそうではありませんでした。彼には五〇年後こうして私たちが今日ここにすわって自分の本について話すのがわかっていたのだと思います。そのことが彼を幸福にさせたのです。つまり不滅ということです。私は彼にある不滅を与える神の役を担ったのです。そして(これから)五〇年後も人びとはなおもあの本について語ることでしょう。そうではありませんか。あのような本は他にありません。

「水中の塩」

――今、共同で本を書く話が出てきましたが、あなたはキム・サンにむかって、「あなたについて本をひとつ書いてみたいのです」と、申し入れているんですね。あくる日の午後、キム・サンはそれまでに見られなかったほどうれしそうな顔をして現われています。これは『アリランの歌』からの引用ですが。そこでお伺いしたいのですが、そのときなぜ彼はそれほど嬉しそうな顔をしたんでしょうか。

ニム・ウェールズ　それは、もし私たちが本を書いたならば、五〇年後にも朝鮮の若い人びとに読まれるだろうということを彼自身知っていたからです。彼は、私たちが、ちょうど今、こんな風にしてここに座っていることさえ想像していたと思いますよ。

朝鮮人がよく使う表現の中に「水中の塩」というのがありますね。キム・サンはいつもその言葉を口にしていました。『アリランの歌』の中で彼がその表現を使っているのに気がつきましたか？　あれは私が使った表現ではなく、彼の言葉です。延安にいたとき、キム・サンは自分が結核でいつ死ぬかしれないと思っていたのです。それにもちろん当時の彼は毎日危険にさらされて生活してましたしね。覚えてるでしょうが、彼は延安に着くなり道端で死ぬところでした。それほど体が衰弱していたし、なんといってもひどい旅でしたからね。そんなわけでいつも、「私は水中の塩みたいに死にたくない。水中の塩みたいにはなりたくはない」と繰り返してました。彼は死ぬときなんの形跡も残さず消えたくはなかったんですよ。

私があの本を書かなかったら、彼の存在は跡かたもなく消えてしまっていたでしょう。人びとによってなにも思い出されないままでしょう。私は今でもあの表現を使います。他人に対してね。私自身に対しては使いたくありません。私は水中の塩のように死にたくありませんよ。だからこういう仕事をするんです。

キム・サンは私が彼の話を書いてその本を出版すれば、それが永久に残ることを知ってました。そこで、「よろしいでしょう。あなたに真実の話をしましょう」と言ったんです。とにかく彼は自分が長く生きられないのを知ってました。自分が、いつ死に、どこに葬られるのかわからないので、私に自分のことを話す気になったと言いました。そして私に真実を話したんです。作り話ではありません。全部本当のことですよ。

私たち二人がどういうふうにこの本を書いていったのかお話ししましょう。これは私にとってひじょうに大事なことなんです。あそこでは外にだれも英語を話せなかったので、私たちには時間がたくさんありました。彼の外にだれひとり話しかける人がいなかったんです。それで彼に頼んで自分の話を語ってもらう時間があったんです。私は、ただ単に彼に自分のしたことだけを訊ねたのではなく、彼に何を語ったのかを聞きました。彼は話してくれましたよ。自分が何を言ったのか克明に覚えていました。たとえば、彼が日本の警察に逮捕されたときのことを書いているときに、私は慎重に考えるように促しました。警察が何を言い、彼が何を言ったのか正確に摑みたかったからです。彼は日本の警察が何を尋問し、自分が何と答えたかを復元できました。この本に真実性があるのは彼の記憶の正しさのせいです。どこにもフィクションはありません。

『アリランの歌』がすぐれている理由はキム・サンの記憶力がよいだけでなく、彼がそれまでずっとつけてきた日記を持っていたからです。日記は中国語でも英語でもなく、誰も解読できない暗号で書かれていました。でも考えてごらんなさい。日記をつけ、それを携帯するとはなんとおろかなことでしょう。当然いつでも逮捕される怖れがあり、当局が日記の内容を解読したら共産主義者として処刑されてしまうでしょう。ちがいますか？　でも彼の性格のひとつに、革命はもちろん自分自身をも大事にするというところがあったんです。彼は自滅的ではありませんでした。自分のすることに気をつかったし、あなた方のような人たちにいつか自分を記憶してもらいたかったんです。たいまつの火をあなた方に引き継ぎたかったんです。この仕事にとりかかり、朝鮮の若い人びとが彼のした事、彼の体験したことを知って、それを継承していくことを願ったんです。自分の経験が若い世代に役立つことを、彼らが自分の経験から何かを得ることを願っていたんです。

でもね、彼はまちがいを犯したんですよ。日記を肌身はなさず持ち歩くなんて、それがどんなにまずいことか考えてもごらんなさい。これ以上まずいこと、危険なことがどこにありますか。もし警察が彼の持っている日記を見つけ、日記の内容がわかったらと思うとね。幸い、わかりませんでしたけれどもね。日記にはひじょうに多くの情報が書きこまれていましたし、また彼はそれらを正確につづっていました。彼はもともと医者か科学者になりたかった人で、ものごとにたいしてひじょうに正確なところがありました。医者は薬を出すときには正確でなくてはならないでしょう。人を欺してはいけません。彼は真実以外のことは記録しないというたぐいの人間でした。このことは私たちにとって幸運なことだったのです。彼の記憶していたことが、すべて信頼できるからです。彼はまだ三二歳でしたから当然何でも覚えていました。私もそのような記憶力をもちあわせていました。

――共著という意味をもう少しくわしく話していただけますか。

ニム・ウェールズ　こうです。『アリランの歌』はキム・サンについての話ですから。しかし私が彼の話に基づいて文学的に書きました。私たちのうちのひとりが口述し、もうひとりが文章にしていったのです。文学的に。

――共著というのは、そう理解するとよろしいのですね。協力して書いたけれど……。

ニム・ウェールズ　それはこの本には書きませんでした。私はそのことについて彼とは話し合いませんでした。というのはあの当時聞いた話がしかるべき本になるかどうか、私にはまだわかりませんでしたから、私が全部書かなくてはならないかも知れないと思っていました。キム・サンは英語は読めましたが、私に話すとき、彼の英語は文法的にまちがっていました。ひじょうに理解しにくいんです。だから、私がそれを文学的な英語に書きなおさなくてはならなかったんです。とてもたいへんな仕事でした。事実どおりにしたかったのです。私の言葉で書きたくなかったけれど、でも正しい英語にしたかった。彼は話し上手でしたよ。これは彼が私に話してくれた口述自叙伝です。これほどの本はかつて誰も書いていません。彼は英語は多少知っていたのですが、人が読んで理解するようには書けなかったんです。私が彼の英語を理解するには、それほど苦労はしませんでした。だから、たくさん質問をしたのです。

――キム・サンは、この本を出すのを二年待ってほしいといっています。そこであなたはその約束を守って、一九四一年に――これはまあ、四年後になるんですが――『アリランの歌』を発刊しました。キム・サンのこの「二年後に」という要請は、自分が満州で朝鮮人パルチザンの中に入ってたたかうために、それまでは健在でいたいという願望からきているものなんでしょうか。

ニム・ウェールズ　いえ、もちろん違います。そんなふうに解釈すべきではありません。自分の生活状態がすべてこんなふうなので、もし私があの本を出版すれば彼は逮捕され、共産主義者としてただちに殺されるだろうと彼は言いたかったのです。彼の生命は危険にさらされていました。どこにも行けませんでしたから。それが問題でした。彼は満州に行って友人と合流することを希望してました。呉成崙（オソンユン）あるいは金星淑（キムソンスク）という人だったと思います。当然彼はそこに行きたかったんです。でも、キム・サンはいつも自分はいつ死ぬか知れないと思っていましたし、もちろん私に待ってくれるようにもいいました。もし私が本を出版すれば、日本当局は彼が自分のことを話したという理由で、すぐにキム・サンを処刑させただろうからです。

中国人もそうだったでしょう。中国人は彼を嫌っていましたからね。彼のことを認めていませんでした。北京ではこのようなひどいことを正そうとしませんでしたし、ついに彼を処刑してしまったんですからね。そう言われてますけれど……。でも私は信じませんよ。とはいえ、そういう状況に彼は直面していました。中国人はキム・サンを理解できませんでした。彼らにはキム・サンがなぜ延安にまでくるようなことをするのか到底考えられなかったんです。理解できなかったんですよ。離れているべきだったんです。北京[6]で中国人が彼をスパイだと非難したとき、なぜ彼は延安に行ったんでしょう。とても危険なことです。彼が中国人を理解できなかったというだけのことです。中国が彼には非常に危険だったんです。けれどキム・サンはそれがどれだけ危険なのかわからなかった。彼はずっと中国人は自分の友人だと思っていたわけですから。それにはいろいろ理由がありましたよ。すべての状況が彼にそう言わせたんですね。単に彼が満州に行きたかったというだけではないんです。でも彼はそう願っていました。

(6)　北京　キム・サンは一九三三年四月に再度中国警察に逮捕され、朝鮮に送還されるが、ほどなく釈放され、三四年一月に北京に戻った。

埋もれた小説の行方

――驚くべきお話です……。次の質問にうつります。キム・サンは当時「白衣族の影」という、満州にいる朝鮮人亡命者についての本を朝鮮語で書きはじめていたと、あなたは書いておりますす。これは小説だったんでしょうか。あるいはほかの形式によるものだったんでしょうか。構想をお聞きしたことがありますか。

ニム・ウェールズ　知りません。彼は私に話したことがありません。彼は話すのが忙しくてそのディテールについてはのべませんでした。でも私の印象では、それは小説の予定だったと思います。と同時にあらゆる歴史的詳細において正確なものだったと思います。彼が真実をそのまま述べようとしたとは思いません。もし自分の話をフィクションとして書けば、投獄されることはないですからね。

――なるほど。

ニム・ウェールズ　自叙伝を書けば自分が共産主義者であることを証明することになるし、処刑は免れないでしょう。他の名前で誰か別の人について小説を書けば、もっと安全でしょう。でも明らかに彼は自分の知っていることについて書いたのでしょう。私の知る限りでは、彼は書きませんでした。それについてのノートをつけてはいましたが、完成されたとは思いません。私に話してくれませんでした。

――満州にいる、ある朝鮮人亡命者について書くとキム・サンはいっていますが、特定される主人公が実在していたんでしょうか。

ニム・ウェールズ　主人公はおそらく彼の友人たち何人かの組み合わせでしょう。たとえば呉成崙とか或いは朴(パク)兄弟のような……。ああ、思い出しました。キム・サンはよく朴兄弟について話していましたよ。彼が書こうとしていたのは、彼ら一家のことだったと思いますよ。彼らはキム・サンの友人で、彼らが好きでした。

――今、朴家の、四人の朴兄弟の話が出たので言うんですが、朴兄弟の息子さんにあたる人が東京の朝鮮新報社で仕事をしていたことがあります。記憶違いでなければ朴英逸(パクヨンイル)氏、たしかこの人がそのはずですが。私は偶然、彼と同じ職場で仕事をしていたのです。これは単なる偶然に過ぎませんが。

　あなたはキム・サンについて夏の間に二〇回以上会って取材をし、七冊のノートをつくりました。このノートについてあなたは、「あらゆる詳細な点について——話題をも含めて——厳密に忠実なものになっている」と、書いています。つまらぬ話のようですが、あなたの『アリランの歌』について、「創作」だとの中傷などには遭いませんでしたか。あったとすれば、それはどういう意図からきているものなのでしょう。

ニム・ウェールズ　あの会話がほんとうかと疑る人はたくさんいます。でも私はひとつひとつ彼にたずねました。この形式は私の創造です。『アリランの歌』は新しい形式です。私がやったことはひじょうに詳細に会話の内容を聞きとることでしたが、話を書くときには私の言った質問の全部は文章に入れませんでした。たとえば、あなたは何と言いましたか、とか、彼は何と言いましたかとか、彼らは何をしましたかとか、数百に及ぶ質問のことです。キム・サンはこの話をいっぺんに整然とした形で語ったのではありません。あるひとつの話から始め、また別のことについて話し、みんなを混ぜ合わせたんです。それで私がそれをひとつにまとめなくてはならなかったんです。だからといって話の内容の意味は変えませんでしたよ。ただ洗練された文学性のある英文に書きかえただけです。そうですね。人はあのように会話を再現するのは不可能だといいました。キム・サンがあのようなことをすべて記憶できるとは思っていませんでした。でもあれがフィクションだとは誰も言いません。あれが口述された自叙伝だということは、誰もが知っています。

ところで私はもちろん英語で書かなくてはなりませんでした。キム・サンは種々の言語を混ぜながら話したので、それらを私が英語で書いたんです。あっ、ちょっと待って下さい。そうそう。いくつか変えました。あなたに話したと思いますが。『朝鮮とキム・サンの生涯についての覚書』という私の本を見ましたか？　その本はあなたにとってひじょうに価値あるものです。あなたが今たずねているすべての質問に答えています。私は『アリランの歌』にすべてを書くことは出来ませんでした。でも残りはそのノートにおさめています。あなたが知りたいことについてたくさん書いてありますよ。とにかくそのノートに私がいつも(彼らの)本名を使っているわけではないと説明してあります。呉成崙は本名ですが、金星淑はちがいます。ノートを確かめてみて下さい。忘れてしまいました。

またキム・サンが投獄されていたときの日付やいくつかの事実も変えています。北京を天津と変えたように。彼が逮捕されたとき、その本が彼に不利な証拠として利用されることのないように願ったからです。(そうしなければ)彼は処刑されてしまいますからね。彼が獄中にいたときの正確な日付は書かなかったけれど、彼の言った他の内容は変えていません。ひとりかふたりの名前は変えましたが。名前を一度変えた後に私は彼に言いました。「私はこの名前を忘れてしまったし、また思い出したくもありません」とね。その名はあの本に書いてあります。その人たちの本名を書いています。

でも、このような変更はフィクションとはいえないでしょう。彼を守るためのものですから。人びとが処刑されないように名を変えただけです。彼が満州に住んでいたならば、安全ではありませんでした。もし日本人が彼を見つければ、『アリランの歌』が彼に不利になるように利用したことでしょう。この本は今でも不当に利用される可能性があるのです。でも歴史はもっと研究されなくてはならないし、延安でおこったことについては、もっと知っている人を見つけなくてはなりません。そんな仕事は私にはできません。体が悪いのでね。

張志楽と変名

――彼は、キム・サンという仮名をつかったと、あなたは『朝鮮とキム・サンの生涯についての覚書』の中で記録しています。本名は、張志楽(チャンチラク)なんですね。

ニム・ウェールズ　ええ、張志楽です。故郷がピョンヤンの近くだと言っていましたし、それを本に書いてもいいと言いました。ということは実際はそうでなかったかも知れません。自分の家族が処刑されたくありませんからね。自分の家族がどこに住んでいるのか正確には言ってくれませんでした。ただピョンヤンの近くの村だと書いてもよいと言いました。それをタイプ刷りの私家版の中に書きこんでいます。その中にあるでしょう。今は思い出せませんが。でもそれがどんな名であったにしても、実際の名前ではありませんよ。家族を日本当局に逮捕されたくはありませんからね。彼はキム・サンという名前を使ったことはありません。この本でだけ使ったんです。

――キム・サンという名前は、誰がつけたんですか。

ニム・ウェールズ　ええ。キム・サンという名前は私が考え出したんです。この本のためにだけね。キム・サンとは山を意味します。実際、彼には時々物を書くときに使っていた名前がありました。寒山(ハンサン)とか、ペンネームとして五つか六つの変名を持っていました。それらの名前全部は覚えてませんが、いくつかは私の本の中にあるでしょう、彼は文学的な人間でした。物を書いて出版しましたが、本名は絶対に使いませんでした。けっして張志楽という名前を使わなかったので、その名は知られていません。自分の家族を守るためだったんですね。

——キム・サンにかかわる資料として、あなたは『アリランの歌』に収録できなかった部分を補足して『朝鮮とキム・サンの生涯についての覚書』を出しました。それ以外に、まだ彼に関する未公開の資料をお持ちでしょうか。

ニム・ウェールズ　ありません。『朝鮮とキム・サンの生涯についての覚書』の中にすべてを書きこみました。そのノートはきのうあなたにわたしました。

——『アリランの歌』は韓国でたしか一九八四年かに、翻訳が出ております。すぐ発禁になりましたが。その二年後の一九八六年には、『朝鮮とキム・サンの生涯についての覚書』の翻訳が学民社から『アリラン2』という題名で発刊されています。それはご存知ですか。

ニム・ウェールズ　知りませんでした。でもそれは韓国では読むことを禁じられているんじゃないですか？　出版されたことは知ってましたが、誰が出版したのかは知りませんでした。一冊もその本にお目にかかったことがありませんからね。それは読まれているんですか？　その本を読むことは韓国の法律で禁じられているものと想像していましたけれど。

——両方とも、すぐに韓国政府によって発禁処分を受けています。しかし、おっしゃる通りです。僕が聞いたところによれば、今、韓国の反体制的な学生や労働者たちの間では、『アリランの歌』とマクシム・ゴーリキーの『母』が読まれて感動を呼んでいるそうです。韓国から来た人に聞いたのですが。

ニム・ウェールズ　ひとつ訊ねたいんですが、あなたは私に送ってくれた手紙の中で、キム・サンを無罪として、その名誉を回復した本がある、と書いていましたね。それについてはまだ聞いていませんが、その本の題名はなんというんですか？

――キム・サンが無罪だということをいった本の名前……。あれでしょう。それはキム・サンのことが出てくる『朝鮮族革命烈士伝』第二集のことだろうと思いますが。ニム・ウェールズさんは、中国で出ているその本を、お持ちじゃないんですか。

ニム・ウェールズ　いいえ。見たことがありませんね。

――韓国で出された『アリランの歌』と『朝鮮とキム・サンの生涯についての覚書』も手許に持っていないようですけれども、でもこれらの本は、韓国の民衆が読んでひじょうに感動を受けていることをぜひお伝えしたいのです。

ニム・ウェールズ　一九八四年にカリフォルニアの韓国プロテスタントの人たちが『アリランの歌』の二種類の翻訳版を朝鮮語で出版しました。二種類ですよ。カリフォルニアに行くとき、ジョージ・トッテン教授に会う予定ですか？　アポイントメントをとりましたか？

――まだです。

ニム・ウェールズ　トッテン教授について言うならば、これは彼の研究テーマなんです。彼は役に立つだけでなく、真実を知りたがっていますし、そのために研究しています。彼が話してくれなければ私は処刑についてはまったく知らぬところでした。彼が私に話してくれた唯ひとりの人です。彼はその事情について知っています。韓国にはこのことについて研究している人は誰もいません。あなた方が私に会いに来たのは、一九三七年に私が延安までの危険な旅をし、キム・サンについて書き留めたからです。中国人はキム・サンについて私に知らせたがりませんでした。キム・サンは延安で歓迎されていなかったのです。中国側は彼の意見に賛成しなかったのです。要するに、彼が分離独立した朝鮮民族独立同盟を設立したがっていたのに、中国側は中国共産党の一員となり、彼らの命令を受けるように彼に求めたのでした。朝鮮人たちは、独立し、分離したがっていたのですが。「水中の塩」のようになりたくなかったのです。でも、広東で朝鮮人は水に溶けた塩のようになってしまった。三〇〇人の朝鮮人がただ消えてしまったのですよ。誰も彼らのことを覚えていません。彼らの名前さえわからないのです。ちょっと言っておきたいのですが、キム・サンの処刑については、しゃべらない方がいいですよ。一言もいってはいけません。それをしゃべれば、中国には行けなくなりますよ。今これが本当のことかどうかはわからないのです。私は信じません。なぜ信じないかというと、その時期について、私はよく知っているからです。

とにかく、なぜあのような人を処刑するのか？　彼は無罪で、しかも一人きりだったんですよ。そんなことを私は信じません。この康生（カンション）という男はとても賢い人で彼は秘密警察の長官だったのです。彼はそれほどばかじゃない。そんなことをすれば自分が面倒なことになるんですからね、彼がそんなことをするなんて私は信じません。人びとは彼がやったと思っただろうとは考えますよ。つまり、人びとは彼がやったのだと言われれば、そう信じるでしょう。中国人は聞いたことは信ずるようですからね。なぜか分からないですけれどね。世界中で、こんなにもひどく誤解された罪のない人はいないのです。けれどキム・サンはそれを予測すべきでした。キム・サンは、中国人が彼を誤解するだろうということを知っておくべきでした。

〝工合〟的結婚

——ところで、一九七二年に出版した『アリランの歌』（第二版）の序文で、エドガー・スノーとの結婚が〝工合（クンホー）〟的結婚だとおっしゃっていますね。

ニム・ウェールズ　中国語で工合というのは一緒に働くという意味です。工（クン）が働くで合（ホー）が一緒に、つまり協力してという意味です。私がこれを発明したのです。この工合という合作社組合を再発明したのです。そしてこの言葉は英語になりました。クンホーはチームということを意味します。チームワークというのはすばらしいものです。スノーとの結婚はとても生産的だったし、とてもうまくいきました。私たちのすることは、いつも世間を驚かせましたよ。私たちには力があったし、私たちはどこでも途方もない力を持った電気みたいな存在でした。私たちのすることはどれも大きな成功を収めましたが、それはエドガー・スノーの本、『中国の赤い星』が評判になったからです。あれがなければ私たちはただのつまらぬ人間になっていたでしょうね。彼の本が世界中で成功したので、私たちは力を得たのです。私たちが何かしようとすると、どんな事でも、人は援助してくれようとしたものです。この工合に関することは合作社運動の記録で、私がかかわっているのです。合作社組合を始めたのは私の考えでした。最初、夫は賛成しませんでしたが、しまいにはひじょうに熱心になりました。彼がしたのは、そう、彼は組合の工合、協力者になりました。というのは百パーセント熱中することを意味します。まさに(人を)〝助けて、助けて、助けて〟です。私たちはこれを大成功させたのです。あなた方に日本や朝鮮でそれを設立して欲しいのです。というのは、いま私たちが直面しようとしているひどい苦難をくぐり抜けて生き残るためには、この運動のほかはないからです。産業部門では、生産における競争のためにひどい不景気が起こります。けれど、もし私たちが朝鮮や日本、そして外国でこの協同組合の運動をすれば、運動は継続します。

キム・サンの人間性

――次の質問に移りたいんですが。『アリランの歌』はもとより、『私の中国時代』の中で、ミセス・スノーは、キム・サンの人間性について触れ、高く評価しております。あなたは、彼から人生上の何らかの感化を受けたと感じておられるのでしょうか。だとするならば、それはどのようなものなのでしょう。

ニム・ウェールズ　そうですね。彼の話を聞いて、あなたがたにあの本が与えたと同じくらいの影響を受けました。彼は多くの体験をし、自分に打ち克ったのだと私は気がつきました。一つの勝利、他のすべては失敗でしたが、彼は自己に勝ったのです。それは彼が死ぬことを恐れていなかったことを意味します。彼は自分自身や感情をコントロールすることができました。

彼が私に話したことをつたえましょう。彼が自分で言ったのですが、性格的に重大な欠陥があり、それはつまり自分の気持を抑制することができないというものでした。彼が何かに夢中になっているときは、周りは誰ひとりそれをまちがっているとは言えなかったのです。だから、自分の人生で必要なのは、自分がまちがったときにまさにそのことを言ってくれて彼の気持を変えさせるような、知性のある妻だとも言いました。彼の妻はけっしてそういう人ではなかったのです。彼は、自分が気持を変えることができないということを重大な欠陥と考えていました。

そして、事実、彼はいくつかの事でまちがいをおかしたのです。つまり彼は、何と言ったらいいでしょう、頑固な意見をもっていたのです。彼の精神は柔軟ではなかったのです。でも一方、当然のことですが、このような人物は自分の正しさを信じているので恐ろしいことにも耐えることができます。でも、ある面でまちがっていました。日本の刑務所を出獄した後、中国人が彼を避けるので自殺を図ったのはまちがいでした。彼はそのことを予期できたはずですから、自殺しようとするなんておろかでしたよ。彼らはキム・サンと話せば、自分たちの命が危うかったのです。彼のまちがいは彼自身の意見にあまりに固執していたことです。つまり中国人の、彼に対する振舞が良くないということにです。彼は中国人がそのように振る舞うだろうと知っておくべきでした。これらのことすべてを飲みこんでおくべきだったのです。それが一つです。

それから、彼の意見にしても、いつも正しいというわけではなかったのです。たとえば、彼は日本人が中国人よりも、先に、革命を行なうだろうと信じていました。それはまちがいでしたが、そのことをキム・サンにつたえる人は誰もいませんでした。彼が言っていたように、彼には友人がなく、まちがっていると直言してくれる人がなく、まちがいだと説得してくれる人もいなかったのです。彼は他人の判断をまったく信用しませんでしたし。ですからずっと彼は自分にたよってすすむことになったのです。延安にいたとき、彼はおそらく人びとに日本が最初に革命を起こすだろうと言っていたはずです。そこで、中国人たちはたぶん、キム・サンはスパイであり、日本人を支援するためにああ言っているのだと勘ぐったのです。愚かなことでした。あんなことはけっして言うべきではなかった。あんなことはけっして言うべきではなかったのです。外交的でありません。信頼しすぎたのです。彼は中国人が正しいことをすると信用したのです。彼なりに彼らがそうするだろうと考えたのですが、中国人はまた別ですからね。彼は何度もまちがいを犯しました。でも彼は気持を変えることが出来ず、彼にかわって自分の気持を変えさせてくれる人をいぜんとして必要としていたのです。

あなたは私が、彼からなにを学んだかをお訊ねでしたね。それは本物の人生です。中国人は彼のために犠牲になろうとする人びとではありません。でも彼は延安に出かけ、おそろしいまちがいを犯すのです。なぜ、彼は延安に行こうとしたのかしら。中国の共産主義者たちは彼に行って欲しいとは思わず、彼に同意しなかったのに。でも彼は無邪気にも彼らは同意するだろうと信じていました。彼は中国人らと議論し、彼の立場から物事を見るように彼らを説得することができると考えたのです。でもけっしてそうはならなかった。彼らは彼を日本人びいきだと考えていましたからね。私の推理です。わかりませんが。私は中国人が何を考えていたのかわかりません。私は彼について中国人と話したことは全くなかったのですから。

――キム・サンは、中学生から青年期ある時期まで、トルストイに傾倒しています。一九二二年まで彼はトルストイ的理想主義者であったとのべています。植民地であった朝鮮や極東において、知識人や革命家に与えた、このトルストイの影響はきわめて大きかったとみなされるわけですが――日本ではどうしてかドストエフスキーの影響が大きいようですけど――彼の哲学がひろく支持されたのは、いったいなぜだとお思いですか。

ニム・ウェールズ　もちろん理由はありますとも。アジアではいまだに飢えに苦しんでいる人たちがいますし、他の国でも何百万という満足に食べることができない人びとがいるのですから。なぜ、日本はあれほど進歩したのでしょうか。なぜなら、彼らはトルストイを信じていないからです。（笑）　トルストイは平和主義者です。平和主義と平和、キリスト教的平和です。日本でのドストエフスキーの影響については、そうですね、ドストエフスキーは彼自身が精神病患者で、正常な人ではありませんでした。正常ではなかったのです。彼は気の狂った人びとについて小説を書きましたね。彼自身が、異常でした。楽観主義、キリスト教的楽観主義をもっていなかったのです。キリスト教徒は楽観的です。私もキリスト教徒ですし、人間の本性は善良であると信じています。でも、ドストエフスキーはロシアで、黒いロシア人の魂とか、暗いロシア的精神と呼んでいるものをもっていました。今、日本人も同様です。彼らはけっして笑顔をみせません。かつて彼らはとても悩んでいました。彼らはトルストイのように楽観的ではありませんでした。

不分明な一九三〇年代

――『アリランの歌』は、キム・サンと二人の友人――金星淑と呉成崙の物語でもあるとあなたは書いています。この三人トリオは、深い友情をもって、生死をともにしたことが本では生き生きと書かれています。呉は、一九三〇年に満州に行き、三七年には東北抗日連軍第二軍の政治委員をしていますし、また在満韓人祖国光復会の中央委員の一人でもありました。日本のある歴史家は、東北抗日連軍では当時の金日成より高い地位に呉がいたとのべていますが、キム・サンから満州の朝鮮人パルチザンの状況について詳しく聞いたことがありますか。

ニム・ウェールズ　いいえ、私は『アリランの歌』やパンフレットとして作った他の本にないことは、ぜんぜん聞きませんでした。私は他のことはなにも知りません。私が延安を去った後、彼や他の人についても私はまったくなにも聞いていません。それは確かです。私は人びとにたずね、彼らは私にいくつかの事を話したことはあります。でも私は彼から直接に、また彼らを知っている人からなに一つ聞けませんでした。

——キム・サンは、北朝鮮の革命運動史では全く触れられていない存在になっていますが、これは日帝時代に、彼が中国共産党に入党していたという事情があずかっているせいかもしれません。しかしキム・サンは、先ほどからのお話に照らしてみても、つねに朝鮮革命の成功と祖国の独立を考えていたと思われます。だからこそ、満州に行こうとしたし、鴨緑江を渡る日をねらっていたんじゃないでしょうか。

ニム・ウェールズ　あのう……。もちろん彼は中国市民でしたから朝鮮の歴史には属してはいません。彼は中国の歴史に属しています。でもその頃、彼が刑務所から釈放されたとき、中国人は彼を無視しました。彼はお金もなく、死ぬかもしれなかったのです。もしあなたが刑務所から出たばかりだとしたら、どうやって食べていけますか。しかも中国では誰一人あなたを助ける人はおりません。彼はもはや朝鮮人ですらなかったのですから。でも大事なことは、彼が中国人が誰も賛成しなかった、朝鮮独立同盟に加わることを決めたということです。それは彼のもう一つのあやまちでした。彼はそれが受け入れられるだろうと、けっして夢見てはいけなかったのです。彼は中国で朝鮮独立のための運動などはできないということを知るべきでした。中国人はけっしてそのことを許さなかったでしょう。しかし彼はずっと中国人を信じつづけました。でも私は彼が中国人によって処刑されたなんて信じられません。私はそんなことは絶対信じませんよ。

――朝鮮と中国の現代史では、一九三〇年代の革命闘争の実態について、まだ不分明の部分が多いと思うのですが。これはどこに原因があるとお考えになりますか。

ニム・ウェールズ　そうですね。そこにはなにか謎の部分がありますから、たぶんあなたが調べるべきなのでしょう。でも一人でやってはいけません。他の人びとによびかけて、彼らにこの調査を助けてくれるように頼むのです。なぜって、事実を書かないのは道理にあいません。もしキム・サンが中国市民だったとしても、彼は朝鮮の歴史に、彼についてのノートとか情報とかは、なんらかの形で登場すべきです。それは中国でも同じです。彼らは、彼について話したがりません。彼らは彼に同意しませんでした。私はそのことを知っています。でも、もちろんそれは理由になりませんが。あなたは大事なことを思い出すべきです。この時期、一九三七年ごろ、ソ連ではボルシェビキとトロツキストが各地でおたがいを処刑し合っていました。その揚句トロツキストたちはあらかた処刑されたのです。中国人はキム・サンをトロツキストと呼びました。彼はそうではなかったのですが。彼はトロツキストたちを憎んでいましたもの。でも、彼らは、キム・サンが孤独な朝鮮人だったため、彼がいかなる人間なのか、誰なのかがわからなかったのです。あなたはキム・サンが彼の伝記を語り終えたとき、何と言ったかわかりますか？　彼は理解できなかったのです。想像できますか。彼はこう言ったのです。「私はなぜかわからない。なぜこんなことになるのか、想像できません」と。さらに、彼は「私は何もしなかったのに、彼らが私をこのようにあつかう、ただ一つの理由は私が朝鮮人だからとしか考えられません」とそう言ったのですよ。彼は朝鮮人という、アウトサイダーでした。彼は中国に属していなかったのです。

もっとあるのですよ。中国人は朝鮮にまったく敬意を払っていませんでした。朝鮮は独立国家ではなかったからです。彼らはいかなる朝鮮人にも敬意をもっていませんでした。そのことをあなたはご存知ですね。過去において、中国人でさえ朝鮮を尊敬していませんでした。キム・サンはすばらしい、ひじょうにすぐれた人ですが、彼らは彼を尊敬しなかったのです。彼が私に洩らしたことを知ってますか。私の小さな本に書かれていますが、彼は私が去るときこう言ったのです。「私は今まで知っている誰よりもあなたがうらやましい」と。私をですよ。彼は私をうらやんだのです。そして彼はその理由として、第一に、「あなたは強国の市民だから」と言っていた。それはすべての朝鮮人が望んでいることで、つまり強国の市民となることです。彼は第二に、「あなたはとてもすばらしい、偉大な結婚をしました。あなたの夫はあなたにこのようなことをさせているのですから」とも言いました。以上が彼のあげた主な理由です。

——なるほど……。ところで、北朝鮮では、一九三〇年代に祖国の解放と独立のために闘った愛国者たちの全面的公開と評価がまだ十分になされていないのではないかという見方がありますが、あなたはこの問題についてどう考えますか。

ニム・ウェールズ　そうですね、当時(中国にいた)朝鮮人は祖国独立のために闘ってはいませんでした。それは絶望的な状況でしたもの。日本が中国を占領していましたから。中国が占領されているときにどうして朝鮮独立のために闘うことができたでしょうか。日本は一九三七年に中国全土を占領しています。そのことはご存知でしょ。全海岸線をです。ですからどうして朝鮮の独立について話すことができますか。朝鮮人は絶望していましたよ。

キム・サン〝処断〟の真相をめぐって

――キム・サンが、三七年の夏以降、どういう運命をたどったのか、その後の消息をあなたは、いつどうして知りましたか。『朝鮮とキム・サンの生涯についての覚書』の中で、彼は延安で結核で死んだだとか、保安で死んだという噂を記録しておられますが……。

ニム・ウェールズ　一九三七年以後、キム・サンやほかの人たち、朴一家や呉一家については何も知らないと言いましたね。誰かがキム・サンは結核で死んだと話してくれました。それが真実と私は言っているわけではありませんよ。延安にいた朝鮮人に何が起こったのかと何人かの人に聞いたら、彼らの答はどれも「キム・サンはあそこで結核で死んだに違いない」ということでした。でも、知っていた人はただの一人もいませんよ。彼が死んだとは私は言いませんでした。人から聞いたと言ったんです。彼は死んだと人びとは思っているとね。正確な情報なんかありませんでしたからね。あっ、ちょっと訊ねたいんですが、康生が、キム・サンを暗殺したと言われているのはいつのことですか。

――一九三八年です。

ニム・ウェールズ　そう、それなら理屈にあいますね。康生はその頃、一九三七年頃に帰国していますから。人びとが「トロツキスト」として処刑されていたソ連から。でも(中国では)その当時誰も処刑されなかったと思いますよ。どうして処刑されなくちゃならないんですか。ソ連ではそうであっても中国では誰も処刑されませんでしたからね。そこのところは調査する必要があります。私はそのことを絶対信じません。中国共産党員が秘密のファイルを持っていないかぎり。よしんば持っていたとしても処分してしまったでしょうが。彼が殺害したとしてもそれは中国政府がやったことではないですよ。ある集団の長としての康生のやったことなんです。康生がやったこととしても、彼は中国国民を代表していません。そんなふうに考えてはなりません。私はそうは考えません。康生などどうでもいいのです。もし中国政府によって行なわれたのなら問題はちがってきます。でも一九三八年というのは統一戦線の時期で、誰とでも手を結ぶ時代だし、朝鮮人たちを殺害する時代ではなかったのですから、そんなことは絶対にしませんよ。

――キム・サンに関連した質問をつづけます。彼の悲惨な最期は、革命の無情さ、時代の暗さといったものを感じさせずにはおきません。革命というものが、それ自体、非情なものだと言ってしまえばそれきりですが。彼は一九八三年一月に中国共産党中央委員会によって名誉回復されています。スノー女史が彼の死を最初に知ったのはいつなんでしょうか。

ニム・ウェールズ　トッテン教授が私に話してくれました。彼がいつ知ったのかは知りませんが、それほど昔ではありません。思い出せませんね。でも問題は、あなたがどこでそれを手に入れたかです。どこでその情報を得たんですか？　どこから出たんでしょうか？　彼が「日本のスパイ」と言われてたということはどこから出たんですか？

――中国共産党が出版した本の中にありました。

ニム・ウェールズ　でもどこで？　いつ？　それが真実でなかったと言いましたか。彼は名誉回復されたんですよ。私にはわかりませんが、たぶんあの時期に中国人の間に流れていた噂の一つにすぎないんではないですか。康生が何百、何千という人を処刑したという噂が流れたと思ったら、あるとき(処刑されたと思った)ある人が元気な体で現われる。すると誰もが、「おや、てっきり康生があなたを処刑したと思ってましたよ！」というんです。こんなこと信用できません。中国人からの情報はひじょうによくないんです。部分的に真実はあるでしょうが、大衆はあらゆる嘘を言いますからね。まあ、私はこれについては何も知りませんが、トッテン氏は知っています。彼は私に何でも話してくれる人なんです。今現在、中国ではこのことについて何も明らかにしていません。でも、いろいろな事実を探し出してそれらをまとめることです。常に実証できるものを添えなさい。情報源とかその他もろもろをね。

――それはそうですね。

ニム・ウェールズ　さっきのその本に彼の名誉が回復されたと書かれているのなら、そこで何か言っているはずです。でもね、民衆はとても軽率です――キム・サンは有罪だと単純に思いこんでしまったのでしょう。キム・サンはあまり慎重ではありませんでした。あまり外交上手でもなかったし。彼がある中国人に「日本人が先に革命を起こすと思う」と言ったとしましょう。そうすれば中国人たちは「キム・サンは日本人に金をもらってここまで来て、そんなことをわれわれに信じこませようとしている」と考えるでしょう。そう思いますよ。彼は自分の大きな口を閉じておくべきでした。ただ、じっと静かにしているべきでした。彼自身、私にそう言ってたことがあるわ。してきたことがまちがいだったと私に言いました。そんなことをすべきではなかったんです。じっとしているべきだったんです。外交手腕に欠けていたんですよ。

　彼は作家で善良な人間でした。説明はできませんが、とても並はずれていて、人柄がとても優れていましたもの。でも老練な共産主義組織家ではなかったんですね。そんなたぐいの人とはまるで異質の人でした。彼はつねにまちがいを犯していたので、すぐれた、すなわち老練な共産主義者ではありませんでした。でも彼はほかのどんな共産主義者よりも偉大で優れていましたよ。ひじょうに優れた、とても秀でた人物だったのです。

――キム・サンの忘れ形見である高永光(コヨングアン)氏(7)とのコンタクトはとれているのでしょうか。

ニム・ウェールズ　いいえ、連絡はとっていません。でも一度彼は英語でとてもいい手紙(8)を書いてきました。一九八一年頃に。そこで私も手紙を一通したため、『アリランの歌』一冊と一緒に送りました。彼は英語版のその本を見たことがなかったんです。それだけです。それ以降のことは知りません。トッテン教授は中国に行ったおり彼と話しています。でも私は何のかかわりあいもありません。トッテン教授は私の手助けをしてくれた人物です。もし彼

(7)　**キム・サンの忘れ形見である高永光氏**　一九三三年四月、キム・サンは北京で活動中、中国警察に逮捕される。その時一緒につかまった二三歳の若い中国人女性の趙亜平とあとで結婚し、北京西直門付近で短い期間、夫婦生活を営んだ。三五年の春、キム・サンは上海に行って朝鮮人革命家たちとのつながりを回復しようと出発し、妻は石家荘に残った。延安で、キム・サンは子が誕生したのを知る。

(8)　**いい手紙**　キム・サン(張志楽)の遺子・高永光氏(国家計画委員会に勤務中)が一九八一年一一月一七日付でH・F・スノーに宛てた手紙のこと。一二九頁参照。

が私のためにに骨折ってくれなかったら『アリランの歌』は出版できなかったでしょうね。彼には力があるんです。私には力が全然ありません。

――トッテン教授がキム・サンに関する日本警察のファイルを発見したのは、大変興味深いことですね。その資料があれば拝見したいくらいです。日本警察のファイルが革命家であるキム・サンの思想的潔癖さを結果として証明しているとすれば、なんという歴史のパラドックスなんでしょう。

ニム・ウェールズ　そうです。でもトッテン氏は自分でそのファイルを見つけたのではないんです。誰かほかの人が探し出してトッテン氏に話したのです。誰が見つけたのか知りませんが、彼はこのことを誰かから聞いたのです。彼はコピーを持っているかも知れません。持っていないかも知れません。調べてみる必要がありますね。私が知っていることといえば、彼が電話で日本の警察のファイルが見つかって、それがキム・サンの無実を証明するものだと話してくれたことだけです。彼の無実の証明ですよ。トッテン氏はそれを聞いてひじょうに喜びました。すばらしいニュースでしたからね。

――考えてみますと、今年は張志楽が逝って、ちょうど五〇年目に当たります。彼が亡くなった日は、わかっていないのですが。そうだとしても、「キム・サンの生涯を追悼する夕」のようなものが、今だに持たれていないというのはひじょうに残念な気がいたします。しかし南北朝鮮半島の状況からすれば、遺憾ながらこの追悼の夕が持たれるような状況ではありません。そこでこれは提案になりますが、もしスノー女史がこれを主催してやられるとすれ

親愛なるスノー女史

私に送って下さった手紙と本を受け取りました．あなたのご親切とご尽力，そのためにあなたが多くの時間を費されたことに対し，深く感謝いたします．それと，あなたがノーベル平和賞にノミネートされたことを知って，たいへん喜んでおります．どうか，私の心からの祝福と御挨拶をお受け下さい．

私の父が多くの名前を使ったとあなたが書いたのは正しいことでした．張志楽や張明の他に，父は1930年から1934年にかけ北京にいた時には李鉄庵として，また1935年石家荘にいた時には劉漢平として知られていました．

私の父は革命事業の中で最も素晴らしい歳月を送りましたが，父が死んだときの状況はひじょうに悲しいものでした．多くの老練な革命家が「文化革命」の中で処刑されましたが，彼らの名誉は回復されました．しかし，父の事件はまだ調査中でして，調査の様子から察するに，はっきりしたことが分るにはしばらく時間がかかるでしょう．父を知っている人々から聞いたところによりますと，父は傑出した革命家でした．

父が延安であなたを知り，伝記を書いていただいたのはたいへん幸運でした．父が生きてその伝記を読めなかったのはとても不運なことです．その本を読んだ父の昔の同志達はみな感銘を受けております．この本は父の個人的な記録というだけのものではありません．朝鮮と中国の革命についても触れているからです．

私の母は67歳です．母は中国革命のために大きく貢献しました．母は父のために被害を蒙りました．私自身，「文化革命」のあいだ，「資本主義的路線を歩む者」とか「堕落した幹部」といった，歓迎すべからざる分子の子孫を意味する「要教育青年」の範疇に入れられました．でも，これらはすべて過去のことです．中国のため，このようなことがくり返されないことをともに期待しましょう．

今年の末頃，アメリカ政府が中国の教育機関にコンピューターを贈与することになっており，それを受け取るための一行の一員として，私が合衆国へ行く機会が与えられるかも知れません．その時，合衆国であなたにお会いできることを心から望んでおります．

(計画が変わりましたので，私は合衆国に行けません)

ご多幸を祈りつつ．

敬　具

高　永光

1981年11月17日

キム・サンの子息・高永光氏がヘレン・フォスター・スノー女史に送った手紙

ば、深い意義があるのではないかと思うのですが、どのようにお考えでしょうか。

ニム・ウェールズ　どこでそのような式典を行なうんですか。どこの国で？　どこの国でも行なわないでしょう。私はできません。病気ですからね。今すぐには死にたくないですね。だからこの式典は行なえないでしょう。キム・サンの死の真相については慎重でなくてはいけません。これはとても複雑な問題です。結局、私の死後、真相がわかります。キム・サンはとても病が重く、卵ひとつ買えませんでした。延安で彼はとても体の具合が悪かったんです。結核を患ってる上に、獄中生活や拷問によって心臓とかあちこちひじょうに弱ってました。重病で弱っていました。延安に来る途中死ぬところだったんですよ。彼は、自分はいつ死ぬかわからないと言ってました。

　だから思うのですが、康生が延安に来た当時、キム・サンはたぶんどこかで病床に臥していて、康生が彼のところに訊問にやって来て、身分とかなにか聞いたと考えられます。康生は帰国したばかりだったし、その朝鮮人が延安で何をしているのか知りたかったからでしょう。康生はまた、キム・サンを処刑することを願ったかもしれませんが、実行したとは私には思えません。でも、それから康生が病床から立ち去ったとすれば、人は彼がキム・サンを訪ねたことを知るでしょう、その周辺にいたあらゆる人が。そして彼が去った後、キム・サンが自分の病気がもとで死ぬ。私は彼はそこで衰弱と病気で死んだのだと思います。あんなひどい状態では長く生きられません。疑われる中で生きていけやしませんよ。彼は自分に敵意を持つ中国人やその他どんな人とも生活できなかったんです。でも、康生がキム・サンを訪ねたのを目撃した人は、「康生が一晩前にそこにいた。彼がキム・サンを殺すように命じたんだ」と噂するでしょう。まさに彼は自分の寝床に倒れて死んでいたんですからね。弾丸の穴なんて必要ありません。康生が彼に死を命じたというだけでいいんです。真相はわかりません。

でも私にはたぶんそういういきさつだったろうと思います。康生が命令したのではなく、彼がキム・サンに訊問しただろうということ。彼にはそうする権利があったんです。それは何も害を及ぼすものではなかったし、キム・サンだってもうあんなひどいことにがまんができなくて死んだのですよ。誰も彼を助けませんでしたからね。彼はあそこでたった一人ぼっちでした。卵さえ買ってやろうとしませんでした。彼は結核にかかっていましたし、卵一個も買えないと言ってたんですよ。私はそこを去る直前までそんなこと知りませんでした。でも私は去らなければなりませんでした。彼はきび以外に食べ物は何もないと言いましたよ。

そういうあらゆる状況から、私は次のように推測できます。このことはいろんなことを教えてくれます。一九三八年に共産党、すなわち毛沢東をトップとする、周恩来たちのような最高幹部がそんなことを許すはずがありません。あまりにもおろかなことですから。今にも死にそうなひとりっきりの朝鮮人をあそこでなんで処刑しますか、病気で死にかけている朝鮮人をですよ。そんなことはしません。ちがいますよ。康生が非難されたのは、主には毛沢東を破滅させたかったからです。文化大革命後に、すべてが康生のせいにされました。すべてのことがですよ。それが何であろうと。仮にある老婦人が自分の髪をすく櫛をなくしたとしたら、みなが「康生が来て盗んでいった」というんです。彼に関しては、もっとばかげたことさえ言うんですよ。なんでも彼のせいにするのは、そうすることによってみな毛沢東夫人の江青(チャンチン)を非難したんです。いいですか、毛沢東の未亡人は康生の友人でした。二人とも山東出身で二人は友だちでした。これが事の真相だと思いますね。こんなことが起こるのがどんなに容易なことか私にはわかっています。こと秘密に関しては、人びとは何が真実なのかわからないのです。だれも「康生が二晩前にそこにいて彼を殺害しろと命じた」とかなんとかいう言葉について何も考えようとしないんです。皆なんというか知りませんし、どんなことでも言うでしょう。

でも私にはキム・サンがいつ死ぬかわからないのを予期していたのがわかります。健康が原因で。彼は言いました。「私は卵が買えない。体がどんどん悪くなっていく」と。西安に行くのだって怖れていました。西安には歩いて行かなくてはならないからです。歩いてですよ。彼はそんなに遠くまで歩けませんよ。健康状態がかなり悪かったんです。でも栄養のある食物さえ得られるなら克服できると、そう言ったんです。もちろん自分の希望は満州に行くこと、友人と一緒にいたいんだとも言いました。でもね。当時は行けなかった。日本が中国北部全域を占領していましたから。ご存知でしょう。日本軍の最前線を突破しなくてはならないのですよ。だから満州には行かれなかったんです。すべての状況が絶望的でした。不可避的なことだったのです。そうなるしかなかったのです。彼は悲劇的に生涯を終えなくてはならなかったんです。彼の全人生がそうだったように、そういうふうに死なねばならなかったのです。問題は、私の知っている中国側の残虐行為については論議すべきではないということです。こんな話が出ればみな中国人を憎むことになります。ですから、このことをよく考えて、そんなことを受け入れるべきではありません。

2 『私の中国時代』と合作社（インダスコ）

「上海精神」について

——二日目になります。ぐっすりおやすみになりましたか。きのうはお蔭様で、ぼくらもぐっすり休めました。いいインタビューができたと思います。

それじゃ、お聞きしたいことが非常に多いので、さっそくインタビューに入ります。今日は、『私の中国時代』を中心にお話を伺いたいと思います。『私の中国時代』の中で、あなたは一九三〇年代の中国の激動を伝えると同時に、あなたの個人的な変化の過程を描いています。批評家の一人はこの本を、正義心の強いひとりの美しくて無邪気な若い女性が、発展しつつある近代アジアの歴史のさなかで、作家あるいは思想家として、また社会改良家として成長していく、見事な自伝であるという評をしています。あなたは、この本についてのこういう批評をどう思われますか。

ニム・ウェールズ　そうですね。あの本は評判がよくありませんでした。売れなかったってことね。編集者のキャディ氏が心臓発作を起こし、本についてあまり気配りができなかったので損をしたのです。ですからあれは失敗でした。でもいずれペーパーバックが出るでしょう。今秋には刊行されると思います。そしておそらく私の映画ができれば、本も映画と共に

『私の中国時代』(ウィリアム・モロー社, 1984年刊)の表紙．写真はエドガー・スノーとの結婚前日に撮ったもの．

成功するでしょう。いずれ、すべてがうまくいくだろうと期待しています。でもあの本は当たりませんでした。

——映画だけでなくて、アメリカのアジアに対する見方が変わるにつれて、あなたのあの本はもっと理解されると思いますが。

ニム・ウェールズ　ちょっと言っておきますが、質問の中であなたは、私が「作家で思想家で社会改良家である」とおっしゃっていましたね。でも私は断じて、改良家ではありません。私は改良には反対です。中国のような国では、革命、体制の転覆、交替が必要だと思います。「改良」ということばの意味が何なのかおわかりですか？　それは単に、繕うことを意味しているにすぎないのですよ。

——改良家という意味じゃないと……。

ニム・ウェールズ　ええ、改良家なんかではありません。do-gooder とは、どこでも何か善いことをする人の謂なのです。とにかく私は改良家ではありませんし、かといって共産主義者でもありません。断じて否です。よろしいですか。改良家でも、共産主義者でもありませんよ、私は善いことをする者なのです。

——そうですか。あなたの意見はよく分かりました……。

——今しがた『私の中国時代』があまり売れなかったと聞いて、ちょっと意外でした。アメリカでもっと売れるといいのですが。

ニム・ウェールズ　私もそう願っています。でも私は特に朝鮮の人びとにあの本を読んでほ

1937年5月，延安の近くで満州(東北)人兵士といるニム・ウェールズ．

しいの。それに日本人にもね。私はひとつの特別な分野、研究テーマをもっているんです。それは中国、朝鮮、日本そして第三世界のことですが、これは狭いものではありません。非常に良いテーマです。私はあなたがた二人に、後に続く世代への橋渡しをしてほしいと思っているのです。

――次に移ります。『私の中国時代』を、一九三九年にやはりあなたが書いた『中国革命の内部』とくらべると、それまで明らかにしなかった多くの人物が実名で出てきますね。たとえば、あなたは、西安から延安に潜行するときに手助けしてくれた人物のことを単に、「運転手」と書いていますが、『私の中国時代』では、ケンプトン・フィッチと実名を出しています。それから、あなたを延安に連れていってくれた「学生」も、『私の中国時代』では、「黄敬(9)（本名、兪啓威）」とか通称「デビッド」というふうに明らかにしています。こうして実名を出したこと、つまり、公然と書くことが可能になった状況のこの変化について、話していただけますか。あるいはまだ実名や事実関係をそのまま書けない何らかの事情があるのでしょうか。

ニム・ウェールズ　私は多くの人びとの実名を忘れてしまいました。そのような人びとをすべて思い出すことは到底できません。でも、もちろん彼らの実名を出さなかった理由は、彼らが職を失うことを恐れたからです。彼らが逮捕されるのを恐れたからです。外国人は逮捕されることはありませんでしたが……。でもケンプトン・フィッチは西安のスタンダード石油のマネージャーでした。彼は若く、もし彼が私の逃亡を助けたことが知れたら馘になった

(9) **黄敬**　一九一二―五八。浙江省生れ。ブルジョア家庭の生れで、国民党国防部長を務めた兪大維は伯父にあたる。一九三五―三七年の華北学生運動に参加。在学中、地下中共中央委宣伝部主任だった。五八年、国務院科学企画委副主任。五八年三月まで、第一機械工業部長兼務。「一九三七年五月一日に延安で共産党大会が開催される」という情報をニム・ウェールズに伝え、彼女の延安行きの手はずを整えるのを手伝い、西安まで汽車の旅に同行した。若き女優の江青の親友でもあった。ニム・ウェールズは彼を通称デビッドと呼んでいた。

でしょう。でも、実際のところは、彼は退職してしまいました。彼は私が戻る前に[10]西安から去っていました。別の仕事を捜しに行ったのです。ケンプトンが何をしたかはその時は知られていませんでしたから、職を失うことはなかったのですが。とにかく彼は私が戻る以前に別の市に行ってしまい、他の職業についたのです。後にビルマや他の国々にも行ったようです。今では彼も亡くなりました。アジアでの長年の生活の末、病気になってしまったのです。

彼の父はジョージ・フィッチといい、中国のＹＭＣＡの総幹事をしていました。父親は蔣介石夫妻の親友で、伝道者たちとも親しくしていました。息子の方は、私を助けてくれたのです。面白いですね。ケンプトンが私を西安で助けているまったく同じ頃、彼の父はといえば蔣介石を助けていたのですからね。

――ひじょうに面白いですね。

ニム・ウェールズ　ジョージ・フィッチは本を書いていますから、読んでみてください。分厚い自伝を書いています。相当前に亡くなりましたがね。そうですね、他の人びとのこと……。今すぐにはもう他に思い出せないわ。もしあなたが特定の人について尋ねられるならばお答えできるでしょうが。でも今はいろいろな人びとについて思いうかべることができないわ。

――『私の中国時代』の中でのべておられる次の言葉を、わかりやすく説明していただけますか。「金色の魅惑的な東洋の謎[11]」、「上海精神」、「伝道者精神」。これらは、あなたの批評精神や思想性をしめすものと思われますが。

(10)　**私が戻る前に**　ニム・ウェールズは、一九三七年四月二一日に北京をたち、四月三〇日に彭徳懐の赤軍司令部に到着した。延安で約四カ月間取材をおこない、一〇月中旬に北京へ戻った。

(11)　**「金色の魅惑的な東洋の謎」**　ニム・ウェールズは一九三〇年に『スクリプス・キャンフィールド』紙の外国通信員として働いた短い時期について、インタビューでは謙遜して話しているが、『私の中国時代』の第三章では同社から「魅惑の東洋をたたえる」観光向けの記事を書くようにいわれた際、台風で浸水した街や戦争の避難民の群を撮った写真を送り、「スクリプス・キャンフィールド」をふるえあがらせた」とある。

ニム・ウェールズ　そうですね。私がはじめて中国へ行ったとき、旅行会社が金儲けのために旅行者をアジアへ送りたがっていました。というのは汽船会社は大恐慌のために倒産しかかっていたからです。そこで彼らは私に記事を書いてほしいと頼んだのです。でも洪水や飢饉それから内戦についてはけっして書きませんでした。「金色の魅惑的な東洋」のことだけです。つまり壮麗な寺院、絹や繻子（しゅす）、手工芸品について書いたのです。旅行者が知りたかったのは、そういったことですからね。私はスクリプス・キャンフィールド新聞社に雇われ、そういった記事を書き、観光業を手伝っていたのです。「金色の魅惑的な東洋の謎」とはそういうことです。

次に「上海精神」について聞きたいそうですが、私はそのことについて『チャイナ・ウィークリー・レビュー』誌に記事を書きました。それは一九三三年の春に出版されています。正確な時期は憶えてはいませんが。「上海精神」とは上海に住んでいた外国人に私が名づけたものです。それはインドとは違うものです。インドは英国が統治していたでしょう。「王冠と宝石」という映画をご覧になったかしら。あれは英国の統治にちなんだものなのです。でも上海にいたのはインドでのような人たちではなく、もっと二流の人たちでした。彼らは上海を統治していたのではなく、ただ租借していたのです。協定は一八四三年から一九四三年の百年間でしたが、租借であって所有ではなかったのです。ですから彼らは上海で異なった気持を抱いていましたね。説明するのがとても難しいのですが。私は自分の記事にそのことを書きました。私はこの種の「上海精神」が好きではなかったから。商業的というか、商売にしか関わりをもたない精神ですからね。それに彼らは中国人が好きでなかった。中国について何の関心ももっていなかったのですからね。つまり帝国主義だったのですが、インドのような本物の帝国主義ではなく、いわば二流のものだったのです。

パール・バックと『大地』

――つぎの質問をします。パール・バック[12]との出会いについてですが、あなたは北京の家に一九三四、五年頃にパール・バックが訪ねてきたと書いております。どのようにしてお互いに知り合ったのか、もう少しくわしく話していただけますか。それから、パール・バックの『大地』[13]がアメリカ人に中国を知る上でどのような影響を与えたのか、そのことも知りたいですね。パール・バックを評して、あなたは「『輝ける金色の魅惑的な東洋の謎』を殺してしまった」と言っておられますが、彼女の、中国人民に対する見方、理解のしかたについて批評していただけますか。

ニム・ウェールズ　そうね、パール・バックと彼女の二番目の夫であるリチャード・ウォルシュは私のとてもよい友人でした。当時彼らはジョン・デイという出版社を経営していたのです。御夫妻は私の著作を三冊も刊行してくれました。最初に『アリランの歌』。これは一九四一年に刊行したのですが。そのときパール・バックは私に手紙を送ってきて、素晴らしい本だとほめてくれたのです。素晴らしくて立派な出来栄えだと。彼女はこの本がとても好きで、「損するようなことがあっても気にしないように。私たちが支払いますから、ちっと

(12)　パール・バック　一八九二―一九七三。アメリカの女流小説家。ウエストバージニア州に生まれ、宣教師であった父の任地中国で育ち、その後も久しく同地に在住し、中国の民衆と深く接触した。一九三三年宣教師をやめ、三五年にジョン・デイ出版社社長のリチャード・ウォルシュと再婚してから本格的な作家活動に入った。中国、また母国を舞台にした作品を数多く発表した。

(13)　『大地』　原題 *The Good Earth.* パール・バックの代表作。一九三一年刊。動乱期の中国を舞台に、広大な国土に生まれ、生き、そして死んでいく農民の姿を描いた。ピューリッツァー賞を受賞。一九三八年には、「中国農民生活に対する、豊かにして真に画期的な描写と、自伝的傑作に対する授賞」としてノーベル文学賞を受賞した。

も構いません」と手紙で書いてくれたものです。彼女は自分の著書で何百万ドルもかせいでいました。『アリランの歌』を出版する費用は彼女が支払ってくれたのです。その揚句、彼女は損をしました。でも彼女はその費用を個人的に支払ったのです。そのうえ一九四五年にもあの二人は出版してくれました。中国の労働運動について調べた本でしたが、またもや売れずに損をしたのです。それでお金は底をついてしまって……。

さて、どのようにして彼女と出会ったかでしたね。私たちが燕京大学の小さな中国式の家に住んでいたとき、彼女たちが私たちを訪ねてくれたのです。朝早くやってきました。彼女は出版社の社長と一緒で、それがリチャード・ウォルシュでした。彼女はやがて夫と離婚し、彼と結婚したのです。リチャード・ウォルシュは二番目の夫です。私たちはすぐにとてもよい友人になりました。パール・バックはとても素敵な、それもめったにない素敵な女性でした。伝道者で、それも本物のキリスト教の伝道者だったのです。中国の通常の伝道者精神とは違っていましたよ。つまりもっと進んだ伝道者精神をもっていたのです。たとえば、彼女はキム・サンをたいへん尊敬していました。彼こそ朝鮮のキリスト教徒の望ましい精神をもっている人であり、こういう人こそクリスチャンになってほしいものだと彼女は言っていましたわ。彼女は芯からそう望んでいたのです。それで私はパール・バックが好きになりました。彼女は八〇代まで生きていました。中国に戻りたがっていたのですが、中国人はゆるしませんでしたね。

――その理由は何だったのですか。

ニム・ウェールズ　彼らはたいへん失礼な手紙を彼女によこして、彼女が新刊本の中で中国人を中傷しているとそしったのです。それで彼女は中国へ帰ることが許されなかったのです。年老いた彼女にとってこれはたいへん悲しいことでしたよ。パール・バックにそんな仕打ちをするなんてとても信じられないことです。そうね、彼らが言っている中傷とは、自分たちについて現状よりもさらに悪くみせること、即ち悪く言うことを意味します。中国では誰も『大地』を読んでいません。パール・バックの名は知られていないのです。彼女について全然語られないなんて！　これがいわゆる「中国精神」です。彼らは悪いことをすべて隠そうとします。でもそれらは相変わらず存在しているし、彼らはそれを変えようとしません。彼らはただ外国人に見られたくないのです。朝鮮でも同じでしょう。特権的な朝鮮人たちは貧困についての情報を隠したがります。そのくせ彼らはそれを変えようとはしません。

パール・バックの『大地』はアジアについてのすぐれた名作の一つです。中国を描いた外国人の作品には二つ名作があります。一つは中国の左翼の運動を書いたエドガー・スノーの『中国の赤い星』であり、もう一つは革命前の中国、それも農民に焦点をあてて書いたパール・バックの『大地』です。この作品は中国の実像、中国が実際にどのようであったかについての感触や雰囲気などをじかに伝えてくれるのです。それに彼女は「金色の魅惑的な東洋」については何も書かなかったのですよ。彼女は農民や、農民の飢餓、大飢饉などについて書きましたが、当然のことながらそれは「金色の魅惑的な東洋」という神話を完全に打ちくだいてしまうものだったのです。いいこと。誰ひとり中国に行って飢饉や飢餓にあえぐ人びとに目を向けようとはしなかった時にこの本は書かれたのですよ。『大地』は私が中国にいく直前の一九三一年に出版されています。

宋家の三姉妹

――宋慶齢(スウンチンリン)(14)とのことについて、話していただけますか。あなたはエドガー・スノーが宋慶齢をたいへん尊敬していたと書いていますが。宋慶齢の二人の姉妹とはお会いになりましたか。彼女は自分の二人の姉妹について何か語っておりましたか。

ニム・ウェールズ　私は彼女の姉妹を知りません。あの三人は仲が良くなかったせいか、宋慶齢は姉妹のことは全然話しませんでしたね。でも、彼女らは一九三八年に三人とも工業合作社運動(15)に協力していたときだけは仲がよかったのです。一九三八年に三人は合作社のことで私を助けてくれました。それに私だけがその当時この姉妹に助力を求めたのです。委員会の人びとはみな軍隊に協同組合を始めさせようとしていましたけれどね。私はこう言ったのです。宋姉妹を味方につけましょうと。けっきょく、私が正しかったわ。私たちは宋姉妹を味方にしましたから。彼女たちは三人とも、この運動を支援してくれました。それは三人が一緒に仕事をした、最初で最後のものだったのです。

　一九三二年のことですが、私はその当時上海にいた宋慶齢に会いにいきました。エドガー・スノーが彼女の家に私をつれていってくれたのです。宋女史ははじめて会ったときから私を気に入ってくれて、中国にいる間じゅう、私たちはとてもよい友人でいました。彼女は

(14)　**宋慶齢**　一八九三―一九八一。孫文夫人。孔祥熙夫人宋靄齢の妹、蔣介石夫人宋美齢の姉。米ウェズレー大卒。一九一二年、南京臨時政府大総統孫文の秘書となり、のち孫文に従い、日本に亡命した。一四年、日本で孫文と結婚する。孫文の死後、宋慶齢は国民党中央執行委の一員として残ったが、親共的あるいは左派の立場で孫の諸原則を解決しようとし、蔣介石政府の官職につくことを拒否した。
　中華人民共和国の創立以来ながく国家副主席をつとめた。八一年五月、共産党入党、ついで名誉国家主席となる。同月、北京で死去。六月公葬。

(15)　**工業合作社運動**　一九三八年、ニム・ウェールズはレウィ・アレーやエドガー・スノーとともに中国工業合作社運動をおこした。宋慶齢らの協力ぶりについては次のような証言がある。「宋慶齢と当時のイギリス大使(アーチボールド・クラーク・カー)という奇妙なとりあわせの熱烈な支持者がいなかったなら、この運動は緒につかなかったといえよう」(エドガ

私や私の仕事、私の主張、私がこの仕事のために犠牲にしているものを理解してくれた唯一の中国人といっていいでしょう。

彼女は中国人というよりアメリカ人のようでしたね。幼い頃、父親によって家から離され、五歳になったときには母親からひき離されて、アメリカの寄宿学校へ入れられたのです。三人ともね。父親は三人が中国人になるのを望まなかったのでしょう。最良の西洋式教育で育てたかったのです。ですから英語がペラペラでした。三人姉妹は西洋の女子教育を受けたために、儒教的な中国人より二〇〇〇年は先んじていたのです。まあ、三人は中国よりはるかに進んでいましたね。三人のうち、二人は中国の元首夫人となっています。慶齢は孫逸仙(16)（孫文）と結婚、美齢は蔣介石(17)と結ばれ、誰より頭のよかった靄齢は孔祥熙(18)首相と結婚し、合作社にも投資しました。彼女は生産に参画したのです。宋三姉妹のことはとても素晴らしい物語になりますよ。これほど素晴らしい話はまたとありません。

さてどうしてエドガー・スノーと私が、そして他の人びともそうですが、孫逸仙夫人を賞讃するかについて語りましょう。まず第一に、彼女は何でも選ぶことができました(笑)。彼女は中国で最も美しい女性でした。アメリカの学校で最高の教育を受けた女性です。一番進歩的でしたし、誰よりも素晴らしい英語を話しました。ですから彼女は中国でどんな人とでも結婚できたはずです。選び放題だったのです。（笑）　でも二〇歳そこそこで彼女は高齢の孫逸仙を選んだのです。彼は五〇代でした(19)。結婚するのに遅すぎるというわけではなかったのですが。彼は子供のいる長年連れそった妻と離婚しなければならなかったのですが、孫夫

ー・スノー『目ざめへの旅』。

(16)　**孫逸仙**　一八六六—一九二五。字は文。〝中華民国の国父〟といわれる。一九〇五年、中国同盟会を結成、三民主義(民族・民権・民生)をその綱領とした。一九一一年の辛亥革命により、一九一二年一月、共和国臨時大総統に就任したが、三月袁世凱と交代。二四年国共合作をはかる。二五年三月、「革命未だ成らず」と言葉をのこし、北上中に北京で死去。

(17)　**蔣介石**　一八八七—一九七五。浙江省奉化県の生れ。日本に留学。一九二三年、孫文が広東軍政府を再興した時、大本営参謀長となる。しだいに反共的態度を明らかにし、〝北伐〟を開始。一九二八年南京国民政府成立後、国民政府軍事委員長、中央政治会議主席に就任した。中国共産党に対して五回の〝武力討伐〟をおこなうが、抗日運動の最中、西安事件をひきおこす。第二次大戦後、中華民国総統となったが、中共軍に追われて台湾に逃れる。アメリカの援助の下に大陸反攻を叫んだ。

(18)　**孔祥熙**　一八八一—一九六七。〝中

人は彼を選んだのです。なぜなら、何よりもまず彼を尊敬していましたし、また彼女は中国を救いたいと望んでいました。中国は当時、破滅の危機に瀕していたのですから。そこで中国を救うため、彼女は日本で孫逸仙と結婚したのです。その頃、孫逸仙は日本に亡命していましたから。

――そうですね。

ニム・ウェールズ　日本人は彼を援助しましたが、他の外国人は誰も援助しませんでした。ともあれ、これは素晴らしい結婚でした。彼らはとても幸福で、彼女はすぐに彼の手助けをしました。はじめて公衆の前に現われたとき、彼女は外国人にとてもよい印象を与えたものです。彼女は身をもって中国における女性の地位を革命的に向上させています。私が言ったのは、彼女が何でも選べる人だったということです。だから私たちは彼女を尊敬するのです。彼女は何を選んだでしょうか。

孫逸仙が亡くなった後、彼女は未亡人としての生涯を全うしましたでしょう。個人的な生活をもたず、ひたすら中国の革命の先頭に立ったのです。孫逸仙は最初の革命[20]の指導者でした。でも彼女は二番目の革命、共産主義革命に続いて入っていったのです。彼女はいつまでも共産党員たちとの合意を保っていました。ソ連とも協力していました。当時ではそのことはたいへん難しいことだったのですが。共産党員たちはあちこちで処刑されていました。広東ではソ連大使館員が殺されたくらいです。ですから素晴らしい女性でなければ、このようなことはできるものではないのです。

国四大家族〟(民国時代の四大財閥)の一員。一九三一年、行政院副院長兼財政部長、中央銀行総裁。三八年、行政院長となる。エドガー・スノーは彼を「中国官僚を腐敗させる元凶」と評している。

(19)　**彼は五〇代でした**　孫逸仙は宋慶齢と一九一四年に再婚した。当時、彼は四八歳であった。

(20)　**最初の革命**　一九一一年の辛亥革命(第一次革命)をさす。

彼女の姉妹はどうしたでしょうか。彼女たちはアメリカに金を送らせておいてウォール街に投資したのですよ。中国のことに金を使わず、私腹をこやしていたのですからね。でも孫夫人は偉大な指導者になるため、中国の近代化のためにすべてのことをささげたのです。彼女の精神はとてもとても進歩的だったのです。今日のレベルから考えてもそう言えるはずです。

――なるほど。

ニム・ウェールズ　孫夫人が『アリランの歌』を読んだかどうかは知りません。そのようには聞いていないし、読んではいないと思います。もし読んでいたら、評価してくれたでしょうがね。彼女はそういう人だったのです。彼女はキム・サンの偉大な生涯の意味を理解してくれたと思います。彼女は亡くなる直前まで共産党のメンバーではありませんでした。でも死の床についていたとき、共産党員となったのです。

――そうですね。

ニム・ウェールズ　その意図は彼らへの共感を示すことにあったのです。さもないと世間の人びとは彼女の共産党員たちへの共感を理解しなかったでしょう。でも、彼女は一人ぼっちでしたから、私たちは中国にいるからには彼女がそのために戦っている運動を支援しなければならないと思いました。彼女は中国における進歩性の象徴でした。

私たちはアメリカの若者として、彼女を中国における近代精神の模範として尊敬していたのです。ですから、孫逸仙夫人が孤立無縁なときに彼女を助けないなんて恥ずべきだと思っていたのです。中国に滞在して中国人を支援していた他の外国人たちにしても同じ気持だったにちがいないでしょう。孫夫人はずっと長い年月、上海に独りぼっちで住み、高い壁の奥で亡命者のように暮らしていたのですもの。彼女は何もできず、政府からは活動を禁じられていました。誰もが彼女は暗殺されるのではないかと心配したくらいです。でも、何と言っても彼女は蔣夫人の姉ですからね、その心配は実際にはありませんでしたが。いずれにせよ、これは素晴らしい物語です。これほどの話はありません。これは世界でも稀な物語の一つですよ。

蔣夫人は今なお台湾で健在でしょう。彼女が亡くなった後ならば映画を製作できるでしょう。でも『アリランの歌』よりは劣ると思いますよ。『アリランの歌』ならばもっとよい映画になるでしょう。なぜって、共産主義者を扱っていますし、世界的にずっと進歩的なものだからです。『アリランの歌』は日本で製作されれば正確なものになると思います。内容を変えてはいけません。変えれば、まやかしになってしまいます。あるがままに正確であるべきです。もちろん会話の部分をつくらねばならないでしょうが。

――三姉妹のたどった運命は、やっぱり彼女たちが選択したパートナーとの問題でもあったわけですね。

ニム・ウェールズ　でも言いそえますが、中国人はどうしてエドガー・スノーと彼の妻に敬意を払うのでしょうか。彼らはエドガー・スノーを他のどの外国人より尊敬しているのです。なぜでしょうか。

――それは……。

ニム・ウェールズ　つまり、孫夫人と同じく、エドガー・スノーはどんなものでも選べたのです。彼は何でもできたし、どこでも生活できました。私も同じです。どんなことでも選択できたし、何でも好きなことができたのです。でも私たちは最も困難なことを選んだ。つまり共産主義者についての真実を探るために延安まで危険な旅をしたということです。そのために中国の若者はみんな私とエドガー・スノーを尊敬しているのです。

――わかります。

燕京大学で学んでいる頃

ニム・ウェールズ　今年、彼らは五〇年前になる一九三七年に私が行ったあの延安への旅を記念して、そのことを祝っています。なぜなら、それはたいへん困難なものだったからです。私は軍部の命令にそむいて赴きました。(21) 軍部の指令で、誰もその地へ入ることが許されていなかったのです。見つかれば即座に銃殺されていたでしょう。

スノー一家は孫逸仙夫人と同じ範疇（はんちゅう）に属しています。私たちは共産主義者ではありませんが、広い視野をもっていました。共産主義者は、共産党員ではない私たちの視野の内にあり、それは反対の立場の人も含んでいました。私たちはその全体像を忘れなかったのです。私たちは両陣営を結ぶ橋だったのです。今私があなたに、そして、すべての人びとに向かって話しているように。それが私たちの成功の理由です。私たちは孫夫人と同じく何でも選べたの

(21)　軍部の命令にそむいて赴きました　「いかなるジャーナリストも紅区に入れてはならぬという軍令が、南京の蔣介石政府から出されており、中国法でなくアメリカの法による治外法権の下にある私（ニム・ウェールズ）とても、軍令には従わなければならないとされていた。」（『アリランの歌』岩波文庫二〇頁）

です。私たち両方ともにです。何でも選べたのにもかかわらず、中国での最も困難なこの道を選びました。

　共産主義者については、ありとあらゆるひどい嘘が撒き散らされていましたからね。私たちの本は真実を伝えているので、価値があるのです。当時の真実の姿、真の歴史を伝えている『アリランの歌』のようにね。私の本のすべてが歴史の真実を伝えているのです。エドガー・スノーのすべての著作について同じことが言えますが。

――一九三五年、あなたが北京の燕京（イエンチン）大学でまなんでいる頃(22)、若いスノー家は、中国の知識人や作家、芸術家、とくに学生たちの溜り場になっていました。当時は、白色テロがさかんで、スノー家は避難場所になっていたと聞いています。当時、出会った人びとの印象を話していただけますか。

ニム・ウェールズ　私たちが燕京大学にいたとき、私の夫はジャーナリズムを教えていたのですが、その最初の学生で訪ねてきた人は蕭乾（シャオチエン）と呼ばれていました。彼はモンゴル人で、中国人ではありませんでしたが。彼はとても魅力のある人柄で、ひじょうに才能がありました。まだ生きています。『私の中国時代』にも出てきますが。現在でも彼は私の中国の友人です。李愍（リーミン）(23)も忘れられません。彼女も私の親友の一人ですから。

――一九七二年に中国に行かれたとき、あなたは彼女にお会いになったでしょう。

ニム・ウェールズ　ええ。私は一九三五年の学生運動(24)で彼女と会いました。彼女はそのときの指導者の一人です。そのことは『私の中国時代』の中にも書いてあります。今は言語学者

(22)　**北京の燕京大学でまなんでいる頃**　燕京大学は、アメリカの資金で宣教師が創設した大学。「エドは新聞学科での講義を頼まれており、私の方は、英語でやっている講座ならなんでも出ていた。中国語でやっているのにも一つ……ヘーゲル（私はもちろん英文のテキストを使ったが）を聴講した。」（『アリランの歌』岩波文庫一三頁）

(23)　**李愍**　一二月九日の女性三リーダーの一人。龔澎（クンペン）（もと中国国連主席代表・喬冠華（チャオクアンホア）夫人）、龔普生（クンプーション）（中国外務省勤務）姉妹と共に有名。

で、翻訳の仕事をやっています。彼女は黄華（ホワンホワ）や政府の要人たちとも親しいのです。黄華も私の親しい友人の一人です。彼は北京にいて、今でも私の親友です。あの生誕祝典をはじめたのは彼なのです。学生運動の最中に彼を知りました。

その頃、私は著名な作家たちには会いませんでしたが、後に私はひじょうに有名な作家である謝冰心（シェピンシン）に会いました。彼女は一九三〇年代における著名な中国の作家の一人でした。今も生きています。彼女は私の友人でしたし、その頃の最も有名な作家の一人です。(写真を見せながら)ほら、これが私の手元に届いたばかりの写真ですよ。この人が工業合作社の責任者でK・M・劉。彼は満州から来た東北人です。これが私たちが北京で最初に住んだ中国式の家です。とても小さな家でしょう。今そこには大勢の中国人が住んでいます。彼らはその敷地に住んでいます。この人がレウィ・アレー(25)です。彼は工業合作社で働いていました。

――これはいつ撮ったのですか。

ニム・ウェールズ　ほんの一週間前です。ある教授が送ってくれたのです。二日前に届いたのです。

――レウィ・アレーはいま九一歳ですか。

ニム・ウェールズ　いいえ、八九歳です。でも一二月には九〇になると思います。この写真は、彼を写したある教授から届いたのです。その教授は私あてに送ってくれました。

――これらの写真、お借りできますか。

ニム・ウェールズ　どうぞ。でも返してくださいね。レウィ・アレーのは返さなくても構わ

(24)　**一九三五年の学生運動**　この時期、日本軍は華北に侵略の矛先を向け、一九三五年一一月「冀東防共自治委員会」なる傀儡政権を発足させる。とくに北京周辺の状況は緊迫していた。そのような状況の中で一二月九日の学生運動は、キリスト教の影響を受けた愛国的な燕京大学の三学生、張兆麐（チャンチャオリン）、黄華（ホワンホワ）、陳翰伯（チェンハンボ）によってはじめられた。同大学や清華大学の学生を中心とするこの学生運動の主目標は「内戦停止、抗日統一戦線」を要求するものであった。

(25)　**レウィ・アレー**　一八九七―一九八七。ニュージーランド人。一九二七年に中国に渡り、六〇年間同地に在住し、中国革命に深くかかわった。ニム・ウェールズ、エドガー・スノーとともに一九三八年から合作社運動を始めた。中日戦争ぼっ発後は奥地で零細工場の協同組合への集団化を進めた。中華人民共和国成立後も中国にとどまり合作社運動に生涯を捧げた。

ないけれど。私たちが北京ではじめて住んだ家の住所は煤渣胡同（メイチャ）の二一番地です。今でもそのままですが、その写真もここにあります。いまは一二人もの中国人が住んでいます。私たちが住んでいた風にではありませんが。この人はK・M・劉で友人の一人です。これが北京の仕立て屋協同組合です。衣服を作っています。これらは皆同じところの人びとです。私の友人であるK・M・劉は私の生誕記念展覧会の開会式のため、七月に西安に行きました。その展覧会は来年まで続くそうです。彼は北京から出かけました。老齢でとても体調が悪いのですが、そこに行って私についての演説をしました。彼はとても老齢な上ガンなのです。もう長くは生きられないでしょう。

毛沢東の手

——一九三七年の五月、あなたは、危険を冒して延安に行くことに成功したわけですが、延安には八番目に入った西洋人ということになります。女性としてはアグネス・スメドレー(26)に次いで二番目ということになるわけですね。四カ月の滞在期間にあなたは中国の革命家たちをインタビューしていらっしゃいますけれど、キム・サン以外に深い印象を持った人が他にいれば、おっしゃってください。たとえば、毛沢東（マオツォートン）について、どうお思いですか。

ニム・ウェールズ　はじめて私が毛沢東に会ったときの印象ですが、彼は中国人のタイプで西洋的タイプではありませんでした。まさに中国人そのものでした。彼は背が高くて大きく、

ニム・ウェールズの若かりし頃の旧友たち.協同組合運動にかかわったかつての仲間.

(26)　アグネス・スメドレー　一八九四—一九五〇。アメリカ・ミズリー州北部のオスグッドで貧農の次女として生まれる。父方にインディ

さながらエイブラハム・リンカーンでしたよ。

――はあ。

ニム・ウェールズ　彼の容貌は素晴らしいとはいえませんが、とても印象的な男性でした。彼はすべての末端に至るまで権威がありました。その頃の中国人の誰からも尊敬されていたということです。後に彼は神格化され、なかば神聖視されるに至りましたね。しかしその当時は、全面的に尊敬を受けていたのです。彼の言動すべてを人びとは敬っていましたから。彼の声はとても静かでしたし、討論や委員会での投票以外のやり方で事を運ぶようなことはけっしてしなかったのです。彼は主席でした。人びとは彼を毛主席とよびました。中国の子供たちは〝我們愛毛主席(ウオメンアイマオチューシー)〟と歌います。それは「私たちは毛主席を敬愛しています」という意味なのです。みながそう歌っています。

彼は話し合いによって人びとを納得させ、統制していました。その弁舌には力がありました。また彼は作家であり、ジャーナリストでもあったのです。エドガー・スノーは彼が好きになった唯一の外国人でした。エドがジャーナリストだったから好きだったのです。それに彼は若い頃は、エドガー・スノーがやっているようなことをしたかったのでしょう。それはできなかったのですが、彼はそうしたかったのです。毛沢東はマルキシズムを媒体として西洋の文明を中国の内部に導入した唯一の人間です。マルキシズムは西洋文明ですからね。その導入によって毛沢東は内陸の中国人の精神に影響を与えたのです。毛沢東以外の誰も農村には行きませんでした。彼についてもう一つ言いたいのですが、よろしいですか。

アンの血が流れている。若いときから社会主義思想に目覚め、ニューヨークではインド革命運動に参加している。思想的理由で教職を追われ、在欧八年間を過ごす。一九二八年ドイツ新聞の中国特派員となり、一二年間、紅軍と共に最前線で過ごし、延安に入る。著書に、『女一人大地を行く』『中国の歌ごえ』『偉大なる道』などがある。戦後、「ゾルゲ・スパイ事件」の容疑などで、マッカーシズムによって国を追われ、孤独のうちに五〇年ロンドンで客死した。エドガー・スノー、アンナ・ルイス・ストロングと共に中国の郵便切手に登場している。

――どうぞ、お続けください。

ニム・ウェールズ　彼はとても美しく強い手をもっていたのです。これはひじょうに特異なことです。小さく弱々しいそういう手ではありませんでしたもの。その美しくて丈夫な手はとても目を惹きました。美しい手。ほとんどの中国の男性は、小さな少女のような手をしているんですよ。小さくて赤ちゃんのような手。少女のような手で、けっして強い手ではありません。今、西洋では男性は大きく頑丈な手をもっている人が好まれます。

――なるほど。

ニム・ウェールズ　それは私たちが労働を尊ぶことからきているのですが。男性は、女性のようでなくて、男性らしくなければと私たちは考えているのです。でも中国や朝鮮では、男性は女性のように見えるように望んでいるみたいですね。絹のガウンを着て、小さく繊細な手と長く伸ばした爪をしているのです。孔子の教えのすべてが、もっと女性的であれということだったからでしょうか。孔子は、男性ではなく、愚かな老婆のようでした。孔子は老婆であって、男ではなかったのです。

西洋では男らしい男性、女らしい女性が尊敬されます。私は西洋文明について一般的にではなく、私自身の文明観について話しているつもりですよ。西洋人とはイングランド人です。イングランドの男性と女性です。私が西洋人と呼んでいる真のものです。スペイン人やスコットランド人はヨーロッパ人です。でも現在では多くの民族が混ざりあっているのです。アメリカでも多くの国籍をもつ人が集まっています。彼らはここへやってきましたが、アメリカ人にはなりません。彼らは以前の考え方を変えようとはしません。

毛沢東の手について私が言ったことはわかりましたか。忘れずに言及してください。毛沢東が男性的だったということは重要なことです。だからこそ人びとを感化することができたのです。彼の手は男っぽく頑丈なものでした。労働者階級の手であってインテリのそれではありませんでした。毛沢東が立ち上がって演説したとき、農民の多くは彼の手を見て親近感をもったのです。彼の手を見て、彼を好きになったのです。わかります？　彼の手を見て、彼らが毛沢東を信用したってことを。手についてそんな風に感じることがありますか。手が美しいと信頼されるのです。よい手を持つことは高い発展段階を意味しています。短くて太い指や手を持つことは生物学的に優れているのです。これはわれわれの側の意見です。儒教的な思考方法ではなく、その反対なのです。このことを忘れないでください。毛沢東の秘密はこれです。もし誰かそういう手をした人に出会ったら注意して見てください。なぜって、その人びとは小さくて弱々しい人びととは違っているのです。生物学的にね。私のこの考えをどう思いますか。

（短い休憩時間をとる。）

女性革命家たち

――では、また、続けるようにいたしましょう。延安で会った女性革命家たちからうけた印象について、語ってください。あなたは延安に滞在していた間、彼女たちの結婚生活や政治的生活を目の当たりにしたわけですが、ご自身の結婚観や男女平等のあり方について何らかの影響をうけたと思いますか。

ニム・ウェールズ　中国人に較べれば、私の方がずっと進んでいます。考え方という点では誰も私ほど進んでいません。ですから彼女たちから影響を受けたということはありませんね。……でも彼女たちはとても素晴らしい女性たちです。そのうちのひとりが周恩来（チョウエンライ）の未亡人である鄧穎超（トンインチャオ）(27)でした。彼女は全国人民代表大会議長として今も健在ですね。中国で最も著名な女性です。私が書いた『近代中国の女性たち』(28)という本の中には彼女の自伝も載っています。それと現在重病の蔡暢（ツァイチャン）(29)の自伝もね。この二人は、一九二七年から女性共産党員の指導者でした。鄧穎超は私の友人です。私が中国を訪れると、彼女はいつも私のために歓迎パーティーを開いてくれます。彼女も健康がすぐれません。

そう、それからあの高名な小説家の丁玲（ティンリン）(30)にも会いました。一九三一年以来もっともすぐれた女性小説家です。彼女は長いこと強制収容所も経験しているんですよ。そう、監獄にではなく、収容所に入れられたんです。彼女はここまで私に会いに来たことがあるんですよ。あの人が、そこにすわっててね。そのとき私は、彼女にキム・サンについて尋ねたんです。会ったことがあるかって。会わなかったというんです。彼のことは知らなかった、と。それでも私はこう尋ねたのです。彼の身の上に何があったのでしょうか？　どうしたのかしら？　すると彼女が言うには、誰も処刑された人はいなかったはずだということでした。彼女自身がそこにいたんですよ。その彼女が言うんです。一九三八年当時は、誰も処刑されたものは

(27)　**鄧穎超**　一九〇四―　。河南省生れ。天津女子師範大学で学び、五・四運動に参加。一九二五年周恩来と結婚、江西ソビエト区に入り婦女運動を指導した。長征参加後、中共中央婦人労働部長となる。一九四一年以後は周恩来とともに重慶に駐在。建国後、全国民主婦女連合会副主席、中共中央委員・政治局委員、全国人民代表大会常務委員、全国政治協商会議主席などを歴任。

(28)　**『近代中国の女性たち』**　原題 *Women in Modern China.*

(29)　**蔡暢**　一九〇〇―　。長征をおこなった三五人の婦人の一人であり、一九三六年前線にいたただ一人の婦人中央委員であった。ニム・ウェールズが延安を発つころ、彼女は陝甘寧辺区政府の婦人部主席に任命されて、その地区一帯の婦人、女子学生の組織活動に全責任を負っていた。

(30)　**丁玲**　一九〇五―八六。中国の最も著名な女流作家。一九二七年より小説を発表、二九年より左翼作家連盟のメンバーとなる。三三年、国民党官憲によって逮捕され、三

いなかった、と。中国人で当時の政府に処刑されたものは誰ひとりとしていなかった、と。けれど彼女は、投獄された人が体が弱り、強度の恐怖にとらわれたりして心臓の発作で死亡するということはあったかもしれないと言っていました。でも、拷問はなかった、拷問は一切なかった、と言うのです。彼女自身も収容所にいれられていたわけですが、延安では誰も拷問を受けていなかったのです。

だから私の考えでは、キム・サンの身の上に次のようなことが起こったのです。彼はとても恐怖にかられたにちがいありません。いえ、恐怖というより、心配のあまり、しかも体の具合がとても悪かったので、心臓発作をひきおこしたのです。誰もがそこでは処刑というものはなかったと言います。ひとりだけというのではなく、他にも中国人が幾人か死んでいるとなればわかりますよ。ひとりだけに限って処刑されるなんてことはありませんからね。それはありえませんもの。もしたくさんの人が死んでいるとなれば、話は別ですがね。そうでしたら、彼は処刑されたうちのひとりかもしれないと考えられます。でも真相はわかりませんね。これは謎です。本当に私たちにとって大きな謎ですわ。そうでしょう？

その他の女性についてもお聞きになりたいのかしら。そうね、もうひとり挙げることができるわ。康克清（カンコーチン）です。この婦人も私の親友の一人です。彼女はいま中国女性同盟の委員長をつとめています。朱徳（チュトゥ）の夫人なのはご存知でしょう。とにかく、強くてたくましく、頑健でした。延安時代も今も彼女は親しい友人です。私が中国へ行くと、彼女はいつも私のために宴会を開いてくれますの。本当にいい友だちです。彼女は農民の出でした。壁に書かれたス

六年に釈放後、延安に行った。『太陽は桑乾河を照す』が代表作。文革期間は投獄され、七九年から中国文芸協会副主席をつとめた。一九八六年三月に北京で死去した（ニム・ウェールズは、このインタビュー当時、このことを知らないでいた可能性がある）。

ローガンで読み方を覚えたんですよ。そうやって読み方を学んだのよ。とても健康で、卓越した人物です。本当の中国の農民だわ。男性よりもたくましいの。この人たちが延安で出会った女性たちです。

でも彼女たちから私が影響を受けたということはありません。考え方においては、私の方がずっと彼女たちより進歩的でしたからね。彼女たちはまだ思想的に立ち遅れた状態でした。でも彼女たちの結婚はよかったと思います。なかでも、周恩来と鄧頴超は結婚の模範で、とてもよいカップルでした。二人とも働きながら、なおかつ夫婦仲がうまくいっていたということで、このカツプルはとても有名です。比肩されるのは、康克清と朱徳です。でもこの二組だけね、いいカップルとして挙げられるのは。朱徳は紅軍の総司令官でした。延安では、彼女にいろいろとよくしてもらいました。花とかいろいろなものを私に贈ってくれましたよ。彼女たちとは一九三七年以来ずっと良き友人です。

A・スメドレーとの交友

——あなたは、アグネス・スメドレーが延安に行ったあと、そこに行きました。あなたのそこでの取材活動は彼女と重なったりはしませんでしたか。それから彼女について忌憚のない印象を語ってください。第二次大戦後アメリカに帰ってきてから、彼女に会ったでしょうか。

ニム・ウェールズ　アグネス・スメドレーね……。アメリカに帰ってからは、二、三度会っただけです。一九四六年のある週末に彼女がここへ訪ねて来たわ。そのとき『アリランの

スメドレーと朱徳（石垣綾子『回想のスメドレー』社会思想社）.

歌』の売れゆきについて尋ねていましたよ。私は、いや、売れなかった、出版社が損失をこうむったと答えたの。すると彼女は、それは信じられない、あの本はこれまで自分が読んだ本のうちでももっとも優れた感動的な本なのに、と話していました。まあ、この他にも彼女とはいろいろ話したのですけど、とにかくあの本がどうして売れなかったのかと、ひどく驚いた様子だったわ。あんな素晴らしい本を買わないなんて、とね。そう、彼女はキム・サンと一体感を感じていたんです。彼女もいろんな困難に遭遇したのですから……。他に何を知りたいのかしら?

――アグネス・スメドレー女史に対するあなたの忌憚のない印象や感想を述べていただければと思いますが。

ニム・ウェールズ　……そうねえ。延安で、彼女はひどく具合が悪かったのです。馬から落ちて背骨を傷めて床にふせてっいましたからね。ときおり彼女のところへ――彼女は洞穴に住んでいたんですけれど――お見舞いに行きました。でも、あの人は誰にも会いたがらなかったわね。ひどくふさいでいて、精神病みたいにひどく落ちこんで、とても悲惨な状態だったのです。なんとか私も友だちになり力になってあげたかったのですが、何の手助けもすることができませんでした。あのような状態にいる人に手助けなんてできるものではありません。西安(シーアン)事件[31]に加担したということで問題になっていましたから。西安での出来事を知っていますか。

――ええ、少しは。

(31)　**西安事件**　一九三六年一二月、張学良らが共産党、紅軍の討伐を優先する蔣介石を監禁し、内戦停止、一致抗日を要求した事件。

ニム・ウェールズ　アメリカ共産党[32]は、電波を通して世界中にこう発表したんです。アグネス・スメドレーはわが党とはいささかも関わりのない人間で、彼女の言動は、わが党の関知するところではないって。まあそんなわけで彼女はたいへん危険な状態にありました。中国人は(その気ならば)彼女を処刑することだって可能でしたからね。でも彼女は延安まで赴き、そこで毛沢東に迎えられたわけです。ソビエト連邦政府やアメリカ共産党が彼女をひどく非難していたのですけれどね。彼女はけっして共産党員ではなかったけれど、いつも共産党員とともに活動していました。毛沢東がその当時の彼女を、ソ連やアメリカ共産党の非難から守ってくれたのです。でも西安での彼女の行動にたいする攻撃に加え、背骨を傷めるという不運が重なってしまい、延安にいる当時の彼女はとても気落ちしていました。

――彼女は朱徳については『偉大なる道』[33]を書いていますが、毛沢東については何も書いていませんね。

ニム・ウェールズ　書いていませんね。彼女は毛沢東を好かなかったし、毛もまた彼女が好きではありませんでしたから。朱徳について、彼女は分厚い本を書きました。彼女が病気になる前、七月以前でしたか、私が延安へ入る前に彼女はすでに彼の自伝を書きおえています。その後アメリカに帰ってからさらに研究して加筆していますが。あなたは、どうお考えですか？　聞かせてほしいものだわ、アグネス・スメドレーについての感想を。朝鮮人は彼女についてどう思っているのかしら？

――彼女の本を何冊か読みました。『中国の歌ごえ』とか『偉大なる道』。それに石垣綾子さ

(32)　**アメリカ共産党**　結党の歴史は古いが、初期から繰り返された内部抗争や政府による相次ぐ弾圧により、現実の政治勢力としてはほぼ無力に等しい。とくに、ソ連およびコミンテルンの方針に忠実であって、めまぐるしく路線を変更したため、民衆の信頼を失った。

(33)　**『偉大なる道』**　原題 *The Great Road.* 朱徳の生涯を伝記にしたもの。中国戦線で解放軍と共に奥地を転々としながら朱徳から聞き書きしたものを、第二次大戦後アメリカのサラトガ・スプリングスで大要をまとめた。〃赤狩り〃でロンドンに追われた後、A・スメドレーは胃潰瘍に苦しみながらもついに、この伝記を完成した(岩波文庫、阿部知二訳)。この書は、彼女の絶筆となった。

んの『回想のスメドレー』[34]などを読みましたが、彼女はアメリカの生んだすぐれた、尊敬すべきジャーナリストだと思います。文学者でもありますが。

ニム・ウェールズ　彼女と私の間には意見の相違があるわ。対立するといってもいいくらいです。ともかく、私は彼女とは異なるわけで、彼女は私がとてもブルジョア的であると嫌っていました。それに美人を毛嫌いしてましたからね。彼女は、私が自分を美人だと思っているとして気に入らなかったのです。（笑）　こういった態度というのは、正常じゃないわ。好ましい態度ではありません。彼女は年もかさんでいて、しかも病気でした。私は彼女に力を貸そうとしたのだけど、彼女は私が若くて美しいということに腹を立てていたんです。私をブルジョア呼ばわりして……。

あのひとは第一次世界大戦の落とし子です。あの大戦はこういった女性を産み出したのよ。いつも紺のサージのスーツを着て、こんなかかとの低い靴をはいて、おきまりのスタイルでね。それに男物の上着にシャツ、髪は短いときまっていて、カールをするというわけでもなし、たいていは頭にぴちっとくっつく髪型なの。これが当時の女性のスタイルってわけ。でも彼女たちは婦人参政権論者のように見えたし、実際そうでした。スメドレーはとても勇気ある、果敢な人でした。が、自滅的でもありましたね。自分の生死をいとわないというか、自分がどこで死のうがかまわないというところがあったわ。恐いものなし。どんなことでもやってのけるようなところがあった。私とはまったく違うタイプです。

——アグネス・スメドレーは、第二次大戦後いったん米国に帰ったものの、ロンドンで亡く

（34）**『回想のスメドレー』**　石垣綾子著。アメリカ滞在中に知り合ったスメドレーとの交友を亡夫、栄太郎との思い出とダブらせた回想録。みすず書房（一九六七）、三省堂（一九七六）から刊行され、一九八七年に社会思想社「教養文庫」の一冊として刊行された。

なっています。彼女の生涯はたいへん苦難に満ちたものでしたが、彼女の死について何かご存知でしょうか。

ニム・ウェールズ　ええ。彼女は胃の手術を受けたんです。ずっと彼女は病気でした。心臓が悪かったし、背骨も痛めていた上、胃の具合もよくなかったのです。胃には重い潰瘍(かいよう)ができていて血が出てました。それでロンドンで手術を受けたけれど手遅れでした。いつだったか。一九五〇年か五一年だったと思うけど。はっきりとは憶えていないけれど、たぶんその頃だったと思います。

革命と民族

――その頃ですね。『私の中国時代』の中で、キム・サンに触れた短いくだりが何カ所かあります。その一つに「延安では、アグネス・スメドレーと、李徳(リトウ)と、朝鮮人のキム・サンを除いては、みんな楽しそうだった」と書いておられます。キム・サンの憂鬱は一体、どこからくるものだったのでしょうか。

ニム・ウェールズ　彼の生涯は一生を通して悲惨でした。ご存知でしょう。彼自身、自分は失敗の連続であったと言っていたのです。彼のやること為すことすべてが失敗に終わりました。本当に愚かにも、なんとも愚かしく彼は延安へ行ったのです。毛沢東が、一介の朝鮮人の言葉に耳を傾けるとでも思っていたのかしら。彼は、延安に行けば毛沢東と話ができて、毛沢東に朝鮮を助けてもらうことができると考えたのよ。もちろんそんなことはできっこないというのに。何の成果もありませんでした。延安で彼が企図したものは失敗したのです。

彼の考えていたことは朝鮮人の同盟を結成するということでした。共産主義者たちのではなく朝鮮人だけのですよ。私の本の終わりにもそれについてのべてあります。（朝鮮革命の）綱領を補遺として載せておきました。もちろん、受け入れられはしませんでしたけどね。少数の朝鮮人ではそれははじめられません。無理ですとも。当時、日本は中国全土を侵略しつつあったのです。わずかばかりの朝鮮人でどうすると言うんです？　中国の共産主義者たちにとっては迷惑至極な話で、もちろん彼らは何の関心も払おうとはしませんでした。

でも問題なのは、彼が、朝鮮人は「水中の塩」のように溶けてしまってはいけないと考えていて、自分たち独自の組織を持ちたいと考えていたことなのです。なぜって、友人と一緒にいるには士気の高い方がいいですからね。でも中国にいる以上は中国共産党の下でいかなる命令にも従わなければならないわ。だからそれは実現しなかったの。

延安での彼はいい印象をもたれなかったのです。嫌われていました。彼は、外交的でなかったのです。日本軍と戦っている共産党本部のある場所で、まず革命は日本で起こるだろう、なんて言ってはならなかったのよ。中国人を信頼してしゃべったのでしょうけど、それじゃだめです。愚かしいことだわ。外交的でなくちゃなりません。そんなことを言えば、捕まって身に困難がふりかかってくるだけでしょ。いいかえれば、彼は延安の共産主義者たちとうまくいかなかったのです。完全に失敗でした。彼の考えは誰にも受け入れられなかったのです。中国人は彼に延安の大学[35]での教職を与えたのですが、そこで彼が教えたのは数学と物理

(35)　延安の大学　延安の抗日軍政大学で、キム・サンは物理、数学、日本語、朝鮮語等の科目を担当していた。

と化学だけですよ。彼の思想をそこで教えるということは許されなかったのです。誰も彼の考えに賛同する者はいなかったんです。

（ニム・ウェールズ女史と健康談義をひとしきり交わす。昼食のあと、インタビューを続ける。）

――質問の方を続けさせてもらいますが、あなたが延安で会った朝鮮人の革命家はキム・サンの他にも誰かおりましたか？

ニム・ウェールズ　会ったことはなかったけれども、もうひとり幹部で武亭（ムジョン）[36]がいました。彼は朝鮮人ですが、中国人とうまくやっていましたね。中国人とうまくやっていくには、朝鮮人でいるのはまずいんです。中国人のようにふるまわなければならないからです。朝鮮人としての個性を捨てて、中国人のようにならなければなりません。でないと中国人の中では生きていけませんものね。ああそう、もうひとり若い人にも会ったわ。私を訪ねてきた若い朝鮮人[37]がいたって言ったでしょ。彼が共産主義者であったかどうかはわかりませんが、たしかに革命家タイプの人間でした。彼については『アリランの歌』で触れてあるはずです。それだけです。延安には他に誰もいませんでした。それ以外のお国の人には、誰にも会わなかったわ。あとはすべて中国人でした。この二人の朝鮮人とあとは他の外国人だけです。

――そうですか。別の文献をみますと、延安には他にも韓偉健（ハンウィゴン）という人がいたと出ていますが。

ニム・ウェールズ　いつごろのことですか？

(36) **武亭**　一九〇五―？。本名金武亭。キム・サンと同年。咸鏡北道鏡城生れ。中国の軍官学校を卒業し、中国共産党に入り、一九三一年の瑞金中華ソビエト政府樹立に参加した。長征に参加し、延安到着後は紅軍砲兵隊司令。一九四二年に朝鮮独立同盟を結成、朝鮮義勇軍総司令となって延安派を形成する。朝鮮戦争の時は、朝鮮人民軍第二軍団長となるが、命令不服従等の罪状によって追放された。

(37) **私を訪ねてきた若い朝鮮人**　「一九三七年七月二六日、延安。キム・サンは李という名前の二〇歳の朝鮮人青年を私に会わせるために連れてきた。」（本書第二部二六五頁）

――あなたがキム・サンに会っていたころに。彼について聞いたことはございませんか。

ニム・ウェールズ　それは、(先ほど話した)あの若い人のことでしょう。彼はキム・サンと一緒でしたからね。一緒にやって来ました。キム・サンが彼を一緒に連れて来たんです。朝鮮のことについて話しました。でも他には誰もいなかったわ。あの若い人だけよ。名前は思い出せません。彼の名前を(本の中で)言うことはできなかったわ。公然と本名を使うわけにはいかなかったのです。延安から出たら、捕まるおそれがありますからね。

3　朝鮮の中立化と文明論

日本が韓国に派兵する日……

——それでは、そろそろ三日目の質問に入りましょう。今日はまず、「アジアとアメリカの関係の可能性」について、いろいろとお伺いしたいと思います。あなたは「アジアの複雑性」といった問題意識を持っておられ、次のように『私の中国時代』(第二三章)の中で指摘しています。「西洋文明は、マルクス主義という思想をもって初めて、アジア人の心に共感を呼び起こすことが出来た」。このことは今日においても現実に当てはまる政治的現象だと思われますか？　また、アメリカはアジアを現在どのように理解すべきだと考えますか？

ニム・ウェールズ　アジアとアメリカとのよりよい関係についてという意味ですか。そうですね。以前、チャールズ・パーシー上院議員に向かって誰かが「アメリカの対外政策とは何なのか」と訊ねたところ、彼は、「われわれには対外政策など何もないし、当然そうあるべきだ」と答えたことがあります。これは、対外政策は柔軟性があり、変更もあるという意味ですが、実際そのとおりです。ですから、柔軟性もなく変更もあり得ないというアメリカの対アジア政策などありません。私が恐れるのは——これを忘れないでいただきたいんですが

——アメリカ人はとても無知だということです。アメリカ人は日本人をとてもいい人間だと

思い、日本が大好きです。だからこんなことを言うのです。自国の防衛費はただちに自分で払わねばならない、私たちはこれ以上日本の代わりに払うのはうんざりだわとね。わかりますか？　日本が再軍備をすると、上院議員の一部が何を言い出すか、知っていますか？　ある上院議員は議会で起立して、こんな風に発言するでしょう。とても無知なんです。彼自身には悪意はないんですが、こうしゃべるでしょうね。日本の敗戦後から今日に至るまで、われわれはずっと日本を支援してきた。しかし日本国民の代わりにいつまでもこんな金を払うのはもううんざりだ。日本国民は自国の防衛費は自分で払うべきだ、と。

また、なぜ私たちは韓国のために金を払わなくてはいけないのかしら？　韓国でこんなに金を費やしている。毎年何十億ドルという金を湯水のように捨てている。わが軍隊を帰国させるべきだ。そんなことに支出するのは無駄なのだ。日本人を韓国に派兵させれば、彼らが韓国を防衛することができるじゃないか、と。よろしいですか。アメリカがそう要請するので、韓国に日本の軍隊が駐留し、韓国防衛のために金を払うことになる日がくるかも知れません。そういうことはこれまでは起こりませんでしたけれど、今後はあり得るということです。日本軍が韓国へ一〇分間で行けるわけはないなどと思わないでください。勿論、韓国に行きますよ。日本には予備軍みたいな青年がうろちょろしているでしょう。あなた方は日本人が韓国に行くのを望まないでしょうけれど、その可能性はあるのです。そんなことをさせるアメリカは愚かなのです。

マッカーシズムの時代

――マッカーシズムの旋風が吹いたアメリカの暗黒時代について伺いたいのです。あの時代は、アメリカ民主主義の伝統と良心が最も乱暴に汚された時代といってよいと思うのですが、当時あなたはどんな状況に置かれていたのでしょうか？　あなたの友人や知人の中にはずいぶん苦労した人びとも多かったと想像しますけれど、あなたはマッカーシズムのために人生上どういう障害を受けたと感じておられるのですか？

ニム・ウェールズ　そうね。マッカーシー側の人たちはエドガー・スノーと私が共産主義者ではないということを知っていました。彼らはそう見ていたんです。でも私たちは二回聴聞会に召喚を受けました。ある日の朝、私たちは委員会に出かけていって、そこでずっと待たされたのです。朝八時から夕方五時まで。けれど呼びだされませんでしたね、私たちのどちらも。私たちは別々に待たされてそこにいたんです。それから彼らは私たちに、立ち去れ、家に帰れ、もうここにくる必要はないと命じたのです。また別の日にも委員会から召喚を受けましたけれど、私は病気にかかってニュー・ヘブンの病院に入院中でしたから聴聞会には出頭しませんでした。そんなわけですが、でもそれからは誰ひとりとして私たちの書いた記事を買おうとはしませんでしたよ。エドガー・スノーが書いたものさえ買おうとしませんでした。私のもよ。国じゅうに左翼の考え方を奨励するようなものは一切出版すまいという感情が支配していました。国じゅうあげてですよ。単にマッカーシー側の人間だけというのではありませんでした。ペストみたいなものです。ですから私は本を出版するのにたいへん苦労しました。アメリカでは誰も私の本を出版したがらなかったのです。私が中国の共産主義者に対して好意的だからというのでね。パール・バックでさえ、私の本の出版を拒否したくらいです。つまり、これはアメリカでの変化、大きな変化だったのです。私のことを共産主義者だとは思わないにしても、共産主義に好意的なものはどんなものであれ、忌避したのです。それ以来、私は出版ができませんでした。私の市場(マーケット)、私の研究テーマのための市場は台なしになりました。なぜならば、私が真実を語ったからです。

――立ち入ったことをお聞きしますが、差し支えなければ話してください。一九四九年にあなたがエドガー・スノーと離婚したあと、彼はマッカーシズムのせいで追放されたわけですね。スイスに。

ニム・ウェールズ　彼は映画女優と結婚しました。

――一九四九年に？

ニム・ウェールズ　彼女は私より若くて綺麗でした。二人の子供をもうけました。二人よ。彼はニューヨークの近郊に住んでいたんですが、一九五九年にスイスに行ったんです。追放されたんじゃないわ。

――追放されたのじゃないんですか？

ニム・ウェールズ　いいえ！　なぜなら一九五九年といえば九年も後のことよ。あれから九年後のことですから。

コネチカット州マジソンの自宅そばで．1946年，まだエドガー・スノーと暮らしていた頃．

（休憩時間をとる。）

儒教と氏族制度

――それではこれから、「朝鮮とアメリカの関係」についてお訊ねしたいのですが。ミセス・スノーは未刊のエッセイ集『長い思索』の中で朝鮮半島についてのべながら「朝鮮はかつて、そして今もすべてのアジアにおける唯一のプロテスタント型の国である」と書いています。これはどういうことでしょうか？　朝鮮とプロテスタンティズムの間にはなぜ特別の類似性があるのでしょうか。

ニム・ウェールズ　朝鮮人はプロテスタントになる恐らく唯一の人たちだろうと私は思っています。なぜかと言えば朝鮮にとってプロテスタンティズムは革命だからです。そう、まさに革命です。彼らは――かつて日本人によって抑圧された朝鮮人は――もっと早く前進しなくてはいけないことを理解しています。彼らはもはや古い型の儒者でいることはできません。プロテスタンティズムは最も進んだ宗教です。宗教革命は四〇〇年前だったでしょ。カソリックは朝鮮より二〇〇〇年前も先を行っています。なぜなら朝鮮は、氏族社会だからです。小さな核家族でなく、氏族制度で丸ごとひっくるめた大家族です。若い人びとも、すべて儒教の規範に支配されてしまっている。これが朝鮮の心、頭脳、脳細胞です。朝鮮人は中国人や日本人よりすぐれているはずです。でなければ、新教徒を理解できなかったでしょう。それには脳細胞が必要です。

プロテスタントになるためには、プロテスタントの倫理に従って行動しなければなりません。そう、私は朝鮮人がよいプロテスタントだとは言いませんでしたよ。私は彼らがアジアで唯一つのプロテスタントだと言っただけです。私は迷信をいっさい持ちません。私はクリスチャンです。クリスチャン以外のものにはなりたくありません。私は儒教が大嫌い、本当に大嫌いです。なぜなら儒教は二五〇〇年前のもので、氏族制度です。これがアジアを遅らせているのです。みんなが氏族の人びとなのです。氏族制度であって、封建制度でさえありません。氏族制度は新石器時代のもので、青銅を使う以前のものです。現代朝鮮の若者には、父親と同じようにし、父親を真似なければならないと考えている人びとがいるでしょう。違いますか？　それが儒教です。異なったことをしないで、規範を尊ぶだけ。だから、みんな立ち遅れたんですよ。でも朝鮮人はもっと進んだ考えをするはずです。彼らはもっと自由です。そうでなければ、彼らはプロテスタントになることはできなかったでしょう。

中立、非同盟、非核こそ朝鮮の道

――『長い思索』の中で、ミセス・スノーは、朝鮮の将来について興味深い意見をのべておられます。「朝鮮は、日本、中国、そしてソビエトのあいだの回廊地帯である。ちょうど、ヨーロッパにおけるポーランドのように」。そしてあなたはさらに続けて、「朝鮮は同盟を避け、非核国であることを保って中立政策をとるべきだ」とのべております。こうした思索についてて、さらにくわしい考えをお聞きしたいのですが。

ニム・ウェールズ　今こそ朝鮮人は自国の未来についての、実現可能な見解と理論をもつべき大切な時期を迎えているのかもしれません。あなた方朝鮮人は、未来において朝鮮がいかなる社会と経済を確立することができるのかという根本問題を避けて通ってはいけませんし、それを避けるための口実として権力が個人を思うがままに操縦しようとしたり、「祖国を統一する」という常套的な言い方に対してはそれこそ警戒すべきなのです。敵対する二つの国家に分断している朝鮮をすぐ「統一」しようとすることよりも、三十八度線だけでない数々の障害物や国際的ないがみ合いの原因を考え、未来のためにひとつひとつ準備をすることが大切ではありませんか?

——未来のための準備とは……。

ニム・ウェールズ　そうですね。現在の二つの異なった体制を維持することにきゅうきゅうとするよりも、いずれは朝鮮を統一することでより高い段階に達することの方が良いだろうということは言えます。なぜならば、二つの異なった体制は、たとえばレバノンや北アイルランドのように終わりなき内戦、テロリズムなどを意味するかもしれませんからね。

論理的に朝鮮をみるならば、いいですか、この国が分断されていることから莫大(ばくだい)な利益を得ている者がいるってことです。このことを忘れてはいけません。ソ連は、自分の利益のために北朝鮮を援助するのですし、アメリカ合衆国だって同じことです。アメリカの産業と輸出業を壊滅に追いこむほどの過度の援助をしてきているのですからね。またそのような競合が、南北の弁証法的な話し合いを生み出してきているとみるべきです。

あらゆる立場の朝鮮人が、朝鮮の未来のために、考えうる最良の青写真を描いてみることが大切だわ。それを新しい社会と経済の基盤にすればよいのです。私はこうした基盤として、永年の思索と実践から確信しているのですが、工業協同組合（インダスコ）が三十八度線の両側に存在することこそかけがえのないものだということです。このインダスコの存在、あるいは他の産業との共存を支持せず、少なくとも承認しようとしないものは何人も先進国または国連から援助をうける資格なんてないのです。そのような体制あるいは個人を支持するのは、自殺行為に過ぎません。溺れ死んだ人間が、生きている人間の足を引っ張るようなものよ。もしも蔣介石が一九三八年に中国でインダスコの存在を認めていたならば、他の人びとや体制もここまで反動的になったり希望を失うようなことはなかったでしょうね。私はその当時から、移民や失業者を対象にした外国からの援助を得るために働いていました。これが、未来への、最良の架け橋なのです。

――未来のための青写真を描くことと、朝鮮半島のあり方の相互関係は……。

ニム・ウェールズ　千年王国の到来を待ちわびるなんて馬鹿馬鹿しいことだわ。統一するにせよしないにせよ、まずしっかりした国家を双方がもち、双方の国家の役割を高めることが必要です。その上で、中立、非同盟、非核国家をめざすのです。

でも、このことはどうすれば可能なのでしょうね。この目的を達成するには、外交的で理性的で、責任感がつよくなければできるものではありません。そう思うわ。それからもちろん、日本やソ連、アメリカ、中国の出方をしっかりと考察しなくちゃ。彼らが、いかなる未来に向かって動いているかを……。今こそ羅針盤はおあつらえ向きの方向を示しているかもしれないわね。三十八度線上に、中道の架け橋を架けることは一時的であれ永遠のものであれ、行動を敏捷に移すための最良の道でしょう。

――朝鮮が非核中立国になる可能性はあると見られますか?

ニム・ウェールズ 可能性は十分ありますとも。朝鮮が非核国になることは隣接するすべての諸国にとって利益になるのですからね。朝鮮は、乗りこえるべき踏み石なのです。すべての隣接する大国からすれば、「踏み石」として貴重な国だったのです。ニュージーランドでさえ、非核国になろうと努めているでしょ。非核国になることは、青くさいと思われることなく声高に叫ばなければならぬ最も大切なことだと思いますよ。

中立の問題だって可能なはずです。私たちはソ連が自国の国境に関して病的にふるまうことを知っていますし、この前近代的心性も問題に付されなければいけませんが、合衆国とソビエトはお互いが早急に、紛争のない国境をつくるために努力すべきでしょう。たとえば、アフガニスタンとかニカラグアなど。合衆国とソビエトは、今、頂上会談をやっていますね。稀に見る、希望に満ちた――いや、まだまだ軌道にのったとは言えないけれど――グラスノスチと核兵器の廃棄や管理がすすんでいて、とても望ましい時代を迎えようとしています。そうね、両国は、不可侵条約に調印すべきですよ。そして合衆国はすべてのソビエト国境から、ソビエトはアメリカの国境から撤退すればいいのです。海からも陸からも。つまりパナマ運河や中米から。合衆国は敵意や攻撃心を鎮めるためにモンロー主義に立ちかえる必要があるかもしれません。

朝鮮人は、近代的な政治手腕をまなび、これからは近代的で高度に進歩した文明国家をもつように心がけてほしいものだわ。その国家は、南北の連邦制になるかもしれませんが、そういうものを建設しようとするならば、前近代的精神の最たるものである三十八度線を境にして、争うという考えをやめなければいけません。彼らは、頂点に向かって発展するために、現代の国際的な均衡状況をうまく利用し、中立化の道に向かっていくべきなのです。このことをぜひ忘れずに、考えてみてください。このことは、とても大切なことですよ。

私が一九三六年に朝鮮にいた頃、伝道師たちが、朝鮮人はアジアの他のどの国の人びとよりも覚えが早く、思考能力が高いという信仰を持っていると言っていたのを思い出します。それならば、朝鮮人は、現代の大きな問題にどう対処して、生きていこうとしているのかしらね。

物は考えようです。飛躍した言い方かもしれないけれど、韓国も日本も台湾も厳密に言えば、資本主義経済ではないということを理解しなくてはいけません。これらの国々はアメリカ市場の植民地みたいなもので、一種の飛領地なのです。もちろん、逆も成り立つかもしれませんが。でもこれらの領域はまだまだ、アメリカ市場に依存しています。アメリカ市場は、資本や専門知識や発展の自由といったものをこれまでほとんど供給してきませんでした。米国市民にしても、消費者を犠牲にして、直接アメリカの産業と経済を自滅に追いこむ、無政府的に利益を生み出すことのすべてに、待ったをかけることは、すでに切実な要求になってきているのですよ。

朝鮮人は、プロテスタンティズムやマルキシズムの影響をモロに受けたでしょ。朝鮮人は、社会主義者の精神的文明を、古い社会主義の唯物論的概念に加えると、マルキシズムさえも超えた高度の文明の形態を発展させることができると私は信じているのです。精神的ということは、まえにも言いましたが、非物質的ということで、宗教を意味するのではありません。

あなた方が、こういう未来の国家をつくっていく時に、工業協同組合を経済の土台に据え、さらに厳格な産児制限（バース・コントロール）を基本として社会を発展させる日を私は心から期待しているつもりです。

さあ、もう難しい論議はこれくらいにして、海岸に行きましょう。私は泳ぎたくなったわ。

――三人で海岸に行き昼食をとる。

（ニム・ウェールズ女史、海に戯れる。）

未刊の四三冊の著書

――ミセス・スノー。あなたは来る九月二一日に八〇歳の誕生日を迎えます。私に送ってくださった手紙では、この日西安では、あなたを顕彰するセレモニーが開かれるとのことですが、これはとても素晴らしいことです。どうぞ、あなたがお受けになる多くの祝福の中に私たちを加えてください。

三日間にわたるこのインタビューの最後に、私はあなたの『アリランの歌』が、私たちにとってどれほど貴重な人生の糧（かて）であったかを改めてお伝えしたいと思います。この書は、過去に読んだ人びとはもちろんですが、これから接するさまざまの人びとに大きな感動と人生上に何らかの影響をあたえるのではないでしょうか。私はこの書が、日本や南北朝鮮のみならず、とくに第三世界の多くの人びとによって読まれるひとつの永遠の書であると信じているくらいです。

最後に、アジアの友にメッセージがあればと思いますが。

ニム・ウェールズ　私は『アリランの歌』についての今のコメントを聞いて、とてもうれしいです。映画のスタッフに知らせなくちゃね。私の著作である『私の中国時代』をCBSのスタッフが映画化[38]しようとしているんですよ。あなたのコメントは私にとって助かるし、とても重要な贈り物です。

――うれしいお話です。

ニム・ウェールズ　CBSはこの映画の脚本を書いています。でも、まだ権利を買っていないのですが、きっとその内に制作されるでしょう。

さて、私のメッセージはあなた方の年代、あるいはもっと若い朝鮮人や日本人に与えるものです。やがて私が人生の終りを迎えれば、私は若い人たちに遺産をのこすことになるでしょうが、それは集めれば莫大なものです。だから私はあなた方にそれを生かして、私の人生や私の夫の生涯、私たちがしてきたすべてのことを公にしてほしいのです。私たちと同じことをしてほしいと言うわけではありませんけれど、エナジスムや私の思想はきっと世界に役

(38)　**映画**　その後、スノー女史から届いた手紙によると、CBSテレビが企画していた同女史の脚本は理由はさだかではないが、中断しているという。

立つことでしょう。あなた方が、このたいまつを灯しつづけてほしいのです。

私はもうじき死ぬ身です。でも私の部屋には、まだ出版されていない本や原稿が四三冊あります。私が死んだらそれらを出版していただきたいのです。そして私は、私の管財人に安全な収納場所を見つけてもらい、それらの原稿を保存してもらいますが、私は誰かあなた方のような人びとが私の書物を読み、研究してほしいと思っているのです。

私は自分が死んだら火葬にしてもらいたくない。火葬は嫌です。中国人や朝鮮人・日本人は荼毘(だび)に付されるのは構わないのでしょうが。私の先祖は一六三五年からこの方ずっとこの国で暮らしてきました。ここに私は永遠に自分の六フィートの地を持って然るべきなのです。われわれには広大な土地がありますからね。この土地に埋葬してほしいの。ひじょうに美しいマジソンの丘の上に。小鳥が毎日さえずりにやってきます。小鳥たちは一日じゅうさえずっています。マジソンの丘は、一七五四年のフランスとインディアンとの戦いの時からずっと墓地として使われてきています。

私は、ニューイングランドの発見を清教徒革命によって確認する者なのです。しかしもちろん私は現代を生きています。だから私は古い考えにとらわれていませんが、そこに立ち返ります。なぜなら私は、彼らの倫理が、倫理活動、その真実がこの上もなく好きなのです。倫理的生活こそ望ましきかなです。なぜなら倫理的人間は個性的人間でもあるのですから。

そう、私は自分の人生を犠牲にしてきました。恥ずべきことは何一つしたことがありません。私は恥ずべきことをするような人間にはなりたくなかったからです。私がついに眼を閉じた時、人びとはそのことがわかるでしょう。今、何時？

――五時四五分です。

ニム・ウェールズ　おや、そう。ティムが車で迎えにやってくるまで、まだ少し時間があるわ。

――一日じゅうのインタビューが三日も続いたので、お疲れになったでしょう。

ニム・ウェールズ　今日はそんなに疲れていないわ。浜辺に行きましたからね。それで気分がよくなったわ。海が私にエネルギーを与えてくれたから。

――エナジスム！

ニム・ウェールズ　（笑）そうよ。だけど、どうかしら。私はあなた方に聞きたいことがたくさんあるわ。だけど、最後に私はこう言いましょう。とても重要なことは、アメリカが下り坂にならないということ。合衆国がね。なぜならアメリカは他の国がやらなかった方法で文明を築いているからです。だが、下り坂に向かっているのもたしかだわ。それも急速に。だけど、このことは朝鮮にとっても、日本にとってすら利益にならない。誰のためにもならないことだわ。これだけ移民が入ってきていては、これからどうなるかわからない。この国の将来に何が起こるのか、私たちにはわからない。

今、西欧文明は全体として下り坂だと言われています。偉大な文明国であるイギリスでさえもね。しかし、このことは、英語を話し、西欧文明をまなんだあなた方が下り坂を歩んではならないということを意味しているわ。そして、アメリカが持ち続けてきた最良の部分と共に、この文明を維持していかねばならないのです。だが、あらゆることが、何が起こるのかわからない。人類は論理的ではないから。ギリシャやローマをごらんなさい。これらの異なった文明もみな衰えてしまった。だけど、私は私なりのやり方で懸命に働いていますからね。私は四三冊の本を書いた。いつか、きっとみんなが読んでくれるでしょう。たとえ私が死ぬまでに出版されなくても、いつかは陽の目を見るだろうと思って書いてきたのです。

……ティムがきたようね。

第二部

朝鮮とキム・サンの生涯についての覚書

ニム・ウェールズ

「朝鮮とキム・サンの生涯についての覚書」解題

第二部「朝鮮とキム・サンの生涯についての覚書」は、Nym Wales, *Notes on Korea and the Life of Kim San*, 1961 の翻訳である。原文は、Ａ４版タイプ印刷で七〇ページのものである。

ニム・ウェールズは延安で二カ月余りにわたってキム・サンとのインタビューを行なった。聞いた話をそのまま書き付けたノートは七冊にもなったが、それにもとづいて整理・構成したのが一九四一年に『アリランの歌』として刊行された。

ニム・ウェールズは一九六一年に、『アリランの歌』に使われなかった部分をノートから抜粋してタイプ印刷に付した。それがこの「覚書」である。タイプに打ち直すにあたって、すこし形が整えられたと思われるが、文章は元のノートとほとんど同じものであろう。ほぼインタビューの日付に沿って書かれているが、話の内容は断片的であったり、繰り返しがあったりする。また、すでに『アリランの歌』に使われた部分もいくらか残っている。

この「覚書」では人名、地名が正確に記されていないため、そのすべてを同定することは困難である。キム・サン自身が漢字を発音する際に朝鮮語、北京語（現在の普通話）、広東語などを混用していたようで、ニム・ウェールズによるアルファベット表記もかなりの混乱を示している。翻訳にあたって同定することができなかった人名、地名については、原文での表記を脚注に記しておいた。今後の考証に待ちたい。

キム・サンが語っているさまざまな出来事も、何を指すのか明らかでないものが多い。朝鮮の歴史に関する部分に誤りが多く見られるのは、参照すべき文献もなく記憶にもとづいて語っているためだが、当時中国に在住する朝鮮人が祖国の歴史について得ることのできる知識が限られていたことを反映しているといえる。これらについて原文に誤りがある場合には、脚注で正しておいた。

しかし、延安でのインタビューという制約にもかかわらず、この「覚書」でキム・サンは多くの興味深い事柄を述べている。

中国人に対する見方、当時の情勢に対する認識など、『アリランの歌』で省かれた部分が見られるほか、自らの歩みや考えなど、『アリランの歌』では文学的表現にとどめられたり曖昧にされたりしていたことが率直に語られている。

情勢認識や歴史知識などについてのキム・サンの誤解、間違いを指摘することは簡単であろう。しかし、中国共産党やスターリンについても批判的見解を述べていることに見られるように、キム・サンがあらゆる問題に対して批判の精神を持っていたことを、この「覚書」は教えてくれる。

翻訳に際しての人名、地名の同定および脚注は水野が担当した。脚注で「文庫」と記すのは、岩波文庫版『アリランの歌』のことである。本文中の〔　〕は訳者による補記である。

（水野直樹）

ヘレン・F・スノー（ニム・ウェールズ）による朝鮮とキム・サンの生涯についての覚書

一九三七年

六月一八日　陝西省北部、延安にて。キム・サンの幼年時代について聞く。

六月二七日　広州コミューン……西安事件について。

六月三〇日　仮名・変名についてのメモ、朝鮮の経済……テロリスト……朝鮮人共産主義者の逮捕について。

七月四日　広州コミューン……共産党の裏切り……中国のファシズム……日本の対中国政策……一九三二年の政治紛争……一九三一年の九・一八事件。

七月七日　中国文学……一九三一年入獄……戦術……極東における日本の政策……朝鮮の革命……朝鮮の歴史……朝鮮の経済。

七月一一日　朝鮮の輸出入……日本の政策について。

七月一二日　日本の政策と経済的必要……三井＝政友会派と三菱＝宇垣派……西安事件の影響……中国北部の状況……日本革命の可能性……開戦を必要とする日本。

七月二三日　日本にいる朝鮮人留学生……結婚の問題について。

七月二四日　革命における残酷さと裏切り……中国人の特性について。

七月二六日　朝鮮人李の訪問……スターリン、トロツキーと中国……中国のマルクス主義政策について。

七月三〇日　西安事件と朝鮮の学生運動についての李の話。
八月二日　一九二九年の満州……キリスト教と宗教……朝鮮の民謡について。
八月六日　満州と万宝山事件……アリランの歌……極東における朝鮮の指導性。
八月九日　朝鮮民族戦線の基本綱領。
八月一三日　キム・サンが再度、私のために翻訳してくれた朝鮮の歌。
八月末の日付なしのインタビュー　日本はなぜ今、中国との戦争を始めたのか……世界戦争が起こる可能性について。

雑記

『アリランの歌』で割愛された章と資料

(1)　朝鮮の歌
(2)　中国人の特性
(3)　文明化の比較
(4)　朝鮮の学生運動
(5)　補遺

(注　私の覚書ではさまざまなテーマが散在しており、インタビューも必ずしも日を追っているわけではない。)

朝鮮とキム・サンの生涯についての覚書

キム・サンという朝鮮人の名前は、私の本のために本人がとくにつけた仮名だが、このキム・サンが私に語った情報はほとんどすべて、キム・サン、ニム・ウェールズ著『アリランの歌』(ニューヨーク、ジョン・デイ社刊、一九四一年)として発表された。キム・サンは当初、本名をなのらず、延安では張明(チャンミン)と呼ばれていた。最初のインタビューでは「ツァイ・チェン」[1]、朝鮮人、今年三二歳。二二歳の時に朝鮮を離れ、一九二五年と三〇年に帰国」となっている。キム・サンは密かに共産党支配の外にある地区に戻るつもりだったので、身元を知られたくないと私に語った。張明のほかにツァイ・チェンという名前も使っていたかどうかについては不明だが、この名は一九三七年六月一八日のインタビューに出てくる。

夏の終わりにキム・サンは、公表しないという約束で写真をとらせてくれた。今日にいたるまでこの写真を使ったことはない[2]。彼の本名は張志楽(チャンチラク)である。

一九三七年六月一八日、延安。キム・サンの幼年時代について聞く。

ノートに書きつけた話を清書するにあたって、私は書き写した部分に鉛筆で×印をつけたり、日付を追ってデータを整理し直さなければならなかった。余談や筋の通らない議論がそ

(1) ツァイ・チェン　原文は Tsai Ch'ien.
(2) この写真を使ったことはない　ニム・ウェールズがとったキム・サンの写真は、日本語訳『アリランの歌』(みすず書房、一九六五年)に初めて収められた。本書一七頁の写真。

のまま書きつけられていた。私は『アリランの歌』をフィリピンのバギオで書き上げ、アメリカに帰国してから出版した。執筆したのは一九三八年から翌三九年にかけてである。ノート上では「朝鮮人」という言葉を消して代わりに「モンゴル人」と書いた。日本の戦線を二度越えなければならないことはわかっていたし、万一朝鮮人のことを書いていると判明したらノートは没収されるかもしれなかったからだ。さらに念を入れて最初のところに「小説」と但し書きを入れ、フィクションのようにみせかけた。キム・サンは三年前に結核にかかり、病状がかなり進んでいた。卵や肉を買う金もないし必要な栄養もとれないから少しもよくならないのだといった。一九〇五年生まれで、目鼻だちの整った意志の強そうな顔、丈夫そうな歯をしていた。写真は実物通りとれていないのだが、はげかかった額はそのままで、延安ではめずらしかった。背が高くやせぎすで、もともと立派な体格をしており決して病弱ではなかった。ほがらかな性格ではなく、物事を深刻にとる傾向があったものの、知り合ってみると魅力のある人物だった。明晰（めいせき）な精神を持ち、英語の力も十分あったから、私は通訳なしで彼の話を書き取ることができた。

「朝鮮人は東洋のユダヤ人です」

とキム・サンは語った。

一九三七年六月二七日、延安。

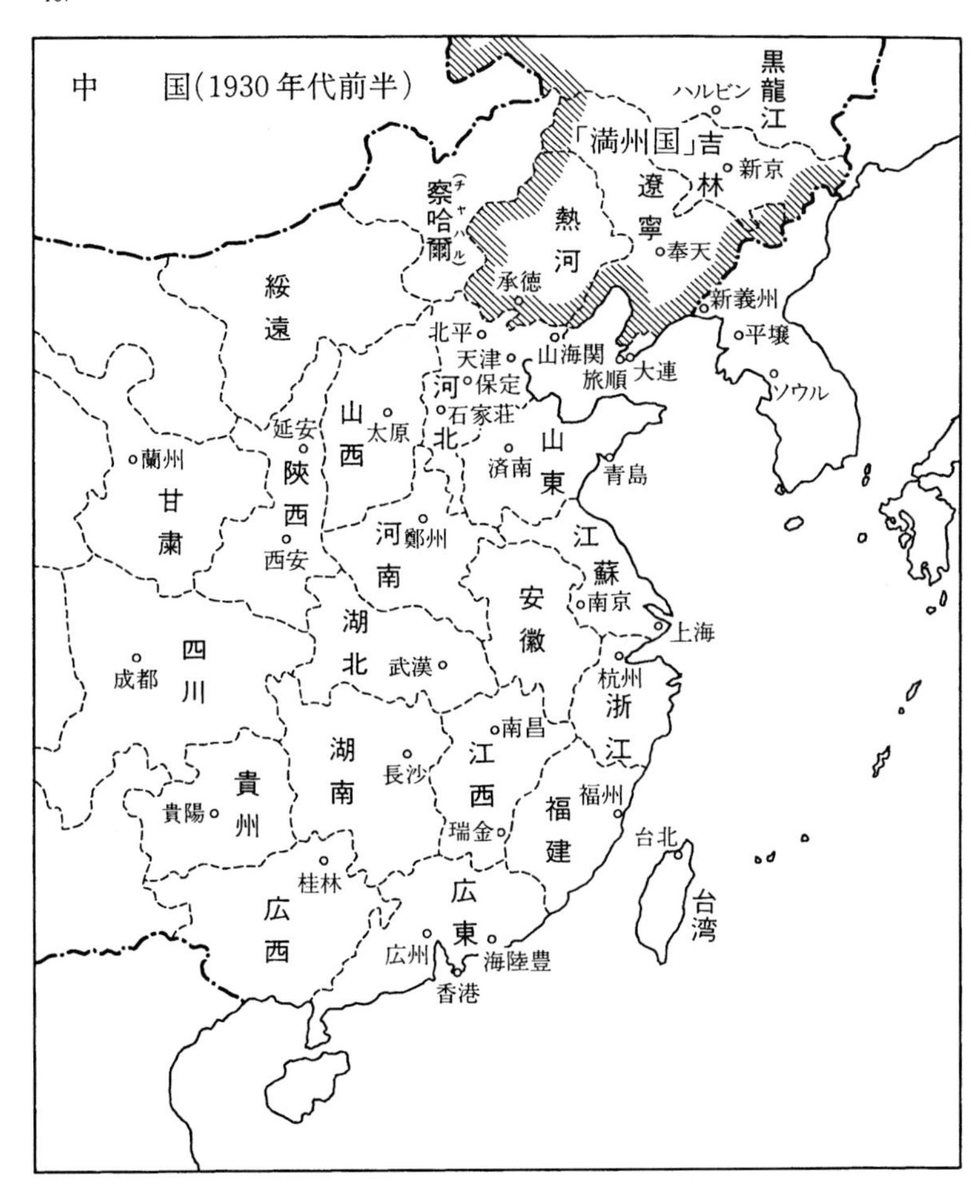

中　国(1930年代前半)
黒龍江
ハルビン
「満州国」
吉林
新京
遼寧
奉天
熱河
承徳
察哈爾(チャハル)
綏遠
北平
天津
山海関
旅順
大連
新義州
平壌
ソウル
河北
保定
石家荘
山西
太原
延安
陝西
西安
甘粛
蘭州
山東
済南
青島
河南
鄭州
江蘇
南京
上海
安徽
湖北
武漢
四川
成都
浙江
杭州
江西
南昌
湖南
長沙
貴州
貴陽
福建
福州
瑞金
台北
台湾
広西
桂林
広東
広州
海陸豊
香港

この時の話は一九二五年、キム・サンが北京から広東に移った年のことから始まった。ノートの三六ページの裏でキム・サンはアリランの歌について語っている。ソウル近くの小高い丘につくられた絞首台にむかって一歩一歩のぼっていく。一本松のある丘のてっぺんから、犠牲者は崖（がけ）っぷちに吊（つ）るされるという歌だ。曲は三〇〇年前の李朝時代にできた。

今日の情勢をめぐる議論の中でキム・サンはこう語っている。

「蔣介石（チャンチエシー）はソ連と手を結ぶべきだ。問題はいかにして南京政府[3]に内戦をやめさせるかだ。蔣介石は紅軍に資金を与えたがこれはたいした策略だった。たしかに平和は存在する。しかも厄介な質問はいっさいなされずにすむというわけだ。南京政府は紅軍をおとなしくさせておくだろうが、それでもいつ日本と戦うかとか、直ちに民主的要求を認めろとはいわれないだろう。対日戦争を準備しながら日中戦争を防ぐことは可能なのだ。共産主義者は軍事的圧力をかけるかわりに宣伝戦を展開している。共産主義者が望んでいるのは南京政府に日本よりは革命のほうが恐れなくてよいと思わせることだ。力の代わりに後退による変化を期待しているのだ。

イギリスと日本の帝国主義は、待ち構えつつ年々その支配力を増している。中国は力だけでは経済的に自衛できない。西安（シーアン）事件[4]の主要な成果は、蔣介石をファシズムに向かわせなかったことだ。毛沢東（マオツォートン）がそういった。民主主義を実現しなければ、無意識のうちにファシスト運動をつくり上げていることになる。日本のファシストも、自分たちはファシス

(3) **南京政府**　蔣介石らの国民党による中華民国政府。一九二八年に北京から南京に都を移した。

(4) **西安事件**　一九三六年一二月、張学良らが共産党・紅軍の討伐を優先する蔣介石を監禁し、内戦停止・一致抗日を要求した事件。共産党の周恩来らの調停と平和解決を求める世論の高まりにより、蔣は内戦停止を受け入れた。これによって第二次国共合作、抗日統一戦線成立への道が開かれた。

トではないといいながら、国家精神をうちたてている。
西安事件以前は私は経済決定論を信じていたが、いまはそれほどでもない。西安事件がもたらした結果は次の二点だ。(1)中国をファシストへ向かわせなかったこと。(2)南京政府を共産党との争いに追い込むという日本の政策を防いだこと。一〇年間の内戦の後、勝利はないとしても、「平和」がある。さもなければどちらも日本の手にかかって共通に敗北を喫していたにちがいない。共産党が統一のスローガンを受け入れているいま、日本は新しい政策をとらざるをえない。周辺からではなく中心部から、階級を基盤にして中国を真っ二つに割るという政策を変えなければならないのだ。ソ連を含む全世界的な潮流は、日本を放っておいて閉じ込め、戦争を防ぐというものだ。」

一九三七年六月三〇日、延安。

再び張明(チャンミン)との対談。彼は朝鮮のテロリスト運動について語る。彼はカン・ヨンイル[5]の『グラス・ルーフス(草の屋根)』を読むように勧め、とても役立つ本だという。張明は今年三二歳。七年前に手に入れたパーカーの万年筆を見せて肌身離さずもっているのだという。五一ページで日本についての情報を伝えている。五九ページにも。歯並びがきれいで神経質そうな手をしていると私は書きとめている。七二ページではこの時の情報を写さなかったと思われる。

(5) **カン・ヨルイン (姜鏞訖)**
一九〇三―七二。在米朝鮮人作家。朝鮮生まれ、一九二一年にアメリカに渡り、ハーバード大学を卒業、三一年に朝鮮での思い出を書いた小説 *Grass Roof* を発表して注目を浴び、フランス語、ドイツ語などにも翻訳された。その他の小説として *The Happy Grove* (三三年)、*East Goes West* (三七年) などがある。

八四ページの覚書。 一九三〇年彼は北京にいて共産党の組織書記だった。一〇〇ページでは翌日の予定として朝九時からお昼までと午後三時から六時までとなっている。翌々日は劉少奇（リウシャオチー）(6)と九時から一二時までの約束。劉は外交部の食糧班で中国労働運動について報告する予定。

張明は字が下手だが笑い顔がとてもよく、表情豊かで身ぶりも派手だと書いてある。一〇四ページで、彼が投獄された日付や場所その他は変えておいてほしいと念を押したとある。北京（ペイチン）を天津（ティエンチン）に変えるようにと。別のところでは、彼は五つの名前を使ってきたとある。ほんとうの日付はこの覚書にある。一〇五ページ以下は×印がついていないので、書き写さなかったものと思われる。一一五ページに彼は朝鮮の運動について二万語におよぶ論文を書き、朝鮮独立運動の性格とその課題を分析したとある。

一一七ページの張明の発言。

「私は中国、朝鮮、日本、満州以外は行ったことがありません。」

一二六ページの注。 一二月一二日における西安の孫銘九(7)は広州コミューンにいた人物と同じ。

このノートは片方のページだけにナンバーを入れてあるので、全部で二六〇ページになる。張明は二度逮捕され、本や雑誌をすべてなくしてしまったという。今ではモスクワでしか手にはいらない類のものだ。

（6） **劉少奇** 一八九八—一九六九。中国共産党の指導者。五・四運動参加後、労働運動を指導。一九三一年以降中共中央政治局員、北方局書記などとして抗日運動を指導。人民共和国成立後、中央人民政府副主席、国家主席などを務めたが、文化大革命で「走資派」の頭目として迫害され死去。

（7） **孫銘九** 張学良の警備団長。「容共抗日」を主張し、西安事件で蒋介石襲撃部隊の一員となった。中華人民共和国成立後、海軍中将を務めたといわれる。

仮名について。いずれの名前も本に登場する人たちが使っていた名前ではなく、私が自分用につけたのである。金忠昌（キムチャンチョン）の本名は金星淑（キムソンスク）、金剛山（クムガンサン）からきた僧侶でキム・サンの二人の親友のひとりである。呉成崙（オソンユン）は本名で、満州抗日パルチザンの指導者、この人もキム・サンの親友だった。満州では咸聲（ハムソン）と呼ばれていた。六月三〇日のノートの九六ページには張明が五つの仮名をもち、広州コミューンでは寒山（ハンサン）とよばれていたとある。ほかの仮名は知らない。

朝鮮についてのノートは七冊、延安全般については二〇冊あって、本にすればゆうに四冊分の原稿になる。

一九三七年六月三〇日。

このノートの五一ページでキム・サンはこう語っている。

「これまで英語を話した経験はごくわずかしかない。せいぜい広東にしばらくいた当時で、その他にはまったくない。日本語、中国語、英語のほか、ドイツ語を三年勉強したし、モンゴル語もすこしかじった。

日本人は英語の教科書の第三課を朝鮮人には読ませず、二課から四課にとぶ。第三課にはアメリカの独立宣言が入っているからだ。それに愛国主義とか演説なども入っている。一九一〇年以前の朝鮮史も読むことができない。しかし老人たちが昔の歴史をよく覚えている。朝鮮人はソウルの図書館へ行って歴史や地理の本をみることができない。政府の許可が必要なのだ。日本人は自由に図書館を利用できる。

日本の米の消費量は、一人当たり年間一・〇一石。一九二二年の数字では一石は四七・六五ガロンとなっている。一九二三年日本人の消費量は一・一〇、二六年は一・一五だった。

朝鮮の一人当たり消費量は次のようになっている。一九二二年は〇・三五石、二三年が〇・四六石、二四年が〇・三五石。（数字はすべて一九二五年の『朝鮮総督府統計年報』に基づく。）

一九三二年、朝鮮は上質米七五〇万八〇〇〇石を日本に送った。三三年、七九七万石、三四年、九九三万一〇〇〇石。

朝鮮は質の悪い米をほかから輸入した。その量は一九三二年が一〇六万石、三三年一一一万石、三四年一二八万石である。一九三三年、朝鮮人がこの輸入米に払った金額は一人当たり二・一七円、一九三五年には二・四一円となっている。

以下に見るように小作地が年々増えている。一九三六年の『年報』には統計が記載されていない。」

六四ページのノート。

「私は日本の同志が好きだ。とくに医者や看護婦が好きだ。

上海（シャンハイ）では朝鮮人も武器をとって闘った。民族主義者は共産党員には自分たちの党に入ってきてほしくないと考えていた。革命家は大衆を公然と組織しないものという考えだったし、共産主義者が入れば日本人の思う壺と考えたからだ。非公然活動だけをやっていて

	地主甲	地主乙	自作農	自小作農	小作農
1913	16,079	50,312	569,517	1,073,838	945,398
1919	16,274	74,112	525,830	1,045,606	1,003,003
1924	19,735	83,833	544,536	910,173	1,184,422

ほしかったのだ。われわれとしてはすべての合法的権利を利用したかった。共産党は全面的に人民の支持を得ていたし、民族主義者にはなにもなかった。第四に、民族主義者が中国の革命運動に加わることをよしとしなかった点がある。中国でわれわれの血を流すのは無駄だ、朝鮮へ帰ってかの地で血を流そうと彼らはいった。中国のために闘うのは大河の一滴にすぎない、と。

すでにあまりに多くの朝鮮人の共産主義者が犠牲を払ったのであるから、われわれは別個の組織をつくって、真の民族闘争を行なわなければならない。広東(クアントン)ではわれわれは一部屋に三〇人が寝起きし、衣服も質に入れてしまったので、一度に二人しかでかけられなかった。食事もろくにとっていなかった。上海では朝鮮人が泥棒をはたらき、獄に入れられた。りっぱな同志たちはエネルギーを使い果たしてしまった。中国革命の中で大勢のりっぱな同志が殺された。そこでいまや民族主義者は、「中国でこれだけ朝鮮人の血が流されたのに、何を得たというのだ。朝鮮共産党は自分の革命を忘れて、中国革命しか理解していない」という。二〇年ないし三〇年、革命をめざして彷徨した末、若者たちは「それで結果は?」とたずねるのだ。古い民族主義者やテロリストが学生に金をくれなどと頼むさまは見ていて哀しい。」

一九三七年六月三〇日。七三ページ。

「一九二五年、『東亜日報』が本国で四〇万ドル集め、[8]亡命中の民族主義者に送り、一万七〇〇〇ドルが白凡(ペクボン)[9]の手に渡った。

一九一九年、日本は朝鮮に対しカナダのような自治権を提案したが、朝鮮人はこの考えを嫌悪した。民族主義者は希望のひとかけらもなく、発狂した男のようであった。

一九二九年、朝鮮の軍人三〇名が白崇禧(パイスーシー)[10]が率いる北京の軍官学校にはいった。彼らは朝鮮人法廷を組織して、北京にいる民族主義者たちを逮捕した。共産党は自治権をもつとか、青年同盟はスパイだなどと嘘をいったからである。その二カ月前には二人が負傷していた。民族主義者の部屋でピストルとハンカチに包んだ石その他が見つかった。朝鮮の共産党員にとって決して安全ではなかった。法廷がひらかれた(ほとんどが学生だった。共産党員はたいてい学生だったが、民族主義者の場合はそうではなかった)。その行動は過ちであるかないか、今なされつつあることは革命か反革命か、といったことが審問された。答えはその行動は誤りというものだった。この行動は誤りという声明書が出され、方々へ送られた。ついで私は一九二九年、満州にいった。中国軍を利用するのは間違っていた。民族主義者は中国軍部隊が利用されたと考えて立腹した。他人を利用して朝鮮人を抑圧するようなことはすべきでないと、彼らはいった。しかし、彼らは黄埔[11]では実際に同志だったのである。

一九三二年、張学良(チャンシュエリアン)[12]は満州でテロ行為をはかり、とくにアナキストを利用したいと

(8) 『東亜日報』が本国で四〇万ドル集め…… 一九二二年、東亜日報社の発起で在外同胞慰問会が組織され、翌年までに全国で三万八千円の寄付金を集めた。これは満州各地や上海などの朝鮮人学校に運営費として送られた。これ以外にキム・サンが述べているようなことがあったかどうか、詳らかでない。

(9) **白凡** 金九の号。一八七六—一九四九。独立運動家。一九二六年大韓民国臨時政府国務領となり、中国における独立運動右派の指導的地位に立つ。解放後帰国、南朝鮮単独政府の樹立を主張する李承晩と対立し、分断を阻止しようとしたが暗殺された。自伝『白凡逸志』(日本語訳、平凡社東洋文庫)がある。

(10) **白崇禧** 一八九三—一九六六。国民党の軍人。保定軍官学校卒業。北伐時期に国民革命軍総司令部副参謀長を務めた後、第四集団軍副司令などを歴任。反蔣介石派の一人として両広事変に加わった。抗日戦争期に国民政府軍事委員会副参謀長、国共内戦期に国防部長など

考えた。武藤信義[13]に爆弾を投げたかったのである。北京でひとりのアナキストを味方につけ、このアナキストが天津で六人を引き入れた。学生上がりの貧しい労働者たちである。彼らは爆弾とピストルを手に入れた。長春（チャンチュン）で彼らは逮捕され投獄された。日本人はもうひとりの朝鮮人を捕らえるため天津に憲兵隊を派遣した。当初の男が満州へ行かなかったため、日本人は別の男を逮捕してしまった。張学良はこの逮捕のニュースを新聞で読み、この男を取り戻そうと私服を山海関に派遣した。しかし、日本の司令部を包囲した後も当の男を取り戻せなかった。彼らは戦ったものの、何柱国[14]はさっさと退却し、日本人が山海関を占拠した[15]。一九三二年冬のことである。

昨年、クァンシ[16]が朝鮮人に日本人暗殺を依頼したが、朝鮮人は「中国人が自分でやればいい」といって断わった。

勇気には二種類ある。（1）計画を練り、必ず成功させる勇気と、（2）将来への希望を失い、死を覚悟した絶望からくる勇気である。テロリストは少なくとも、平和を求める朝鮮人の夢を破り、武装闘争を教えた。平和こそ朝鮮人を幸せにするはずだった。テロリストはいまや孤立している。彼らに出来ることはせいぜい文章や詩を書くことぐらいだ。もっとも優れた同志はすでに殺されたり投獄され、ほかの者たちは共産党に入党した。それでも義烈団[17]はまだ残っている。

私個人のことに戻ろう。一九二九年の北京事件[18]のあと、私は満州へ向かった。北京では共産党委員会の書記であると同時に、北方組織委員会[19]にも列席していた。満州に着いたの

を務め、台湾に逃れてからは国民党中央常務委員となった。

（11）**黄埔**　黄埔軍官学校のこと。本書四一五頁注参照。

（12）**張学良**　一八九八－　。一九二八年に父張作霖の死により東北軍閥の領袖となったが、南京国民政府の指導下に入った。満州事変で華北に移ったが、蔣介石に一致抗日を要求して西安事件を起こした。その罪を問われて禁錮刑に処され、戦後も長く台湾で軟禁状態に置かれた。

（13）**武藤信義**　一八六八－一九三三。陸軍大将。日清戦争、シベリア出兵などに従軍。一九二六年から関東軍司令官となり、満州国成立後は駐満特命全権大使、関東長官を兼任して満州国支配の基礎を築いた。

（14）**何柱国**　一八九七－一九八五。東北軍の軍人。保定軍官学校、日本陸軍士官学校卒業後、東北軍の将校となった。山海関事件の際は守備隊を率いて日本軍と戦った。西安事件でも一致抗日を主張した。その後、騎兵軍軍長、第一五集団軍総司令などを務め八路軍と協力して抗日戦争を戦った。人民共和国

は一九二九年春である。」

一〇五ページ。

「海陸豊(ハイルーフォン)[20]でマラリアに罹った。山中で帽子を草の上に置いて寝ていたのだ。軍事的経験はまったくないまま、小集団が大軍勢を相手に勇敢に戦った。これこそ「革命的行動」だと考えていたのである。

大革命が失敗に終わったとき、朝鮮人は世界が破滅したかのような気持ちを味わった。「神は朝鮮人を見捨てた」と言い合ったものだ。だが、中国革命が続けられるならば、われわれは朝鮮に帰って、運動を組織できる。朝鮮人の誰ひとり蔣介石を支持せず、飢えに苦しみながらも南京にとどまるものはいなかった。これが朝鮮人の性格なのだ。」

一九三七年六月三〇日のノート、一〇四—一〇五ページ。

「軍官学校にいた当時、蔣介石はこう語った。「朝鮮人たちは今や過ちを犯し国民党を反革命とみて関係を断わっている。これは私にとって悲しむべきことだ。いずれ朝鮮人にも国民党が反革命ではないとわかり、手を結ぶ日がくるだろう。」一九二八年までは南京政府についた朝鮮人は一人もいない。一九二九年、大革命と関係のない一部の朝鮮人が南京政府についた。ついで上海の臨時政府[21]も南京寄りになった。南京国民政府は上海臨時政府を反共産党勢力として利用したのである。臨時政府は銃剣を帯びた二集団を組織して共

成立後、全国政治協商会議常務委員、国民党革命委員会中央委員などを務めた。

(15) **日本人が山海関を占拠した** 山海関事件のこと。一九三三年一月一日、日本軍(関東軍)が長城東端の山海関を攻撃、占領した事件。日本の華北侵略の第一歩となった。

(16) **クァンシ** 原文 Kwangsi. 不詳。

(17) **義烈団** 本書三七九頁注参照。

(18) **一九二九年の北京事件** 本書四三二頁以下参照。

(19) **北方組織委員会** 中共中央北方局のこと。一九二七年、中共が河北・山東・山西・満州・内蒙古などの党組織を指導するために北京に設けた機構。弾圧のため何度も指導者が逮捕されたが、一九三五年に再建されてからは劉少奇・鄧小平などが指導を担当し、抗日戦争勝利まで活動を続けた。

(20) **海陸豊** 海陸豊農民運動・ソビエトのこと。一九二三年以後、彭湃ら中国共産党員によって指導された広東省東部の農民運動。二七年にソビエト政権樹立を宣言し

産党員を傷つけた。一九二九年以降、民族派は南京政府に乗り換え、共産主義者は上海に向かった。民族派は上海へ行くのを恐れ、共産主義者は南京へ行くことを恐れた。北京では民族主義者も共産主義者も一緒だった。

　私にとって監獄はさほどつらくなかったが海陸豊ではひじょうに苦しい思いをした。部隊の生活はつらかった。私はその途中のどこかで若さを失った。

　いまでは日本もやり方を変え、「今後は抗日に与(くみ)しないと約束しろ」といっている。一九三一年九月一八日以降、日本は朝鮮人を味方につけようとしてきた。一部の朝鮮人は生き残るために日本や満州へ行った。日本人は商人には手を出さない。中国の藍衣社[22]や蒋介石のやり方を学んだのだ。

　一九三〇年に私がなぜ不幸だったかといえば、投獄された後、同志たちに裏切り者と思われたからだ。私には政治的な敵がいたし、この話を利用して私に反対する声明を出すなどしていた。

　頭のいい策略があったのだ。日本のある政治家が上海にいるキムとなのる男に年賀状を送ったのだが、この男は朝鮮共産党によって政治スパイとして殺された。いまや他の人をスパイではないかと恐れる人が少なくない。

　一九二八年、朝鮮共産党[23]の在ソウル委員会は三人を除き全員逮捕された。三人が上海に到着すると、コミンテルンは全員逮捕というのはスパイがいたとしか考えられないとして、韓という名の男[24]を槍玉にあげた。逮捕された時この男は名簿を提出して逃げ出すチャンス

たが、翌年国民党軍によって弾圧された。

(21)　**上海の臨時政府**　大韓民国臨時政府のこと。一九一九年四月、上海フランス租界に集まった独立運動家によって組織された亡命政府。臨時憲章を定め、李承晩を国務総理(のち大統領)に選出した。同年九月、他の亡命政府を吸収して、朝鮮独立運動の中心組織となった。朝鮮国内にも連絡網をもち、活発な活動を展開したが、大統領李承晩と国務総理李東輝の間の対立などにより弱体化した。その後、一九三〇年代に金九(キムグ)らが蒋介石の援助を得て再び活動を強め、一九四〇年には重慶に移って光復軍を組織、対日戦争に加わった。解放後、南朝鮮に帰ったが、アメリカ軍から正統政府と認められず、解体した。

(22)　**藍衣社**　蒋介石の独裁を支える政治テロ組織。黄埔軍官学校出身者を中心にして一九三一年に成立した。

(23)　**朝鮮共産党**　朝鮮国内で朝鮮共産党が創立されたのは、一九二五年四月である。創立後、党組

をつかんだというわけである(実際に日本が逃がした)。上海では朝鮮共産党が壊滅した理由を調べるために委員会が招集された。朝鮮共産党はいくつもの派に分かれていた。したがって、スパイは簡単にもぐり込めたのだ。三人がなぜ逃げられたのかは分からなかった。逮捕されそうになった時、急いで便所に隠れたのだと三人はいった。多くの優秀な地域党員が逮捕された。われわれは腹が立ってしかたがなかった。韓が私に会いたいと手紙をよこした。一九三四年に私は中国大学[25]で語文研究会(ラテン化研究会)[26]を組織したが、これは私の中国語が十分でなかったためである。」

一九三七年七月四日、延安。キム・サンと広州コミューンとその後の事について語り合う。

キム・サンはそこにいた女性としてソンスン、メイリ、ファラン[27]などの名前をあげた。男性ではリュウ、パク、リー、アン、チャンなどの名があがった。私のノートではみんな「モンゴル人」となっているが、これは日本人がノートを見たときのためである。この日、彼は私の本ではキム・サンないしセンの仮名を使ってほしいといった。キムは金(ゴールド)の意味だという。さらに以下の話をつけ加えた。

「広州コミューンでただ一人の外国人はハインツ・ノイマン[28]だけで、ソ連領事はまったく参加していなかった。朝鮮人はノイマンと非常に仲がよかった。」

一四〇ページ。

織の拡大、労農運動の指導、民族統一戦線の結成などに努めたが、四度におよぶ弾圧を受け、派閥争いもあって、一九二八年後半には党組織は崩壊した。その後、火曜派、ML派、ソウル派などと呼ばれる派閥が、党再建をめざして競ったが、一九四五年の朝鮮解放まで再建はならなかった。

(24) **韓という名の男**　韓偉健(中国名李鉄夫)。本書四四〇頁参照。

(25) **中国大学**　北京にあった私立大学。学生運動が盛んで、魯迅が講演にきたこともある。

(26) **語文研究会**(ラテン化研究会)　中国語のラテン文字(アルファベット)表記を推進するために活動した団体。一九三一年に中共党員の瞿秋白・呉玉章らによってラテン化新文字表記案が発表された後、民衆啓蒙・抗日救国の運動としてこれを広める運動が展開された。

(27) **ソンスン、メイリ、ファラン**　原文 Seng-sun, Mei-li, Hua-lan.

(28) **ハインツ・ノイマン**　一九〇二

「中国では指導者はすべて、軍事と政治の双方を指導しなければならない。

広州コミューン当時、私の年齢は二三か二四だった。」

一五一—一五二ページ。

「コミューンで共産党の細胞と書記局にいたのは金星淑、朴振(パクジン)[29]、それに私だった。みんな若かった。いま私は三二歳だ。私の全人生が失敗の連続である。成功は未来にある。だが、革命はすべて、多くの失敗を重ねてはじめて成功するのだ。」

一九三七年七月四日のノート。

一九一ページで兄を広州で亡くした朴根秀(パクグンス)[30]について語っている。

一九四—一九五ページ。

「現在、中国共産党の中央常任委員会の中で、大革命に加わった人間はただひとり、周恩来[31]だけだ。ほかはすべて殺されるかトロツキストに寝返った。陳独秀(チエントウシユー)[32]、チャオ・リン[33]、彭述之(ポンシユージー)[34]（大革命の理論家）などである。一九三〇年から三二年にかけて、実に多くの指導者が殺された。共産党の互済会[35]によると、一九二七年から三二年までに中国では四〇万人以上の革命的同志が殺されたという。すべてが共産党員とはかぎらない。一九三〇年冬、党委員会が召集されたとき、党員数は一〇万名、共産主義青年団は九万名であった。この報告によると、労働者党員は五万名であった。だが、これほどの数はいなかった。『イン

—?。　ドイツの革命家。一九二七年から翌年にかけてコミンテルン代表として中国に滞在。文庫三八二頁参照。

(29)　**朴振**　朴振の幼名は朴成南(パクソンナム)。別名朴泳(パクヨン)、朴根成(パククンソン)。一八八七—一九二七。咸鏡北道生れ。朝鮮併合前、反日義兵闘争に参加、併合後、中国吉林省竜井県に移って教育事業を行なった。三・一運動の時、抗日武装団体都軍府を組織、参謀長として鳳梧洞戦闘に参加。その後ロシア領に移り、ロシア共産党（ボルシェヴィキ）に加入、朝鮮人部隊を率いてウラジオストック攻略戦に加わった。一九二三年、ロシア極東民族ソビエト委員会委員・主席に選出された。一九二六年末に李鏞の勧めで二人の弟と妻とともに広州に赴き、武漢では教導団砲兵連隊を指揮した。広州コミューンで戦死。

(30)　**朴根秀**　原文 Pak Chen-ssu. 朴振（朴根成）の弟。広州で活動した後、満州南部の磐石に移り、中共党員として朝鮮人の間で活動した。

(31)　**周恩来**　一八九八—一九七六。中共

プレコール』(36)の報告は間違っている。私の考えでは一九二七年から今日まで中国では紅軍をふくめて約七〇万人が殺された。キャンシ(37)はわずか一五万人ほどしか殺されていないという。しかし、その数はもっと多いはずだ。一九一一年の内戦以降中国で殺された人は一〇〇〇万人にのぼるにちがいない。

　朝鮮のゲリラは自衛のため以外は決して人を殺さない。中国では殺すのも死ぬのも簡単だ。しかし、共産党と民族派は政治的理由から殺す。

　一九三一年までは共産党員の逮捕は個別に行なわれ、支持者ではなく指導者を捕らえていた。一九三一年以降は藍衣社が名前と住所を手にいれ、大量逮捕を行なった。一九三一年から三二年までに八〇〇〇人が共産党員だとして逮捕されたが、実際に党員だったのはわずか一〇〇人であった。逮捕されると共産党の党員とはまったく異なる名前を明かした。

　朝鮮や日本では、本物のスパイ以外は逮捕されても決して同志の名前を明かさない。そういうことをすれば人間性を失う。党内の政敵の名前を警察に明かす、これも人間の倫理に反することだ。

　時折、中国ではある人物が二時に逮捕されると、その一時間後に大量逮捕がある。この人物が裏切ったのだ。これは党内に動揺分子がいるためである。彼らはプロレタリアートではなく知識人で、半分反動的傾向をもっている。単に指導者に従っているだけの者たちは簡単に裏切る。指導者も裏切ったが、それは彼らが大衆の中に入った経験がまったくない上、自分を地位の高い指導者と考えたからだ。朝鮮と中国では共産党員の平均年齢は二

の指導者。五・四運動参加後フランスに留学し中共に加入。一九二四年帰国、黄埔軍官学校政治部主任などを務めた。中共中央組織部長、ソビエト区中央局書記などとして中共を指導。抗日戦争期には武漢・重慶で国民党との折衝にあたった。人民共和国成立後は国務院総理、中共中央副主席などとして、毛沢東に次ぐ地位を占めた。

(32) 陳独秀　一八七九―一九四二。中共初期の指導者の一人。一九一〇年代に北京大学文科学長を務めながら、雑誌『新青年』を通じて新文化運動を指導。マルクス主義を受けいれて中共創立に加わり、中央執行委員長、総書記などになったが、一九二七年に総書記の職務を解任された。その後、彭述之らと中国トロツキー派として活動、一九三二年に国民党により逮捕された。

(33) チャオ・リン　原文 Ch'ao lin. 不明。

(34) 彭述之　一八九六―一九八三。一九二一年中共に加入、中央宣伝部長を務めたが、中共中央に反対して一九二九年にトロツキー派を形成。

三歳から三〇歳の間である。

レーニンの重要な著作で中国語に翻訳されていないものが少なくない。翻訳されているものは、『二月革命から十月革命へ』『二つの戦術』『権力奪取にむけて』『左翼小児病』(これは非常に重要な論文だ)『国家と革命』『帝国主義論』などである。一九〇五年から一九〇七年までソ連の革命は失敗を重ね、きわめて困難な状況にあった。中国はこの歴史をおおいに必要としていた。

海陸豊の後、一九二九年まで生き残った二〇〇〇人の教導団(38)は六〇〇〇人に減った。いまではそのほとんどが病気や負傷で世を去った。」

二〇一ページ。

「私は李立三路線(39)を支持しなかった。」

二〇一―二〇二ページは朝鮮人について触れている。呉成崙は現在、満州にいて咸聲と名乗っている。**二〇七―二〇八ページ。**

「呉の脱獄について私は詩と短編を書き、一九三〇年一一月、炎光作として中国語の雑誌『新東方』(40)に発表された。「奇妙な武器」とか「めったにない銃」というタイトルだった。これで三〇ドル稼いだ。短編小説も書いたし、小説家になれとすすめる人も少なくない。保定府では宗教を題材にした演劇の脚本を書いた。

福建(41)はソビエト支持で、国民党権力も中道派だった。そこにはほんものの民主主義(42)があったのだ。その頃、共産党の路線が変わったにちがいない。上海の第一九路軍が共産党と

アメリカで死去。

(35) **互済会**　正式には中国革命互済会。逮捕された革命活動家、労働組合活動家などの救援、裁判支援、家族援助のために、一九二五年に上海で組織された中国済難会が二九年に改称したもの。中共党員鄧中夏らによって指導されていたが、三四年頃には国民党の弾圧で互済会そのものも存在し得なくなった。

(36) **『インプレコール』**　モスクワ、ベルリンなどでコミンテルンが発行していた通信。英語版の正式名称は *International Press-correspondence*. 他にドイツ語版、フランス語版があった。

(37) **キァンシ**　原文 Kiangsi. 一九五頁の「クァンシ」と同じと思われるが不詳。

(38) **教導団**　士官養成のため軍官学校に設けられた訓練用の部隊。ここでは広州蜂起の中心となった黄埔軍官学校武漢分校教導団のこと。

(39) **李立三路線**　李立三(一八九九―一九六七)は、一九三〇年に中共中央政治局委員兼宣伝部長となり、

の団結を求め、新政府樹立をよびかけたが、共産党はこの合作を拒否した(これは秘密だった)。」

一九三七年七月四日付ノート、二一〇ページ。

「西安事件のあと、南京国民政府の地位は強化された。西安事件までは、大衆は南京政府を信用していなかった。現在では信用してこの政府に反対していない。南京政府はいまや「危機」をスローガンに支配階級をまとめている。立場を強めるために助力をあおいでいるのだ。南京政府の階級路線は変わっていない。蔣介石は南京で一〇年の経験をもち、断固たる決意をかためている。彼はばかではない。きわめて現実的である。南京政府は待つことができるし、待っていれば得るものも大きい。国際情勢は今後有利に傾くだろう。

南京政府と紅軍との闘争は武装闘争から政治闘争に変化している。路線は正しいとしても覚悟が必要だ。いま重要なのは戦術である。基本的戦術は農民、都市貧困層、労働組合と結んでプロレタリアートの同盟をつくることであり、これはまったく変わっていない。これらの要素の間にある問題はいまや闘争でなく教育の問題だ。都市の中産商人層と中産知識人、中農・富農などの間にも同盟がある。

以前の路線は帝国主義と封建地主、ブルジョア階級を敵とする路線だったが、現在は南京政府と組んで最初の二つと闘う路線に変わった。この同盟の中では階級闘争の準備も進

革命の時機近しとの判断に立って都市における武装蜂起、紅軍の大都市進撃を指令した(いわゆる李立三路線)。しかし、これは失敗に終わり、翌三一年にはコミンテルンの権威を背景にした王明、博古らが中共中央を握り、李立三派の責任を厳しく追求した。

(40) **『新東方』** 本書三六九頁参照。

(41) **福建** 上海事変後、福建省に移された第一九路軍の将兵らは反蔣介石派の李済深と連合して、一九三三年一一月、「中華共和国人民革命政府」(主席李済深)の樹立を宣言した。蔣介石は大部隊を派遣してこれを鎮圧した。中国共産党は「人民革命政府」と反蔣協定を結んだが、実際には同政府に否定的な態度をとり、その崩壊を見過ごした。

(42) **第一九路軍** 国民革命軍第一九路軍。一九三〇年第一一軍が改編されて成立、軍長蔡廷鍇。紅軍攻撃にも動員されたが、三二年の上海事変では日本軍に全力で抗戦、中国国民の支持を得た。福建に移され福建事件を起こしたため、

められている。根本的な階級問題を忘れてはならない。南京政府が分裂したら即座に、共産党は確固たる路線をもち、動揺せず、断固とした階級的要求と闘争を打ち出すべきである。

現在の闘争はカーブを描いており、路線を直線的に進んではいない。しかし、このカーブの方向を決して見失ってはならない。南京政府にも戦術がある。南京政府は共産党が弱体で服従せざるをえないと確信できて初めて合作するのだ。いま中国では経済的に自立しているところはどこにもない。一九三五年一一月、幣制改革(43)が行なわれたが、これは大改革だった。いまでは国民全体が中央銀行発行の貨幣を欲しがっている。商人も地主も同様だ。これが自動的に南京政府を支えている。白崇禧であれ閻錫山(イエンシーサン)(44)であれ同じことだ。地方権力に反対し、中央権力そして蔣介石の方向へ向かうことが絶対に必要となっているのである。(1)南京政府に権力を与えているのは資金力である。(2)また南京政府は二年間、交通と通信を使って全土を統一してきた。(3)すべてのヘゲモニーを南京政府の下に置くため、文化活動を行なってきた。おそらく知識人はすべて南京へ行くだろう。(4)統一のために軍事力をつかっている。(5)イギリスをはじめとする外国資本も利用している。いまやイギリスの計画は変わった。以前の中国は単なるイギリス製品の市場でしかなかった。いまでは中国資本の市場である。となれば中国は植民地化と独立のいずれを選ぶかだ。これを決定しうるものは何もない。全世界を含む国際情勢いかんによるのだ。これを決定するにはいま重要なのは指導力だ。南京政府は成功をおさめつつある……イギリ

蔣介石は第一九路軍を解体しその番号を取り消した。

(43) **幣制改革**　従来各地の銀行から発行されていた紙幣を廃止し、基本通貨として流通していた銀貨も買い上げて、四大銀行(中央・中国・交通・農民)の発行する銀行券だけを法定通貨(法幣)とした。これによって中国全土の通貨を統一するとともに、国民党=官僚資本の支配を確立しようとした。法幣はイギリスのポンドとリンクされており、英米の金融資本による中国支配の一歩でもあった。

(44) **閻錫山**　一八八三―一九六〇。山西軍閥の領袖。日本陸軍士官学校卒業。一九一七年から山西省長。二七年国民政府に加わり第三集団軍総司令となった。抗日戦争期には最高軍事委員会副主席、第二線区総司令官などを務めたが、中共との関係は悪かった。国共内戦期は反共勢力の結集に努めた。台湾に逃れた後、国防部長などを歴任。

スを利用して日本と対決し、その逆のこともやっている。

南京政府は民主主義を重要視している。紅軍が兵士ないし金をもつことはできるが、民主主義をもてば権力のヘゲモニーを失うことになる。いま、基本的戦術は、労働者、農民、都市貧困層の人民運動を準備することである。さらに、中間分子、貧困分子もともに加えることだ。一地方ないし限られた地域だけを見るのは危険である。外部の状況を見る必要がある。

中国のファシスト運動は発展性がない。大衆運動ではなく、南京政府の政治警察、秘密部隊でしかない。いかなる部分であれ、民衆が立ち上がることは南京政府にとって得策ではない。中国は国民の生活を改善できないからだ。ドイツもまた改革はできないのだが、中国よりも高度の体制をもちその中で操作できる。外側の問題はファシズムにとって重要事である。ファシズムは敵に対抗しなければならない。小ブルジョア階級は南京政府を好んでいない。だが、南京政府は中産階級を抗日闘争に向かわせることができる。南京政府は年々力を増していると考えているので、じっくりかまえその方向で支配階級を教育している。日本の願いは南京政府が反ソの立場をとることだ。日本はアカの不安をかきたて南京政府を震え上がらせたいのだ。いま日本は軍事力を行使する必要はない。政治的経済的方法を用いて中国における日本の経済力を発展させたいと考えているのである。

中国北部は日本の資本にとって市場でありまた戦略的軍事目的としている地域である。日本は中国南部と中部を市場にしたい考えだ。西安事件の後、日本の軍部もこの考えに同意している。そこで日本側はイギリス帝国主義との関係を変える必要があると理解しているのだ。（1）日本が中国全域を支配下におくことはイギリス帝国主義の望むところではないことははっきりしている。（2）さらに、イギリス帝国主義は共産党の大衆革命によって南京政府と帝国主義が打倒されることも望んでいない。したがって、イギリスは南京政府に手を貸して日本の進出を制限すると同時に、中国を対日戦争に向かわせたくないと考えている。どこで戦争を止めさせるか線を引くことがイギリスにはできないからだ。誰にもできないことだが。もし戦争が勃発したら、（1）日本は中国全域を占領するか、さもなければ、（2）敗北し、大衆が決起して人民軍が勝利するだろう。大衆運動がなければ中国は勝てない。中国はソビエト権力の樹立に向かうだろう。イギリスはそう見ている。したがってイギリスは中国の成功も望んではいない。中日戦争でもし中国が勝利すれば、日本では確実に革命が起こる。日本は弱いと同時に強い。そこで中日両国は革命的一致をはかり、世界の政治の中心は東洋に移るにちがいない。

　イギリスは日中両方に手を貸したがっている。そこで日本は政治路線を変えたわけで、中国を平和的に搾取できるようになった。イギリスの重工業は日本の軽工業に対抗しているため、両国はここでも妥協せざるをえない。ここしばらくは日本は急いで軍事力を行使することはあるまい。中国でも満州でも日本が過激な方向に行くことはあるまい。軍事目的からも搾取目的からも、日本は中国北部の経済発展を望んでいるのだ。朝鮮でも同じことがいえる。日本は目下、五カ年計画をたてている。一歩後退すれば三歩前進するという計画である。

毛沢東がいうように現在、(1)抗日闘争と、(2)これに続く二次的な闘争としての階級闘争の間に矛盾がある。以前は抗日闘争よりも階級闘争の方が優先されていた。まもなくわれわれはこれかあれかとはっきり断言できなくなる。歴史は急激に転換しているので、われわれとしては将来にそなえる必要がある。プロレタリア階級は必ずや成功し、南京政府は失敗するというマルクス主義者がいるとすれば、今やその人間はマルクス主義者ではない。しかし、われわれは誰が闘う主体かを知っている。歴史と思想をつくるのは人間なのだ。これは客観的状況の一部であるが、しかし機械的な客観状況ではない。ある歴史的時点では指導者が勢力を確定しうるのだ。東洋では誰もがレーニンになろうと努めているが、それはレーニンが革命の父であると共に、彼自身もソ連の革命を指導したからなのだ。中国ではひとりの人物が物事を決めることができる。陳独秀や李立三(リーリーサン)などといった人物だ。優秀な指導者が大勢いればひとりが重要ということにならないが、中国では指導者がきわめて大きな意味をもつ。ほとんどの指導者は殺されたり投獄されてしまった。幸い中国人はオーソドックスでひとりの指導者に従うから、その指導者は力を得て行動できる。レーニンは野蛮なヨーロッパと文明化された東洋ということをいった。テロリズムは激しいもので、決して弱さではない。私は砂の花(サンドフラワー)が好きだが花壇に咲いた花は好きでない。客気(クーキ)(礼儀正しいこと)は大嫌いだ。抑圧は苦痛であり、苦痛は意識されるものだ。五〇年あるいは一〇〇年生きようと、二五歳とか二七歳までしか生きられなくてもまったく同じなのだ。」

二一五ページ。

「自殺はすまいと決意した。敵の力は私の力よりも大きいが、それも束の間のことだと思った。先へ行けば必ず変わるだろうと。私が正しいか間違っているかという以外、問題はひとつもなかった。もし間違っていたら、私は自分の問題を解決できないだろう。正しければ、確実に問題は解決できる。時間と場所さえあればこの解決をもたらすことができるはずだ。いまの私にはこれを決めることができない。私は決して動揺しなかった。自分は正しいと思った。誰の批判であれ私を傷つけることはできない。一〇〇年たてば私の正しさが証明され認められるだろう。私を批判すれば、東洋の歴史を批判することになる。そう考えたから、もはや悲しくはなく再び闘いを開始できた。自分の判断を信じている。こういう気持ちがもてるなら、間違っているはずはない。私から去りたい人間は誰であれ去ればよい。私の敵は哀れだとおもう。無知でなにもわからないのだ。私は詩を書いたが破り捨てた。それからエッセイを書いた。なぜある男を殺して自殺したいと思ったか、自分がどのようにして民族主義者になり、ついでテロリスト、アナキストを経てマルクス主義者になったか、なぜ今日、こういう行動に出たかを説明する文章である。

一九三二年、私は党の路線に賛成できなかったので、大衆運動に入った。党との関係を断つことはしなかった。一九二八年の中国共産党第六回大会[45]でソビエト革命路線が決定された。一九三〇年、私はこの路線に賛成できないと考え始めた。この路線は李立三時代に

(45)　一九二八年の中国共産党第六回大会　同年六月から七月にかけてモスクワで開かれ、土地革命・労農民主独裁などの綱領を採択した。陳独秀の「右傾投降主義」、瞿秋白の「左傾冒険主義」を批判したが、その後も党の方針は揺れ動いた。

発展したものだ。しかし、三〇年当時は私はまだ規律を守ってこの路線を実践していた。投獄前は混乱するばかりで、悲しみにくれ活動できなかった。獄から出た後、つまり三二年三月以降だが、私は党の路線に賛成できないことを公にした。私がその時望んだのは人民大会と民主主義である。二五名の者が委員会にたいし自分の意見を提出した。

(二一七―二一八ページでキム・サンは自分の立場を説明した上で、解説を続けた。)

今では共産党もこの路線を受け入れているが、それは一九三一年九月一八日[46]に歴史が新たな段階に入ったからである。しかし、この路線が進展するには一九三五年一二月九日[47]まで待たねばならなかった。一九三一年当時は南京政府に反対する学生や大衆の運動もあった。『大公報』[48]は共産党にたいし合法政党となって武装闘争を中止するようよびかけ、南京国民政府にたいしては一党独裁を放棄するよう促すとともに、全員が結束して救国に立ち上がろうとよびかけた。これがブルジョア階級の意見であった。学生たちは共産党の指導下にはなく、運動は自然発生的であった。この運動の特徴は、(1)「南京政府打倒」つまり共産党路線の示威運動であり、(2)南京政府を抗日に向かわせ、国民が救国に立ち上がれるようにするというものであった。最初のスローガンは共産党のスローガンであったため、運動は分裂した。第二のスローガンは自然発生的なものだった。そこからもこれが民主化運動だったことがわかる。われわれは武装による打倒を欲した。しかし、その時点で重要なのは、国民を立ち上がらせ、南京政府と日本に手を結ばせないことであった。中国には民主主義の歴史はなく、あるのは反帝国主義運動のみである。しかし、この運動

(46) 一九三一年九月一八日　満州事変のきっかけとなった柳条湖事件(関東軍による南満州鉄道線路爆破)の起こった日。

(47) 一九三五年一二月九日　日本が華北への影響力を強めるために「華北政権特殊化」を要求し、国民党が日本に妥協して冀察政務委員会設置を決定したのに対し、北京の学生六千名がこの日「華北自治反対」「内戦停止、一致抗日」を要求して集会・デモを行なった。この運動は中国各地に広がり、抗日統一戦線成立への大きな一歩となった。

(48) 『大公報』　一九〇二年天津で創刊された中国の代表的新聞。二〇―三〇年代は国民党支持の立場をとった。国際問題の報道に定評があり、上海・漢口・重慶版なども出した。人民共和国成立後も発行地を上海・天津・北京と変えながら出ていたが、六六年に刊行を終えた。現在は香港版『大公報』がある。

も民主主義をめざしている。中国の歴史は民族解放の歴史である。核心はそこにあるし、これもまた民主主義をめざす運動だ。これによって共産主義者が(民主主義支持を)傷つけるのではなくむしろ助力したことは間違いないし、南京政府は共産主義攻撃に集中できるはずもなかった。

福建の自治政府(49)も小ブルジョア階級に率いられた民主的性格をもつ。反動主義者(ホワイト)は民主主義を欲した。われわれは多くの国民を決起させることができただろうし、このスローガンの下で容易に労働者・農民を引き入れることができただろう。この運動は支配階級を分裂させるだろう。プロレタリア階級はこうしてヘゲモニーを獲得できるだろう。第十九路軍は国民党に反対していた。当時の第十九路軍の方針は、(1)紅軍を守る、(2)国民党を打倒する、(3)ソビエト権力を拡大する、というものであった。

戦術には時間の要素が重要であるし、指導者も重要な要素である。紅軍を助けられるのは人民の運動だけであって、国民党打倒のスローガンではなかったのだ。従って重要なことは運動を公然化することだった。われわれは演説することもできたはずだし、第三党(50)その他にも加わるべきだったのだ。一九三五年冬、国民党が議会選挙を行なった際、われわれはこれを人民を決起させるためにのみ支持すべきだった。中国の銀行家と産業ブルジョア階級とは同じではない。産業は一国を背負っているから愛国的であるし、敵に抵抗する用意がある。銀行家には国はなく、あるのは金だけだ。産業は破産している。宋子文(スンツーウェン)(51)は銀行家だが、民族ブルジョア階級のひとりだ。彼は華僑の代表である。

(49) **福建の自治政府**　「中華共和国人民革命政府」のこと。二〇一頁注参照。

(50) **第三党**　国共合作崩壊後の一九二八年、国民党左派の鄧演達らは中華革命党を発起して反蒋介石運動を呼びかけた。同党は三〇年に中国国民党臨時行動委員会、三五年には中華民族解放行動委員会に改称した。国民党に反対しながら、共産党主導の革命にも反対したため、「第三党」と呼ばれた。

(51) **宋子文**　一八九四—一九七一。国民党官僚資本家の代表的人物。宋慶齢の弟。ハーヴァード大学卒業。一九二五年以降、国民政府財政部長、商業部長、中央銀行総裁などを務めたほか、太平洋戦争中は外交部長にもなった。戦争後、広東省長を務めた後、フランスに出国。アメリカで死去。

蒋介石は銀行家ブルジョア階級の路線を採用しているので、共産党とは一緒にやれないが、日本とは、戦争さえなければこのままの関係を続けられる。蒋介石は日本に対し抵抗はできるが戦えない。戦争になれば、財産も破壊されるだろう。一九二七年まではブルジョア階級は今よりも大きな勢力を持っていた。ブルジョア階級は先頭に立てず、救われることに望みをかけるしかない。しかし銀行家は命令を下せるのだ。

一九三五年よりも三一年の抗日救国運動の方が大衆の参加ははるかに多かったし、学生と組むことも可能だった。当時、支配階級は震え上がったのだ。学生は列車を占拠して政府に列車をよこせと要求し、政府はそれに従わざるをえなかった。国民党も恐れる余り抑制できなかった。あの時独裁政権は破られてよかったはずなのだ。南京政府も派閥だらけだった。歴史的瞬間というのはきわめて重要だ。その瞬間が過ぎてしまうと、もはや手遅れなのだ。

私はトロツキスト、右翼、南京政府の候補者よばわりされた。

中国における民主主義の歴史は反帝国主義闘争の一部であり、その中に抱合されている。トロツキー[52]は一九一一年の民主主義革命[53]は成功であると考えた。陳独秀によれば一九二四—二七年はブルジョア革命としてほとんど成功したのであり、唯一プロレタリア革命だけがさらに必要なのだという。つまり陳の考えはトロツキーとは異なる。アヘン戦争も民主化運動だった。この戦争は始まってからまだ終わっていない。

中国と朝鮮は過去も現在も一般的問題として共通する部分が少なくない。

(52) トロツキー　一八七九—一九四〇。ロシアの革命家。ユダヤ人。早くから革命運動に参加。一〇月革命ではレーニンと並ぶ指導者として赤軍を創設。レーニン死後の党内闘争でスターリンと対立し、除名・国外追放となった。トルコ、メキシコなどで著述活動を行ない、コミンテルンに代わる第四インタナショナル創設に努めたが、スターリンの指令によって暗殺された。

(53) 一九一一年の民主主義革命　清朝を倒して中華民国を樹立した辛亥革命のこと。トロツキーがこれを成功と評価したことについては典拠不明。

蔣介石は明治維新について語っているが、ようするに半封建思想である。広西には現在、かなりの数のトロツキストがいて人民を組織しているが、彼らは本物の共産党員を利用する勇気はない。また福建にもトロツキストがいくらかいた。

私の本名は張志楽である。」

（ノートの最後、二二〇―二二一ページの終わりに書かれている。）

一九三七年七月七日。

この日は蘆溝橋事件(54)のあった日だが、そのニュースはすぐには伝わらなかった。私たちはまず、中国の文学について語り合った。キム・サンは広東で魯迅(ルーシュン)(55)と知り合い、誠実で信頼のおける人柄にひかれたという。魯迅は自分の信念に反する行ないは決してしなかった。ついでキム・サンは自分の話を続けた。

「一九三一年五月に釈放された。私と一緒に五人の中国人が逮捕されたのだが、そのうち二人は金を払って釈放された（二人とも中国人だ）。あとの二人は二年半監獄に放りこまれた。釈放されたうちのひとりは地位の高い共産党員で中国北部の書記だった。（私がかつて民族主義者とたたかい、学校で闘争したことがあるので、この書記は私に敵対的だった。私とその事件について党中央委員会に報告書を提出したのだ。）朝鮮から北京に戻ってみると、釈放されたうちのひとりは上海に、もうひとりは北京にいた。北京で私は歓迎

(54) **蘆溝橋事件**　一九三七年七月七日、北京郊外の盧溝橋付近で起こった日中両軍の衝突事件。これをきっかけに日中戦争が始まった。

(55) **魯迅**　一八八一―一九三六。中国の文学者。仙台医学専門学校に留学したが民族救済の道を文学に求め、帰国して教育に従事するかたわら小説を書いた。「狂人日記」「阿Q正伝」などにより新文学の旗手となり、さらにマルクス主義に接近して、三〇年代には左翼作家連盟の指導者として革命文学を提唱した。

され、人に好かれ、委員会で働いてほしいと要請された。中国人は私にたいし何の問題ももっていなかったのだが、朝鮮の民族主義者らが私に反対し、韓(ハン)と名乗る朝鮮人が党査問会に出頭した。上海にいた時私は、朝鮮で韓が便所から逃げ出せたとは一度たりと信じなかった。この韓ともうひとりの朝鮮人が私に対する告発を中国共産党に提出したのだ。韓にいわせれば、私の一件は朝鮮の新聞で大々的に報じられたし、一介の学生でさえ六カ月から一年の刑を受けるというのに私が受けなかった点が指摘されるべきであった。私の活動歴は長いのに、なぜ四カ月で釈放されたのか、と韓はいった。私が告白を書き、日本側のスパイとして働くことに密かに同意したと考えていたのだ。そうだとはっきり言わず、なにか秘密が隠されているとほのめかしただけである。

　結論的には、共産党査問会は私の潔白を認め、私は強力な党員であって、朝鮮人同志の私に対する告発は誤りであると決定した。」

二二八ページ。

「反対派として赤色権力があれば、白色テロが起こるのは当然である。中国全土の運動が加わらなければ、ソビエト権力は成功しないだろう。二つのグループが李立三と対立したが、中には密かに敵に報告していた者もある。だが一九三一年秋、何孟雄(ホーモンシュン)(56)派の四〇人が全員逮捕され殺された。コミンテルンはこの一件を調査したがその結果は一切発表しなかった。その時点から一部の同志は引退し、共産党との関係を断ったほか、国民党の側についた者たちもいる。

(56) 何孟雄　一八九八―一九三一。一九二一年中共に加入。北京地方委員会書記として鉄道労働者を組織。二六年以降、長江(揚子江)地域・上海地区で活動したが、三一年国民党当局により逮捕され殺害された。

一九〇七年以後、ソ連では失敗に引き続き[57]パルチザン運動が高まり二月革命に結びついた。紅軍は中国独特のものであり、一〇年間戦っている。その理由はどこにあるかといえば、中国はひとつの権力の下にあるのではなく、支配階級内部に不揃いの勢力がある。従って、こうした勢力が相互に争っているのだ。一九三〇年、馮玉祥（フォンユイシアン）[58]と蔣介石が争い、蔣介石が馮の権力を抑え込んだ。これは南京政府の歴史できわめて重要な事柄で、蔣介石の権力はこれ以後増大したのである。南京が決起したのではなく、他の条件が政権を樹立させたのである。

ソビエト区中央政府[59]は一九三一年冬に組織された。白色地域での運動は一九三一年九月一八日以後盛り上がったが、破壊された。たしかに運動はあったのであり、それがつぶれたのは白色テロのためだとは言い切れない。運動が破壊されたのは、プロレタリア階級と共産党が孤立化し、この運動つまり人民の民主化運動に参加しなかったという理由もあるのだ。これ以外に大衆運動はなにもなかったから、誤った路線が敷かれた後、大衆組織を発展させることは不可能であった——運動が発展しなかった理由は指導性にあるのではまったくないのだ。当時の共産党のスローガンは、（1）反南京政府、（2）反日である。どちらが先かについてははっきりいわず、全般的にこの二点を強調した。抗日運動でさえソビエト権力を助けることができるはずだった。戦術において重要なことは、敵の最大の弱点をつくことにある。南京政府の弱点は抗日運動を弾圧している点にあった。だが、その当時は南京政府の権力がきわめて強大だったため、これを打倒することは不可能だった。

（57）**ソ連では失敗に引き続き**……　一九〇五年に始まったロシア第一次革命は、ストルイピン首相による改革や国会の開設などによる体制維持を図る皇帝権力の前に敗北のうちに一九〇七年には終息を迎えた。その後「パルチザン運動が高まった」というのは間違いである。

（58）**馮玉祥**　一八八二―一九四八。安徽派軍閥の領袖。反蔣介石派の中心的人物。「クリスチャン・ジェネラル」として知られる。一九二二年河南督軍となり、二四年部隊を国民軍に改編して北京政変を起こし、溥儀を故宮から追放した。その後、国民政府に加わり国民革命軍第二軍総司令になったが、数度にわたって反蔣活動を行なった。三三年中共党員とともに察哈爾民衆抗日同盟軍を組織。抗日戦争期は第六戦区司令長官などを務めた。国共内戦期にも反蔣の立場を取った。

（59）**ソビエト区中央政府**　一九三一年江西省瑞金で成立した中華ソビエト共和国臨時中央政府。主席は毛沢東。

人民の組織化によってのみ問題は解決しうるはずであった。

日本の外交問題のかぎは中国である。対中関係の改善に向かうことは対ソ、対英関係の改善も求めることになるからだ。しかし、蔣介石としてはソ連と英国を反日に利用することは危険なのだ。民主主義が台頭しかねないからである。もし蔣介石が実際に反日のために英ソを利用するのであれば、民主主義を恐れるべきではない。もし本気で戦争を望んでいるのであればである。

一九三六年、ある日本人ジャーナリストが日本の外交政策批判を書いた。彼はつぎのように言う。蔣介石の問題は、（1）日本に対し武力を行使するか、あるいは、（2）日本に対して武力を行使しない以上、公然と親日を表明しなければならない、という点にある。公然と親日を表明しても、あるいは対日戦争に踏み切っても、いずれにしろ蔣介石は打倒されるだろう。

蔣介石は反日でもなく戦争賛成でもないという中間にいる。

日本のブルジョア階級のソ連に対する考え方は二通りある。（1）日本はソ連に対する軍事侵略を欲していないし、中国に対する武力行使も望んでいない。（2）産業ブルジョア階級は輸出資本を大量にはもっていない（三井グループをさす）。軽工業は中国の市場と原料を手に入れたがっている。資本は満州と中国にある。この資本が影響力の拡大をはかって軍部と手を結んでいる。（3）あるグループが満州、華北、上海を独占しつつある。

このグループはそれとして独立しており、日本国内のブルジョア階級と拮抗している。すでに満州は日本の重工業の市場となっており、それ以外にはなにもない。したがって、満州と日本国内の重工業、関東軍グループの三者は対立している。そこで一九三三年から三四年にかけての第六七議会で闘争が起こった。民政党[60]グループは満州の重工業が発展すれば、国内の産業と競合するとしてこれに賛成しなかったのだ。南次郎[61]が関東軍司令官だった。南にいわせれば、満州は国防の前線であるからして、工業を発展させねばならず、国内産業のことをかまってはいられないのだ。今のところ、日本の中でも華北を占領することは危険だと考えているグループのほうが影響力が大きい。今後もこのグループが影響力を持ち続けるかどうかはわからない。〔明治維新以来〕七〇年間の成長が誤ちによって破壊されることもありうる。

一九三一年九月一八日、満州にいたすべての日本人が不安を抱いた。日本人だけでなくすべての人間が心配した。アメリカも不安を隠さなかった。もし中国が日本との戦いに踏み込んでいたら、イギリスはこうした中国の闘う計画をつぶすことはできなかったにちがいない。日本は非常に優勢だが、また非常に劣勢でもある。

日本ではジャーナリズムが非常に急速に発展した。文化から科学、産業にいたるまで、あらゆる種類の本が翻訳されている。日本のマルクス主義理論は幅も厚みもある。マルクスからカウツキー、プレハーノフ、レーニン、スターリンの著作はすべて翻訳されているし、雑誌もすべて翻訳されている。日本のメーデーのデモは腕をしっかり組み、警察につ

(60) **民政党**　正式名称は立憲民政党。一九二七年に結成され、政友会とともに二大政党対立時代をもたらした。浜口雄幸内閣、若槻礼次郎内閣を成立させ、幣原喜重郎外相の協調外交を行なって軍部・右翼の批判を受けた。

(61) **南次郎**　一八七四―一九五五。陸軍大将。朝鮮軍司令官、陸軍大臣、関東軍司令官などを歴任し、一九三六年から四二年まで朝鮮総督として「内鮮一体」を掲げて朝鮮人同化政策を強化し、戦争動員体制を築いた。戦後A級戦犯として終身禁錮判決を受けた。

けいるすきを与えない。

明治維新の頃にアメリカの力がもっと強大であったら、日本はアメリカの植民地になっていただろう。一八六八年(明治維新)の前にアメリカは日本に帝国主義を持ち込んだ。アメリカでは一八六一年に南北戦争が始まったため、日本はこれで救われた。さらに、イギリスとロシアもその頃、ペルシャで戦っていた。」

二三一ページ。

「こうした情報の下ではじめて明治維新は成功したのである(さらにイギリスはアフリカおよび地中海の権益をめぐりフランスと対立していた)。日本がアメリカを嫌う理由はここにある。間一髪でアメリカの植民地にならずにすんだのだ。

ロシアが朝鮮に近い対馬を占領[62]したときイギリスはこれに反対した。ついでイギリス領事は、日本の一部でもロシアに占領させてはならないと語った。これはイギリス帝国にとって脅威となるからだ。明治維新後、アメリカが日本に友好的だったのは、アメリカもイギリスと対抗していたからだ。その頃、朝鮮はロシア、フランス、イギリス三国の権益争いの的となった。イギリスは巨文島[63]を、ロシアは安東(中国領)近くの港、龍岩浦[64]を占領した。朝鮮でも革命が起こった[65]が、ブルジョア階級があまりにも弱体であったため失敗した。留学生がもちかえった舶来思想でしかなかったのである。これは三日間の政権に終わった。

中国で太平天国[66]の反乱が起きた頃、日本にはすでに一種の農民共和国[67]ができていた。そういう形態が選ばれていた。朝鮮では東学党の革命[68]が起こり、朝鮮南部を掌握していた。

(62) **対馬を占領** 一八六一年、ロシアの軍艦が対馬の芋崎に停泊して船体修理のため施設を建設し、さらにここの永久租借権を要求したが、住民の抵抗とイギリス軍艦の派遣によってロシアは退去せざるをえなかった。

(63) **巨文島** 朝鮮半島と済州島の中間にある島。一八八五年から八七年までイギリスがここを占領し、砲台を築いた。これはロシア艦隊の通路を妨げるためだったが、朝鮮政府やロシアの抗議により撤退した。

(64) **龍岩浦** 鴨緑江河口近く朝鮮側の漁港。一九〇三年ロシアはここを占領して兵舎を建設し、朝鮮政府に租借権を要求した。租借契約がいったん結ばれたが、日米英の抗議で破棄された。この事件で日露の対立が強まり戦争に発展した。

(65) **朝鮮でも革命が起こった** 一八八四年の甲申政変。金玉均ら開化派は保守派を除去して政権を掌握しようとしたが、清国軍の介入で失敗に終わった。近代化をめざすものではあったが、一部の開中国、日本、朝鮮いずれの場合もすべて封建主義にたいする農民の闘いであった。これに成功するには、ブルジョア階級に導かれる必要があったのだが、ブルジョア階級はいずれも弱体だった。反乱が失敗した理由をあげると、（1）最後までやり遂げる指導階級がなかった上に、プロレタリア階級もいなかった。（2）太平天国は南京を占領したがそこで終わってしまった。決して立ち止まらず、続けて闘わなければならなかったのだ。革命勢力が分断されたとたん統一が破られた。（3）最初にこの革命の組織化を助けたのはキリスト教思想だった。この部分がその後革命に背を向けて満州分子や知識階級と手を結んだ。（4）民衆は武器をまったく持っていなかったが、政府には外国からもらった銃があった。（5）土地問題が解決されなかった。」

二五二ページ。

「最初に肺がおかしくなったのは朝鮮の監獄から出てきた後だ。咳や熱が出たので北京協和医学院へ行ってレントゲンを撮った。一九三一年に影がひとつ見つかった。六カ月静養してまたこいと言われた。金がいるといわれたのでそれきり病院には行かなかった。一九三二年、高陽から戻って病気になった。顔も腕も腫（は）れ上がってしまったのだ。一九三五年[69]、ここにきて二カ月、病床にあった。」

二六八ページ。

「一九三五年五月、私の組織は私の努力で共産党北方局の直属になった。私は上海へ赴

明的エリートによるクーデタの性格が強かった。

(66) **太平天国**　一八五〇年から六四年まで中国南部、揚子江一帯を支配した農民反乱。国号を太平天国と定め、指導者洪秀全を天王とする国家体制を築いたが、農民的ユートピア思想からくる弱点、列強の介入、清朝新式軍隊の攻撃などによって崩壊した。

(67) **農民共和国**　何を指すものか不明。

(68) **東学党の革命**　一八九四年の農民反乱。甲午農民戦争とも呼ばれる。朝鮮の土着宗教である東学の信者や一般の農民が加わり、封建体制の打破をめざし朝鮮南部地域を支配したが、日清両国の出兵を招いた。日清戦争が起こると日本の侵略に抵抗したが、日本軍・朝鮮政府軍により弾圧された。

(69) **一九三五年**　キム・サンが延安に赴いたのは一九三六年のことである。本書四五三頁以下参照。

いた。その後は朝鮮のために全力を尽くそうと決心した。広州コミューンいらいの自分の過去を検討した結果、今では大衆から離れてしまったことに気づいたのだ。もっと成果をあげたかったし、影響力を強めたかった。朝鮮の運動は重要だ。私自身の将来はそこにある。当時私は共産党との関係が切れていたため、党から党籍の回復を望むかどうかと問われた。私は、いや望まない、その必要はないと答えた。私は朝鮮の側で働きたい。中国にとどまっていないで満州に行こうと決心したのだ。いま共産党の支配の下では働けない。私は自由に活動したい。

いまや中心は中国ではなく満州だ。優秀な同志はみな満州へ行きたがっている。朝鮮の共産主義者はこぞってこの新方針に賛成している。南京政府と中国共産党との合作によって、朝鮮でも「民族」戦線への動きが強まっている。中国には根強い民族主義的傾向があるが、これは愛国主義ではない。愛国主義は危険だ。しかし植民地国では進歩的である。」

二七一ページでは朝鮮革命について論じている。二七五ページの発言。

「一九三五年一一月、『中国週報』[70]に論文を発表した。」

二七六ページのメモ。

「竹藪にふる雨が好きだ。ポプラの雨もいい。柳の木は小枝一本でどこでも芽を出す。」

二八〇—二八一ページ。

「二〇〇〇年前の地中海沿岸にはイタリアとギリシャの古代資本主義があった。プラトンと彼の民主主義思想の根はここからきている。コロンブスと地中海との関係はコミュニ

(70) 『中国週報』 原文は China Weekly Review. 『国聞週報』のことと思われる。一九二四年から三七年まで上海の国聞通訊社が発行していた週刊誌。

ケーションを意味する。つまり資本主義だ。商人は外国から泥棒のように物資を奪って権力を得る。一四九二年以前のヨーロッパは封建主義だった。機械などまったくなかったのだ。」

一九三七年七月七日のノート、二八一ページ。

「台湾には現在、原住民はわずか五万人しか残っていない。非常に多数が殺されたのだ。中国が台湾を占領したときは、一〇万人の原住民がいた。

かつてわずか一四〇人の満州人が北京を占領した。

日本は一九一〇年から現在にいたるまで朝鮮に対し「鎖国」政策をとっている。

『朝鮮の歴史』

紀元前四世紀[71]が歴史の始まりである。いまから四二七〇年前で周王朝の時代のことだ。都は平壌(ピョンヤン)に置かれた。第二の時期は紀元三世紀の「三国」時代である。現在の北朝鮮には辰韓、南朝鮮に弁韓、それに全羅、忠清、京畿各道にまたがる馬韓の三国があった[72]。この時代は興亡を繰り返しながら紀元前一〇〇年から紀元七〇〇年まで続いた。三国支配下の古代封建制時代である。

その後、幾多の変遷を経て、新たな三国時代が始まった。(1)新羅(辰韓地方)は都を慶州におき、高度の文化・芸術を発達させた。中国の唐の時代である。この時代には多数

(71)　**紀元前四世紀……周王朝の時代のことだ**　檀君建国説話のこと。紀元前二三三三年、または中国の堯帝即位五〇年のこととされる。「紀元前四世紀」は「紀元前二四世紀」の誤りであろう。また周王朝の時代とするのは間違い。

(72)　**三国があった**　普通三国とは高句麗、百済、新羅をいう。それ以前の辰韓、弁韓、馬韓は三韓と呼ばれる。またここで説明される辰韓などの位置も誤まっている。

の皇太子が出現した。朴家から一〇人、昔家から八人、金家から三五人出ている。紀元七〇〇年から一三九二年の間に高度の封建制が発達した。第二の王国は馬韓地方の百済で、都は平壌にあった。第三は満州の一部まで支配していた高句麗である。

一三九二年から一四一八年まで(73)は高麗とよばれ、王都を開城（ケソン）(松都)においた。北出身の軍人、王建（ワンゴン）(74)が王朝をひらき、三国を打倒して国を統一した。この時期に封建的中央集権化が進んだのである。戦争は一八年間続いた。国を統一した王建はその後、李成桂（イーソンゲ）(75)に打倒された。王建は以前は高句麗の王子だった。李はソウルに都を置いた。

一四一八年から(76)一九一〇年まで続いた李朝の時代に、封建制も文明も衰退した。李朝はきわめて冷酷、抑圧的であった。農民の武装闘争も度々みられたが、すべて敗北に終わった。中国では明から清の時代に移った。李朝は明と友好関係にあった。満州人が明から中国を奪い取ったとき、朝鮮人は満州人と対立したため、満州人はまず朝鮮と戦わざるをえなかった。朝鮮は敗北した。そのため満州人が明に取って代わった後、朝鮮は中国の清朝の保護国になった。

中国の漢の時代、一〇〇万の軍が朝鮮に派遣されたが、すべて打ち破られた。漢末期にいたり、中国人は朝鮮を破って二〇年間平壌を占領した。平壌の町が完全に亡ぼされたのだ。当時の平壌の壁は現在よりも規模が大きく、その距離一〇里に及んでいた。魏王朝(77)(トゥングース)末期にも朝鮮征服が試みられたが、撃退されている。ところで、清朝と李朝とは友好関係にあった(78)。家系が同じだったのである。実際には保護国ではなく、近しい

(73) **一三九二年から一四一八年まで** 高麗は九一八年から一三九二年まで存在した王朝。

(74) **王建** (八七七—九四三)。高麗王朝の始祖、太祖。新羅末期開城を拠点とする反乱軍で活躍し、高麗王朝を建てた。九三六年に朝鮮全土を統一した。王建の家系ははっきりしないが、高句麗の後継者を自称した。

(75) **李成桂** (一三三五—一四〇八)。朝鮮王朝の始祖、太祖。高麗末期に軍人として女真の侵入や倭寇と戦い、政治的実力をも高め、高麗王を廃して新王朝を開いた。これを李氏朝鮮王朝または李朝ともいう。

(76) **一四一八年から** 朝鮮王朝の創建は一三九二年のことである。

(77) **魏王朝**(トゥングース) 中国北部を支配した魏王朝(二二〇—二六五)は、朝鮮半島北部の楽浪郡・帯方郡を支配下に置いたが、魏が西晋に替えられると、高句麗が中国の勢力を追い出した。なお魏をトゥングース族によるものとするのは誤り。

(78) **友好関係にあった** 李朝は清朝に対して事大の礼(朝貢など)

関係にあった。

李朝の時代に二つの重要な出来事があった。（1）三〇〇年前の日本との戦争(79)。日本は平壌までたどり着いたものの敗北した。多数の朝鮮人が殺され、富裕層の財産が破壊された。この戦争で封建制権力が崩壊した。（2）日本との戦争の後に起きた満州人との戦争(80)。日本と戦ったために朝鮮は非常に弱体化しており、そのため満州人に敗北した。この二つの戦争の後、数え切れないほどの農民蜂起が起きた。大規模な反乱は一九世紀初め(81)、東学党が率いた反乱である。東学党は当初は宗教であったが神を信じてはいなかった。人間こそ神だと唱えた東学党は、仏教徒の崔水雲（チエスウン）(82)によって創設された。東学党以前には、仏教徒が率いる活貧党(83)があった。東学党はソウルと南朝鮮を占拠した。そのスローガンは、政府の役人を全員殺せ、貧者の命を救えというものであった。あらゆるところで人びとはこの乱に加わり、殺された人の数はおそらく三〇万人にものぼる。朝鮮の封建勢力はこの状況に対処しきれなかったため、清国軍が朝鮮政府の応援(84)にかけつけた。この助けがなかったならば、反乱は成功していただろう。これは民主主義革命となっていたにちがいないが、指導するのはブルジョア階級ではなく封建的知識人（仏教徒など）であった。ブルジョア階級の支持がさらに大きければ革命となっていただろう。ブルジョア階級が発展できなかったのは、日本と満州族が資本をすべて持ち去ったためである。その上、封建勢力は高度に中央集権化していた。

四〇〇年前、朝鮮は日本に軍隊(85)を派遣した。武装した船隊を差し向けたのだが敗北し、

をとっていた。これを宗属関係という。ただし家系が同じであるとするのは誤り。

(79) **三〇〇年前の日本との戦争**　一四九二年から九八年の豊臣秀吉による朝鮮侵略のこと。文禄・慶長の役、朝鮮では壬辰・丁酉倭乱と呼ぶ。

(80) **満州人との戦争**　後金を建てた女真族（満州人）は一六二七年に朝鮮に侵入し、清朝創建後の三六年にも大軍を送って朝鮮の服属を要求した（丁卯・丙子胡乱）。首都を攻められた朝鮮は降伏し、清朝に臣下の礼をとることを約束した。

(81) **一九世紀初め……**　一八一二年の平安道農民戦争（洪景来の乱）を指すものと思われるが、東学（一八六〇年開教）とは関係ない。

(82) **崔水雲**　一八二四―六四。本名崔済愚。没落両班出身で、儒教・仏教・道教と土着信仰を融合させた東学を創始した。「地上天国」を唱える東学は農民の間に広がったが、李朝政府はこれを禁止し崔を処刑した。

(83) **活貧党**　李朝末期に朝鮮中

逆に日本が朝鮮に戦争をしかけてきた。」

二八七ページ。

「中国は朝鮮よりも工業が発展しているので、ブルジョア階級の力が朝鮮よりも大きい。中国のブルジョア階級といってもひとつの階級ではなく、闘争している諸階級である。また中国はひとつの帝国主義に支配されているのでもないし、外国支配の単一の中心でもない。経済的グループ分けをみると、満州には日本が進出しているが、香港、広東、南洋(86)などはイギリスの手中にある。上海を中心とする地域——寧波(ニンポー)および江蘇、浙江——は地主ブルジョア階級の中心である。上海ではアメリカの大資本が進出している。アメリカは影響力を及ぼせる領域よりむしろ、中国の中央政府が門戸開放することを欲している。武漢(ウーハン)もひとつの中心であるが、ここは上海に属している。天津も中心だがここはどこにも支配されていない。こうした諸グループは決して結束していないし、実際に競合している。満州のブルジョア階級は口では反日を言うが、金は自分の懐に入れるし日本人にモノを売りつけている。中国全体を見ると、ブルジョア資本は非常に大きいが、まとまっていないし、民族主義運動は非常に弱い。大革命をになったのは上海と広東のブルジョア階級だけであった。」

二九一ページ。朝鮮経済について。

「朝鮮は布地と工業製品を日本から輸入する一方、ゴム靴、布地、靴下を満州に輸出し

部・南部に出没した農民の武装集団。甲午農民戦争後の一八九九年頃から五年間にわたって外国勢力の進出や官吏の汚職などに反対した。その名称は一七世紀に許筠が書いた小説「洪吉童伝」に由来するが、実態は知られていない。

(84) **清国軍が朝鮮政府の応援** 朝鮮政府の要請で出兵をしたのは清国だが、農民軍を実際に弾圧したのは要請なしに大軍を送った日本である。

(85) **四〇〇年前、朝鮮は日本に軍隊を派遣した** 一四一九年朝鮮王朝は兵船二二七艘と兵士一万七千人を送って対馬にある倭寇の本拠地を攻撃したが、対馬島主の倭寇取締りの約束をとりつけたために撤退した。朝鮮では己亥東征、日本では応永の外寇と呼ばれる。

(86) **南洋** 江蘇・浙江・福建・広東の沿海地域のこと。清末に使われた言葉。

ている。一九三一年から一九三四年まで、朝鮮の産業は活発であったし、朝鮮のブルジョア階級も活発だった。朝鮮人は満州貿易の関税引下げを求めた。一九三二年、満州は匪賊討伐の費用をつくるため、関税を引き上げた。朝鮮はこれに反対したが失敗に終わった。

一九三一年九月一八日以後、日本の大資本は朝鮮に進出し、重工業開発を開始したが、機械の製造は行なっていない。鉄を日本に持ち帰って機械をつくっている。日本経済は満州を確保した後、軽工業から重工業に変化したのである。従って、日本は重工業用の原料を大量に必要とし、それを朝鮮から、とくに朝鮮の鉱山から得た。これは日本の重工業が発展した第一次世界大戦の時から始まった。第一次大戦終了後、重工業は再び低落した。

第二に、日本の軽工業資本が朝鮮に進出した頃、朝鮮の労働力は非常に安価であった上に、中国や満州の市場にも近かった。第三に日本では厳密な意味での資本の支配が朝鮮ほど強力ではない。朝鮮では日本資本は自由に振る舞えるし、税金が安いし法律はない。労働者の反対がすくない上に、政府も支配しやすい。国内よりも植民地を搾取するほうがたやすいのだ。ついで日本は戦線を朝鮮から満州、華北へ変えた。軍部は華北に確固とした基地を欲しているが、資本家は朝鮮と同じような安全な投資を求めている。今後、資本家は以前にもまして華北に進出するだろうが、それでもなお不安は残る。日本が華北を占領すれば、朝鮮では産業を発展させないだろう。華北は物資と資本の双方の大市場になるだろう。日本は朝鮮、満州、華北のすべてに投資する余裕はないから、朝鮮の代わりに華北を発展させるだろう。華北には石炭、鉄など重工業用原料があるからだ。市場が近いから紡績を発展させることもできる。原料をここで手に入れて、日本や満州で製造してもよい。日本が華北を占領すれば、朝鮮のブルジョア階級を今までほど押さえつけなくなるだろう。資本を華北に送り朝鮮人にかまわなくなるので、朝鮮のブルジョア階級は今よりも自由に動ける。第一次世界大戦で、日本の資本市場は非常に大きくなり、朝鮮ブルジョア階級もかなり自由に活動し拡張することができた。第一次大戦までは、中国は日本の商品の市場ではあったが資本市場ではなかった。

朝鮮はいずれ日本と一つの単位となるだろう。朝鮮と日本のブルジョア階級は一グループとして一緒に動くことになるのではないか。九・一八以後、非常に大量の資本が朝鮮にもたらされた。その結果、朝鮮における日本の産業は九・一八以前よりも発展しているので、朝鮮の民族ブルジョア階級は不安にかられている。その下で朝鮮のブルジョア階級は抑圧されている。九・一八以降、日本経済は大きな変化をとげた。以前は中小の自営の製造業者が中心であったが、九・一八以後はすべて独占資本である。生産力も増大した。今や朝鮮ブルジョア階級は日本と闘いたいと考えており、「全民族は団結して、わが国民の生活を守ろう」というスローガンを掲げたいと欲している(ブルジョア階級にはそれだけの力があるし、一九一九年以後や第一次世界大戦後のように闘えるからにちがいない)。

ブルジョア階級が闘う理由は市場を保持したいからだ。帝国主義は民族ブルジョア階級の発展を少しは許すが、その利益は植民地から本国へ持ち帰りたいと考えている。だから国内のブルジョア階級は闘うのだ。朝鮮ブルジョア階級は市場を保持して発展させたいと思っている。日本としては朝鮮を戦争経済の一部としておきたい。日本の中産階級も日本国内の独占に反対しているが、これは朝鮮ブルジョア階級が独占の増大に反対するのとまったく変わらない。繁栄がもたらされれば労働価値は上がる。失業の時代はその価値が下がる。

第一次大戦中、中国では資本主義が発達し労働者の力が増した。帝国主義が戻ってくると、ブルジョア階級は自らの政治力では帝国主義に歯向かえなかったが、労働者を利用することはできた。この経済的事実は政治闘争となったのである。したがって、この時点ではブルジョア階級と労働者は一緒になれる。一九二七年以来、中国の産業は衰退し、労働者の数も少ない。今や市場も失いつつある。そのため中国の民族主義者は弱体だし、労働者の力も弱い。中国は海外資本の市場となりつつある。中国は物資の市場であるとともに資本市場でもある。日本には二つの経済的中心がある。国内と満州だ。朝鮮はこの二つの接点にあたる。」

一九三七年七月一一日、二九四ページ。

「蘆溝橋での日本軍の攻撃のニュースが伝わった後、状況はどう変わったであろうか。

一九三一年九月一八日以後、朝鮮の輸出入は増大した。一九三三年の朝鮮の対日輸出は三億一四九〇万円であった。翌三四年には四億七七〇万円に増えている。日本からの輸入は一九三三年が三億三九八〇万円、三四年は四億三九六〇万円となっている。

朝鮮からの関東州租借地への輸出は、三三年が五〇〇万円、三四年は五一〇万円であった。対満州輸出は四〇六〇万円(三三年)から四八四〇万円(三四年)に増大している。

関東州租借地から朝鮮への輸出をみると、一九三三年、三七〇万円、一九三四年、四一〇万円である。

満州からの輸出も四〇八〇万円(三三年)から四六七〇万円(三四年)に増えた。これを見ると貿易の発展が戦争と軌を一にしていることがわかる。

朝鮮からの日本以外の地域への輸出は以下の通りである。

一九二九年　三五八〇万円
一九三〇年　二五九〇万円
一九三一年　一二八〇万円(米価が下がった年)
一九三二年　二九二〇万円
一九三三年　五二八〇万円
一九三四年　五七七〇万円

朝鮮の輸出の半分は米である。

日本の対朝鮮輸出および輸入の統計はそれぞれ別個の表に基づく。私が示した統計は一九三五年刊行の白崎著『日本統計図会』[87]からとった。産業発展に伴い朝鮮のプロレタリア階級、とくに鉱山労働者が増えている。電気、化学産業も発展しつつある。

(87)　白崎著『日本統計図会』矢野恒太・白崎享一共編『日本国勢図会』(国勢社、一九三五年)。英文版もある。

朝鮮は日本に米を供給し、満州は朝鮮に粟(小米)を供給している。

朝鮮の輸入のうち日本以外の地域からの輸入は以下の通りである。

一九二九年　一億七八〇万円
一九三〇年　八八七〇万円
一九三一年　五二六〇万円
一九三二年　六一七〇万円
一九三三年　六四四〇万円
一九三四年　七九五〇万円

朝鮮が日本から輸入した機械は、三三年が一一八〇万円、三四年は一六七〇万円であった。

朝鮮の対日輸出は、一九二三年が一億五三八万八〇〇〇円、一九二四年は一億二三九三万四〇〇〇円であった。

日本以外の諸国への輸出は、一九二三年が二四三四万二〇〇〇円、二四年は二四七七万五〇〇〇円である。

日本以外の諸国からの輸入は、一九二三年が一億五三八万八〇〇〇円、二四年は一億二三九三万円であった。

朝鮮の対日輸出の内訳は以下の通り。(1) 米、豆類、魚、海産物、綿、生糸および繭、石炭、鉄その他の鉱物、紙および製紙原料、肥料、家畜(重要度に沿った順位)。

日本以外の諸国への輸出は、一九三三年が五二八〇万円、三四年は五七七〇万円であった。第一位が海産物と魚、第二位が砂糖、第三位が綿、以下、靴、鉄、木材、皮革と続く。日本以外の諸国からの輸入は、一九三三年が六四四〇万円、三四年は七九五〇万円であった。輸入高の多い順にあげると、満州からの豆類(肥料)と粟、米(満州から二〇〇万石輸入する一方、日本へは九〇〇万石を輸出している)、塩、鉱油、麻(中国から輸入)、石炭(満州から)、鉄および機械。

製品輸出の内訳をみると以下のようになっている。布の輸出は一九三三年が五五〇万円、三四年は五六〇万円。靴は三三年が二三〇万円、三四年は二一〇万円。砂糖は二三〇万円(三三年)から二五〇万円(三四年)に増えた。

朝鮮は水力が豊富であるところから、電気が発達した。日本人はこの電気をすべての汽車や揚水ポンプに利用したいと考えている。外国の石油やガソリンは一切使いたくないのだ。絹と米は朝鮮の重要な産物であり、日本はこれらをアメリカに転売している。

満州と中国を支配しようとする日本にとって、朝鮮は重要な地点である。軍事的に重要な地点であり、平壌と咸興(ハムフン)(東北地方)は軍事的中心となっている。平壌には航空機と軍の中央部隊が配置されている。ソウル近郊の龍山(ヨンサン)も同じである。清津(チョンジン)には新しい港ができている。日本から大連(ターリエン)、長春までは九二時間かかる。この新しい港を使えば日本から清津、朝鮮、長春まで五二時間で行ける。海軍の作戦行動の場合は、朝鮮は対ソ作戦の重要地点ともなる。

海戦が勃発すれば、原料を必要とする日本が海上を使えなくなる。そこで朝鮮を大陸基地として使わざるをえない。朝鮮は重要な通信地点である。

朝鮮は第一に軍事的、第二に経済的な重要性をもつ。平壌は朝鮮の大阪ともいうべき産業の中心であり、大規模な軍事工場がある。咸興についても同じことがいえる。咸興の軍事工場[88](化学工場)には五万人の朝鮮人労働者が働いている。毒ガスなどの兵器をつくっているのである。第三に、朝鮮は鉱山原料の中心であり、森林にも恵まれている。朝鮮は毎年、八〇〇万から一〇〇〇万石の米を日本に送っている。この米で軍隊を養うことができる。戦争になればこの米が必要となるにちがいない。戦争になって、朝鮮の農民が日本への輸出をボイコットすれば、大闘争を引き起こせる。平壌は極東の航空産業の中心であり、攻撃の前線である。きわめて戦略的な地点なのだ。食糧供給の中心でもある。したがって日本は安東近くの匪賊を一掃したがっているのだ。目下、鉄道が強化されつつある。」

（88）**咸興の軍事工場**　朝鮮窒素肥料株式会社のこと。咸興の南にある漁村興南に建設された肥料工場が一九三〇年に操業を開始した。当時東洋最大の化学コンビナートといわれ、後には爆薬などの軍需品を製造した。

一九三七年七月一二日、日本の対中国政策をめぐるキム・サンとの対話。

「日本の支配階級全体が同じ計画を抱いている。満州を本格的な植民地にしたいと考えているのだ。九・一八以降、華北は物資だけでなく資本の市場にもなったが、植民地としてではない。日本は全中国を市場として確保したいのである。支配階級は華北を軍事力で占領することには賛成していない。（1）軍部と軍部に近い資本家は華北を実際に日本の支配下に置きたいと考えているが、外部的には中国としておきたい。中国からは切り離したいのだが、占領はしないという考えだ。関東軍と軽工業グループの三井、政友会[89]などがこの一派である。

(2)第二のグループは三菱その他、資本家的な性格が第一のグループよりも強い。冒険主義に反対する長老たちから成る宇垣派[90]である。今や民政党が分裂しているが、政友会も分裂している。民政党はこの第二のグループに近い。

この派の考えは、中国に権力を与え、政治・経済計画を利用して経済を発展させ、急速にではなく徐々に支配していこうとするものである。これは中国全体を日本の市場に包み込む考えといえる。

第一の路線を取ることは非常に危険である。第二のグループは国内を固めたいと考えている。九・一八以降、国内経済は変化した。国内経済を強め、当面は華北で平和を維持しようというのがこの派の考えである。

第一のグループは、今の中国では平和は役に立たないと考えている。九・一八のような軍事力行使しかない、中国との平和関係は不可能であり力による関係しかありえないというのである。中国が抵抗すれば、このグループは戦うだろう。

日本軍は日本経済の一部であり、大市場を相手にしている。

広田弘毅[91]は二つのグループに同時に加わっているが、実際には第一グループと同じ計画を抱いている。華北の占領を計画した際の広田の戦術は、南京政府を利用して紅軍と共産

(89) **政友会**　正式には立憲政友会。一九〇〇年伊藤博文が中心となって創立した政党。地主・地方実業家を主な基盤とし、西園寺公望内閣、原敬内閣などを成立させた。二〇年代後半、軍部と接近し、田中義一内閣に見られるように対中国侵略政策を推進した。

(90) **宇垣派**　一九二九年から三一年まで浜口雄幸内閣で陸軍大臣を務めた宇垣一成(本書二三七頁注参照)が軍部内に形成した派閥。対外侵略の即時実行より「将来の戦争のための総動員体制構築」に力点を置いた。

(91) **広田弘毅**　一八七八—一九四八。外交官・政治家。ソ連大使を経て一九三三年に斎藤実内閣の外務大臣となった。三六年二・二六事件後「挙国一致内閣」の首相となったが、軍部の意向を重視する政策をとった。戦後A級戦犯として処刑された。

(92) **土肥原**　土肥原賢二(一八八三—一九四八)。陸軍少将。関東軍の奉天特務機関長として中国に対する謀略を行なった。一九三五年には察哈爾省内の国民党機関と宋哲元

党に対立させるというものだった。戦闘せずに占領するやり方である。土肥原[92]も広田と同じ考えだった。広田は民政党でも政友会でもない。彼は「茶飯会[93]」のメンバーで、高官やファシストを多数擁している。二・二六[94]以後、このグループは分裂したが、実際には今だに存続している。「挙国一致」のスローガンを掲げ、すべての政党の廃止を主張しているグループである。現在日本には三〇〇ものファシスト政党がある。

この二つの支配階級グループは、ソ連、イギリス、アメリカという問題を解決する必要から相互に接近しつつある。斎藤―林内閣[95]が成立したとき、民政党も政友会もこれを歓迎したが、とくに民政党が歓迎の意を示した。民政党と政友会の双方で、日独協定に反対する声が強かった中で、広田はこれに賛成した。（1）民政党と政友会がこれに反対したのは、日英関係の悪化を招き、イギリスをソ連寄りにするからである。（2）この協定によって日本の対ソ関係の緊張がさらに強まる。こうした日独協定は戦争を招くものである。民政党も政友会も戦争を欲してはおらず、中国を平和的に占領したいと考えている。

広田は日独協定[96]と軍部に参加した。いまや広田は外務大臣にすぎず、近衛文麿[97]が内閣の運営にあたっている。民政党と政友会の合意で成り立っている内閣であり、挙国一致内閣と呼ばれている。政党と軍部の抗争を排除するというのが近衛の計画だ。政党人と軍人とを一致に導くことに努力している。日本は今や、矛盾ではなく一体化しつつある。

近衛は日本を発展させるための経済五カ年計画を掲げている。戦争経済を発展させるとともに満州と華北の経済も発展させる計画だ。政治・外交路線は「中国について考え直

軍の撤退を取り決めた協定を察哈爾省主席代理秦徳純との間で結び、華北分離工作を推進した。戦後A級戦犯として処刑。

（93）**茶飯会**　不詳。

（94）**二・二六**　一九三六年二月二六日に起きた青年将校らによるクーデタ。国会・首相官邸などを占拠して「国家改造」を要求したが、戒厳令を布いた陸軍主流派によって鎮圧された。この事件の後軍部の発言権はむしろ増した。

（95）**斎藤―林内閣**　一九三二年に成立した斎藤実内閣は大臣に政友会三名、民政党二名を加え、政党・官僚・軍部の妥協にもとづく「挙国一致内閣」であった。当初の陸軍大臣荒木貞夫はのちに林銑十郎に代わった。三四年総辞職するまで満州国の承認、国際連盟からの脱退など対外強硬姿勢をとった。

（96）**日独協定**　一九三六年一一月に締結された日独防共協定。コミンテルンに関する情報交換を取り決めるとともに、一方がソ連と開戦した時に他方はソ連に有利な行動を取らないことを約束した秘

す」という路線だが、これは中国が以前にもまして統一し、また統一の方向に向かっているからである。したがって、近衛は南京の権力を受け入れるが、華北のような地域の問題はその地方の政府によって解決されねばならないとしている。近衛はまず経済的力を用いて政治問題の解決を図るだろう。

三井は政友会からさらに軍部寄りになってきた。三井は物資を海外に送っているし輸出も行なっている。第二のグループはかなりのものを外国から輸入している。いずれの側も近衛内閣の下で一致の方向にむかっているが、さほど一致しているわけではない。軍部が両者の合流点である。中国で軍事行動が実施され、これに戦争が続けば、二つのグループはまとまり統一する。危険な冒険主義的行動があれば、二つのグループは互いに助け合ってこの行動の解決につとめる。行動が失敗すれば、さらに新たな闘争がつくり出される。成功すればすべては統一とうまみのある一致がもたらされる。個々の小さな出来事が即座に支配階級全体の問題になる。したがって、支配階級内部の矛盾は最終的な分析ではさほど重要ではない。

関東軍は第一のグループに属している。二・二六事件の後、関東軍は弱体化したが、以後満州ではもとの場所でさらに独立した存在となった。華北を占領することは九・一八で満州を占領したときと同じくらいたやすいと、関東軍は考えている。満州国と華北とで一国とし、首都を北京に移したいのだ。華北と満州は経済的には一単位、一ブロックであるとみなしている。したがって、経済的理由と同時にソ連に対抗する準備のためにも、華北

密協定が結ばれた。翌年イタリアが参加し日独伊防共協定となり、四〇年の日独伊三国同盟のもとになった。

(97) **近衛文麿** 一八九一―一九四五。政治家、公爵。貴族院議員、同議長を経て、一九三七年首相となった。内閣成立直後に日中戦争が始まったが、「国民政府を相手とせず」と表明して和平の途を閉ざした。国家総動員体制を築き、辞職後も新体制運動を展開。四〇年第二次内閣を組織し大政翼賛会の設立、北部仏印進駐などによって太平洋戦争への道を開いた。敗戦直後、戦犯に指名され自殺した。

を占領する必要があるのだ。中国のほかの地域は目下のところは問題ではない。

第一のグループは満州という地方権力を拡大したいと考え、第二のグループはもっと広く中国を経済的に征服したいと考えている。

現在、北支派遣軍と関東軍とは同じ指導部の下にある。いずれも東京から指令がくる。二年前、日本政府は華北駐屯軍を独立させ、関東軍参謀ではなく東京の直接管轄下に置きたいと考えた。今では関東軍と派遣軍とは同じ立場にあり、いずれも東京の指令下にある。実際には、派遣軍と関東軍の首脳は意見が一致している。北支派遣軍が関東軍から独立する可能性はゼロに近いので、客観的情勢からしても相互の調整をする必要がある。日本の体制では、軍を押さえられるのは天皇だけであり、政府には出来ない。

綏遠事変(98)は関東軍に端を発するが、北支派遣軍も異をとなえなかった。この事変は失敗に終わった。中国人を利用した中国占領は不可能であることが判明したのである。今や日本の雑誌はこぞって、中国は統一と独立を欲していると同時に、実際にその力は強まりつつある、と指摘している。この事態はまず西安事件で、ついで綏遠事変によって発展したものである。

日本人としては中国人を使って中国を占領することは望めないため、自らの武力を使いたがっている。迅速な行動に出て中国が強くなることを妨げようとしているのだ。関東から華北へ三師団来たことが本当だとすれば、つまりは華北占領を意図しているということだ。たとえ日本側が交戦を覚悟していないとしても、日本人が殺されたり捕らわれたりし

(98) 綏遠事変　一九三六年五月に関東軍の傀儡政権として組織された蒙古軍政府は、同年一一月日本軍人の指揮下に綏遠省(現在内モンゴル自治区の一部)に侵攻したが、傅作義の率いる国民党軍の反撃を受けて敗退した。この事件は中国の抗日意識を高め、西安事件を起こす一因となった。

ている以上、事は重大になりつつある。中国側が譲歩するような協定を結べれば、平和は可能である。近衛にとってはいまやこのことと各党を一致させることが義務となっている。関東軍に責任を転嫁することはできない。というわけで日英関係も変わる可能性がある。日本は実際にこの地域を占領したいのだが、外見上はそうではないとみせかけている。したがって撤退も予想される。九・一八にも満州占領まではやらなかった。

中国とソ連の間に協定があるというのが日本の見方だ。一九三五年、中ソ間には、(1)満州国、(2)新疆（しんきょう）、(3)紅軍と共産党について協定があるとする見方を日本は示した。今や日本はこれが真実だと考えている。西安事件の後、これは確実になったと見ているのだ。「南京政府を支持せよ!」というスローガンはモスクワからきていると信じている。日本は第二九軍[99]を取り除きたいと考えている。南京政府も第二九軍の軍事行動を望んでいない。日本のファシストらは今や、日独協定の強化を欲している。

西安事件当時の日本は内戦になるのを待つという政策だった。そこで一方に加担し、密かに華北を支配下におくはずであった。そうすれば中国と日本の間で反共条約を締結できるというわけである。

現在、華北での戦いは日本政府の路線ではないが、軍にとってはこのような行動は政府の路線の変更を迫ることを意味した。こうした場合には軍は必ず結束するのである。第二九軍もまた南京政府の路線を変更させかねない。

国が弱体であれば譲歩する以外、強国と取引したり問題を解決するすべはない。日本は

(99) **第二九軍**　蘆溝橋事件の際に日本軍の侵攻に抵抗した華北駐屯の国民党軍。もと馮玉祥の率いる西北軍だったが、一九三〇年に改編され、宋哲元を軍長とした。抗日戦争初期に壊滅した。

アジアで勢力を拡張するにちがいないし、そうすれば究極的にはイギリスと衝突するにちがいない。今やいかなる国際関係も明確ではないし決定的でもない。日本の帝国主義基盤はこけおどしで表面的でしかないので、日本としては面子を失うわけにいかないのだ。」

三〇四―三〇五ページ。

「朝鮮人の李鉄夫（イーチョルブ）(100)が七月一〇日チフスと結核のために死亡した。李は一九二八年に中国入りし、朝鮮ではなく中国共産党の党員になった。彼は医者であった。一九三三―三四年、華北のソビエトで李鉄夫路線の武装蜂起が組織された。この路線は一九三五年に修正された。李は早稲田大学を卒業した。日本ではある革命雑誌で働いていた。」

このノートは全部で三一三ページある。

一九三七年七月一一日付のノート、延安。

三六七―三六八ページ。

「朝鮮人に泣くことと感情を吐露することを教えたのは李光洙(101)であった。」

三七二―三七三ページ。

ここには前後関係なしにいくつか走り書きがしてある。

(100)　**李鉄夫**　韓偉健の中国名。

(101)　**李光洙**　一八九二―？。朝鮮併合前後、二回にわたり日本に留学。その時期から崔南善とともに新文学運動を起こした。一九一九年の東京留学生の独立宣言を起草した後、上海に渡り『独立新聞』を編集した。帰国後、「民族改造論」（一九二二年）などを発表、日本に対して妥協的な姿勢を示して物議をかもした。一九三七年に修養同友会事件で検挙されたが、その後、親日的文学活動を行ない、解放後、最大の親日派として批判された。朝鮮戦争中、北に連行されたといわれる。

「独占は現代の資本主義社会にとってと同様革命においても不健全である。善人のうちの一人は必ず排斥される。二人が対等に存在することはできない。一人は必ずやっつけられるのだ。歴史をみると、死を賭けた闘いの中でもっとも強靭でもっとも美しい人びと、指導者たちのうち、一人は必ず死ななければならない。これは戦闘の試練だ。もっとも適任の人びとのうち生き残れるのは一人だけ、二人ではない。これは人類にとって無駄なことだ。」

以下はこのページに書かれた私自身(ニム・ウェールズ自身)の思索。

民族大虐殺を憎むユダヤ人ではないあなたがかわいそう
自分自身を信じているのに、自分自身になれないあなた
指導者でありながら従うことを願い
人びとが隠していることではなく表面にあらわれたことを見たいと願っているあなた
あなたは逃げることも前進することもできない
歴史をつくり、決定に責任をとりたいと思っているあなた
自分が歴史を決める人間であることを知っているあなた
スローガンだけでは十分ではない
心底からでなくてはスローガンを叫ぶことができず
からだで感じなければ行動できないあなた

獄中にいないのに自由を求めて密かに涙するあなた
あさましさや料簡の狭さが人間の精神を測り知れないほど抑圧しているのだから。
私には道徳的高みにいる人間を見る目が欠けている
自由で豊かな轍のない場所を歩く人間の姿を。
見たくないのに見えてしまう、
信じたいのに信じることができないあなたは悲劇の人。
偶像から解放された自由な精神をもつあなた
毎朝、冷酷な鉄のような批判の鞭にたたき起こされ
それが何度も何度も繰り返され、眠り惚けることのできないあなた
指導せず従っていればいい人びとは自由
なぜなら常に道はふたつに分かれる
どちらの道も正しくはなくどちらもまったく間違っているわけではない
中道はあまりに障害が多く、人びとは従ってはこられない
明確なヴィジョンをもちながら、あまりに多くを見てしまうあなた

混乱は革命家の魂の糧
（注　私たちは丘の上の洞窟や寺院を歩き回った。）

キム・サンの話の続き。

「清朝の時代に多数の回教徒が殺された。今ではその数は減っている。これは延安にもあてはまる。

中国革命は遅々として進まないが、これは人びとの生活が信じがたいほど悲惨である上に決して新しいやり方をとらないからだ。

西安事件について。

潼関が占領されていたら、南京政府と戦うことも可能だっただろう。一二月一四日付けの『プラウダ』と『イズベスチア』を受け取ったが、一三日には共産党はなんらの路線もなかった。共産党員三〇〇〇人が西安に赴き救国運動を組織するというのは張学良の欲したことだった。張学良が離れていったのは非常に残念だ。彼は子供だし、正直すぎるきらいがある。

顔恵慶[102]はモスクワの大使だったが、後に藍衣社に変わった。蔣延黻[103]と鄧文儀(トンウェンイー)[104]が藍衣社に加わったのはその前である(文儀はかつてモスクワにいたが、現在は脱党者である。彼は一九二六—三一年まで蔣介石と行動を共にし、現在は大使館付陸軍武官としてモスクワに駐在している)。満州国を承認せず新京[105]にも手を貸さない代わりに、中国共産党としては路線を変える必要がある。

九・一八以降、革命が盛り上がっている。しかしすべての大衆運動はリズムやテンポの

(102) **顔恵慶** 一八七七—一九五〇。中華民国政府の官僚。辛亥革命後、北洋軍閥政府の外交部総長、内務部総長などを歴任。南京国民政府でもイギリス駐在大使、ソ連駐在大使を務めた。抗日戦争期に上海で教育事業を行ない、人民共和国成立後は中央政府政治法律委員会委員になった。

(103) **蔣廷黻** 一八九五—一九六五。歴史学者。アメリカで学位を得た後、南開大学・清華大学で歴史を教えた。一九三四年蔣介石の非公式使節としてソ連を訪問、中ソ合作の可能性をさぐった。三六年から三八年までソ連駐在大使を務め、四七年には国連駐在大使になった。アメリカで死去。

(104) **鄧文儀** 黄埔軍官学校第一期およびモスクワ中山大学第一期卒業。藍衣社の幹部。一九三四年に国民党が反共独裁の基盤を固めるために「国民道徳」を強調して組織した新生活運動促進総会の指導員に任命された(総会長は蔣介石)。三五年から駐ソ大使館付陸軍武官。

(105) **新京** 原文はSinkyang.「新

高低や緩急がある。西安事件でテンポは早まった。われわれは今や強力な大衆運動をもつ時期にきている。

張学良は蔣介石が八項目[106]を受け入れ、南京政府が再編されると信じていた。彼は部下たちに周恩来に従うよう命じたのだ。」

歴史における一人の人間という理論について。

「張学良が白崇禧だったら、蔣介石はすでに墓の中だろう。張学良は自分の誠意と率直さとで蔣介石を変えられると信じていたが、これは夢でしかない。蔣介石には倫理も道徳もなく、あるのは母親の倫理だけだ。

西安事件は軍事的陰謀ではなく政治的陰謀である。その理由は、（1）すべての中国人は日本と南京政府に反対していた、（2）西安で蔣介石は反共の内戦を準備したが、国民はこれに反対した、（3）綏遠事件では、日本が山西と綏遠を占領しかねない状況で、国民は南京政府に抗日支援を期待したが、南京はこれを拒絶した、という三点である。綏遠では蔣介石は戦うことを拒んだ。西安事件を唆したのは下級将校であった。八月、張学良は軍事会議を開き、綏遠はなぜ防衛されなかったのかという問いを出した。西安事件の意味は大衆闘争だったということにある。張学良は従っただけで指導したわけではない。中国の歴史はすべて軍事クーデタの歴史である。政治は二の次なのだ。南京軍当局の将校たちは内戦のために正気を失っている。東北軍は勇敢にこれと闘っている。

西安事件の後、階級関係が変化した。南京政府はさらに強力になったのだ。重要なこと

京」の発音としてはおかしいが、文脈から満州国の首都新京とした。

(106) **八項目**　西安事件の時、張学良・楊虎城が要求した項目。国民政府の改組、内戦の停止、一致抗日、政治犯の釈放、集会・結社などの自由保障、救国会議の開催など。

は、将来の基本路線と一時的な政策とをどの時点で合体させるかである。トロツキストは一九三一年、国民党を打倒するため民主主義を要求し、現在も国民党打倒を欲している。当時、ソ連は微妙な立場にあった。

　プロレタリア階級とブルジョア階級が相互の関係を確立するには、何度も決裂と合作を繰り返さなければならない。武装闘争すら民主主義の枠組に入るのである。

　多数派には従わねばならないが、正しいか間違っているかは別の問題だ。」

三八五―三八六ページ。

「最近私は保安(パオアン)で死ぬはずだった。」

三八七ページ。

「キム・テッケン[107]も北朝鮮では有名だ。彼は一九一九年の後満州へ行った。出身はリュウと同じ楊市(ヤンシ)[108]である。彼はパルチザンにもなった。しばしば故郷の近くに戻っては、日本人や裏切り者や地主を殺した。一度など日本人の制服を着た男たち二〇人を連れて行き、朝鮮人の囚人を全員しばり上げて移送した。金が鴨緑江(アムノッカン)の鉄橋を渡って新義州まで行くと、看守は手をあげて金に挨拶した。一九二〇年夏のことである。金はまたハンシ[109]まで出掛けてそこの警察署を占拠した。その夜、多数の金持ちを逮捕して金を奪ったのである。これが最後だった。楊市から逃亡したが、夜明け前に山まで行き着けなかった。そこである金持ちの大きな屋敷に入ったところ、ちょうど祭事(チェサ)(法事)の最中だった。金は家中の者を捕

(107) キム・テッケン　原文 Kim Tek-ken. 不詳。

(108) **楊市**　平安北道龍川郡にある町。新義州から南に約一五キロ。

(109) ハンシ　原文 Hang Hsi. 不詳。楊市 Yang Hsi の誤植か。

らえて、暗くなったら出ていくといった。しかし、親類の者がこの家にきてみると入口が閉まっているのでおかしいと思い、警察に知らせた。そこで二〇人の男たちはオートバイに乗ってやってきた多数の日本人の警察や兵士に包囲されてしまった。警官一〇〇人、兵隊八人が出動したのだ。だが家の中に入れなかったので、楊市から灯油をもってきた。中にいた者たちは全員屋根に上がった。灯油が目にとまると、金と二人の男は壁を飛び下りる決心を固め、即座に実行した。警察が全員その後を追い掛けたので、残りの者たちは門を開けて逃げ出した。三人は走りながら発砲し、三〇人を殺した。負傷した金は死んだふりをした。警官が近寄ったところをみすまして殺したのだ。一七人が逃亡し、パルチザン戦争に加わった。金とあとの二人は殺された。平壌近くの有名なパルチザンたちだ。このパルチザンは毎日二〇〇ないし一〇〇里の範囲で作戦行動に出るので、警察は二四時間監視体制をとっている。」

三九三ページ。

「日本国内の意見は現在二つにわかれている。（1）青年将校グループ（ファシスト）は将来の戦争にそなえて朝鮮人の軍隊を組織したがっている――戦争するには多数の兵士が必要なのだ。（2）第二のグループはこれに反対し、中道つまり「中庸」を求めている。現在はこの第二のグループが主流である。一九三七年六月、南総督(110)は東京へ行った（前総督の宇垣(111)は軍事と政治の両方の指導者である）。南は三七年六月一七日付けの『東京朝日

(110) **南総督**　朝鮮総督南次郎。本書二一五頁注参照。

(111) **前総督の宇垣**　宇垣一成（一八六八―一九五六）。陸軍大将、政治家。一九二四年に陸軍大臣となり、兵員縮小・整備の近代化をめざす「宇垣軍縮」を推進した。三一年に軍部のクーデタ計画に関わり退役。同年から三六年まで朝鮮総督として農村振興運動を推進、朝鮮における支配体制の強化に努めた。その後、総理大臣候補に名前が上がったが、組閣に失敗した。戦後、参議院議員に当選した。

新聞』で、編集部の質問に答えて、日本と朝鮮は一体化すべきだと語っている。産業も一単位として協力すべきであり、対立することなく発展させねばならないというのだ。しかし、朝鮮人は協力しない。南はまたこうも語っている。まず日本と朝鮮を一体化させ、ついで朝鮮と満州を一体化させると。

その目的は産業に対する支配権を強め、戦争経済を確立することである。宇垣のスローガンは「朝鮮の工業化」であり、南のスローガンは「朝鮮、日本、満州の一体化」である。「南棉北羊」[112]は宇垣の古いスローガンであるが、すでに実現された。鉱山の開発も同様だ。一九三六年の金産出高は七〇〇〇万円に達した。

一九三六年、日本の輸入は六億ドル、収支面では赤字になった。したがって日本は朝鮮の金を必要としている。それに日本は戦争準備の金もかかる。」

四一七ページ。

「朝鮮の農場は都市の植民地として搾取されている。」

四二〇ページ。

『エコノミスト』[113]誌の一九三七年六月二一日号に掲載された論文「北支は東亜ブロックより離脱か」について。(キム・サンの翻訳によれば)ここでいわれていることは、西安事件以後、華北は急速に南京の中央集権的影響下に入った。新たな路線として中国統一を求める声が強まっている。中国は南京政府に全土統一の力があると信じている。華北では抗日事件が頻繁に起こっており、南京政府が華北を保持している理由もそこにある。南京

(112) 「南棉北羊」 宇垣が朝鮮農村の疲弊から来る社会不安を打開するため精神運動の色彩が強い農村振興運動を展開したのにあわせて、外国に依存していた繊維資源を確保するために朝鮮で実施した政策。南部で棉花栽培、北部で緬羊飼育を奨励して繊維原料増産を図った。

(113) 『エコノミスト』 大阪毎日新聞社・東京毎日新聞社が発行していた週刊誌。同号掲載の「北支は東亜ブロックより離脱か」と題する記事は政治的側面を田中生、経済的側面をB生が執筆している。

からきた税関警察が山東へ派遣されている。河南では南京軍が集結しつつある(五師団)。これは西安事件の後に起こった。チャハルには南京軍の第一三師団が駐屯している。北チャハルでは湯恩伯(タンエンポー)(114)が活躍していた。こうした状況の下で、宋哲元(スウンチェユアン)(115)が動揺している。というのも南京、中国、日本の間の勢力関係が変化してきたからだ。今や日本と中国の経済協力は華北では安全ではない。華北は九・一八当時の満州と同じ状態にある。結論として、二兎を追うものは一兎も得ずということである。二兎とは華北と満州である。華北にはあまりに問題が多いので、満州を発展させるほうが意味がある。したがって現状を維持することにしようではないか。

　軍部はこの結論に反対であり、華北で軍事行動に出た上、全国民の支持を強要した。日本の国内に争いが起こることは南京の望むところであり、そうした状態を利用して抗日を強めるというのが軍部の見方だ。これは間違っている。日本では九・一八以前よりも国内の結束は固まっているからだ。日本としては今は行動に出ず静観するほうが意味がある。」

四二一ページ。

　「この論文の指摘によれば、華北での抗日運動は強まる一方で、軍事行動がすでに準備されている。南京軍が華北を包囲し、華北の権力を押さえつけているのだ。南京軍は華北の権力を分裂させようとしている。華北の人びとの思いは南京に飛んでいる。つまり、抗日という考えが華北ではますます強い勢力となってきたのである。さらにこれは九・一八以前からあったことを指摘しておこう。

(114)　**湯恩伯**　一八九八―一九五四。国民党政府の軍人。日本陸軍士官学校卒業後、国民革命軍に参加。蔣介石と親しく、国民党軍第四師師長などになり紅軍討伐に努めた。抗日戦争期には第三一集団軍軍長、第一戦区副司令官を務めた。国共内戦期に南京・上海地区警備の任務に当たった。台湾に逃れた後、総統府戦略顧問を務めた。日本で死去。

(115)　**宋哲元**　一八八五―一九四〇。国民政府軍第二九軍軍長。察哈爾(チャハル)省(現在の内蒙古自治区、河北省の一部)政府主席。

私の意見では、華北の政策を決定するのは日本政府ではなく、関東軍と北支派遣軍である。彼らには中国と満州の資本家グループというブルジョア階級の支持がある。日本の紡績工場の所有者もその政策を支持しているし、三井の一部の支持もある。このグループは華北の経済発展を望んでおり、政治勢力を金で利用している。軍は簡単に華北を占領できるし、満州は華北なしでは基盤が弱い。満州と華北とで完全な一体をなすのだ。そこでようやくひと息つけるわけだ。この第一段階は達成されるだろう。しかし、日本政府は全体状況を見ているし、南京政府が三年前と同じではないこともわかっている。中国は華北占領には反対するにちがいない。

イギリス、ソ連、アメリカそれにフランスは南京政府に手を貸すだろう。したがって行動は危険である。日本としては事件を利用して中国に戦争開始の責任を負わせたいのだと思う。抗日ではなく中国から出たとみせかけたいのだ。平和的に譲歩できれば、一歩ずつ進むだろう。譲歩ができなければ、華北を占領するにちがいない。日本は決してイギリスを信用していない。

ここ延安の人びとは、華北占領の計画をたてているのは東京であり支配階級全体であると考えている。

日本は危険に陥っている。というのもまったく正反対の二つの意見に分かれているからだ。独占資本は非常に強大で、小企業は破産している。ファシスト大衆が伸びかねないのだ。農民も破産している。小ブルジョア階級と独占資本の間に対立がある。二・二六事件の後、支配階級は独占の側についた。日本はそれまで七〇年間独占は一度もなかったのだ。今や大ブルジョア階級が権力を持ち、急速に力を集中しつつあり、ファシスト運動が発展している。これまで日本のファシズムは現実的なものではなく、小ブルジョア階級が独占や中産階級の農民と対立していたにすぎなかった。今や革命的情勢に発展するかもしれない。戦争になれば、日本資本主義は危険な立場に追い込まれる。なぜなら農民、つまり国民の半数は封建的関係の下におかれているからだ。封建制を打倒するには、大資本家も打倒せねばならない。日本資本主義は当初、封建的基盤の上に発達したからである。現代はそうではない。産業が基盤である。それに日本の国内市場はあまりに小さく、海外に市場拡大せざるをえない。

日本のブルジョア革命の完成は、ブルジョア階級ではなくプロレタリア階級によってのみ可能である。現在、日本の進歩的民主主義はまったく力を持っていない。プロレタリア階級と手を結んで初めてそうした力を持ちうるだろう。日本革命はブルジョア民主主義革命という性格をもつ。日本のトロツキストにいわせれば、社会主義革命だという。日本は戦争しなければ、経済が破綻するだろう。さらに長期にわたる勢力浸透は不可能である。危険が増すだけでなく中国とソ連はさらに強くなる。

日本の特徴は工業と農業との調整が行なわれていない点である。そこには深い分裂がある。さらに経済のみならず政治的問題もある。一方はアメリカ資本と同じであり、他方は黒人奴隷と変わらない。重工業と軽工業は日本の歴史的基盤のゆえに平等に調整されてはいない。軽工業のほうが重工業よりも規模が大きい。日本は軽工業製品を輸出しているが、輸出の比率は軽工業全体の八〇ないし九〇パーセント以上を占める。この八〇パーセントの中には生糸や繭、農産物が含まれる。これだけで八〇パーセントのうちの四〇パーセントに達する。これが九・一八までの状況であった。

九・一八以後、重工業が急速に発展した。軽工業を基盤とした別の経済構造で八〇年間過ぎた後、突然重工業に転換したのだが、わずか五年間に起こったこの転換は非常に危険であり、簡単には調整できない。華北は重工業の原料供給源として、また軽工業製品の市場として必要とされている。このような状態によって以下のような問題が生じている。

（1）重工業には大規模な集中が必要である。これは日本にある。六年間で鉄鋼、造船、自動車、航空、化学が大々的発展を遂げたが、いずれも軍事産業としてのみである。しかし日本はあらゆる種類の重工業なしには存続できないため、その発展を決意したのだ。機械の組立てだけでなく製造もしなければならない。海外に依存せずに済むよう大型工作機械もつくらねばならない。かつての日本はイギリス、ドイツ、アメリカに依存していた。重工業発展のためには大資本が必要であるし、そのためには輸出を拡大する必要がある。かくして、一九三六年の前期は六億円の貿易赤字になった。日本の金（ゴールド）は海外へ出ていく。軽工業製品だけでは貿易収支の均衡は保てない。重工業製品も輸出しなければならない。従って、日本国内の物価は上昇している。農民とプロレタリア階級の闘争も今年は高まりつつある。（2）日本は輸出を増大せねばならず、従って物価を下げるために平価を再び切り下げざるをえない。

九・一八以後の四年間は日本の失業は減少し、産業もきわめて活発だったが、三六年にはこれが止まった。経済拡大をはからねばならないのだ。今や資本家は高利潤をあげているが大衆の利潤はあがっていない。三七年前半、労働者と農民の闘争は急増して前年の二倍にもなっている。日本は目下資本の集中化に必死である。拡張のために蓄積しなければならないのだ。従って国内情勢まで手が回らない。公共料金も税金もすべて上昇しているが、その理由は戦争資本を必要としているからだ。日本の重工業はどこにも儲かる市場はなく、自国の陸軍と海軍だけが唯一の市場である。金を払うのは政府だ。陸軍と海軍は同一のものでしかない。満州だけがいくらか独立している。

日本の予算をみると一九三七年の支出額が二八億円、その半分が陸軍と海軍の支出である。次年度の支出要求額は三二ないし三四億円、軍部は二〇億円以上を要求している。つまり貿易収支の均衡をまったく欠いている。税金でこの問題を解決することはできない。融資を行なわざるをえず、したがって政府は毎年新債券を発行している。日露戦争では、アメリカ、ドイツ、イギリスが日本に九〇〇〇ポンド融資した。当時の一ポンドは三〇円以上であった。日本はイギリスの資本が欲しかったが、ヒモつきでない融資を望んだ。しかし日本は海外の資金を調達せざるをえない。現在日本は海外に依存しなくても済むよう、国民から金を取り立てるため各五円その他の小型融資を流通させようとしている。そこで日本の金はインフレが生じているのだ。

宋子文は一九三二年の銀禁輸の際、三日間で三〇〇〇万ドル稼いだ。孔祥熙夫人(116)は一九三三年、三〇〇万ドル稼いでいる。

日本は破産するにちがいない。その理由は以下の如くである。(1)日本は重工業の強化に固執しており、その一点のために他のあらゆる問題を犠牲にしている。軍事問題についても同じことがいえる。そこから別の問題が生じる。日本は外国の重工業の市場となり、日本の軽工業製品では貿易の均衡を保てない。したがって、金(ゴールド)は流出せざるをえない。日本の金保有高はわずかしかない(そのため朝鮮の金産出を急いでいるのだ)。この問題は部分的に解決できても、全面的には決して解決しない。

今や、世界中が日本製品に反対しているため、市場獲得がいっそう焦眉となっている。現在輸出を増やすことは非常に困難だ。そこから日本にとって国際問題はさらに深刻化する。

第三に、日本製品は国外で値下げしても国内では、日本の通貨の面からは値上がりせざるをえない。さらに、軍事物資以外の外国製品は抑制しなければならない。これも国内の物価上昇をもたらす(しかし独占的形態の資本集中化には役立つ)。

第四に、日本は重工業生産の新たな手段を打ち立てねばならないが、これは旧い経済機構の解体を意味する。従って、ブルジョア階級間の対立はいっそう激化するだろう。一種の「産業革命」が行なわれ、日本経済の基盤を揺るがすにちがいない。

第五に、日本は支配階級による農民・労働者への抑圧を強化せざるをえない。これは避

(116) 孔祥熙夫人　宋靄齢(一八九〇—一九七三)。宋慶齢、宋美齢の姉。アメリカ留学後、孫文の秘書を務め、一九一四年に横浜で孔祥熙と結婚。抗日戦争期に婦女指導委員会、全国児童福利会などの事業に加わった。孔祥熙については本書一四三頁注参照。

けられない。そこからブルジョア階級と地主階級を打倒する弁証法的勢力が出てくるに違いない。今や闘争の発展はわれわれの目にも明らかである。

現在、国外に戦争がまったくなければ、先述の第四の理由から日本の支配階級の間で深刻かつ大々的な分裂が生じるにちがいない。現在のところ、日本に対する直接的脅威は何もないので、軍事予算を引き続き増やすわけにいかない。軍事予算が削減されれば、重工業は市場を失うだろう。おそらく三井も変わりうる。別の方法で軽工業製品の市場を発展させることができなければ、占領によって市場を保証することになるだろう。そうなれば三井は戦争に賛成する。重工業の調整をはからねばならないし、この大規模な軍事市場の利潤の分け前に預かりたい人は沢山いるのだ。

ソ連と中国は力をためつつある。アメリカは静観し、イギリスは動揺している。外国の抗日勢力は日本の権力よりも急速に、日本にとってマイナスの比率で伸びつつある。そこで日本の国内的対立は中断して目的をひとつにした運動が始まっている。したがって、国内的危機は国民と支配階級の間では以前よりも深まっているに違いないが、支配階級の各分子間の亀裂はさほどではない。ソ連と中国の力が日々増しているため、日本にとっては不利な状況であり、行動に出る覚悟を決めざるをえない。これはドイツでも同じことだ。バターではなく銃を取れというわけだ。小ブルジョア階級・労働者・農民を犠牲にする以外に、日本が戦争ないし平和的拡張を準備する道はないのである。

近衛内閣は日本にとっての歴史的時点に立たされている。この内閣はファシスト的傾向があるが、外見は軍部内閣よりもましである。この内閣は大ブルジョア階級によるファッショ支配を示している。二・二六事件以前はファシストは小ブルジョア階級と同じく完全に大ブルジョア階級と対立していた。日本のファシズムはすでに強い力をもっているので武装暴動を利用する必要はない。日本にはすでにファシズムにうってつけの封建的組織があるのだ。

さらに日本には重工業向けの技術的に訓練された労働者がいない。だが日本人は頭がよいので短時間で学びつつある。

日本はこうした問題を解決するために戦争が必要なのだ。この計画に失敗すれば、国内で危機が生じるだろう。そこで計画を続行しなければならない。日本にも世界資本主義の危機が及んでいるわけであり、また日本独自の封建主義の遺物という歴史的危機もある。この遺物は村や軍隊などだけでなく産業にもみられる。日本の女子労働者は獄中の人びとと変わりはない。一六歳とか一七歳、一八歳の農村出身者ばかりだ。三、四年働くと病気になって働き続けられなくなる。そこで工場は新たに農村から少女を連れてくるのだ。人生のいちばん良い時期を工場で擦り減らされてしまう。一カ月に休みはたった二回。兵隊のように行動し、兵舎のような寮に住む。父親が交わした年季奉公の証文に縛られているのだ。少女には収入はまったく入らず、すべて両親の下に行く。農村の女性が育てた繭は高利貸しの懐に入る。

日本の植民地支配は独特の性格をもっており、封建的な半植民地帝国主義そのものの性格に似ている。ごまかしと盗賊のような振舞いで国を搾取するのだ。ふた通りのやり方つまり強奪と外交を交互に使うのが日本式だ。日本が九・一八で満州を奪取した後、一九三二年から三六年までに日本は満州での軍事費として一〇億円使った。日本が満州に新規に投資した額は同じ一九三二年から三六年までに一一億円である。南満州鉄道会社の一九三五年の資本は八億円、その半分は日本政府のものである。さらに満鉄には日本から新たな融資も行なわれている。」

四五〇ページはヘーゲルをめぐる議論。

「ヘーゲルはこう言った。物事が存在するならば、それは真実である。権力をもっていればそれは真実である。マイナスAとプラスBは真実に等しい。アイデンティティは真実の半分であり、他の半分はその正反対である。これを両方併せれば、弁証法によって一〇〇パーセントの真実となる。」

四五四―四五五ページ。

「私が住んでいるのは平壌近郊の長山里(チャンサンリ)村[117]であるといってかまわない。」

四六〇―四六一ページ。

「この五年間、自分の気性を変えよう、勉強しようと努力してきた。私は非常に穏やかだが、同時に非常に腹を立てやすい面もある。自分が正しいと思ったら、一〇〇人に反対

(117)　長山里　キム・サンの生まれ故郷については、文庫三九二頁および本書四三三頁参照。

されてもその人たちのいうなりにはならない。真実に対する自分の誠実さをあくまで守るのだ。ガリレオは地球が動くことを立証したために死んだ。私の理論もそれに劣らず正しい。ガリレオは絞首刑を前にしてその理論を再確認した。この歴史が私に影響を与えた。死ぬのはかまわないが、不正義には絶対に屈しない。だが、科学は正確だ。人間関係や革命は正確にはいかない。全面的に正しいとかまったく間違っているなどということはありえないのだ。私の兄は殴られると逃げ出したが、私は決して逃げなかった。母は逃げてくれと懇願したけれど、私は絶対にいやだといった。あるとき脚をひどく叩かれたことがある。それでも自分が間違っていたとは決して認めなかった。医学でもやはり、あらゆることが非常にはっきりしている。私は革命にも外科的な正確さが欲しいと思った。だがそんなものはありえない。ある部分は感覚だし無意識なのだ。私は絶えず矛盾につきまとわれている。数人の立派な同志がいればいいと思うことにした。心を開き正直で明確な同志が。馬馬虎虎(マーマフーフ)(118)というが、私にはどうしてもできないことがある。この馬馬虎虎は封建的なものだ。機械のような新しい不寛容さが必要だ。タイムレコーダーのような秩序だった態度が。共産党が科学的な産業精神を基盤にしていなければ、科学的社会主義にはなりえない。私は約束その他もろもろのために迅速でなければならない。午前中いっぱいとか午後いっぱいなどあけられないのだ。

トルストイは朝鮮では受け入れやすい。解決策をもたない犠牲精神であるから。」

(118) 馬馬虎虎　中国語で「いい加減なこと」。

（ノートのこの部分にはニム・ウェールズの注釈が次のように書き込まれている。「若さとはどうにかして泰山鳴動する山のようなものだ。あくまで高く清潔で理想主義的なのだが、理想主義が打ち破られるにつれ、徐々に浸食してレベルが下がる」。）

「これまでの人生でひとつ学んだことがある。私は殺されないかぎりいかなる困難にも立ち向かえるということだ。朝鮮人の中にはこの私と同じ性格を持つ者が少なくないが、それはあまりに多くの問題、殺人を見てきた結果なのだ。朝鮮ではけちな泥棒などまったくいない。人びとは決して盗まず、非常に正直だ。ほかの所に較べて家族主義はさほど強くはない。朝鮮ではひとつの計画を決めたりプログラムを実行するのが非常に厄介だ。われわれは何でも深刻に取るからである。中国とは違い、とことん調査するのが義務だと考えている。これは朝鮮人の性格だ。朝鮮ではひとつささいな不道徳を行なっただけで、その男は社会的立場をすべて失ってしまう。朝鮮人は過半数あるいはそれ以上の賛成なしではいかなる行動も取れないし会合すら開けない。中国人はそんなことには頓着しない。

自分であたためている本やその他のタイトルがいくつかある。『人間の自由について』『空を背にした男』『慟哭の中で』『切り刻まれた石の都市』『壁のない都市』『東洋の地平』『旧い地平』『人間の一生』『朝鮮民族の影』『歴史断章』『人間と歴史』『われらの鎖のみ』『アリランの丘を越えた人びと』。」

一九三七年七月二三日、延安。

ここでキム・サンは旅行について要約している。

「上海には一年いた。その後一九二一年から一九二五年まで北京に滞在、そこから広東ついで一九二八年に上海に戻った。翌一九二九年の春北京に行き、その夏満州に移って一九三〇年の春までそこにいた。そこから再び北京にいき一九三四年まで滞在した。この時は方々に行った。まず一九三一年にチェンシンコウ(119)の鉱山へ、翌一九三二年には保定に行った。一九三〇年一二月に逮捕され、さらに一九三二年五月一日再逮捕された。一九一九年の夏日本に渡ったが、同じ年の冬には去った。四カ月の滞在だった。日本には身内の者が沢山いる。私はその時一五歳だった。」

このノートでは当時の日本の学生について語られている。三二三ページにはこう書かれている。

「ソビエトが樹立される以前のシベリアでは帝政主義者の手によって朝鮮人が殺されたが、日本でも同じように殺された。」

三二三ページ。

「日本人は誰ひとりとして朝鮮に親友をもっていない。一部の朝鮮人には親しい日本人の同志がいる。二五年間の日本と朝鮮の友好は完全に失敗してしまった。

一九二一年に朝鮮の『東亜日報』が伝えたところでは、編集長張徳秀(チャンドクス)(120)の兄張徳俊(チャンドクジュン)(121)は満

(119) チェンシンコウ　原文 Chenghsinkou. 不詳。

(120) 張徳秀　一八九四―一九四七。言論人・政治家。早稲田大学卒業後、中国に亡命して独立運動に参加、呂運亨らと新韓青年党を組織した。二〇年『東亜日報』の初代主筆となったが、二四年アメリカに留学、コロンビア大学に学んだ。三六年帰国し普成専門学校教授。解放後、保守派の韓国民主党政治部長となったが、暗殺された。

(121) 張徳俊　一八九二―一九二〇。漢文教育を受けた後、日本人が経営する平壌の『平南毎日新聞』で働き、『東亜日報』創刊と同時に入社。北京特派員を務めた。二〇年一〇月日本の間島出兵に伴う朝鮮独立運動弾圧の実情を取材するため、間島に赴いたが、行方不明になった。日本軍の住民虐殺に抗議をしたため日本軍に殺害されたといわれる。

州での虐殺調査に派遣されて殺されたという。もうひとりの兄弟[122]は上海で殺された。三人の兄弟は東京で車夫をしていた。この弟は拷問のため大きい鉄で両脚を砕かれ殺された。

朝鮮人は誰も自分の墓を用意したりしない――いつどこで死ぬかわからないからだ。われわれには決められた場所もなければ、確実な将来もない。ほかの人を悲しい目に会わせなければ幸福はやってこない。これは美しいことじゃない。私はきらいだ。こういう問題を解決できるのは革命だけなのだ。正義や美しさは革命にしかない。どこの国でも民族主義者たちが互いに憎み合い人種主義を育んでいる。しかも、人間はこうしたことをすべて簡単に忘れてしまうのだ。

中国で一九二五―二七年の革命が失敗したとき、朝鮮にとって世界が破綻した。そして大恐慌の時代がやってきた。」

三二五ページ。

朝鮮文学について。キム・サンは朝鮮の文学は一九一四年、日本文学の影響をうけて始まったという。朝鮮のインテリゲンチャは誰も彼も日本語が読めるし、日本語に翻訳されたものも読める。キム・サンのこの話を書き留めたはずなのだが、タイプしたあとどうなったか分からない。

三二八ページ。

「金星淑は別々のペンネームで二〇冊の本を書いたが、昨年になって間違いだったという結論に達した。ある時、六人の男が集まって一つの名前で本を書き、一年で有名になっ

(122)　もうひとりの兄弟　張徳震(?―一九二五?)のこと。三・一運動時に独立運動に参加。二〇年満州で独立軍の一つである光復軍総営に加わり、朝鮮国内の警察署襲撃などを行なった。二二年に上海僑民団義敬隊員となって在住朝鮮人の保護に努める一方、独立運動資金の調達を担当したが、中国人とのトラブルから殺害された。

たことがある。」

三二九ページ。

「孫基禎(ソンキジョン)について。一九三六年のオリンピックに出場し、マラソン競技で優勝した。まだ朝鮮の学校に通っていて二二歳だった。」

三三三ページ。

「女性について。キム・サンによれば、ミス・チ(123)は自立した女性で肉体的にも強靭で、革命思想もしっかりしていたが、美人ではなかった(彼女はキム・サンの最初の妻である)。この彼女と別れてからは、女性を求めることは断念した。なにが起ころうとかまわない。このは私に従うことが重要な事実なのだ。ミス・チとのことではとても苦労した。彼女は決して私に従おうとしない。どちらも主導権はもてなかったのだ。私は決して彼女の金を使わなかった——彼女が稼いだ金だったとはいえ、私には使えなかったのだ。私たちは一九二一年から一九三一年まで一緒に暮らし、一九三二年に別れた。最初は幸せだった。ミス・チよりも美しいほかの女性に会った。彼女の恋人はすでに死んでいたので、この体験で彼女も人間の値打ちにもっと敏感になるだろうと思った。だが彼女はそこまで到達していなかった。そこで私は最初の段階で反応した。トルストイは正しい。ただ一人の女性を見出すしかないのだ。こんなふうに寄せ集めで生きてはいけない。まるでモザイクだ。誰でもカップルになって幸せになれるとは、私にはどうしても思えなかった。そんなことは信じられない。必ず人には言えない不幸や問題があるにちがいない。自分と女性との関係をよく

(123) ミス・チ　原文 Miss Chi. 『アリランの歌』に「劉玲」として登場する女性。本書四二八頁参照。

よく考えてみた。そこには真実はないと分かったのだ。正直ではなかったし誠もなかった。ミス・チの私に対する言葉や態度はとても立派であった。私も丁寧な態度を取った。正直にいえば、不幸だということを決して認めなかったのだ。どんな女性でも同じことだと、私はきめつけた。別の女性を見つけたとしても、やはり不幸せにちがいないとわかっていたのだ。

男と女が一緒に暮らすには、同じ仕事、同じ習慣をもっている必要がある。それにたとえ離れ離れでも同じ仕事をしていなければならない。第二に、男は自分の義務のために進んで命を投げうたなければならない。強い意志をもち、自分の目的や仕事を簡単に変えてはならない。第三に、自分が正しいと思うことをやりぬかねばならず、この道徳的規範をけっして破ってはならない。そのために身を捨てなければならないのだ。不幸などというのは問題ではない。不幸であっても生き延びて働くことができる。客観的な幸福を手に入れるには、不運を避けるには、嘘をつく必要がある。何よりも重要なのは仕事であり、セックスはいかなる結合をも達成しえない。性関係は重要である。新しい生活は新しい人間を意味する。これは心理的問題ではなく社会的問題である。時間と身体と生活をいかに使うかという問題だ。

私の今の妻[124]は強靭で、革命の発展にとってもその前途はあかるい。だが美しくはない。結婚したときは私の意志ではなかったが、そんなことはどうでもいい。大した違いはない。よい関係をつくることができれば、それでよい。つくれないとしてもかまわない。いずれ

(124)　私の今の妻　趙亜平。本書四四一頁以下参照。

にしろ私の不幸は変わらない。これを解決しようとするなら、革命によって新しい社会、まったく新しい関係を打ち立てるしかない。

自由恋愛にしろ自由結婚にしろ、社会的関係は基本的にみな同じである。封建主義時代の朝鮮では結婚は長年つづいたが、今では簡単に破綻する。昔の人びとは変化のない社会の狭い地区の中だけで暮らしていた。それぞれ同じ経済単位の中にいたのだ。たしかにこの人びとは不幸だったが、それはたいした問題ではない。簡単に別れることなどできなかった。今ではそれが簡単にできる。実家へ逃げ帰っても数日後には戻らなければならない。経済的背景もちがうし、まったく別の世界に属している者どうしが一緒になった場合が今では少なくない。

五・四運動[125]の頃は、自由と生きるための金がほしいという問題にすぎなかった。今となっては一人の力ではなにもできない。全世界を変革しなければならない。そうすれば極東も変わりうる。自由な愛などありえない。そんなものは単なる夢だ。われわれは世界という鎖につながれているのだ。夫婦がそろって経済的に生産でき、しかも独立していてはじめて家族の幸せが手に入る。第二は、男が働いて自分と家族を養える場合だ。さもなければ家族は砂上の楼閣でしかない。結婚していても離婚しているのと同じだ。今の私は妻に必要とされているので自由には生きられない。私が去らねばならないとすれば、妻はそこで好きなようにできる。私は縛られないし、妻を縛ることもしない。しかし、別れることで妻がいっそう不幸になるとしたら、私は去ることはできない。それで妻が幸せになるの

(125) 五・四運動　一九一九年に展開された中国の民衆運動。五月四日北京の学生デモから始まったが、中国に対する日本の侵略に反対し、日本や列強諸国に妥協的な政府を批判する運動として中国各地に広がった。中国における反帝国主義、反封建運動の大きな画期をなした。

なら話は別だが。妻には決める自由がある……私はもう理想的な女性をみつけようなどと思っていないし、そうした女性を選ぶ権利があるとも思っていない。その女性は私を変え、影響を及ぼすかもしれない。私の意志や意見を打破してくれれば、それもいいだろう。そしてもし私が正しくないとすれば、そのことを私に分からせてくれてもいい。私には息子がふたりいる。ひとりはどこにいるのか分からない。海陸豊で広東人の少女と出会ったのだ。わずか三カ月の関係だったが、彼女は妊娠した。女性部隊にいて、てん足もしていなかった。しっかり者で美人で、中学校に二年間通った。二人の間にはなにも問題がなかった。彼女は私の最初の恋人だ。今どこにいるのか知らない。一九三一年に釈放された時、朝鮮でまた別の関係ができた。相手は私の婚約者だった。

　私は権力を信じたことは一度もない。人間の歴史には、力による支配の下で行なわれる不正がありすぎる。コミンテルンは第五回大会までは正しい路線[126]を歩んでいたが、それ以後は正しくない。レーニンを私は信用している。一九一九年、私はある朝鮮人が日本人の手で磔（はりつけ）にされるのを見た。このことが私に影響を及ぼしている。」

一九三七年七月二四日。

「私はガンディーが好きだ。たとえメディスン・トゥリー経済[127]ではあっても、インドの現段階では必要な人物だ。ガンディーはきわめて抜け目のない政治家である。」

(126)　**コミンテルンは第五回大会までは正しい路線**　第五回大会は一九二四年に開かれたが、特に大きな方針変更はなされなかった。二八年の第六回大会で民族統一戦線を否定し、民族改良主義を主要な打倒対象とする方針が決められ、三五年の第七回大会で人民戦線が提起されるまで極左路線の時期に入った。ここで「第五回大会」とされるのは、おそらく第六回大会の誤り。

(127)　**メディスン・トゥリー経済**　原文 medicene-tree economics. 何を意味するか不明。

これは三三七ページに記されている。同じページで広東事件その他が話題になっている。

三四三ページ。

「自分の個人的な敵を共産党員であると証言して死においやった男たちを何人もみてきた。嫉妬がからむ場合も同じことが起きた。嫉妬がらみの事件はいくらでもあった(広東時代のことだ)。私はジャワ出身の共産青年同盟員でヤン・サ・ルー[128]という名の少女と知り合った。美しくて活動的な女性だった。彼女には湖南の学生で王(ワン)という名の恋人がいたが、彼は政治にはまったく関心がなく名ばかりの共産党員だった(現在は南京の軍組織部にいる)。私はこの男を知っていたが、彼はもっと前からヤンを知っていた(彼の本名はチュウ[129]である)。一九二六年、私はある劇でミス・ヤンの相手役をやってほしいと頼まれたが、チュウに譲った。ミス・ヤンは王が気にいらなかったのだが、はっきりと断りもしなかった。四月一五日、ミス・ヤンの恋人が逮捕された。なぜか。理由はなにもなかった。しかし、彼女には分かっていたし私も知っていた。裁判所に行って恋人を釈放させなさいと、私はミス・ヤンに言った。彼女は影響力を行使して、一カ月後に彼を自由の身にした。ミス・ヤンはチュウに対し腹を立てていたものの、何もやらなかった。一九三一—三二年の後になると、この種の事件が北京でも次々に起こった(前述したことは混乱している。ミス・ヤンの最初の恋人は商人の王(ワン)で、チュウが彼を裏切ったのである)。」

三四三—三四四ページ。

「四人の仲間と一緒に逮捕された美しい少女のことも覚えている。警察はこの少女が気

(128) ヤン・サ・ルー　原文 Yan Sa-lu.
(129) チュウ　原文 Chu.

にいったので釈放した。その後、彼女に恋人がいることが判明すると、警察は嫉妬心からこの恋人を逮捕し、八カ月拘禁した。「国民党の下で恋人がいるのは共産主義者にちがいない」というわけである。さらに、個人的な敵に共産主義者として告発された本物の国民党党員も同じ監房にいた。だがこの男は安徽省の軍人で、それまでに多数の共産主義者を殺していた。どこからみても共産主義者ではあり得なかったのだ。

共産主義者でない人びとも大勢、こうした馬馬虎虎（マーマフーフ）で殺された。一九三一―三二年の後、獄中の状況はまったく変わった。藍衣社の連中は頭が切れる上に残忍だ。夜中の二時や三時の寝入りばなを襲い、テーブルの上にピストルを置いて尋問する。死ぬか生きるか、それ以外の質問はいっさいしない。そこでこの人物は殺される。生きようと思えば裏切るしかないのだ。」

三四ページ。

「一九二四年に私は北京の天橋(130)で山賊が首をはねられるところを見たことがある。ナイフで切り落とされた後も肉がぴくぴくし、鮮血が三フィートもの高さにほとばしった。これは東四牌楼(131)のところで捕まった強盗の処刑だった。

広東事件の後、あらゆる種類の処刑を目の当たりにした。木に吊るされ目も耳も口も皮膚もはぎとられた男たちは、海陸豊の地主たちだった。紫金(132)の町でわれわれはその場所を占拠した。農民たちはすでに一カ月町を包囲していたが、そこで市長、教育局の部長、商

(130)　**天橋**　北京市内南部の天壇の西側にある。近くに市場・繁華街があったが、民国時代に処刑場になっていた天壇へ行くのに死刑囚が天橋を通ったので、「断魂橋」とも呼ばれた。本書四二九頁地図参照。

(131)　**東四牌楼**　牌楼は道路を跨いで建てられたひさしのある柱のこと。東四は北京市内東部の中心に位置する交差点。明代に交差点の東西南北に四つの牌楼が建てられた（現在は取り払われている）。

(132)　**紫金**　広東省東部にある県城。海豊の北七〇キロにある。一九二八年初め海陸豊ソビエト政権が一時占拠した。文庫二〇二頁参照。

業組合の組合長を逮捕したのである。彼らは農民パルチザンの手に引き渡された。市長は軍人で教養をひけらかしていた。教育局の部長は三〇歳の色白の男だった。農民たちは三人一緒に細い針金で親指のところで縛り上げた。市長は、お前たちには私を殺せない、私を殺せるのは紅軍だけだ、と言った。彼が紅軍に向かって殺してくれと懇願したのだ。紅軍ならば思いやりを示して銃殺してくれる。パルチザンだけが苦しめて殺すのだ。ほかの二人は一言も発しなかった。商人は生きていたかったに違いない。彼は黙って空を見上げ地面を見下ろしたが、男たちの顔を決して見ようとはしなかった。だが、いくら抑えようとしてもその膝はがたがた震えていた。

　そこで私は広東で処刑された三人のこと、ここで処刑された三人のことを考えた。これは報いなのだと。失敗すれば死ぬし、成功すれば生きられるのだ。トルストイのような人道主義者ならばどう考え、何と言うだろうか。しかし、私はトルストイではない。私は涙ひとつ流さなかった。コミューンの後に行なわれた処刑なのだ。トルストイはこうした暗い事柄にはなんの光もあてない。私は師団長に彼らを銃殺してほしいと頼んだが、師団長はいや駄目だ、農民たちはこのためにひと月戦ってきたのだと言った。人民の囚人として好きなようにしてよいのだと。……翌日、私たちは二〇里歩いて大きな村に到着した。そこでは民衆が男たちを大箱にいれて生きたまま鋸でひいていた。箱からは血がしたたり落ちていた。彼らはすこし挽いてはひと休みし、熱いお茶を飲んでまた挽き始める。さあいよいよお陀仏だぞ、このけだものめ、といいながら。誰もが楽しそうに笑い合い、少年たちも嬉しそうだ。箱の中の男は以前、密かに農民指導者を同じようなやり方で次々に殺したのだ。広東は文明化されていない。人びとは非常に残酷だし、村人は武装している。農民は自分の兄弟や息子が同じように死んで行くさまを見てきたのだ。私は近くへ寄って見ることができなかった。反発を禁じえなかったのである。コミューン当時、三人の処刑を見た時と同じように陰鬱な思いにとらわれた。自分にはやはり人道が大事なのだと思った。こうしたことは受け入れられない。

あるパルチザンの指導者が一度、人間の心臓を乾燥させたものを眼と身体にいいといって勧めてくれた。彼はほかにもいくつか持っていた。それを見て私は気分が悪くなった。同志たちは互いの間では限りなく親切だが、敵に対してはどこまでも残酷になれるのだと思った。私は卵が好きで、中国人は時々私のために買いに走ってくれる。ほんとうに親切なのだ。私を朝鮮人だと知っているが、朝鮮を中国の一地方だと思っているのだ。この世界では価値があるのは経済だけで、人の道などなんの価値もない。これは残酷だ。私はそんな世界を見たいとは思わない。平静ではいられない。それに反対はしないが、個人的にはとてもできない。その後、私はさらに多くの人が殺され処刑されるのを見た。問題は誰が殺されるかでしかない。支配階級がこうした殺しを始めたのであり、われわれは支配階級自らの計画を彼らに向けるのである。

広州一九二七年四月一五―一八日[133]にはこの三人だけが公開の場で殺された。その他は秘密に処刑された。中山大学[134]では三〇〇人が逮捕された。ゼネストを防ぐためおびただしい

(133)　広州一九二七年四月一五―一八日　蔣介石による四月一二日のクーデタの後、広州でもこの日地方軍閥が反共クーデタを起こし、共産党員や労働組合員など約二千名を逮捕・虐殺した。文庫一七〇頁以下参照。
(134)　中山大学　本書四一五頁注参照。

数の逮捕者が出た。労働者の組合はそっくり逮捕されてしまった。その時点で秘密に処刑された者が少なくない。例の三人のように広州の共産党員ではなく、若い人びと、共産主義青年団員らが処刑された。四月一五日からコミューンまでの間に中山大学だけで二〇〇人以上の学生が処刑されている。その他にも処刑された人たちは大勢いるのだ。」

三四九ページ。

「一九三二─三五年の間はいっさい行動せず休息をとりたかった。いまでは自分の問題を見渡すことができる。公然化した生活が必要なのだ。私はずっと秘密生活を送ってきた。生まれついての反対派なのだ──子どもの頃から一貫して反対派だった。兄は気まぐれな性格だったから、私は反抗的になった。男と女の問題には宗教の影響が大きい。以前は結婚を信じていたが、一九二三年以降は信じていない。一人の男と一人の女が結婚すべきであり、その結婚は神聖だと信じていた。自由恋愛など不可能であり、結婚は理想だ。今でも結婚が理想であってほしいと思っている。女性にとっては道徳は問題ではない。他の人間を傷つけないことだけが望ましく、そのため人は貞淑でなければならない。妻を朝鮮へは連れていけないだろう。溶け込めないにちがいない。だからこの関係は断つしかない。個人的には気まぐれな女性は嫌いだ。こうした女性との関係はすべて断ち切りたい。女性は一度に一人の男性だけしか持つべきではない。心と身体の両方を愛さなければならない。二三歳という若い妻を得たときは自分の好きなイメージの女性に育てられると思ったし、私と一緒に逮捕されたことが有り難かった。ドストエフスキーは審判の時に人間の魂を裁く法廷について書いたが、彼は病的だ。私の生活では常にまず行動があり合理化や理論はその後からつけ加わった。ついで理論が重要になったのは一九二八年以降だ。一九二八年以降はまず理論が先にくるようになった。一九三二年以降になると、私の理論はさらに確固としたものとなって崩すことはできなくなった。一九三二年以後私は強固な確信をいだくにいたったが、行動に移せなかった。手紙も注意しながら書くようになった。以前は一気に書きとばしたものだ。理論は私が自分で作った一対の手錠のようなものだ。自分の理論という手錠がかかっていないと行動できないのである。」

一九三七年七月二六日、延安。キム・サンは李という名前の二〇歳の朝鮮人青年を私に会わせるために連れてきた。

西安事件のとき孫銘九（スンミンチウ）の部隊にいた青年である。トルストイは全部読んだという。李の語るところによれば、彼は一度も家族の反対に会わず、家族からよい道徳的影響を受けた。トルストイが見た暗い社会状況は朝鮮と同じだ。人間生活の暗さは同じだが、トルストイには賛成しない、と李は言った。革命的な解決への道をまったく持っていないからだと。

「ツルゲーネフの『父と子』、それに『初恋』から私は大きな影響を受けた。『父と子』は光を求める深い情熱を描き、行動を導き出そうとするのだがついに行動への道は見出せない。道を模索して終わるのだ。ドストエフスキーの『罪と罰』では暗闇に鎖された魂がひらかれる。これは第三者の話ではなく主観的に追求されるものだ。現実が心理学的に露わにされる。朝鮮も同じ暗闇と同じ悲しみにつつまれており、ロシアよりも悲惨なだけだ。アプトン・シンクレア(135)は包容力があるが深みがない。彼の主題を理解するには役立つ。革命的道徳とは行動へ向けて強く生きることである。党の路線による冷酷な政治はそれでよいし道徳的だが、それが真実に反し、悪い指導部が行なう場合は、それに従うことではなく反対すること、真実のために犠牲を払うことが道徳的なのだ。このような支配は革命的指導部の墓穴を掘る役に立つ。」

(135) アプトン・シンクレア 一八七八—一九六八。アメリカの小説家・社会評論家。社会主義の影響を受けて、シカゴの屠殺場労働者の生活を描いた「ジャングル」など社会の不正を告発する小説を多く書いた。日本でも一九二〇年代のプロレタリア文学運動の中で紹介された。

三五五—三五六ページ。

「資本主義は中国経済の中枢を支配しているし、帝国主義によって権力を握っている。まず第一に解決されるべきは土地問題であり、都市と町との関係を変えなければならない。南京政府の権力は民族ブルジョア階級と地主から成る帝国主義的権力である。明治維新の際は日本にも今の中国と同じような地主とブルジョア階級がいた。中国では現在、地主、ブルジョア階級それに帝国主義者の陣営がある。しかし、南京政府に代表される帝国主義権力はまちまちであって、結束した陣営ではなく分裂した陣営である。ヨーロッパの帝国主義は中国の「統一」を欲しているが、日本はこの統一を欲していない。

一九二七年以後、中国のブルジョア階級は武力によって権力を得た。各銀行に見るように金融資本は急速に拡大した。資本蓄積には封建主義的方法が使われた。金融資本はいまや産業資本よりも大きい。実際には高利貸しだ。金融資本が産業資本を食い潰したのだ。産業市場が失われたため、資本は自然に蓄積されたのである。中国の産業資本は弱体であるため、日本帝国主義に太刀打ちできない。市場をめぐる闘争がある。金融資本は帝国主義に対しほんのわずかの抵抗しかしない。金融資本市場は帝国主義と協調できるのである。金融資本は世界資本主義から自立できない。単にヘゲモニーの問題にすぎないのだ。南京政府を動かせるのは銀行家と地主だけである。銀行資本は政府に高利で融資することで増えるし、政府は税金で金をつくる。政府融資という形の高利貸しである。第二に、国内向けに外国製品を売って利潤を得るという買弁貿易がある。金融資本家には祖国はない。例えば、銀は内密に海外で売られている。今日の南京は明治維新前の日本と同じだ。ブルジョア階級が弱体であるため、抗日運動にも限界がある。

英米の帝国主義は易々と中国ブルジョア階級の手綱を取っている。中国に危険が迫れば金は安全を求めて飛んで行ってしまう。両広事件[136]の時は、上海の銀行家はみな即座に外国為替を買い込んだ。南京の債券は値下りした。もしあの時点で英国からなんらの助けもなしに戦争が起こっていたら、平価の値下りとインフレ、物価上昇によって南京政府は倒れていたにちがいない。中国人は戦争では長い経験を重ねている。イギリスは広州で通貨体制を破壊してしまったので、南京では助けたのだ。広州の通貨体制はずたずたになった。これが間接的に西南地方の権力[137]を倒したのである。

一九三五年一一月、イギリスの指導の下で中国の幣制改革が行なわれたが、これが中国

(136)　**両広事件**　一九三六年六月、広東の陳済棠、広西の李宗仁・白崇禧らが起こした反蔣介石派の軍事行動。南京政府からの独立をめざす陳は「抗日救国」を唱えて李、白とともに湖南省に軍隊を進め、これを迎え撃とうとした蔣の軍隊との間で内戦勃発直前になったが、「国内和平・一致対外」を求める世論もあって、陳の失脚という形で事態は収拾された。

(137)　**西南地方の権力**　広東・広西両省を基盤とする反蔣介石派の軍閥。

全体の通貨を統一することにもなった。イギリスは一単位を必要とし、中国もその点では同じである。現在の中国は物資ではなく資本の市場である。イギリスは中国で商品市場の獲得には失敗したが、資本市場は手に入れた。これは成功したのだ。南京政府の政策がイギリスの利益や期待に反するようなことがあれば、イギリスは簡単に南京政府を倒せるのである。一九三五年は重大な危機の年であり、中国は破綻していたかもしれない。

一九三五年の幣制改革の後、南京政府は以前よりも強力になった。延安でさえ銀行券を使わなければならない。中央銀行、交通銀行、中国銀行が発行した法幣(138)である。現在、銀行制度は完全に一体化している。これによって地方の県権力は解体された。銀行券の所有者はすべて南京政府の支援に動員されている。これは一種の通貨革命だが、軍が一〇年戦うよりもましな結果をもたらした。当時は銀が国外へ流出していたし、南京政府は通貨制度を改革して銀に代わって紙幣を通用させる以外、破産を防ぐ道はなかったのである。銀行家が金持ちになるのは簡単だったし、それが南京政府を強化するにちがいない。この改革なしでは銀行家も南京政府も危険にさらされていただろう。

天津と北京は一九三五年いらい日本との関係を深めている。この二都市では抗日闘争はまったく起こらなかった。そこで南京政府はあらゆる危機を妥協によって解決せざるをえないのである。

明治維新のスローガンは攘夷と「王政復古」であったが、ブルジョア階級はすぐに攘夷のスローガンを放棄したため、治外法権ないし関税などから完全に自由になったことが一

(138) 法幣　二〇三頁注「幣制改革」参照。

(139) ブハーリン　一八八八—一九三八。ソ連の革命家・政治家。理論家としても著名。二〇年代にはスターリンとともに主流派をなしたが、「右翼偏向」として批判され失脚。三七年二月に逮捕され、「ファシズムの手先」として処刑された。

(140) ラデック　一八八五—一九三九。ポーランド生れの革命家。ドイツなどで革命運動に参加した後、コミンテルン書記として活動した。トロツキー派に属したため党を除名され、三七年に裁判にかけられ、獄死した。

(141) カラハン　一八八九—一九三七。ソ連の外交官。アルメニア人。一九一九年に外務人民委員代理として対中国不平等条約撤廃を表明する「カラハン宣言」を発表した。北京駐在大使を務め、日ソ基本条約締結も果たしたが、反革命の嫌疑で処刑された。

(142) ヨッフェ　一八八三—一九二七。ソ連の外交官。一九二二年からの日ソ国交交渉で全権代表として活躍した。トロツキー派に属していた

度もない。ブルジョア階級は弱体で、相手が封建主義にしろ帝国主義にしろ、断固として対決できなかったのである。

華北の人口は一億、中国全土の鉄道の四〇パーセント、重工業の七〇パーセント、さらに小麦生産の五五パーセントがここに集中している。華北だけで充分なのである。ここを占領すれば日本は容易に他のすべてを支配できる。さらに華北の綿生産は中国全体の六〇パーセント、毛織物は八〇パーセントに及んでいる。中国の他の地域はほとんど水と過剰人口しか有していない。

一九二八年の第六回党大会では、革命は新たな段階に入ったことが宣言された。新路線と理論はブハーリン[139]色が濃く、彼が書いたものだが、結局スターリン主義の内容が盛り込まれたものになった。中国問題に関心をもつ人びとは逮捕された。ラデック、[140]ブハーリンその他である。ラデックは一九二五―二七年に初めて中国革命を理論化した。ブハーリンは第六回大会の綱領を書いた。カラハン[141]は逮捕された。ヨッフェ[142]は一九二六年に自殺した。ハインツ・ノイマンは処刑された。M・N・ロイ[143]はインドにいる。ロイは第六回大会の綱領に反対している。ヴォイチンスキー[144]は一九一八年に東洋部門の最高責任者だったが、今では影が薄くなって引退している。サファロフ[145]はソ連ではなんの地位も占めていない。彼は一九二六年からごく最近までモスクワ・アカデミーで東洋問題の論文を書いていた。今ではすべてがスターリンによって決められる。ボロディン[146]も何の地位も与えられていない。

中国問題で重要なのはスターリンとトロツキーだけである。一九二七年四月[147]にはジノヴ

が、同派の除名・追放を見て自殺した。

(143)　**ロイ**　一八八七―一九五四。インドの革命家。コミンテルンにおける民族・植民地問題の理論家。一九二七年中国に派遣されたが、翌年の第六回大会の後除名され、インドに戻って国民会議派に加わった。

(144)　**ヴォイチンスキー**　一八八七―一九五四。ソ連の中国問題専門家。一九二〇年にコミンテルン極東局から中国に派遣され、東アジアの共産主義運動を指導・援助した。

(145)　**サファロフ**　一八九一―一九四二。ソ連の革命家。コミンテルンの東洋部門の指導者。トロツキー派として除名。三四年逮捕され、裁判にかけられた。

(146)　**ボロディン**　一八八四―一九五一。ソ連の政治家。一九二三年にソ連政府から中国国民党政治顧問として広東に派遣され国民革命の指導に当たった。戦後、反ユダヤ政策によって逮捕され収容所で死亡。

(147)　**一九二七年四月**　蔣介石の四・一二クーデタをめぐってコミンテルン内部で激しい論争が展開された。同年五月のコミンテルン

ィエフ(148)とカーメネフ(149)も中国問題に積極的だった。この時は主に武漢政府(150)問題をめぐってはげしい闘争が行なわれた。一九二五年に共産党と国民党が合体した(151)が、この時トロツキーは共産党員が国民党に入ることに反対した。あくまで独立を維持し、党と党の協力関係にとどめておくべきだと主張したのである。国民党に入党すれば、どうやって共産党と国民党の義務をわけるのか、とトロツキーは言った。トロツキーにいわせれば国民党はブルジョア政党であった。スターリンは国民党を一階級の政党とは見ず、すべての革命的階級の統合体だとしている。本物の政党ではなく、大衆つまり人民戦線だというのである。

第二の闘争は武漢と南京の二つの権力が分裂したときに起こった。一九二七年四月、トロツキー派は意見書を書いた。武漢を打倒しろ、ソビエトを組織しろ、労働者と貧農すべてを武装させろ、土地を分割しろ、国民党と手を切れ、という内容である。スターリンの意見は次のようなものであった。武漢政府は革命的小ブルジョア階級と労働者、農民が結束したものであり、大きな大衆的基盤をもつ。武漢政府打倒を叫ぶならば、すべての人民は武漢政府に従うだろうし、われわれは大衆的基盤を失うことになる。武漢政府をこれまで以上にしっかり指導し、大衆的基盤を拡大しなければならない。トロツキーは張作霖(152)の秘書のような話し方をする。

当時、私はソビエトの樹立と土地分割を望んでいた。

第三期に入り、武漢政府は崩壊した。トロツキーは武装闘争に反対し、大革命はすでに失敗した、この時期は過ぎたと語った。短期間のうちに回復することは不可能である。時

執行委員会でブハーリンは、共産党員は国民党(武漢政府)内にとどまりながらそれを革命化すべきだと主張した。スターリンも同じ見解だった。トロツキー、ジノヴィエフは国民党からの脱退、ソビエトの創設を主張してスターリンと対立した。

(148) **ジノヴィエフ** 一八八三—一九三六。ソ連の革命家・政治家。ボリシェビキでレーニンの副官と呼ばれた。コミンテルン議長などを務め、スターリン、カーメネフとともにトロツキーと対立したが、のちスターリンに反対し除名された。三四年逮捕され銃殺刑を受けた。

(149) **カーメネフ** 一八八三—一九三六。ソ連の革命家・政治家。党政治局員などを務め、ジノヴィエフと政治的立場を同じくした。

(150) **武漢政府** 北伐軍の武漢占領後の一九二七年一月、広東の国民政府が武漢に移って樹立した政権。主席は汪精衛。国民党左派と共産党との協力によるものだったが、蒋介石のクーデタを経て、共産党の左傾路線、汪精衛の反革命化により、同年七月崩壊した。

期をまつため後退し、勢力を保存しなければならないと。これが一九二七年七月以後の事態であった。トロツキーは広州コミューンに反対した。革命勢力を弱めただけでなく、支配階級を助けて生きた革命勢力、唯一残っていた勢力を弱体化させたからである。南京政府はブルジョア革命に成功したのだと、トロツキーは言った。したがって、われわれは新しい周期が来るまで待たねばならず、その間は経済闘争と民主主義だけを利用すべきだというわけである。

　当時の私はこうした路線闘争についてまったく知らず、海陸豊と広州で活動していた。南京政府の下でブルジョア革命が成功したという意見には絶対に賛成できなかった。中国は封建主義であってその力はまだ打破されてはいない、帝国主義は一九二七年以後いっそう力を強めている、南京政府は帝国主義、ブルジョア階級、地主の陣営である、というのが私の意見である。

　〔一九二七年〕七月にスターリンが発表した意見によれば、農民の土地問題が解決していないため、中国革命はまだ死んではいない。国民党は裏切ったが、われわれは共産党指導によるブルジョア革命を続行し、農民、労働者、小ブルジョア階級を指導しなければならない。革命は反動化に向かってはおらずまだ続いているし、広州コミューンは正しかった。革命の後退という英雄的闘争であった。われわれは広州にソビエトを樹立しようとしたのである。

　八月、ソビエトのスローガンが決まった。陳独秀は七月に追放された(153)。共産主義青年団

(151)　**一九二五年に共産党と国民党が合体した**　共産党員が国民党に入党する形式で第一次国共合作が正式に成立したのは、一九二四年の中国国民党第一回全国大会においてである。

(152)　**張作霖**　一八七三―一九二八。馬賊から実力で奉天軍閥の領袖となり、中国東北部・北部を支配した。一九二七年、北京政府の実権を握ったが、翌二八年六月、北伐軍に押されて北京から引き揚げる途中、奉天(現在の瀋陽)郊外で日本軍将校の陰謀により爆殺された。

(153)　**陳独秀は七月に追放された**　中共初期の指導者陳独秀(一八七九―一九四二)は、一九二七年、国共分裂の責任を問われ党総書記の地位から追われたが、一九二九年(トロツキーがスターリンによってソ連から追放された年)に、トロツキーに同調してスターリン＝コミンテルン＝中共中央を批判し、中国にトロツキー派を形成した。しかし、中共からの厳しい批判と国民党による弾圧のため、一九三二年には壊滅した。

（C・Y）はすでに追放されていたが、共産党よりも青年団のほうが正しかったのである。

九月七日、中国で開かれた党中央緊急会議で土地革命が宣言された。中心となったのは瞿秋白、[154] 李立三、周恩来、鄧中夏[155]（一九二九年に上海で殺された）らである。蘇兆徴[156]（有名な労働運動指導者で、一九二九年結核のため広東で死去）とサン・ユン[157]（後に死去）も入っていた。彼らが四〇畝以上の所有地はすべて没収しなければならないと決定したので、賀竜[158]と葉挺[159]は南昌[160]蜂起の後これを実現するため広州へ向かった。この緊急会議で日和見主義的メンシェンビキ的方針から革命的なボルシェビキ的方針に転換したのである。しかしトロツキー派はこれを「見込みのない行動」ときめつけた。

私はこの一四年間日記をつけている。少なくとも週に一回は書き込む。生活のあれこれではなく考えを書くのだ。一九三三年から三六年までの分は手元にある。一九三一年と三三年に逮捕されたとき、警察はそれまでの日記をすべて没収した。私は秘密を守るため日記に自分とはまったく反対の考えを書いておく。生活に関してはいっさい書かない。日記が押収されるだろうということはわかっていた。一九二九年から三〇年までは問題が山のようにあった。私の手帳は箱一杯たまった。人力車に乗っている間は必ず読んだ本の感想や考えていることを書きとめた。北京では毎日午前中北海公園[161]を一時間散歩した。これが私の「思索の時」だった。怒りにかられた時は二、三ページ書くと気持ちが落ち着いたものだ。

第六回大会から現在まで、主要な問題に関しては主流の路線に賛成であるが、この間わ

(154) **瞿秋白** 一八九九—一九三五。中共指導者。五・四運動参加後、マルクス学説研究会を組織、記者としてソビエト・ロシアを訪問し、その状況を中国に紹介した。中共中央委員となり、陳独秀を批判、臨時中央局責任者として武装蜂起路線を指導し、のち「左傾冒険主義」と批判された。三〇年代初め上海で魯迅らと左翼文学運動を展開した後、江西ソビエト区に入った。紅軍主力の長征開始後、ソビエト区にとどまり国民党軍に逮捕・処刑された。

(155) **鄧中夏** 一八九四—一九三三。労働運動指導者、中共党員。五・四運動参加後、労働運動に加わり、中国労働組合書記部主任として京漢鉄道ストライキなどを指導した。中共中央委員、江蘇省委員会書記を務め、二八年から三〇年までコミンテルン駐在中共代表としてモスクワに滞在。帰国後、革命根拠地に入り、労農紅軍第二軍団政治委員となった。上海で逮捕・処刑された。

(156) **蘇兆徴** 一八八五—一九二九。香港で船員となり、同盟会に加入して

ずかながら私には賛成できない期間がある。一九三一年九月一八日以後、私は非常に苦しんだ。まさに私の生涯の危機であった。

一九二八年から、ソビエト樹立、国民党と帝国主義打倒がスローガンになった。しかし問題はいかにしてこれを達成するかだ。戦術の問題は方針とは別である。戦術は具体的な状況によって変えなければならない。第二の点は公然活動と非公然活動をいかに調整するかである。これは組織問題であるだけでなく政治問題でもある。さらにプロレタリア階級はいかなる路線を取るべきか。政治路線かもしくは経済路線か——御用組合や国民党組織と手を携えるのか否か。さらに農業問題はどうか。そもそも「地主の土地没収」はあまりに高望みのスローガンだ。これは武装した力が発展するまで待つべきなのだ。最初からできることではない。私はさらに、富農も組織化して地主や政府の徴税に反対することが望ましいと考えた。第三に知識人の問題がある。知識人には単にスローガンや組織だけではなく、書物や文化運動によってマルクス主義の知識を与えたいと思った。彼らはスローガンや組織には適合しないからだ。知識人は民主主義や市民的自由を要求し、民主主義を利用して国民党と南京政府を打倒すべきなのだ。彼らは第三党その他と一緒に働くべきである。共産党は彼らのことを「ファシスト」と規定した。第四に、党内民主主義と率直な批判がなければならない。そうすれば嘘や過ちがあった場合、それを行なった人間は打ち倒され、ふさわしい指導者が引き継ぐことになるだろう。第五に、これほど多数の犠牲者が出る原因はどこにあるのか。個人的なものかそれとも政治的原因だろうか。もちろん、政

船員を組織した。一九二二年の香港海員スト、一九二五年の省港(広東、香港)ストを指導。共産党員となり、中華全国総工会執行委員長に選ばれた。国共分裂後、中共臨時政治局委員になっていた。

(157) **サン・ユン**　原文 Sang Yung. 不詳。

(158) **賀竜**　一八九六—一九六九。中共の軍人。一九一四年中華革命党に加入、軍人となる。北伐に参加、国民革命軍第二〇軍軍長を務めた。国共合作崩壊後の南昌蜂起を指揮、中共に加入した。紅軍第二軍総指揮となり、長征にも参加。抗日戦争期は八路軍一二〇師師長。人民共和国成立後、中央人民政府委員、西南軍区司令員、国防委員会副主席などの要職を歴任したが、文化大革命期に迫害された。

(159) **葉挺**　本書四一九頁注参照。

(160) **南昌蜂起**　一九二七年八月一日、共産党の武装蜂起路線によって起こされた最初の蜂起。

(161) **北海公園**　北京故宮(紫禁城)の北東にある北海(湖)を中心とする公園。公園の西側に北京図書館があった。

治的原因である。彼らを支配階級の走狗と呼んでも始まらないし、村八分や追放も無用である。中国では勝てば官軍、負ければ「匪賊」なのだ。これでは文明化とはいえない。野蛮で残酷で破壊的である。

一九三一年九月一八日直後は中国の党関係が試された時期であった。中国のあらゆる階級が影響を受けた歴史的出来事であり、われわれは全階級を革命の方向に向かわせるよう導くべき時期であった。ここで全階級の本質と意見が明らかになり、どの階級が中国革命を導きうるかが示されたのである。また、政党綱領についても正しいか正しくないかという問題がそこで提起された。われわれはすべての政党を進歩的方向に導くべきであった。これは新たな情勢ではなかったか。もしそうであれば、旧路線はこれに合わせて変える必要があった。国民党はいくつもの部分に分裂していたし、われわれはこの分解からグループ分けを導き出せるはずだった。孫科[162]は独裁を終わらせることを望んでいたし、国民党内のほかの人びとも同じだった。国民党が抗日を掲げないならば、人民は国民党に反対するだろう。大衆は抗日戦争を欲しているので、指導部が非常に重要だと、私は考えていた。各々の階級は独自の大衆政党をもつことも可能だった。当時第三党は戦いを望んでいたし、国民党も党大衆も同じだった。日本との戦争を望んでいないのは銀行家だけであった。地主も対日戦争を望んでいた。しかも大衆にたいする信用を失っておらず、信頼をかちえていたのは共産党のみであった。しかし、このことは党の弱さも明らかにした。党は一〇年、二〇年かけてこうした運動を準備する。しかし共産党と大衆の関係はあまりに弱かった。

(162) **孫科** 一八九一―一九七三。孫文の息子。アメリカに留学後、広東非常国会秘書、広州市長、国民党中央執行委員などを務めた。孫文死後、蔣介石とならぶ国民党右派の領袖となり、国民政府交通部長・財政部長などを歴任したが、蔣と対立して新たに広州国民政府を組織したこともある。その後、南京国民政府司法院院長の地位に就いたが、政治的影響力は大きくなかった。大戦後、副主席となったが、渡米。台湾に帰国して、考試院院長を務めた。

一九二七年から九月一八日までは歴史的時期だった。ここから新たな段階に入ったのである。一九三一年には抗日と民主化のスローガンはあらゆる階級を導くことが可能だった。歴史的瞬間を逃してはならない。たとえ五分間でも重要である。この基盤に立って団結することは可能だったのだが、そうはならなかった。当時であれば達成しえたはずだ。革命の精神と肉体とが分離してしまい、党と大衆、指導力と党も分離してしまった。これは東洋における失敗である。

五・四運動は一九三一年九月一八日の学生運動ほど強力な運動ではなかった。大衆はこれほど強くはなかった。

いまや日本はこのまま続けるしかない――国内情勢は限界に達している。日本には絶望と希望の両方の大胆さがある。この両者が共に行動の原動力として働くとき、革命的情勢が訪れるのだ。今や死の病がある。中国が戦わないならば、それが輸血と薬になって日本の生命を救うことになる。

中国語はどれもすべて腹の底から響く。

日本人の性格からして戦争を止めることはできない。そうなれば道徳全体が崩壊するからだ。

一九三〇年に大連の監獄で死んだチュー・テンホー(163)という名の民族主義者の話をしたい。上海にいた頃彼は三日間食事にありつけず、金を必要としていた。ある日、彼はあてもなしにフランス租界のジョッフル通り(164)の端の方にでかけ、ハンドバッグを抱えた身なりのい

(163)　チュー・テンホー　原文 Chueh Ten-ho. 不詳。

(164)　ジョッフル通り　中国名は霞飛路。フランス租界の中心街。現在の淮海路。本書三八〇頁地図参照。

い外国人女性に会った。彼は人力車に乗った彼女からハンドバッグをもぎとったが、たった三ドルとコンパクトしか入っていなかった。腹をたてたチューはピストルが必要だと思い、夜半、シーク教徒[165]の警官を襲いピストルだけでなく呼び子とナイフも奪って逃走した。彼はある金持ちの朝鮮人学生をつかまえたが、自分の父親は身代金を払わないだろうといわれた。「私は革命家だ。お前には助ける義務がある。父親に手紙を書いて金を送らせろ――中国人の賊に誘拐されたと書け」と、この民族主義者はいった。学生は「分け前を半分くれるなら」といって承諾した。一〇〇〇ドルか二〇〇〇ドル取るつもりだったが、父親が会いにきたので、この父親も捕らえ、結局五〇〇〇ドル払わせた。息子は一〇〇〇ドルもらって逃げた。父親のもとを離れられて大喜びだった。

朝鮮人の革命家が匪賊に誘拐されたふりをしたことは何度もある。今では両親は身代金を払わない。子どもの玩具のピストルをつかうことも少なくない。

九月一八日までは新義州で密輸を行なっている朝鮮人が六〇〇〇人いたが、現在はさらに増えている。ただし毎月殺される者も多い。彼らは商人と契約を結んで、中国の関税に見合う歩合を払っている。

強盗の脅しに対する判決は非常に軽い。朝鮮では身代金は絶対に支払われないが、これは中国から学んだのだ。

ソ連でも頭や心臓や両手を切り取ったりしているのだろうか。

コンサイス和英辞書のポケット版を送ってほしいのだが。値段は二円八〇銭だ。」

(165) シーク教徒　上海の共同租界などイギリスの統治する地域ではインド人、とりわけ勇猛で知られるシーク教徒の下級警官が多かった。

このノートはここで終わっている。

一九三七年七月三〇日、陝西省北部、延安。李と名乗る若い朝鮮人が訪ねてきて西安事件について語った。当時延安にいた朝鮮人は張明(キム・サン)とこの李だけであった。

「蔣孝先(166)は夜明けに電動車が発着する臨潼(リントウ)駅(167)で殺害された。第一師団兵站部の部隊長に誰何(すいか)されてその場で射殺された。私は当時政治部にいたが、政治部にいた学生の中で臨潼駅にいったのは私だけだった。第三憲兵隊の大半が殺された。

張学良がほかの軍人と違うのは、自分で軍勢をととのえたのではなく父親の軍勢を引き継いだからだ。そのためほかの軍人たちほど無慈悲ではない。下っ端からたたき上げたのであればもっと容赦ないだろうが、優しいところがある。それに日本で近代的な教育を受けたし、影響もされやすい。年も若いから反動的ではない。満州では封建的影響をたっぷり受けていたが、部隊を引き連れて華北に来てからは封建的軍隊をそのまま維持することに疑問をもつようになった。自分自身の封建的権力基盤をつくりえないことを自覚すると同時に、政治意識の質的変化を体験したのである。客観的情勢によって新しい道を見出すにいたった張学良は、そこで封建思想を捨てて中国近代史の新しい波に身を投じざるをえなかった。私は張学良の演説を何度も聞いた。マルクス主義のイロハを語ることが多い。

(166)　**蔣孝先**　一八九九―一九三六。蔣介石の弟。黄埔軍校出身。北平憲兵副司令を務め、蔣介石の警衛組長として西安に行き、東北軍により殺された。本書三六一頁参照。

(167)　**臨潼駅**　西安東郊の駅。西安事件の舞台になった華清池の近くにある。

張学良はあまりに若く無邪気であるが、唯物論者ではなく理想主義者だ。唯物主義的なものの価値がわからず、力関係もわかっていない。理想を信じていたのだ。一九三一年九月一八日までの張学良は民族主義者だった。九・一八から二週間足らずで彼は帝国主義についてのマルクス主義理論を勉強しはじめた。彼の秘書が北京の書店まででかけて、共産党関係の本を買い集めたのだ。書店側は張学良であれ彼の秘書であれ、何の不安も抱かずに本を売った。張学良を信用していたのである。学生運動は彼から大きな影響を受けた。張学良自身が影響を受けたのは孫銘九である。いかなる場合でも孫銘九の意見を聞いたが、応徳田(イントウディン)[168]の意見にも従った。

中国の軍隊は東北軍もふくめてすべてルンペンプロレタリア階級と農民である。

一九三一年に発表されたキムの『わらぶき小屋[169]』を読むことをすすめたい。

日本では明治いらい三〇万人の兵隊が金と土地を与えられて新地主になった。なかには工場に入った者もある。」

朝鮮の学生運動について。

「一九二六年[170]以降、新たな段階に入った。第一期は新幹会[171]を中心とする一九二六年から二九年までの合法的な公然運動の時期である。少なくとも半合法運動といってよい。第二期は、行動主義ないし武装蜂起の時期で、中国の李立三指導下の時期にあたる。朝鮮でも

(168) 応徳田　張学良の秘書。

(169) キムの『わらぶき小屋』　不詳。

(170) 一九二六年　同年六月一〇日、朝鮮王朝最後の国王純宗の葬儀に際して、ソウルの学生らが独立を求める示威を行なったことを指す。

(171) 新幹会　一九二七年二月、民族協同戦線組織として結成された合法団体。著名な宗教家、言論人、学者などが中心となり、朝鮮共産党もこれを支援した。ソウルに本部、朝鮮各地および日本の大都市に支会が設置され、その数は一四〇にのぼり、会員も四万人を数えた。最大限度の合法的な政治闘争を展開することによって民族意識の高揚、朝鮮独立の準備を企図した。日本当局の弾圧、コミンテルンの方針転換、内部対立などの原因により、三一年五月の大会で解消を決議した。

同じ方針が採用され、日本では福本イズム[172]があった。朝鮮人はこれを盲動主義と呼ぶ。一九二九年から三三年までの時期である。第三期は大衆組織の準備期で、統一民族運動の時期、一九三三年から現在にいたる。運動の中心は中学校であった。大学や高校は数が少ないのでさほど重要ではない。中学校の生徒のほうが貧しいため革命的である。現在、われわれは見通しのない行動主義や犠牲に反対している。

朝鮮ではもはや孤立した運動はいっさいできない。日本も同じである。中国は非常に大きいので孤立した運動も可能だ。われわれの場合はすべての力と努力を集中しなければならない。日本は朝鮮人も日本人も同じ学校に入れたがっている。朝鮮人はわかれているほうがいいと考えている。以前は学生たちが独立した行動を取っていたが、今では密接な階級関係しかない。階級基盤にたって団結しているのである。

私は逮捕されなかった。学校での闘争には二つの面があって、私は秘密メンバーだった。一九三一年三月一日、多数の学生が逮捕されほかの学生たちは逃亡した。「戦争」反対が闘争の中心であった。私の学校からは四〇〇人が退学処分になった。ソウルの第一高等普通学校[173]では四七人が逮捕されたが、すべての中学を合わせると逮捕者は一〇〇〇人に上る。ソウルでは数千人が逮捕された。正確な数は誰にもわからない。三カ月間ストが続いた学校もある。朝鮮中の学生たちがいたるところで闘争に参加していた。通常は禁固六カ月の判決が下り、殺されることはない。一二歳から一六歳までの中学校の生徒も多数逮捕された。私は山へ隠れ中国まで逃げてきた。ここで中国人になりきろうと決心したのだが、今

(172) **福本イズム**　福本和夫（一八九四―一九八三）が提唱した理論。理論闘争による共産党の純粋化、「結合の前の分離」を主張し、一九二〇年代半ばの共産主義運動の中心理論となったが、大衆団体の分裂、理論と現実の遊離をもたらすものとしてコミンテルンから批判された。

(173) **ソウルの第一高等普通学校**　正式名称は京城第一高等普通学校。高等普通学校は朝鮮人だけが通う学校で、日本人の中学校にあたる。

はそうは思っていない。私は今でもれっきとした朝鮮人なのだ。

日本人は『ドン河の静かな流れ』を翻訳したとき『静かなドン』[174]という題名にした。中国語の翻訳では『静かな挨拶』である。ドン河を夜明けの挨拶と考えたのだ。

私のペンネームは強獣つまり「強い動物」という意味だ。私が書いた祖国朝鮮についての詩は一月一一日、『解放日報』[175]に発表された。以下のような詩である。

通りの向こうの兵舎から
雄々しい歌声が聞こえてくる
まぶたに浮かぶはなつかしい光景
かすかにかすかに見えてくる愛しい姿
それは私のふるさと朝鮮
日本の鉄の支配下におかれた朝鮮
わが祖国、わが祖国、朝鮮
若かりし時私はあなたの胸に抱かれた
松の林、農場、美しい小川
なんと無邪気で幸せだったことか
だのにいま、あなたを離れて幾千里
黄海をわたり

(174)『静かなドン』 ソ連の作家ショーロホフ(一九〇五―八四)の長編小説。第一次大戦、革命、内戦という激動期の南ロシア・ドン地方のコサック社会を描いた大河小説で、一九二八年に第一部が発表された。六五年ノーベル文学賞の対象となった。

(175)『解放日報』 一九三〇年代に西安で発行されていた新聞。一九四一年から四七年まで延安で中国共産党の機関紙として出ていた同名の新聞とは異なる。

他民族の国に住む
国のない人間の奴隷の顔をさらしつつ
流れていった一〇年の歳月
だがこれも祖国の独立と自由のため
愛しい白衣の民衆のため
そしていのちと解放のため
私はこの異国に生きる

ある研究団体によると、中国には「こんにちは」にあたる表現が二七〇ある。」

一九三七年八月二日、延安。キム・サン（金山）の話。 一九二九年の満州について。『アリランの歌』刊行の際、細かい点は大幅に削除された。編集者たちが外国人の名前や日付が多すぎて本を台無しにしてしまうと考えたからだ。張明は吉林（チーリン）で張日鎮（チャンイルジン）[176]に会った。一九二六―二七年に広州にいた人物である。

「一九二四―二六年、張日鎮は平壌で労働連盟の組織化にあたった。彼は中学卒業後、人力車の車夫となって労働運動にたずさわっていた。

張日鎮は何度も逮捕された。一九二九年当時は三三歳で、背が高くモンゴル型で、ぎょ

(176)　**張日鎮**　以下の記述に合う人物としては韓海（一九〇〇―二九）が考えられる。一九二〇年代前半、青年運動や労働運動で活躍し、二年間投獄された後、中国にわたり黄埔軍官学校に入学したといわれる。二八年に帰国、朝鮮共産党（ＭＬ派）幹部となり、同年モスクワで開かれた国際赤色労働組合（プロフィンテルン）大会に出席した。コミンテルン第六回大会にも参加しようとしたが、到着が遅れて出席できなかった。吉林省を拠点にして「一二月テーゼ」にもとづく党再建運動を展開中、死亡した。日本側の記録では二九年五月に病死したとされる。

ろりとした目とふさふさした髪、高い頬骨が目立った。朝鮮労働総同盟[177]と共産党を代表してコミンテルン第六回大会に参加したのが張である。それ以前は共産党のソウル支部にいた。広州では共産党全体の中で秘密グループ「K・K」[178]を組織しようとするセクト主義をめぐり、私は張と対立した。張は朝鮮共産党満州総局[179]の書記であった。一九三〇年、彼は吉林から奶頭山[180]に行った。この地区で一九三一年の九・一八以後、最初の朝鮮人の抗日パルチザン闘争が起こった。この闘争は一九三〇年から始まったのである。張は共産党の指導者だった。彼は一九三〇年、吉林の松花江の岸辺で死んだ。歩いている途中で倒れそのまま息絶えたのだ。すでに日本の監獄で何度も拷問にかけられていた。食事もろくに取らず激しい労働に堪えた。金を持っていないので歩くしかなかった。労苦で眠ることもできなかった。彼の死はまさに過重労働の革命家の死であった。山中で寝ていたため身体が衰弱し切っていたのだ。結核にかかっていた上、ヘビースモーカーでもあった。良い同志だった。満州では朝鮮人の共産党員の多くが冬でも山中で過ごさねばならない。雪が積もるような時期ですらだ。そこで病気にかかることもある。

ある事件[181]の話をしよう。一九二五年、平壌に近い順安(スナン)にロンドンからきたキリスト教会と病院があった。私はこの一件では憤激のあまり、演説集会をひらいたほどだ。朝鮮語で許時模(ホシモ)という名前の四〇すぎのアメリカ人宣教師がいて、果実園をもっていた。一四歳の少年とその母親がこのアメリカ人の家で働いていた。少年はアメリカ人が校長をしている

(177) **朝鮮労働総同盟**　一九二四年に結成された朝鮮労農総同盟は二七年に労働総同盟と農民総同盟とに分離された。労働総同盟の加盟団体は百余り、加入者は約二万人。日本の弾圧により次第に弱体化し、三〇年以後は名前を残すに過ぎない状態となった。

(178) **K・K**　ドイツ語で「朝鮮の共産主義者」を意味する。文庫一六〇頁参照。

(179) **朝鮮共産党満州総局**　一九二六年に朝鮮共産党の国外組織として設置されたが、数回にわたる弾圧と派閥争いのため一九二九年には統一的組織としての実体を失った。三〇年、満州在住朝鮮人共産主義者は中国共産党に加入することとなり、満州総局は解体された。

(180) **奶頭山**　原文はYent'ung-san. 吉林省安図県にある山。白頭山(長白山)の北三〇キロほどのところにある。海抜千メートルで、高くないが、周辺は原生林におおわれており、一九三〇年代前半抗日武装闘争の根拠地の一つであった。

学校に通っていた。授業料を免除されていたのだ。七月、学校が休みになった。少年はりんごをひとつ取った。平壌で有名な朝鮮りんごだ。病院の二階にいてこれを目撃したアメリカ人は少年をつかまえて看護婦をよびつけた。彼らは少年をりんごの樹にしばりつけ、顔に「泥棒」と書いた。太陽が照りつける中そのまま放っておかれたので、母親がやってきてどうぞ許してやって下さいと懇願した。アメリカ人は三円出せと要求したが、母親にはどうやっても一円しかかき集められなかった。彼女もクリスチャンだったので、自分で少年の縄を解こうとはしなかった。二時間後に少年は縄を解かれたが二日間寝込んでしまった。学校へ行くと「泥棒」よばわりされた。顔を洗っても文字は消えなかったのだ。この事件が新聞に報じられ大問題になった。青年同盟は、この事件を裁判にかけ、クリスチャンにあるまじき振舞いを批判すべきだという意見を発表した。教会側はこれはあくまで個人的問題で、クリスチャンの問題ではないという態度だった。このアメリカ人は帰国させるべきであるという意見もあった。過激派はこれを宗教批判に利用した。平壌では集会が開かれた。日本はこの事件をアメリカの〔日本人〕排斥法反対に利用したいと考えた。反宗教運動は一九二一年から始まっていた。だが反宗教運動の連盟はまだひとつも出来ていなかった。私はこの機会に反宗教運動の連合をつくりたいと思ったが、日本がこの事件を利用し始めたのを知って取り止めた。青年同盟は母親にこの事件を裁判所に訴えさせた。三週間後に顔の文字は消された。

朝鮮では庭で食べるのはすこしも問題にならない。だが、ポケットに入れれば盗みにな

(181)　**ある事件**　一九二五年七月、平安南道平原郡順安面で起きた事件。アメリカ人病院長許時模(本名不明)が一二歳の少年に私刑を加えたことが、一年後に明らかになり、朝鮮語新聞に大きく報じられ、各社会団体が非難集会を開くなど社会問題化した。

る。アメリカ人は六〇〇ドルの賠償を払ったうえ、帰国を余儀なくされた。朝鮮は子どもを大切にする。この事件は私的所有とキリスト教の問題、唯物主義と精神主義の問題であった。十戒の下では盗みは許されない。プロテスタント信仰では私的ブルジョア所有がいかに神聖であるかを子どもに教えなかったのは、教師の怠慢である。これは私の意見だ。宣教師たちは朝鮮人に向けた公開書簡を発表した。その他さまざまなことがあった。私には忘れられない一件である。これ以後、私は宗教ぎらいになった。

その頃、広州にいく前の九月だが、私は朝鮮にいた。朝鮮にいたのは一九二二、一九二五、一九三〇、一九三三年である。」

ここで張明(チャンミン)はある孤児の話をした。東洋人の心の奥底を知って私は衝撃を受けた。彼らはどのような残虐行為も信じているようにみえる。この話をするまで、張明は近代的な精神と心理の持ち主としか見えなかった。こうしたことは後進国ではたしかに起こっているし、東洋人は先進国の国民よりもこうしたことをためらわずに信じ込む。

張明は「この事件」の後、宗教を憎むようになったと語ったが、「この事件」とは朝鮮でのりんごの一件ではなく、以下に語る事件をさす。

「私が知っているこの事件は、一九二七年中国の福州(182)にある創立三〇年というあるカトリック教会で起きた。人びとは赤ん坊を教会の孤児院に連れていった。国民革命軍の福州到着が近づくと、この孤児院には男児はひとりも育たない、みんな死んでしまうという噂

(182) 福州　福建省の省都。

が流れた。何故だろう。国民革命軍が福州を占領した後、ある日軍隊が孤児院の北門を監視していると、ひとりの年老いた苦力が大きな袋を背負って出ていくのが見えた。軍隊が袋の中身を調べようとすると、ジャガイモだという。中から出てきたのは一歳、二歳、三歳の男児の七死体だった。脳も腹もなく、油分はすべて蒸気で吸い取られていた。こんな話は信じられなかったが、私は写真をみたのだ。広東にいたとき何枚もの写真をみた。朝鮮人の友人金鍾(183)が当時福州にいて、この話を憤激して書いてきた。苦力は逮捕され尋問された。軍は孤児院を包囲した。四人のフランス人神父が外国船で逃亡したが、中国人の手で逮捕された。現場では生きている男児三〇人と一〇人の中国人尼僧が発見された。尼僧たちも逮捕され、証拠書類もすべて押収された。

この孤児院では火を燃やすために大量の薪を使っていたが、火を焚くだけにしては量が多すぎた。暗い一部屋には大きな鉄なべとかまどがあり、心臓や脳が大量にみつかった。フランスの製薬工場から届いた手紙もみつかったが、そこには若さを取り戻すための健食について書かれていた。大衆法廷を開くことが決められたが、蔣介石は電報で裁判の中止を指令し、四人のフランス人は領事館に送られた。この四人を殺してやりたいという声は強かった。何人かの中国人は殺されたが、フランス人は本国送還になった。私はこの事件を題材に戯曲を書いた。あの孤児院では三〇年間にわたって赤ん坊が死んでいたのだ。私は宗教に美を見出していただけに、この事件の衝撃は大きかった。

北京の天橋で、処刑が行なわれた後に食べる血ぞめのマントー〔蒸しパン〕を見たことが

(183) **金鍾**　本名金容宰。義烈団員。黄埔軍官学校第四期歩科卒業。一九三〇年代後半、民族革命党、朝鮮義勇隊に参加し、解放後金元鳳らとともに帰国しようとしたが、上海で自動車事故のため死亡したという。

ある。

カトリック教会は民衆の無知につけこんで土地その他を手に入れるが、私はこうした秘密の策略が大嫌いだ。

一九二七年、黄埔[184]で、ハンセン氏病に罹った男に恋人ができた。彼は入水自殺した。

朝鮮では女性は鶏や豚を殺すところにいてはならない。誰かをよんで殺してもらう。中国ではこれは簡単なことだ。誰ひとり目にとめない。私も動物を殺すことができない。妻にやってもらう。妻は中国人だからだ。延安ではハエが多すぎてものが食べられない。

フランス革命ではほとんど人が殺されなかった[185]ことに驚く。しかもすべて合法的に慎重に行なわれた。馬馬虎虎（マーマフーフ）ではない。これまで見てきた残虐行為がしばしば思い出されては悲しくなる。名簿がいともあっさり訂正されるのを見ると愕然とする。まったく国民党はほかの国の国民を支配しているわけではないのだ。こんな支配の下では生きてはいけない。正義のひとかけらもない。」

四八六ページ。

「一九三五年の統計によると、日本軍の三分の二は農民と労働者であるが、大半が農民だ。六〇万人の兵力のうち、二五万人が農民、一二万人が労働者、残りは商人その他となっている。」

(184) **黄埔**　広州郊外の町。珠江に面しており、近くの長洲島に黄埔軍官学校が設けられた。

(185) **フランス革命ではほとんど人が殺されなかった**　フランス革命で多くの処刑・暗殺が行なわれたことは周知のことであり、この部分は誤りである。

一九三七年八月六日、延安。張明は次のように語った。

「紅軍が紅旗を使わなければ、日本兵は階級意識を自覚しないだろう。国民党の旗に対しては戦うだろう。日本人は軍隊にいる間は結婚できない。一九三二年、日本軍のなかに憲兵ではない秘密政治警察(186)が組織された。

ついで満州の南部と東部が合併した。軍隊も再編され、農家の若者に対する軍事訓練と演習が行なわれた。一九二九年冬、私は安東へ行った。この年は準備段階だった。当時安東にいた共産党員はわずか七人、大衆的基盤はまったくなかった。

満州では二〇年来内戦がなかった。張作霖が権勢をふるっていたのだ。中国では絶えず内戦が行なわれている。中国からは誰ひとり山海関を越えなかった。満州の人民の生活はほかのどの県よりも恵まれていた。食糧問題もなかったが、製品を金で買うすべだけがなかった。貨幣制度がまったく整備されていなかったのだ。朝鮮人の農民だけは革命的だった。労働者の闘争は満鉄(187)と中東鉄道(188)という満州の二大経済機関でのみ闘われていた。この二つの機関が満州の全経済を支配していたのである。満鉄の労働者はこの頃強力な組織をつくり、現在もこの組織を維持している。鉄道労働者の生活は農家よりも恵まれているので、闘争の必要はない。

一九三〇年、満鉄での活動を理由に八〇人の日本人共産主義者が逮捕された(189)。これによって満州での日本人組織は壊滅した。彼らは非常に勇敢で自分の義務をわきまえていた。九・一八以後、中国共産党は民族主義的スローガンを掲げることができなかったが、それ

(186)　**日本軍のなかに憲兵ではない秘密政治警察**　何を指すか不明。

(187)　**満鉄**　南満州鉄道会社の略称。日露戦争後、日本がロシアから受け継いだ大連・長春(満州国時代は新京)間の鉄道や撫順炭鉱などの経営を行なった国策会社で、関東庁・関東軍とともに日本の満州支配の中心的役割を担った。

(188)　**中東鉄道**　満州里・綏芬河間の本線、ハルビン・長春間の南部支線からなる中ソ共同経営の鉄道。もとは東清鉄道と呼ばれ、日露戦争前にロシアがシベリア鉄道とウラディヴォストクおよび旅順を結ぶために建設した。一九三五年、日ソの交渉により満州国に売却され、満鉄が委託経営した。

(189)　**日本人共産主義者が逮捕された**　一九三一年一一月に関東庁が発表した「満州共産党事件」のことか。当時の報道によれば、満州事変後の混乱に乗じて「日本共産党満州地方事務局」が暴動を計画していたことが発覚し、大連、撫順などで約五〇名の日本人が検挙されたとされる。詳細不明。

は彼らがプロレタリア国際主義だけを欲したからである。朝鮮共産党は最初に左翼小児病と改革の必要性を指摘した。

一九三二年、吉林から磐石にかけて八〇〇人の朝鮮人農民が逮捕された。[190]朝鮮共産党を壊滅させるためである。朝鮮の新聞は特別号でこの事件を報じた。一九三二年以後朝鮮独立運動は中国とのつながりを断ち、[191]闘争の現場を除いて関係はいっさい持っていなかった。

万宝山事件

一九三一年七月、中国人の地主の下で水田を耕している朝鮮人が、川の水を水路に利用する協定を結んだ。水路利用の準備ができたある日、中国人の農民たちがこれを壊してしまった。そこで朝鮮人と中国人の争いが始まった。中国政府は朝鮮人を満州から追い出したかったので、この争いを導いた。数百人が負傷した。中国政府とならんで中国人の地主も農民たちの背後にいた。日本人警官三〇人が機関銃で朝鮮人農民を守り、水路を再建した。他方、日本はこれに乗じて反中国感情を掻き立てようと、朝鮮人全員が殺されたと報じた。日本人は新聞の号外を出して、満州にいる一〇万人の朝鮮人が危険にさらされていると報じたのだ。朝鮮中に怒りの声があがり、中国商人との関係も断ってしまった。日本は怒った朝鮮人をせきたてて朝鮮国内での反中国人運動を組織させた。朝鮮には五万人の中国人がいる。中国人の店が打ち壊されたほか、殴る蹴るの暴行を受けて殺された中国人もあった。東亜日報や朝鮮共産党[192]はこの反中国運動に反対した。日本の政治警察が率先してやらせたことであり、騎馬警官隊は運動を弾圧しなかった。ついで、この行動に反対し

(190) **吉林から磐石にかけて……逮捕された** 一九三〇年の五・三〇間島蜂起以後、中国当局によって多くの朝鮮人農民が検挙・処刑されたことを指すと思われる。

(191) **一九三二年以後朝鮮独立運動は中国とのつながりを断ち** この記述とは逆に、一九三〇年以後、朝鮮人共産主義者は中国共産党に加入して、ともに日本の侵略に抵抗した。

(192) **朝鮮共産党** この時期には朝鮮共産党は壊滅していたので、この記述は正確でない。

た人びとは逮捕され、民衆の行動を導いたと糾弾されたが、これは嘘である。日本人がルンペン分子をほかの都市へ連れていき、中国人を負傷させ殺したのだ。この時点で朝鮮を去った中国人が少なくない。一〇〇〇人が出国した。その後、日本政府の主導下で行なわれた裁判で、革命的な朝鮮共産党のメンバー多数、それにこの事件がはらむ危険を見て取った人びとの多くが処刑された。この運動を指導したのは彼らだとされてしまったのである。それから日本は満州占領、満州にいる中国人と朝鮮人の関係断絶の準備を始めた。万宝山事件が起こる前、中国政府も新聞もこぞって朝鮮人排斥を表明して、朝鮮人学校閉鎖などの事態が続いていた。これで田中〔義一〕計画(193)を実現させようというわけだ。

私は満州が大好きだ。吉林省がいちばん発達している。人びとは山東、河北、湖南などから集まってくる。黒龍江も山東からの移住者が多い。奉天省(194)にも古くからの満州の先住民が多い。ついで吉林、第三位は黒龍江だ。東北軍はほとんど奉天の出身者であるし、将校もそうだ。したがって奉天は支配階級の地盤であり、もっとも親日的である。

安昌浩(アンチャンホ)はかつて海淀(ハイティエン)に「新村」(195)を組奉天織したいと考え、一〇〇人の若者を連れていって朝鮮独立を学ばせようとした。一〇家族が移住した。これは一九二七年のことで現在この村はすでにない。ある裕福な朝鮮人は全財産をここで失った。山羊を飼うことから始めたのだ。米も作れるはずだ。河北にはほかに場所はない。健康にもいい。都市に近いし文化と教育の中心でもある。

(ニム・ウェールズの注　私たちは燕京(イエンチン)大学近くの満州族八旗(196)が住む海淀村に住んだこ

(193) **田中〔義一〕計画**　いわゆる「田中メモ」のことであろう。文庫四〇三頁参照。

(194) **奉天省**　清朝の旧都盛京(のち奉天、現在は瀋陽市)を含む中国東北地方の中心部。一九二九年に遼寧省に改称。

(195) **安昌浩は……「新村」を組織したいと考え**　安昌浩(文庫三九九頁参照)は、一九二〇年代半ば、独立運動の一環として「理想村」をつくることに力を注いだ。海淀は、北京の西北にある村(現在は北京市海淀区となっており、北京大学などがある)。

(196) **満州族八旗**　満州族の軍事・行政組織。八旗の名称は兵士を出す集団を八種類の旗で区別したことに由来する。清朝が首都を北京に移してからは八旗も北京郊外に移り住み、首都防衛に当たった。海淀は離宮(頤和園・円明園)に近く、警備のために八旗が多かった。

とがある。そこで朝鮮人が宣教師に山羊の乳を供給していたが、私たちがいる間にその山羊が伝染病にかかったため、病人もでた。)

一九二一年、万宝山の麓に朝鮮民族主義の学校[197]が創設されたが、資金不足のため一年で閉鎖された。当時は六〇人の学生がいた。

日本語はほとんど朝鮮からもたらされた。マレー語やアイヌ語も少しながら伝わった。

私の好きな歌は、「フラワー・オブ・ザ・サンド」「ザ・シーク」「オーマイダーリン」「オールドブラックジョー」「ライ畑を通って」「ボルガの船歌」「愛しのクレメンタイン」などだ。外国の歌はすべて朝鮮語で唄われている。朝鮮にはあらゆる種類の思い出の歌がある。一九三一年に拘束されていた時、船上でロシア人が歌う「復活の歌」を聞いた。とてもロマンチックだった。

アリランはソウルに近い場所[198]の名前で、そこには李朝が五〇〇年にわたって囚人を処刑してきた大きな松の樹があった。この樹はすでにない。アリランの歌は三〇〇年前から伝わる民謡だ。李朝の時代につくられたが、今ではまさに現実となっている。すでに二〇〇〇万人が移住したのだ。処刑される人びとは死ぬまえに必ずこの歌を歌う。最初にある男が歌ったのだが、今では誰もが歌う。満州にいる中国人も歌うし、日本でも非常に人気がある歌だ。五番目の歌詞は一九一〇年につけ加えられた。歌詞は全部で本一冊分くらいあるし、その数も一〇〇種類をくだらない。新しいラブソングのアリランはとても人気が高

(197) 朝鮮民族主義の学校　本書三五九頁参照。

(198) アリランはソウルに近い場所　「アリラン」は特定の場所ではないが、歌の内容からキム・サンが述べるように考える朝鮮人も多かった。

い。歌詞はつぎの通りだ。もちろんこれは旧い歌詞だ。

アリラン、アリラン、アラリヨ
アリラン、コゲロ　ノモガンダ
アリランの一二の丘と谷
その最後の丘と谷をいまわたる

天空に輝く無数の星
人の世には報いを受ける無数の罪
アリラン、アリラン、アラリヨ
アリランの丘を越えていく

アリランは涙の丘、涙の谷
この丘を越えればもう二度と帰れない
アリラン、アリラン、アラリヨ
アリランの丘を越えていく

朝鮮の二〇〇〇万の民よいまいずこ

あとに残るは三〇〇〇里の山と河
アリラン、アリラン、アラリヨ
アリランの丘を越えていく

三〇〇〇里の山と河もいまは捨て
鴨緑江を越えていく
アリラン、アリラン、アラリヨ
アリランの丘を越えていく

当時の朝鮮の人口はたった二〇〇〇万人だった。朝鮮の国の広さについては昔から三〇〇〇里という。それが長さだからだ。この歌の最後の節は、朝鮮人は実際にみんな鴨緑江を渡って祖国を離れているという意味だ。

一九二一年、ある共産党の知識人がアリランの獄中歌をつくった。当時これはインテリ向けの歌でしかなかった。いくつもの思想が融合した合作である。一九二二年に新しい歌ができたが、今ではこれは秘密の歌で、公然と歌うことはできない。アリランの丘を動かすという歌だが作者は無名だ。朝鮮ではこの歌は全面的に禁止されている。

アリランの映画の歌もある。つまりある男の一生を映画のように語るのである。苦学生の生活を語るのだが、まず貧農の家庭に生まれた少年が、子どもの時から農作業を手伝い、学校へ通えなかったので誰かの援助で教育を受ける。いよいよ処刑の段になって、死ぬ前にもう一度妹の歌うアリランを聞きたいと願う。処刑の場にやってきた妹はアリランの歌を歌う。胸迫る歌だ。これはとてもいい歌詞だが、私は覚えていない。中学でこの歌を歌うと、学生たちは六週間の禁固刑を受ける。一九二五年にソウルでこの刑を受けた学生を知っている。この歌は三種類のレコードが出ている。」

(ニム・ウェールズのメモ　張明と朝鮮人の若者李は延安でこのいくつかの歌を私のために歌ってくれた。ふたりとも歌いながら悲しみにくれた。)

一九三七年八月一一日、延安。上述の議論をしている最中、少年俳優[199]の劉治が私を訪ねてきて、演劇巡業の話をしてくれた。私が一度だけ教えたダンスを踊ったところ、アンコールを求められたという。劉の声はつぶれて、しわがれ声になっていた。

張明の意見

「個人が常に個人として反権力を掲げるのは悲劇でしかない。その代わりにあらゆる力を尽くして組織し、個人的冒険主義にかわる大衆行動を組織しなければならない。重要なことはただひとつ――常に大衆との結びつきを保つということにつきる。豆満江(トゥマンガン)の船頭を歌った美しい歌もある。朝鮮と吉林の国境を流れるウラジオストックに

(199)　少年俳優　延安では宣伝手段の一つとして少年少女による劇団が組織されていた。「小紅鬼」と呼ばれる少年俳優は伝令・雑役などの役割も果たした。

近い河だ。白頭山（ペクトゥサン）の頂上が分水嶺となって鴨緑江と豆満江にわかれる。この山は朝鮮でもっとも高い山で頂上は万年雪におおわれている。朝鮮の革命家の多くが危険をおかしてひそかにこの豆満江を渡る。河を渡っているときに逮捕されれば、投獄は確実だ。この船頭の歌は一九二九年以降にできた。この歌はとくに一般民衆ではなく、インテリの革命大衆に人気がある。

朝鮮語の「革命（ヒョンミョン）」は中国語の「革命（グーミン）」と同じである。これは『易経』[200]のような古書、周伝に見出されるが、革命という意味はない(現在使われている意味は革命)。文字通り訳せば運命を変えるという意味だ。」

四九五ページ。

「東洋で真先にプロレタリア革命の思想をもたらしたのは朝鮮人であることは誰でも知っている。なぜいま朝鮮では革命が低迷しているのだろうか。これは個人的な問題ではなく、朝鮮の歴史的・経済的問題である。将来、東洋全体にプロレタリア革命が起こった後、第一段階が成功すれば、朝鮮共産党は朝鮮のプロレタリア階級とともに、日本についで短期間で社会主義を樹立できる。最初に社会主義を樹立するのは日本だろう。二番目が朝鮮だ。朝鮮人の全生活が日本、中国それにソ連と密接に結びついているところから、朝鮮人は非常にすぐれた国際主義者になる。弁証法でいえば帝国主義は地理的・政治的背景とともに、国際主義を産み出す。十月革命、中国大革命、それに歴史的・政治的背景、シベリ

(200)『易経』 中国の占いの書。儒教経典の一つ。周代に完成したことから「周易」とも呼ばれる。「革命」の語はその中の「彖伝」に現われる。

アの反帝国主義闘争などがこうした状況をもたらしている。

　シベリアにおいてすら朝鮮人はさまざまな部族、さまざまな民族主義を相手にしなければならない。その中にはエスキモー[201]もいる。国際主義に立つ唯一の反帝国主義闘争があったのは九・一八以前の満州においてであり、朝鮮人が率いる闘争であった。朝鮮人は満州から出発したのだ。プロレタリア革命が本格的に開始されたのは大革命後、日本においてである。日本には三〇万の朝鮮人労働者・学生がいた。さらに中国の大革命では三〇人の朝鮮人の政治・軍事顧問[202]がきわめて重要な役割を演じた。朝鮮の知識人にはブルジョア階級ではなく真のプロレタリア階級が少なくない。貧困がその理由である。さらに一九二一年の満州では七〇〇〇人もの朝鮮大衆の血が流された[203]。一九二三年には日本で六〇〇〇人の血[204]が、そして一九一九年には朝鮮全土が監獄と化し、おびただしい数の人びとが殺され、村むらは焼き払われた。朝鮮人はふつう堂々と獄に下る。これが朝鮮人の性格の決め手なのだ。自分が正しいと思えば、首をはねられても意見は変えない。朝鮮人は決して盲目的に命令に従うことはしない。はっきり説明してもらう必要がある。朝鮮人は権力ではなく真実に従う。力の前に頭を下げるとしてもその場だけのことだ。朝鮮革命の問題は理論ではなく闘争と力である。

　一九二五年いらい私は朝鮮を愛している。朝鮮のすべてをこの腕に抱きしめたいと思うほどこの国は美しい。民衆も樹木も水清き河川も山々も。ことに一九三一年からはこうした思いが募る。延安を出て満州へ行き旧友たちとともに闘うつもりだ。」

(201) **エスキモー**　アラスカ、カナダ、グリーンランドに住むエスキモー(イヌイット)のことではなく、シベリア東部に居住するエベンキ族などトゥングース系諸民族を指すものであろう。

(202) **朝鮮人の政治・軍事顧問**　一九二〇年代半ばの国民革命の時期にソ連から多くの政治・軍事顧問が国民党・国民革命軍に派遣されたが、その中にはシベリア内戦の経験がある朝鮮人も含まれていた。

(203) **一九二一年の満州で……朝鮮大衆の血が流された**　一九二〇年一〇月の日本の間島出兵による虐殺を指すと思われる。文庫三九七頁参照。

(204) **一九二三年には日本で六〇〇〇人の血が……**　関東大震災時の朝鮮人虐殺のこと。

劉治は黙って歌に耳を傾けていた。最後に彼は半月後に劇団の一座の会合があると語った。政府機関の責任者たちが一同に会することになっているという。

一九三七年八月一三日、延安。

キム・サンは再び朝鮮の歌を翻訳してくれる。翻訳は寒山によるものだが、これは自分の筆名だという。「この名を使って雑誌に寄稿してきたほか、広州コミューンでもこの名前を使った」(四九七ページ)。

一九三七年八月九日、延安。朝鮮民族解放同盟(205)の基本綱領。

この覚書はもともと同じ日付の朝鮮関係以外のノートに含まれていた。私(N・W)はこれを取り出して朝鮮ノートに入れた。ここで日付がきちんとしていないのはそのためである。当初のノートには「一九三五年冬、上海での会合で決定された」とある。これが消されて「一九三六年七月に決定された」と修正されている。私はノートに「K」ではなく「J」の頭文字を入れた。青島ないし北京にいる日本人にこのノートが押収された場合、朝鮮関係の資料だと思われないためである。日本人は朝鮮関係の資料となると何はさておいても押収し

(205) **朝鮮民族解放同盟** 一九三六年初め頃、金星淑(金忠昌)、朴建雄(黄埔軍官学校卒業)、張志楽(金山)らによって結成された。『アリランの歌』(文庫三五三頁)に述べられているように、民族統一戦線の結成を唱えたが、実際のメンバーはそれほど多くなく、最大時でも一〇人前後と見られる。一九三八年以後、金星淑が解放同盟の代表として朝鮮民族戦線連盟、大韓民国臨時政府、そして解放後の民主主義民族戦線に加わっているので、名目上は一九四六年まで存在した。

たがった。

第一条　朝鮮民族の自由と解放をかちとるために日本帝国主義の征服による支配を打倒せよ。

第二条　民主主義に基づく自由をめざし全民族の真の共和制を建設して誤りをただせ。（人民の教育権と労働権を守れ。表現・出版・集会・結社・示威運動の自由を守れ。闘争の権利、信仰の権利を守れ。）

第三条　日本帝国主義の財産、反革命主義者の財産を没収し、革命的兵士、労働者、貧農に配分せよ。さらに公共事業にその金を使え。

第四条　労働者、農民、兵士、給与生活者の賃金を全般的に引き上げ、人民の生活を改善せよ。

第五条　あらゆる種類の抑圧的徴税を廃止し、単純な累進課税制度を確立せよ。*

第六条　すべての大規模公共事業および独占企業（現在政府の統制下にあるすべての企業）を国有化せよ。これには銀行、産業、森林、上下水道、鉱山が含まれるが、個人が所有する財産の没収は行なわない。

第七条　無料の普通教育および職業教育を確立せよ。

第八条　祖国にいる外国人および海外にいる朝鮮人の生活、財産、居住権、営業権を守れ。

第九条　国家は老人、子ども、公衆衛生、社会的・文化的事業を支援すること。**

第一〇条　他の諸国民および民族解放運動に共鳴する諸国との友好関係を樹立せよ。

＊　カール・マルクスからの引用。

＊＊　この第九条は朝鮮民族主義者の同意を得た。

朝鮮民族戦線の行動綱領。

この戦線は現在組織されつつある連合だが、いまだ完成していない。上記の綱領と同じく一九三五年につくられた。

「朝鮮独立の原則に賛同するすべての朝鮮人を結集せよ」以下に始まるこの綱領は『アリランの歌』の二三〇ページで紹介した[206]。

このときのインタビューの途中でキム・サンはこう語った。

「いま私は三〇人の生徒に物理、化学、日本語、日本問題を教えている。延安の幹部軍事委員会の特別クラスだ。現在私は前線へ行くことも白色地域へ行くことも許されていない。昔の裁判問題[207]をむしかえしているのだ。私があまりにあっさりと釈放された云々といった問題だ。延安にきたのは一九三六年、朝鮮共産党の朝鮮民族解放同盟の代表としてである。」

最後のページの斜線で消された一文。

(206)　**『アリランの歌』……で紹介した**　文庫三七二頁以下、「朝鮮民族戦線を目ざす連合」参照。

(207)　**昔の裁判問題**　本書四四〇頁参照。

「朝鮮民族解放同盟の会合が行なわれたのは一九三五年一二月の第一日曜であった。」

この発言の最後のことば。

「朝鮮民族戦線はまだ進展していないが、それは朝鮮国内の弾圧があまりに厳しいためである。一九三七年六月一日以降、朝鮮の中学校ではすべて朝鮮語の授業が禁止され[208]、学生たちは朝鮮語を話すと罰せられることになった。朝鮮語を使っている生徒をみつけた教師は、その生徒を退学ないし停学処分にできる。一部の日本人はこれに反対し、こうしたやりかたは馬鹿げているという。南が総督となった朝鮮はいまやファシスト支配下にある。台湾でも昨年から同じ支配が敷かれ、中国語の新聞の発行を禁じられている。」

(208) **一九三七年六月一日以降……朝鮮語の授業が禁止**　一九三八年三月、従来の普通学校・高等普通学校を小学校・中学校として「内鮮共学」を実施することなどを定めた第三次朝鮮教育令が公布された。これにより朝鮮語は「随意科目」となり、実質的には授業が行なわれなくなった。しかし実際にはそれ以前から朝鮮語の授業は減っていた。

一九三七年八月、延安、日付なし。日本はなぜいま中国との戦争を始めるのか。

「1・一九三一年の九・一八以後、日本経済は戦争準備の段階に入りもはや後戻りできない。

2・日本としては重工業を発展させねばならない。一九三一年以後日本の重工業とくに軍需産業が急速に発展してきた。三一年以後資本は三倍に増大している。三一年から今日まで日本政府は主として軍需産業向けの物資購入のために五〇〇〇万円支出した。これによって日本経済は軽工業から重工業に転換したが、それでもなお軽工業は日本経済の基盤として重要である。わずか数年で経済基盤全体を転換させることはできないからだ。日本経済はすでに均衡を失っている。

日本には重工業用の原料がないが、軽工業用の原料もない。そこで以前にもまして海外への依存度を深めている。日本は現在、ヨーロッパ、東インド諸島、中国その他から重工業用原料を輸入している。国際収支は混乱している。日本資本は原料なしでは重工業を維持できないし、かといって原料を輸入する金がない。日本の輸入は増大しているが、貿易収支の均衡を保てないのだ。とすれば重工業用原料を確保するという問題をどう解決できるだろう。すでに原料がないために閉鎖された工場も多い。日本はこの問題を解決するために華北を欲しがっているのだ。

一九三一年から六年の間に戦争準備として政府融資その他による日本の全資本の集中が行なわれた。政府銀行は国債（ペーパーボンド）の四〇パーセント以上、民間債券の四〇パーセントを所有している。

日本の輸出価格は三〇パーセント増大した。輸入価格の増加はほぼ九〇パーセントに達する。世界が戦争準備を始めて同じ原料を欲しがっているからである。日本もインフレに見舞われている。銀行家はインフレを欲しないが中産階級は歓迎している。このまま戦争準備が進みインフレが増大するならば、日本の通貨価値は下がるだろうから、銀行としては戦争準備に歯止めをかけ、華北の原料を確保することで命拾いするしかない。また華北は大戦争の準備の基盤としても取りたいのだ。日本人にとっては戦争でも平和でもかまわない、とにかくあらゆる可能な手段によって原料の確保を急ぎたいのだ。それに日本は軽工業製品をすべて一刻も早く売らなければ、重工業用の資金が得られない。そのため日本の物価は急速に上がっている。一九三一年を一〇〇とすると、現在の指数は一六〇、一部では一九〇にも達している。

日本の資金の基盤全体が危機に直面しているのだ。ここから階級関係に変化が生じるとともに、外見上は中央集権化が進んでいる。

現在の中国侵略においてもっとも積極的な勢力は銀行と軍部である。産業ブルジョア階級は積極的勢力ではない。戦争が続けば金が入るしインフレも必要となる。銀行家と大衆は失うだけだが、産業にとっては固定資本があるので痛くも痒くもない。いまや多くの階級が動揺している。

さらに国際的な理由がある。ヨーロッパはスペインに手を取られている。[209] イギリスは武力を行使できない。イギリスがなんらの行動もとらなければ、アメリカもソ連も行動に出るわけにいかない。日本はソ連とドイツの関係が悪化していると考えている。日本がソ連にたいし直接的行動に出たりしなければ、ソ連は日本と敵対することはあるまい。

さらにソ連はいまや国内の闘争に対処しなければならないので、中国での行動に出るには弱い立場にあるというのが日本の見方だ。

西安事件の後、中国に大きな変化がみられる。反日感情が非常に強まった。大衆運動も盛り上がっている。そこで日本としては時を待たず行動する必要がある。南京ですら抗日

(209) スペインに手を取られている　スペイン内戦のこと。

思想が広がりつつあるし、宋哲元も抗日である。中国軍は大国につくから、宋も南京に従っているのである。日本がすばやい行動を取らなければ、華北における日本の勢力は破壊されてしまうだろうから、いますぐに動かなければならない。日本は中国の政治の方向を変えたいのだ。」

ソビエトについて

「まず最初は民主主義的スローガンから始める。大衆がしっかりと組織され闘争の中で武装すれば、階級関係は変化するだろう。

最初のソビエト樹立が決定[210]されたのは第六回大会においてであり、〔一九二七年〕一二月一一日広州でまず実施された。李立三も一九三〇年六月から各都市でソビエト建設に着手した。一九三二年から三三年にかけてがソビエト区の高揚期である。王明（ワンミン）[211]がコミンテルンに提出した報告によれば、一九三三年のソビエト地域の人口は一〇〇〇万人に達した。その次の段階としては、南京政府と協力して日本と戦いながらしかもソビエトを放棄しないことが望ましかった。一九三五年八月一日、ソビエトを放棄して抗日で一致団結するという提案が出された[212]。日本の侵略が増大したためである。これは新たな段階であり張国燾[213]はこれに反対した。ついで西安事件が起こったことで情勢が変わり、南京で国民党中央全会が開催された。蔣介石反対の〔共産党の〕政策はすでに昨年〔一九三六年〕九月に破棄され、蔣介石に圧力をかけて抗日に向かわせるという政策が採択された。一九三五年から西安事件

(210) **最初のソビエト樹立が決定**　中国共産党第六回大会は一九二八年に開かれているので、それ以前の広州蜂起でソビエト樹立方針が実施されたとするのは誤りである。

(211) **王明**　一九〇四―七四。本名陳紹禹。モスクワ中山大学で学んだ〝留ソ派〟の中心人物。一九三〇年以後、李立三の左傾路線を批判して、コミンテルンの支持の下に中共中央の指導権を掌握、中央政治局委員となった。コミンテルン駐在中共代表としてモスクワに滞在した後、三七年に帰国し長江局書記などを務めたが、毛沢東との関係は悪く、延安で展開された整風運動では批判の対象となった。五七年以後ソ連に病気治療のため滞在し、モスクワで客死した。

(212) **抗日で一致団結するという提案が出された**　中華ソビエト共和国政府と中国共産党中央の連名で発表された「抗日救国のために全同胞に告げる書」（八・一宣言）のこと。日本の侵略に反対するすべての勢力の結集、民族防衛のための統一人民政府の樹立を呼びかけ、中共の抗日統一戦線への路線

まで、つまり一九三五年九月のコミンテルン第七回大会(214)以後は国内の平和と団結が求められた。

ついで一九三七年七月七日、蘆溝橋事件が起こった。西安事件のあとの路線は民主主義と対日戦争準備のための闘争であった。いまや要求は戦争と大衆武装である(いま現在重要な闘争は大衆武装だ)。」

世界大戦について

「東洋の情勢を決定するのは以下の三勢力である。(1)中国共産党。これが正しい戦略と戦術をとるならば、大規模な武装大衆を味方にできる上、ソ連と全世界のプロレタリア階級の助けを得ることができる。(2)ソ連の政策。ソ連は中国大衆に支えられる南京を敢然と助け、さらに日本に対し直接行動に出るか否かによって決まる。しかし、現在のソ連の政策は八月二一日の中ソ不可侵条約(215)による東洋の平和優先である。ソ連としてはイギリスとアメリカ両帝国主義国が行動に出ることを欲している。(3)イギリス。イギリスの政策はソ連と一致する(上記の条約はイギリスおよび国際連盟の路線にはずれるものではない)。

日本人の健康状態はよくない。一八六八年の明治維新以後、日本の経済は急速に変化してきた。日本には資本がないため、封建主義的方法を使って農家から金を絞り取り資本にした。そのため農家の生活は現在にいたるまで非常に劣悪で、十分な食糧も生産できない。

転換の画期となった。ただし、現在の研究では、この宣言はモスクワで開催中のコミンテルン第七回大会に出席していた王明がコミンテルンと協議して作成したものと考えられている。

(213)　**張国燾**　一八九七―一九七九。中国共産党指導者の一人。北京大学在学中に五・四運動に参加。中共創立に加わり、中央執行委員、組織部長などを務めた。一時モスクワに滞在した後、帰国して鄂予皖ソビエト地区の紅軍第四方面軍を率いた。三五年、長征中の毛沢東率いる紅軍主力と合流したが、張は北上抗日に反対して別行動を取った。のち延安に行き陝甘寧辺区政府副主席になったが、批判を受けて辺区を離れた。カナダで死去。

(214)　**コミンテルン第七回大会**　一九三五年七月から九月にかけてモスクワで開催された。「反ファッショ人民戦線」の方針を打ち出し、社会民主主義や民族主義的勢力とも協力する路線に転換した。大会開催中に中国共産党は「八・一宣言」を発表した。

(215)　**中ソ不可侵条約**　一九三七

したがって公衆衛生もひどい。農家の娘たちも工場へ働きに出る。毎年五〇万人が工場に行くのだ。その後、身体をこわして金ももらえず送り帰されてくる。一六歳とか一八歳で結核にかかり、男たちに結核を移す。赤ん坊も健康ではない。
ソ連では労働者は健康だ。とくに心理的に健康である点が資本主義国とは違う。」

朝鮮ノートはここで終わる。全部で七冊。

雑　記。

各ノートにはキム・サンが投獄された正確な日付や場所その他を記した文章が散在している。『アリランの歌』ではキム・サンの身を守るため彼の要望に沿ってこれを変えた。このノートによればキム・サンが逮捕されたのは一九三三年五月一日、尋問された場所は天津ではなく北京である。ノートの二四七ページによれば、七月二〇日天津から塘沽へ身柄を移された(二六〇―二六一ページ)。ここは大連と朝鮮へ行く途中にある港である。

七月七日付ノート、二四六―二四七ページ。

「私は五月一日から六月二日まで獄中にいた。この間約五〇人が下獄してきた。そのほとんどは転向した。四〇人以上が転向したのだ。釈放されるには各人が逮捕者を二人出す

年に中国国民政府とソ連政府との間に結ばれた条約。ソ連は条約締結前後から国民政府に武器援助をしていた。それは、日本の侵略と戦う国民政府を援助することによって、日本の軍事力がソ連に向かうのを避けるという目的があった。

必要があった。収監者のうち四人の男子学生は転向しなかった。」

二四七ページ。

「張はまだ北京にいて同じ仕事をやっている。つまり共産党メンバーを警察に売っているのである。」

二四三―二四四ページ。

「共産党の裏切り者張文雄（チャンウェンシュン）(216)は刑務所に入り囚人のふりをして他の者たちを裏切った。彼は藍衣社の書記で召使のごとく働いていた。張は裏切り者を確保するリーダーだった。彼の妻は大金持ちで実家はマッチ会社を経営している。張は浙江の出身である。」

六月三〇日付ノート、九三ページ。 尋問の際、キム・サンは次のように言われた。

「お前には二つの不利な点があるので釈放されないだろう。(1) お前は朝鮮青年同盟(217)中央委員会のメンバーであり、その組織部の責任者である(私のことを告白した二人の同志の供述書とともに朝鮮での裁判の報告書を見せられた。一人は委員会の委員長であった。これは一九二七年一一月のことで、この時の代表者会議で私は選出されたのだが、通知は受け取らなかった。そのため私は部隊と一緒に海陸豊に行ったのである。もう一人は北京委員会の中国人の党員であった)。」

(216) **張文雄**　もと中国共産党員で、藍衣社の手先となって共産党員摘発に協力した。文庫三八八頁参照。

(217) **朝鮮青年同盟**　キム・サンが加わっていた広州の在粤韓国革命同志会のこと。本書四一六頁参照。

九四―九五ページ。

「一月七日朝八時、警察から「明日、(北京から)天津に行く」と告げられた。」

九五ページ。

「実際のところ私の裁判は北京で最初の政治裁判だった。」

七月一一日付ノート、三七七ページ。

「私は呉成崙が大好きだ。昨年彼は私に満州に来てくれといった。山西で閻錫山と戦い一九三六年二月二一日に死んだ朝鮮人、畢士弟(ビシディ)[218]にも同じことをいった。畢士弟はソビエト政府委員会にいて紅軍と行動を共にした。江西[219]からやってきたのである。江西には多勢の朝鮮人がいて、そこで死んだ者も多い。私は七人の男性と一人の女性の活動家を知っている。二人の朝鮮人が長征に加わった。山西で死んだ畢士弟(楊林(ヤンリム))がその一人である。もう一人[220]は現在紅軍とともに前線にいる。畢士弟は広州にいたが、一九二六年にモスクワに行った。満州の独立軍に加わったときは一七歳であった。一九二一年、満州東部の青山里[221]で二週間日本軍と戦った。その後独立軍と一緒にシベリアに行き、一九二三年上海に戻った。雲南講武学校[222]で学んだ後、黄埔へ行き、一九二五年にそこの軍官学校で軍事教練を教えた。一九二六年、東江戦役[223]に参加して有名になった。恵州市で彼は真先に壁を突破して負傷したのだ。当時の彼は指揮官だった。大革命当時は黄埔軍官学校で教えると同時に青年同盟

(218) **畢士第** 楊林(一九〇一―三六)の別名。朝鮮平安北道生れ。三・一運動後、満州に行き独立軍に加わった。雲南講武学校卒業後、黄埔軍官学校の教官を務めた。中国共産党に加入、二七年モスクワに派遣され歩兵学校で学んだ。三〇年代初め中共東満特別委軍事委員会書記として武装闘争を指導した後、江西ソビエト区に移った。中央軍事委員会幹部団参謀長として長征に参加したが、黄河渡河作戦の先鋒を務めて戦死した。

(219) **江西** 中央ソビエト地区のこと。一九二九年江西省南部と福建省西部に設けられた革命根拠地は、三一年にひとつながりのソビエト地区となった。同年一一月瑞金で中華ソビエト共和国臨時中央政府が樹立された。

(220) **もう一人** 武亭のこと。一九〇五―?。中国の軍官学校卒業。中国共産党に入り、一九三一年の瑞金中華ソビエト政府樹立に参加。延安到着後は紅軍砲兵隊司令となった。四一年に華北朝鮮青年連合会、翌年に朝鮮独立同盟を結成、朝鮮義勇軍総司令となって、延安

に加わっていた。一九二六年の冬、妻と共にモスクワに行き、赤軍大学で学んだ。一九三一年に北部満州委員会(在ハルビン)の書記になった。その年の冬、上海ついで江西ソビエトに行き紅軍で働いた。彭徳懐(ポントウホワイ)の軍の司令官であった。ソビエト大会の間に彼は中央政府委員会のメンバーに選ばれた。

畢士弟は軍事的にも政治的にも優れた人物だった。長征に従いさらに山西遠征(224)に師団長として加わり、戦闘の最中に殺された。彼の妻は夫の死をまだ知らない。

呉成崙は現在第一路軍(第二軍)の政治部主任として東部満州にいる。三路軍まであり、第一路軍前線部隊の第二軍は七〇〇〇名である。この部隊は抗日連軍(226)第一路軍第二軍と呼ばれている。部隊全員が朝鮮人である。呉成崙は朝鮮独立連盟(227)中央委員会のメンバーである。私にくれた手紙には満州での活動は中国よりもやりやすく、うまくいっているということ。」

三七九ページではキム・サンの親友朴振(228)について語っている。

ここにはさまれたメモ。

「日本では少女の足が大きいと母親が腹を立てる。学校へ行くと嫁に行けないと文句をつける。」

行方不明になったキム・サン。

一九三七年以後、キム・サンの身に何が起こったのか私にはついに分からずじまいだった。

派と呼ばれる朝鮮人共産主義グループを形成した。解放後、北朝鮮に帰国、朝鮮戦争当時、朝鮮人民軍第二軍団長を務めたが、作戦失敗の責任をとって辞任した。

(221)　**青山里**　一九二〇年一〇月、間島で討伐作戦を展開した日本軍を朝鮮独立軍が迎え撃った戦闘のこと。吉林省和竜県青山里の山中に進んできた日本軍部隊に対し、朝鮮独立軍諸部隊が共同して遊撃戦を展開した。武装独立運動史上最大の勝利として評価される。楊林(金勲)はこの戦闘に北路軍政署の将校として参加した。

(222)　**雲南講武学校**　一九〇九年雲南省昆明に設立された。教官には中国同盟会系の人物が多く、清朝政府や北京軍閥政府に対抗する雰囲気が強かった。中国共産党幹部となる朱徳、葉剣英らのほか、朝鮮人では崔庸健らがここで学んだ。

(223)　**東江戦役**　広東省東部を支配する軍閥陳炯明を討伐するために広東革命政府(国民政府)が一九二五年に行なった軍事行動。

(224)　**山西遠征**　長征により陝西

彼からなんの音沙汰もなかったし噂も聞かなかった。延安まででかけた何人かが調べてくれたが、なにも分からなかった。満州に行くといっていたし、その通りにしたことは確かだと私に語った人もいる。別の人の話では延安で結核のために死んだという。もちろん延安ではキム・サンという名では通っていないだろう。陝西の北部にくる三年前に結核にかかり、保安までの危険な旅をした後、彼の地で死ぬところだったと語っていた。玉子やカン入りの粉ミルクなど結核にきく特別のものを買う金などまったく持っていなかったし、特別の手当ても受けていなかった。自分はトロツキストではないしトロツキーには賛成しないと語っていた。

中国人の性質に関する話は七月一一日付ノートの四二九ページに出てくるほか、あちらこちらに散在している。

私〔ニム・ウェールズ〕の西安からの出発。

ここで空白を残しておくよりはと考えて、エドガー・スノーの『アジアの戦争』(229)の一部(一一七ページ)を引用しておこう。スノーはジェイムズ・バートラム(230)と一緒に私をさがして西安にきていた。

「好奇心と不安とがないまぜになって、赤い星の下で冒険に出掛けた妻の身に起こるハリウッド映画ばりの結末が、つぎつぎに私の眼前に浮かんだ。ひょっとしてゲリラ地域まで入りこんだのではなかろうか。どこかの匪賊との論争に負けたのではないだろうか。まさか空

省北部に到達した紅軍第一方面軍は、一九三六年二月、黄河を渡って山西省西部で作戦を展開。抗日宣伝を行なうとともに部隊の強化に努め、五月に陝西省に引き揚げた。

(225) **彼の妻**　李秋岳(一九〇一―三六)。平安南道生れ。三・一運動に参加。二四年広州に行き、中国共産党に加入した。ソ連、満州で楊とともに活動。楊が江西に移った後、ハルビン東方の珠河地区、通河地区で反日遊撃隊活動に加わったが、逮捕・処刑された。楊が戦死して七カ月後のことであった。

(226) **抗日連軍**　東北抗日連軍のこと。満州各地の反日遊撃隊、東北人民革命軍は民族統一戦線を発展させるために一九三六年一月抗日連軍に再編成された。一一軍のうち朝鮮人兵士の多かった第一軍と第二軍は同年秋に第一路軍となった。四一年頃まで遊撃戦を展開したが、討伐のため次第に弱化し、ソ連領に逃れた。

(227) **朝鮮独立連盟**　在満韓人祖国光復会のことであろう。コミンテルンの人民戦線方針を受けて、

爆にやられたのでは……私の到着はきっかり一時間遅れたのだった。だが、警察にとって、私を町から追い出すにはつかまえどころのないニム・ウェールズの居場所をつきとめるしかないことは明白になった。ニムは捕まった時はさっさと命令に従うと話しており、その夜、潼関で軍の護衛つきで汽車から下ろされていた。……その夜、西安に戻ってきた妻と再会した翌日、私はすっかり弱った妻を引っ張って青島へでかけた。夫婦でこれただけでもよしとすべき国で、妻ひとりの運命をあれこれ語るのは瑣末（さまつ）にすぎると思われるかもしれない。だが私にはニムしかいなかったので心配でならなかったことを読者もわかっていただけるだろう。ニムが匪賊ごときに論争で負けるはずはないことは私にもわかっていたはずだ。……翌日になると、私の西安到着はあらかじめ決まっていたかのようなタイミングのよさだったと思われた。私たちは汽車を乗り換えるため徐州で下車したのだが、難民——その後二年間、戦闘地域のいたるところで出会うことになる行くあてのない家なき人びと——でごったがえすその駅で北からきた友人たちに出くわしたのだ。徐州は猛攻撃を受けた、と友人たちはいった。日本の戦闘機八五機が隴海・津浦両鉄道沿いの各都市を爆撃したという。都市部からさほど遠くないところで転覆列車を見たがあれはなんだと私はたずねた。あれは急行列車（グリーンエクスプレス）で前日爆破されたのだという。乗客多数が殺された。もし私が潼関からもどってこいと電話をかけなかったら、ニムはこの列車に乗っていたはずだ。」

一九三六年五月創立が宣言された。朝鮮人大衆団体として中朝国境地帯で活動し、朝鮮国内にも組織を持った。発起人は呉成崙のほか二名。

(228)　朴振　本書二三頁注参照。

(229)　『アジアの戦争』　エドガー・スノーのルポルタージュ。日本語訳（森谷巌訳、みすず書房、一九五六年）がある。

(230)　ジェイムズ・バートラム　ニュージーランドのジャーナリスト。エドガー・スノーらとともに中国革命を取材した。文庫三七八頁参照。

朝鮮の歌

大同江(テドンガン)の歌

月光は夜の霧にかくれる
おぼろにかすむ大同江のかなた
さざ波をたてて流れる川
われらが船を追い掛ける花のような白波
水鳥が舞い上がる、ここは大同江
月の影のなか、いざ漕ぎゆかん
頭上をわたる風にゆれる月影
もやの中をゆくわれらが船は
はらはら舞う木の葉のよう
風にのる笛の音につれ
小船はゆく、軽やかに雲をつき
行く先を問いたもうな
銀の河めざし漕ぎゆくわれら

（朝鮮古謡の船歌）

「この朝鮮の古い船歌は豆満江を歌った新しい歌とは調子が違う。この歌が表現しているのは、すべてを理解しつつそれがどこへ向かおうと問わないという哲学である——「銀の河」つまり天の川へ向かうのかもしれない。大同江は北朝鮮の平壌（ピョンヤン）を流れている。平壌は美しい森に囲まれた古い都で、朝鮮人によれば四〇〇〇年の歴史をもつという。平壌生まれの人間は朝鮮でもっとも勇敢かつ活動的とみなされている。一六世紀には朝鮮に出兵した日本の豊臣秀吉の軍をここで打ち破った。この時将軍を殺した朝鮮人の妓生（キーセン）(231)もいる。李朝では平壌出身者はけっして中央政府の高官にはなれなかった。反乱をおこすおそれがあると思われたのだ。春になると若い男女は大同江にボートをうかべ、この大同江の歌のような古い民謡を歌う。ピョンヤンは日本人によって平壌と改名され、大陸部における日本の主要な軍事基地のひとつになっている。」

豆満江（トゥマンガン）の歌(232)

きのう川を渡してやった客なのに
きょうは悲しい知らせが届く
豆満江を渡る老船頭の繰り言
ふかく青い流れをものうげに漕ぎ行く船頭

(231)　**朝鮮人の妓生**　桂月香のこと。一五九二年秀吉の朝鮮侵略（文禄の役）の時、平壌を占領した小西行長軍の副将小西飛驒守如安（如庵）に接待を命じられ、隙をうかがって小西を殺したといわれる。晋州で日本の武将を抱きかかえたまま河に飛び込んだ妓生論介とともによく知られるが、キリシタンであった小西如安が追放先のマニラで死んだのは一六二六年のことであり、桂月香の話は朝鮮民衆の願望を反映した伝説的要素が強い。

(232)　**豆満江の歌**　金竜煥作曲「豆満江の船頭」。一九三二年、朝鮮日報社が募集した新民謡の一つ。

船をおりながら
悲しげに振り返る客には
なぐさめの言葉をかける
意気揚々と帰ってこいよ

一年たち二年たち十年たち
それでもあれからまだ四十年
こうした様をみながら年とった
豆満江を渡る船の上

（朝鮮人の亡命の歌）

（この二つの歌の歌詞は一九三七年延安でキム・サンとニム・ウェールズによって翻訳されたもの。）

「豆満江の歌は一九二八年ある朝鮮人革命家がつくった。この年、一〇〇〇人もの労働運動指導者や知識人が「危険思想」の持ち主ということで日本人に逮捕された。他の人びとも豆満江を渡ってシベリアや満州に逃げのびなければならなかった。

ここで「客」といわれているのは政治亡命者の意味だが、この言葉は朝鮮では禁止用語にあたるので使えない。この歌はその後、朝鮮の学生たちの愛唱歌になった。

豆満江は朝鮮とシベリア、満州の国境を流れる。源は朝鮮最高の山、万年雪におおわれた白頭山脈である。この山を境として鴨緑江と豆満江にわかれる。一九一〇年の日本による朝鮮併合いらい、二〇〇万人近い朝鮮人がこの二つの河を渡って亡命した。現在朝鮮人の数はシベリアに八〇万人、朝鮮とシベリアの間にある満州の間島三角地帯に五〇万人、その他五〇万人が満州の奥地に亡命している。

朝鮮の革命指導者の多くが重大な危険にさらされるとこの豆満江をひそかに越える。忠実な老船頭らはそのために苦境に立つことが多いが、決して革命家を裏切らない。小型の船でひそかに河を渡ろうとしている現場がみつかれば、逮捕・投獄は免れない。なんの証拠がなくても「危険思想」の持ち主とみなされるからである。」――N・WとK・S(233)

(233)　N・WとK・S　ニム・ウェールズとキム・サンの頭文字。

アリランの恋歌

アリラン　アリラン　アラリ　オ！
アリランの丘を越えていく
アリランの丘は一二の丘
いま越えるのは最後の丘

別れゆく恋人を引き止めてくれるな

再びめぐり会う日の幸せ求め
アリラン　アリラン　アラリ　オ！
水鳥の住めないアリランの丘

愛しの君が行かせてくれても
十里も行かず痛む足
アリラン　アリラン　アラリ　オ！
アリランの丘を越えていく

月が出て星がまたたく
雲の影でわれらを笑うのは誰
アリラン　アリラン　アラリ　オ！
アリランの丘を越えていく

「この歌詞はえんえんと続き、男女は交互に歌う。歌詞が書かれたのは二〇年ほど前である。」――K・S、一九三七年。

囚人のバラードのアリラン

アリラン　アリラン　アラリ　オ！
アリランの丘を越えていく
アリランの丘は一二の丘
いま越えるのは最初の丘

いつも飲んでた酒とマッコリはどこだ
いまあるのは漢江(234)の水ばかり
アリラン　アリラン　アラリ　オ！
いま越えるのは裁判の丘

いつもはめてた腕時計の太いバンドはどこだ
この鉄の手錠はぴったりはまらん
アリラン　アリラン　アラリ　オ！
いま越えるのは監獄への丘

生死のさかいに今たって
運命の判決をまちうける

(234)　漢江　ソウルの南を流れる河。

アリラン　アリラン　アラリ　オ！
まもなく越えるは最後の丘

新たな途中駅をつくれ、アリランの丘に
死刑執行人の汽車を待つ身のために
アリラン　アリラン　アラリ　オ！
いま越えるのは最後の丘

同志よ、同志よ、わが同志たちよ！
一二の丘で立ち止まらない君たちよ！
アリラン　アリラン　アラリ　オ！
君らが越えるのは一三番目の丘

「この歌は朝鮮の政治囚らによってよく歌われる。作者は一九二一年に獄中にあった朝鮮の共産主義者である。ここではひとりの囚人がたどるさまざまな経験が語られる——警察による逮捕、自白を強要する拷問、漢江のポンプというのは朝鮮人が「水責め」の拷問につけた名である。そして裁判、死刑判決。勝利の日までがんばってくれ、従来の一二の丘つまり死で立ち止まることなく一三番目の丘まで行ってくれという、他の革命家たちへの遺言にいたる。途中駅と汽車というのは、現代の死は昔のように丘を越えて絞首台まで歩いていかずとも、もっと簡単にすばやく来ることを語っている。」――K・S、一九三七年。

中国人の性格

以下は『アリランの歌』で割愛された一章である。

「ここ数カ月間、私は鬱々とした日を過ごしてきた。様々な事件で悲しみに沈むということはもはやないのだが。自分の政治生活だけでなく個人的な関係も破綻してしまったという思いで、孤独感と寂しさにおそわれたのだ。とくに中国人とうまく一緒にやれなかった。献身的で忠実な友人はたくさんいると同時に強力な敵の数も少なくなかった。それに友人たちはほとんど殺されるか投獄されるか、さもなければ私に背を向けてしまった。自殺を考えた絶望の日々から、私は自己分析を続け、なぜ大衆は私に従わないのかと自問した。私の性格が政治生活に影響していることが分かった。たいていの朝鮮人がそうだが、私もあまりに誇りが高く狭量で傷つきやすい上に、あまりに理想主義でピューリタン的なのだ。

「いつでも君は裁判官みたいだ」と同志たちは私を批判した。「人間的じゃない。みんな君が恐いんだ」

私はすぐかっとなって怒るが、ほかの時にはあくまで親切で自己犠牲的で寛容な人間だった。政治的過ちを犯した指導者たちには残酷だが、大衆の支持者にたいしてはやさしかった。過ちや不平は決して許さなかったのだ。政治的関係と個人的関係だけでなく、あらゆることに対してあまりにはっきりと線を引いていた。

自分の性格の釣り合いをとり、短気を起こさないよう努めなければならないと思った。なにか些細なことで腹が立ったら、何もいわず坐ってその問題についてゆっくりと丹念に書きながら、自分のどこが間違っているか、他の人のどこが正しいかを分析しようとした。癇癪(かんしゃく)をおさえるために本や詩を読んだし、時には神経を和らげるために酒を飲んだ。監獄を出るまでは、酒はめったに飲まなかった。

一一歳にして私はすでに自尊心が強いあまり家に帰らなかった。私の兄は父親にたたかれると逃げ出したが、私は一歩も動こうともしなければ泣き出しもしなかった。父親が癇癪を起こすと母は私に隠れてくれと嘆願したが、私は立ったまま父親と対決し、あやまろうとしなかった。

こうした自己分析を通して、私はほかのことにも疑問を持つようになった。中国人はこうした私とは正反対だったのだ。いったいこれはどうしたことか。革命をめざす活動の中ですら人びととの間に違いがあるのだろうか。当時北京に私の親友が二人いた。一人は黄(ホアン)平川(ピンチョワン)、中国人のなかで私にとって最大の親友だった。*もう一人は加藤という名の日本人である。一九二八年に日本の共産党が解体したときに逃げてきた加藤は、北京で地方の党支部の書記を七年間つとめていた。加藤は電気技師で、二年間日本軍にいた。とがった頭と底知れない目をしていた。私は朝鮮にいる警察官の「悪意のある」目つきを見慣れているので、日本人の目が好きではない。加藤は典型的な日本人に見えた。胴が長く短足で肩幅が広く胸があつい。日本人は畳に坐って生活しているので、胸が異常に発達しているが、脚が弱く、部隊の作戦行動などではうまく行進できない。日本人はつりあいが取れていない。それぞれの部分はいいのだが、全体としてよくないのだ。日本人の頭蓋骨は驚くほど堅く、柔らかな部分がまったくない。中国人の場合はこの柔らかな部分が残っている。押してみるとわかる。

＊　その直後の一九三三年、私の投獄中に黄平川は私を救けようとして北京にある全刑務所を調べたのだが、私の居所をつきとめられなかった。彼はこの刑務所のひとつでチフスにかかり五日後に死んだ。回復できたかもしれないが、金がなく良い薬を買うことも手当てを受けることもできなかった。

黄平川は私の影響で共産党に入り、いらい数年間二人は親友の間柄になった。文学的資質をもっていた黄は上海で郭沫若(クオモールオ)[235]と一緒に仕事をしたこともあった。私の知るかぎり彼ほど私にそっくりな中国人はいない。彼も義和団賠償の奨学金[236]を受けて東京帝国大学で医学を学んだ。一九三〇年に私が逮捕された日、私は彼に手を貸して日本から脱出させていた。一九三三年、黄は北京に戻った。

(235)　**郭沫若**　一八九二―一九七八。文学者・古代文学研究家。九州帝国大学卒業後、帰国して左翼文学運動に参加、北伐にも加わった。日本亡命中に古代史研究に没頭したが、日中戦争が始まると帰国し抗日文化運動に参加した。戦後は中華全国文学芸術界連合会主席、政務院副総理、科学院院長、日中友好協会名誉会長などの要職を歴任した。

(236)　**義和団賠償の奨学金**　義和団の事件(北清事変)後に締結された辛丑条約によって、中国は列強に合計四億五千両(六七五〇万ポンド)の賠償金を支払うことになった。日本の受け取り分は約四九〇〇万円(五二〇万ポンド)だったが、第一次大戦後各国がこれを減額したり対中文化事業に使用したりしたため、日本も一九二三年から賠償金を基金に対支文化事業を始め、中国で学術・教育・衛生などの事業を行なった。

加藤と黄と私の三人は人生や政治にかかわるあらゆる問題を論じ合った。日本人の性格は朝鮮人そっくりだ、というのが三人の結論だった。誰も彼も過激主義者ばかりなのだ。中国人にある中庸とか中道といったものはない。われわれは二つの個性がある。非常に残酷な面と非常に心やさしい面と両方あるのだ。すぐに幸せな気分になるがすぐに落ち込む。喜怒哀楽が激しいのである。自尊心が強い。ささいな過ちでも容易に自殺する。

だが朝鮮人のほうが健康だ。日本人はさまざまな病気を抱えている。ビタミン不足のせいで日本人の視力は非常に劣る。眼鏡をかけている割合が圧倒的に多いし、日本の航空士はこれを最悪の欠点だと考えている。朝鮮人で眼鏡をかけていたり目が悪い人はほとんどいない。日本人はたいてい近眼なので、日本の美術がかならずクローズアップで、デザインも単純で平板なものが多いのもそのためである。日本人の目に映る風景は画家たちが描いた通りなのだ。

日本人と朝鮮人、中国人の主な違いは、中国人の場合反応が遅いことだというのがわれわれ三人の結論だった。われわれはあらゆる関係に明確な線を引く。中国人はそういうことはしない。彼らは外交的、政治的かつ差不多（チャープートウオー）(237)であって、けっして決めつけない。日本人と朝鮮人は相対的に単純である。中国人はその社会構造と同じく複雑である。中国人は決して秘密を明かさない。何を考えているのかは分からない。何年も前から私は中国人にはなにか秘密の力が隠されているのではないかと考えてきた。「そうじゃないかい」と私は黄に尋ねた。

(237) 差不多「まあまあ良い」の意味。

「いや、違うね」と黄は答えた。「ひとつの問い以外はなにもない。あるのはただ、内側に秘めた謎があるのだろうか、それともないのだろうかと問い続けさせるその事実だけだ。不確実ということ以外なにもなく空っぽなのだ。この事実を隠すために、われわれは神秘的な力をほのめかす必要がある。実際にそんな力があろうとなかろうと。無知な中国人もまたこれで惑わされるんだ。これが支配階級の的確なやり方だ。空虚だということを決して表に出さない。自我の周囲に空虚な言葉の壁を築きあげ、うわべだけを盲目的に崇拝する。というのも中国では個人には真の尊厳はまったくないからだ。個人は数百万のひとりにすぎない。偽りや謎めいて見せることによって尊厳という幻想を自分に与えなければならない。そうしなければ人生の意味がどこにも見出せないのだ。中国人は膨大な人口の真っ只中で自分自身が個人としていかに無力であるかを認識できない。あるいは自分に生存権があると信じる勇気ももてない。中国人が知っているのはただ一句、没有法子（メイヨウファーズ）——「しかたがない」という言葉だけなんだ。

「中国人が一度何かをいったり書いたりすれば、それを撤回したり大目にみてもらうことはできない。言葉は魔法のようなもの、つまりこういうことだ。もしぼくが友人の過失や間違い、あるいは犯罪を目撃したとする。ぼくが何もかも知っていることは友人にもわかっている。それでもぼくが一言もいわないかぎり、彼にとってそんな事実はないことになる。もしぼくがしゃべれば、その瞬間から彼は敵になる。言葉ひとつでなにもかも変わるわけだ。だから中国人は決して早まってものをいわない。言葉になるまでは何事も許されるが、いったん言葉になればもはや後戻りはできない。友人を裏切るようなひどいことをしたとしても、ぼくが決してそれを認めなければ友人はしらを切りとおせる。ぼくが友人に嘘をついても、そして友人にも嘘だとわかっていても許してもらえる。孔子は「四頭の馬でも舌には追いつかない」といっている。

「言葉だけを崇拝するこうした哲学のゆえに、われわれ中国人は嘘ばかりつく。わが国のような堕落した社会では真実はつねに醜いものだ。われわれは互いに嘘をつくことでありもしない美の幻想をつくりだす。それが社会にたいするわれわれの暗黙の義務なのだ。自分のためにも他者のためにも、社会の過酷さを言いつくろうのである。中国人は自我を守るために、決して過ちを認めず、あくまで否定しなければならないのだ。われわれは過失を認めるすべを知らない。それに過失をことばで指摘するような人間に対しては憎しみを抱く。われわれが自我の周囲に築いた想像上の壁を打ち破ったことになるからだ。中国人はどのような事であれ自分を許さなければならないし、友人にも同じことを期待する。友情にも家族関係でも正直という道徳はない。友人の罪はいっさい認めてはならない。さもなければ友情にひびが入る。友人には常にお世辞をいい、自分は謙遜しているふりをする――これは単にうぬぼれの交換でしかない。」

黄は旧社会の偽善と偽りを憎んでいたが、自分自身そのなかにどっぷり浸かって、水をえた魚のように仕事を楽に進めていた。「中国人のやり方に従わなければ死ぬしかない」と彼は私にいった。「個人ではこれを相手に闘えない。社会の革命が成就するまでは変わりようがないのだ」

とはいえ黄平川は私といるかぎり率直で心を開き、何事についても決して偽りをいわなかった。私が知り合いになった中国人革命家のほとんどは、個人的には旧社会の慣習を根本から変革しているが、実際の活動では周囲に合わせる必要がある。そうしなければ愚かといわれるしかない。自分たちの間でのみ昔の呪いから自由になれるのである。湖南と広東の出身者はほかの中国人よりもはるかに率直で正直なので、私も彼らが一番好きだ。中国のもっともすぐれた革命家がこの二地域から出ている理由もたぶんここにあるだろう。

中国人は会合ではけっして本当の意見をいわない。決定はすべていつの間にか内密に下される。日本人や朝鮮人の会合は議論ができるし、ひとつの意見をめぐって賛否を問い、何事かを決めることができる。単に会合をやったという感じをもつためだけだとしてもである。中国ではこうしたことは絶対にない。会合はまったく形式的なものでしかない。自分の発言がどういう結果をもたらしたか分からないのだ。会合が終わった後、中国人はどこかへ出かけ、数人の同志の間で内密に結論を出す。反対意見は葬り去られる。中国人は秘密や陰謀の話を聞くのが大好きだ。彼はあらゆる活動の局面ですぐれた外交官といえる。

中国ではいったん権力を握ると、それを維持するのは易しい。公然と発言しない人びとは多数派に従うふりをするし、現実にそうした受動性が現状維持に貢献しているからだ。したがって、政府は実際の支持がまったくなくとも、受動性とごく少数の傭兵だけに依存しながら長期間政権を維持できる。それに中国には政権を握るための秘密がひとつある。確信をもって嘘をつき、大勢力や組織的な計画があるというふりをすることができれば、たちまち勢力を結集し、弱点が顕れる前に成功することが可能なのだ。だからこそ中国の政治は嘘で固められているのである。広東の虎門寨(ボッカ・ティグリス)(238)の砦に虎の絵を描いたのもこれと同じ原理からだ。中国の軍人は大型の銃を買いたがる——不発弾が入っていようとかまいはしない。蔣介石こそまさに中国の政治家だ。両方の手で旗をふりながら政権を維持してきたのだ。片方の手では赤旗をもって帝国主義国の面前で振ってみせ、中国の革命を阻止するために支援をとりつける。もう一方の手には各大国の旗をいくつも握って中国国民の目の前でふりかざし、自分は国民とともにあることを示してみせる。もし自分が打倒されるようなことになれば、帝国主義大国は一致して中国に押し寄せ、「反共産主義」の名において国を亡ぼすと、国民が信じるに違いないからである。

中国人の性格で非常に残念な面はつぎのようなところである。感情が希薄で打てば響くことがない。盲従する傾向がある。人間生活になんの価値もおかない。個人の自立を尊重しない。過ちを認め責任をとる勇気に欠ける。

こうした性格のゆえに、中国人は何事につけ速度が遅く、多くのチャンスを逃してしまう。遠くの路上に中国人の姿をみかけても、こちらへ向かっているのか遠ざかっているのかわからない。日本人はいつも目的をもって歩いている。中国人は目先のことにとらわれて展望をもたず準備もしない。正義にもとるとわかっていても権力に屈する。真実そのも

(238) **虎門寨** 珠江の河口東側に築かれた要塞。アヘン戦争の時、林則徐によるアヘン焼却や中英両軍の戦闘の舞台となり、イギリスに片務的最恵国条款や土地租借を認めた「虎門寨追加条約」が結ばれたところでもある。

のに向かって突き進んだり、原則のためにたたかうことなどめったにないし、過ちを認めないから理論の構築も下手で混乱している。歴史が歪められているのもそのせいだ。他の諸国では、過ちを認めることはそれを正すことである。中国では過ちを認めることは信頼をなくすこととみなされるので、自分から過ちを認めようともしない。平均的な中国人の精神は、社会体制と同様、弾力性に欠ける。議論や理性ではなく力づくで打ち壊し、変革するしかない。既成事実をつきつけねばならないのだ。自分が正しいことを証明しようとすれば、まず軍隊をつくり武力で勝利する必要がある。したがって歴史を動かすには内的変革ではなく、戦争と軍事クーデタによるしかない。そうすれば勝利者は容易に支持者を獲得できる。中国のインテリたちの間では議論が盛んだが、そこから何かが生まれることは決してない。人民大衆の琴線に触れないのだ。変革を自動的に促すような内的活力とか発展する強さや力といったものが十分にはない。外側から力で押す必要がある。その理由は主として、中国が長年、半植民地的状況に置かれてきたことにあるし、そのゆえに産業革命の発展が妨げられ、また変革をめざす強力な社会的勢力も発展できなかったのである。

中国人は人道主義を知らず、自分に有利な状況でのみ友人に忠誠を尽くす。艱難辛苦のなかで互いに頼りあえるなどとは決して思わないから、すぐに不信感や疑いを抱く。利己主義が利己主義をうみ、各人はまず自分の身を大切にして自分の権利のためにたたかう。純粋に唯物主義的価値観をもつには過酷な生活条件に押しつぶされ、理想主義は贅沢なものになり、中国人がいつまでも持てるしろものではなくなっているのだ。こうした理由から中国革命ではアナーキズムや社会主義を掲げる局面がないのである。

私が中国人にたいして驚嘆するのは以下の点である。中国人は誰であれ自分の敵と容易に一緒になれる。朝鮮人や日本人の場合、これをうまくやることはおよそ不可能だ。中国人は決して公然と攻撃したり憎んだりせず、自分の感情を制御する。役者になれるので、誰とでも暖かな関係を容易に維持できる。密かに殺人をたくらんでいるとしてもだ。個人でも政治でも闘争の計画はあくまで秘密であり、決して明らかにされない。

中国人のもうひとつ特異な点は、決して急進的な変革を望まず、常に、慢慢地(マンマンタ)〔ゆっくり〕妥協しつつ進む点だ。これは自分と同じ地位の者たちの間でもまた敵との戦いにおいても変わらない。中庸から決して遠くへはいかない。自分自身のエネルギーや時間をすべて投入したりせず、必ず自分のために半分とっておく。時には革命のための仕事においてもそうである。

平均的な中国人は直接自分と関係のない事柄には決して関心をもたない。その他の問題については立場を明らかには決してしないのだ。正しいか間違っているかなど気にしない。中国では同じ家のなかで餓死する者が出ても、良心の呵責(かしゃく)を感じないですます。朝鮮では少なくとも一度は助けようとする。一九三四年に私は北京で三家族と同居したことがある。そのなかに貧しい母親とふたりの子どもの一家がいた。幼い男の子が泣きながらやってきて、母さんが空腹と病気で死にかけているからどうぞ助けてくれといった。だがその敷地内に住む誰ひとりとして、戸をあけて助けに行こうともしなかった。いつも私にはやさしい妻でさえ、「おせっかい」をやくのはいやだといったのだ。私は腹が立ってしかたがなかった。私の病気はかなり重かったが、それでも起き上がって母親の様子を見にいった。持ち合わせの金もないまま、医者を呼び冬の寒さの中を処方薬をもらいにいった。それからその女性のために食べ物を用意した。私の妻は手伝おうともせず、「みんながあなたのことを笑っている。うちの面目は丸つぶれですよ」といった。

中国人は哲学的なところはまったくなく、あくまで実際的かつ直接的である。儒教は単に実用的な日常の倫理にすぎない。哲学的な原理ではなく単なる規則だ。旧式の中国人は決して理想あるいは形式、内容についてくよくよ悩まない。正義という普遍的概念や人間の思想や発展という大問題など持っていないのである。中国人の思想には発展性がなく現状とその維持の方法に関心がある。この点では絶対に確実である。経済的目的を直観的に知っているし、どういうわけか絶対に誤らない。友人でない中国人または自分を嫌っている中国人にむかって決してものを尋ねないほうがいい。いずれかはっきりした関係ではない場合は尋ねてもよい。相手が怒るとか厄介な事態を引き起こしかねないとおそれていれば、あえてそうした質問を拒んだりしないだろう。朝鮮人ならば敵にものを尋ねても、率直にイエスとかノーをいうだろう。だが中国人は相手に影響力があるとか、相手は高い地位にあると思えば、たとえ嫌う相手でも助けるだろう。自分の地位を固めるためである。自分よりも低い立場の人間には、決して援助の手をさしのべないのである。こうしたことが中国における権力の転覆を非常に難しくしている。

中国人のもうひとつの重要な特徴は、自分よりまさる勢力や経済力に屈伏することである。中国人にとっては権力はそれ自体で善なのだ。優勢な権力は決して攻撃せず、まずその力が弱まり、したがって劣勢になるまで待つ。戦争では一方が圧倒的に優勢である場合は戦わないのが習慣である。さもなければ面倒を避けるために単純に降伏してしまう。その反対に朝鮮人の間では一貫して少数派の闘争がある。朝鮮人は絶対的な抑圧にたいしては、それが不正義である限り戦う。たとえ希望はないとわかっていてもである。朝鮮人は逮捕されたり自殺する前に必ず「最後の爆弾を落とす」だろう。*

＊N・Wの注　この点に関しては確かにその通りである。『チャイナ・ウィークリー・レビュー』[239]誌に載っていた青島での事件を目撃したアメリカ人女性の手紙を覚えている。ひとりの朝鮮人が両手にナイフを持ち、数時間にわたり三〇―四〇人の中国人警官をよせつけず、逮捕をこばんだのだ。警官が近づこうとする度に、彼はナイフを突き出しながら大きく円をかきながら歩き回った。

(239)『チャイナ・ウィークリー・レビュー』一九一七年上海でアメリカ人ミラードによって創刊された英字週刊誌。太平洋戦争中の停刊を除いて五三年まで発行された。中国名『密勒氏評論報』でも知られる。

中国人は行動に出るまえに必ず、「自分にとって有益か有害か」を自問する。かならず成功すると思わなければ行動に出ない。中国人の戦略で嘘が不可欠となる理由もそこにある。相手側に希望はないことを確信させるのがたたかいの半分なのだ。会合を持つ前に少数派に手を貸すと約束していたとしても、万が一にも成功するチャンスはないとなれば、実際の会合では決してその通りにはしない。まず非公然に圧倒的多数派をつくっておくのである。

朝鮮では正しい理由のために危険にさらされる人間がいれば、必ず手を貸して罪をはらさなければならない。中国ではこうしたことはありえない。目もくれないのだ。朝鮮ではどの街頭闘争でも通行人の中の二〇人くらいが加わって、自分が正しいと思う側について闘う。中国にきて一七年たつが、こうしたことで闘う人間を見たことがない。救けようと思えば救けられたのに死なせてしまっても、何ら恥ではないのだ。朝鮮人はやむにやまれず正義の側に立とう、そこで闘おうとする。

朝鮮人は中国人を恐れている。中国人の強盗はまず殺してから盗むからだ。朝鮮では金しかとらないし、ナイフで傷を負わせるのも自衛のためだけである。中国人は政治的理由で人を雇って殺人を犯させることも珍しくないし、それで実際に犯罪を消せると思っている。自分の罪が発見されさえしなければ、殺すことは害悪ではないと考えているのである。

中国社会では肉体的に痛めつけるとか魂を破滅させるといったことはやらない。こうした残酷な拷問は敵にこそふさわしいと思っている。はっきりした肯定と否定、明確な決断や回答、イエスかノーか、といったことはないのである。ダンテ[240]こそまさに中国人の倫理の対局といえる。ダンテはまったくの善かまったくの悪のいずれか、高い道徳か暗黒の罪かという二者択一を求める。これはヨーロッパと中国の文明の大きな違いだ。これもヨーロッパが進歩し中国が停滞している理由のひとつではないかと考えることがある。革命では明確かつ最終的に切ることが重要だ。妥協は破滅的である。

(240) ダンテ 一二六五―一三二一。イタリアの詩人。長編叙事詩「神曲」で地獄・煉獄・天国を描いた。

中国人の性格としてもっとも優れている点は、すずめに似ているところだ。いついかなるところでも、チベットから熱帯の南洋にいたるまでいかなる気候、いかなる困難の下でも元気に活躍できる。領事もいなければ法的保護を受けられなくても生き延びられる。自己保存の術はすべての中国人の間で非常に高度の発達を遂げた。これは必要性から生まれたものだ。中国人はみんなどのような状況でも本能的に金を儲けるすべを心得ている。

こうした中国人の性格は経済的な歴史や社会構造からもたらされた。革命がこれらを変えるのは、革命がどこまで断固として最後までやるかに応じてである。ソビエトや紅軍の中では、九〇パーセント革命化していると思う。白色地域の個々人の場合は、よどんだプールに石を投げ込むようなものだ。個人的な誠実さのレベルでは受け止められても、波紋は拡がらない。

朝鮮と日本の民族主義者は決して中国人を理解できず、たいてい嫌っている。だが朝鮮人と日本人は互いに理解しあう。とはいえ憎悪はもっと激しい。民族主義はいたるところに憎しみと誤解と人種主義を育てる。国際主義をつくりあげるには社会主義を通すしかない。このことを私は学んだ。国際主義はさまざまな面で失敗し、ファシズムが取って代わることが多い。ロシアが孤立したため他の革命運動もまた同様の孤立を強いられてきた。そこから民族主義が生まれたのである。一九二七年の極東には中国革命を中心として広範な国際主義があった。その後、自衛のために民族の間で線が引かれてしまった。

われわれ朝鮮の同志の間でしばしば、中国人と話し合い共に働くことの難しさを議論する。相手が日本人の場合よりも難しいのだ。私については傑出した成功例だとみなされた。一九二七年以前の勝利の時期にはなんの問題もなかった。敗北の時期になるとあらゆる問題が表面に出てきたのだ。中国にいるアウトサイダーは幾多もの余分の闘いを強いられるのである。

一九三二年以後、私は中国の状況に自分を順応させるか、さもなければ朝鮮に戻って活動するしかないところに立たされた。私は努力したが失敗した。私の中のなにかが妥協を拒んだのだ。なにより必要なことはいかにしてそらとぼけ、個人的感情を仮面の下に隠すかであった。にもかかわらず私には秘密をもったり人を欺くことができなかった。私自身の性格が反抗し、まったく無力であった。それでも私は非常に変わったし、朝鮮では習慣も性格的にも典型的な中国人と思われている。中国ではいつでも中国人で通る。ふつうは湖南人であるとか広東出身だといって、だから率直でおこりっぽいのだと説明することにしている。

外国人にとっては中国で働くのは精神的に非常に苦しい試練である。私は自覚しないま中国社会の壁に体当たりしてきたのだが、それでも基本的な性格は変わっていない。絶えざる反乱のうちにあるし、この闘いはまじり気なしに正直で自然で善意にあふれた雰囲気を求め永久に続くだろう。多分私はいまだに理想主義の精神を捨てていないのかもしれない。現在ある人間と物質的状況をシニカルな中国方式で受け入れるすべを学んだといいながらである。私は自分を朝鮮革命と不可分であると同じく、中国革命とも不可分であると思っている。中国の抑圧された労働者や農民、革命家にたいし、朝鮮のそうした人びとに対すると同じ深い愛情をもっている。旧い束縛の犠牲者である彼らの問題が理解できるし、彼らにとっての自由と正義の未来を信じてもいる。

私はもはや中国人の馬馬虎虎(マーマフーフ)や無頓着にいらいらしない。これもわれわれが相手にしている封建制社会の遺物の一部だと認識している。不寛容や科学的正確さは機械時代にのみふさわしい——タイムレコーダーや実験室や労働組合とともにやってくるのである。科学的な産業精神を基盤にしていない支持層をもつ共産党は、科学的社会主義の行動路線を打ち出すことはできないのであって、党自身が複雑な状況に順応しなければならない。

平均的な中国人と日本人の間にみられるきわめて顕著な相違は、日本では犠牲が崇拝の的になっているのに対し、中国では他者のためあるいは客観的理由のために犠牲を払うことをよしとされない点である。ふつうの中国人には激しい情熱とか深い感情がない。ただし南部の人びとととくに革命家は心が暖かい。中国人がもつもっとも激しい情熱は、自分の物質的利害が犯されたときのひそかな憎しみである。愛情とか感激に動かされることはめったにない。方針を貫くとか意欲にかられるといったことがない。感情面での闘いなどなにもないかのごとくなめらかである。しかし湖南人や広東人はほかの中国人とは違う。彼らは激しやすく、好き嫌いがはっきりしている。闘いはじめたらとことんやるのが好きだ——馬馬虎虎ではない。彼らはたいていその地方の部族と入り交じっているので、ほかの地方者ほど時代遅れではないのだ。

中国人は深い悲しみとか喜びに浸るといったことがおよそないように私には思える。すぐに忘れてしまう。ことに自分が見た残虐とか苦しみをさっさと忘れる。人生の意味も失われている。体験を蓄積して役立てるのではなく、どうにかして振り捨ててしまうのである。中国人にとって過ちを犯して失脚すると、再び立ち上がるのは容易ではないようだ。責任を回避するために他の人のせいにしようとするので、シニカルで受動的にならざるをえない。

ふつうの日本人にとって個人の価値はつぎのような基準ではかられる。第一に、戦争で自分の命を犠牲にすることが最高である。第二に、外国で船の上で死ぬこと、第三に、科学的な実験室で死ぬこと、第四に、自分の人格を築き上げ、大義のために死ぬことは「純粋かつ誠実」に向かう偉大な社会的力であるというところまで感化されること。ここから封建主義的スタンドプレーと近代的な進歩性をないまぜにした日本人の奇妙さが浮かび上がる。

日本では母親と息子の関係が異常に密接である。母親が革命家になった息子の幸せを心配するあまり、息子を救おうと自殺することが少なくない。息子に監獄入りや処刑を免れるために裏切れとはめったにいわない。息子への愛情は強烈だが、息子が名誉の死を遂げることに誇りをもっている。日本の母親は息子のためならどのような犠牲も払うし、自分が払った犠牲を決して息子には知らせない。中国では息子にたいし母親や家族のために犠牲を払えと要求する母親のほうが多い。これが革命運動にとっての災いであり、中国人は家族との関係を断たないかぎり自分が自由にはなれないのである。

ふつうの中国人は自分を直接支配する権力以外はほとんど尊敬しないが、日本人は動機とか理想主義とか原則を重んじる。日本人は自尊心があり、日本のプロレタリア階級の階級意識は東洋諸国ではもっとも発達している。天皇についてもその他、国家について築き上げられた手の込んだナンセンスなどいっさい重視していない。封建主義という問題を抱える農民に対しては、プロレタリア階級は戦術上の理由から、あまりに公然と自己を表現して敵対するようなことはしない。農民にもプロレタリア革命を支持してほしいと願っているからだ。だが日本の労働者には強い愛国心をもつ者が少なくない。とくに国営の重工業の工場労働者は愛国主義的である。その数は約一〇万人はいるに違いない。にもかかわらずこの愛国主義は国家を天皇とではなく、労働者としての彼ら自身と同一視している。

日本の知識人は非常にすぐれているし、左翼の方向に行きやすい。日本人はマルクス主義文献をすべて翻訳して読めるようにしただけでなく、すぐれた独創的研究も行なっている。極東のわれわれが考える最上のマルクス主義者は、(1)ロシア人、(2)ドイツ人、(3)日本人の順である。日本人は中国人ほど器用でも利口でもないが、真面目だし本気で深い研究に関心をもっている。中国人は広く浅くが好きで、専門化は得意ではない。

日本の共産主義者が容易に裏切るというのは事実に反する。政府は逮捕者の「転向声明」を発表して釈放するという頭のいいやり方をしているが、これは労働運動を混乱に陥れるためである。だが、共産主義者はまっすぐに活動に戻る。とはいえ混みいったスパイ体制や探知を回避するため抜け目なくやる必要がある。日本人は中国人のように仲間を警察に売ったりはしない。それは警察が組織の下部に送り込んだプロのスパイがやることだ。スパイの数は少なくないのである。日本の共産主義者は極東では非常に尊敬され信頼されている。朴振をはじめ私の朝鮮人の友人の多くは日本人といっしょに活動した経験がある。彼らの話では、日本の共産主義者は宗教者に劣らぬ犠牲を払い、互いの関係は非常に密接で暖かいという。これほど堅くむすばれた革命家集団はほかには見られない。ひとつの身体のようである。ひとりが獄中で拷問を受ければ、ほかの人たちはまるで自分が拷問されているような気持ちを味わう。彼らは常に勇敢である。ひらの党員でさえ法律的な尋問はすべて心得ていて、法廷の弁護士のように自分の権利を堂々と主張する。一九二九年に大量の共産党員が逮捕されたが、[241]裁判所は「個別裁判の必要はない」と言明した。四〇人の男たちがその違法性をあくまで主張した際、法廷は彼らに二時間にわたる弁論を認めた。そのうちの七人が裁判が始まるまでに一冊の本ほどもある自らの弁論を書き上げた。

日本人は敵には残酷だが友人には献身的である。朝鮮人もそうだ。日本人は友のために命も惜しまない。彼らは決して一個の男性を犬とはみない。人間の命に尊厳と価値を認め、死を重んじる。どんなささいなことも真面目にとりあげる。ひとつの「考え」でさえ危険なのだ。個人はすべて警察に監視され、もの悲しいほど真面目にかつ不安の目でみられている。人を危険視するから逮捕するのであり、人間の生命や自由を尊重しているからではない。日本の支配階級は弾圧となるときわめて残酷で抜け目がないが、これは危険な合図

(241)　**大量の共産党員が逮捕された**　一九二八年の三・一五事件と二九年の四・一六事件で日本共産党・労農党などの関係者多数が検挙され、全国で八〇〇名以上が起訴されたが、三一年六月に始まった東京地裁での公判は、被告を約四〇名ずつのグループに分けて、これに党幹部一二名の法廷委員が加わって代表陳述を行なうという「統一公判」形式で行なわれた。公判で市川正一が行なった党の闘争史についての陳述は「日本共産党小史」として非合法出版された。

を認めるからである。日本ないしは朝鮮に革命が起こりうる可能性を決して過小評価しないのだ。日本人はこの種の過ちは決して犯さない。

朝鮮人のもっとも悪い点は協力し規律に従うことができないところである。従って、われわれ朝鮮人は個人主義的かつアナキスト的傾向や派閥闘争に悩んでいる。朝鮮人は自分自身が率先して生命の危険をおかすことになんらのとまどいもないが、命令に従ったりなんであれ独裁の下におかれることを好まない。われわれの間では規律は守られないが、民主主義の精神は十分にある。もちろん、その根本的理由を探れば、朝鮮では大衆運動はいっさいできず、そのため革命家たちが四散していることにつきる。亡命すれば病的に過敏にならざるをえないし、日常生活は変則的でつねに困難に見舞われる。外国に住むわれわれについて回る政治的問題は、異国にあってほんの一握りの少数集団であることから生じているのだ。この異国でわれわれは急速な状況の変化の中で、左右に引き裂かれ、ぐるぐる回っている。この変化を抑えることはわれわれの手に及ばないし、われわれの中心的問題に直接関係がない。従って、いかなる情勢であれ朝鮮の革命運動との関連で正しく分析することとなると、なかなか同意が得られない。

われわれの運動の複雑な歴史と弾圧をあらゆる側面から振り返ると、いままでとにかく幹部(カードル)が残ってこられたことに驚嘆する。われわれはあらゆる多様な局面において、極東の国際主義的プロレタリア革命の前衛となってきたのであり、われわれの歴史こそこの国際主義の戦線における発展と失敗のバロメーターである。朝鮮人は一九一八年に最初にレーニン主義を極東に紹介したが、今後も常に第一線にとどまるであろう。なぜならわが国は多くの国際的状況の犠牲にされているからであり、国際主義に立つ革命の成功なしにはまったく希望がないからである。」

（N・Wの見解　ここに述べられたことから、一九四九年以後の中国共産党がなぜ、旧社会を変革しようとして告白や過ちを認めることなどに固執したのかが、いくぶん明らかになった。告白は一三世紀にヨーロッパで行なわれるようになったのだが、おそらく旧社会が変わりつつあった時代の名残だろう。プロテスタント〔新教徒〕はあらゆる形態の告白を宗教だけでなく法廷においても撤廃し、米国の憲法修正第五条に定めた。ひとりの朝鮮人による上述の意見は、経験をつんだ心理学者には、病んだ社会が絶えざる抑圧と迫害のゆえに朝鮮人の間に見られるパラノイア〔偏執症〕的形態を帯びることを示す例とも理解されるだろう。社会が病んでいれば、そこに住む人びとの精神も病むのは当然である。

上記のコメントは七月二三日付のノートのほか、対談のあちらこちらにも話として出てくる。）

「アリランの歌」から削除された部分　比較文明

「私の親友黄平川は広東の梅県の出身である。彼は心の暖かい情熱家で、頭がよく、偏見がなく正直で、明確な思想をもっていた。一九三三年六月八日北京で死んだ。五月二八日に日本から北京に到着したが、一文無しだった。以前はシンガポールで教師をやっていて、そこから私が逮捕された日に日本にいった。もともと文学青年だったが、共産主義者になった。郭沫若の下で働き、上海に左翼の本を扱う書店を開いた。私たちは長い手紙を出し合った。彼は宗教史も勉強していた。一九三三年五月に北京の私の公寓〔アパート〕を訪ねてきた。まわりからは国民党のスパイだと思われていた。私を出獄させようと努力したが、居所をつきとめられなかった。彼は刑務所を調べあげた後、病気になって家で五日間寝込んだあげく、伝染病の猩紅熱で死んだ。私を探している間に監獄で感染したのだ。良薬を買おうにも金がなかった。金さえあれば助かっただろう。

中国人の中でも広東人は友人のために犠牲を厭わないし、すっきりした関係をもっている。はっきりした意見をおおやけに語る。最悪の地方は残酷さと不正直で名をはせている湖北である。ここの男たちは絶対に信用できないし、彼らの側も常に疑心猜疑だ。

中国人の女性と結婚する朝鮮人はごくわずかであるし、朝鮮人の女性は決して中国人とは結婚しない。民族主義者は中国人の性格を好まない。冷たいうえに計算高すぎるのだ。満州には中国人の女性はほとんどいないので、朝鮮人は結婚したくても相手がいない。中国人女性を好きになるのは共産主義者だけだ。中国本土にいる朝鮮人はあまりに貧乏で結婚など望めないし、中国人女性はみな金が好きで、ことに部外者と愛情で結婚することはめったにない。中国にいる朝鮮人のほとんどは結婚しないまま終わる――朝鮮の女性がやってくるには困難が多すぎる。

日本人と結婚する朝鮮人も数えるほどしかいない。朝鮮人女性が日本人と結婚したりすれば、友人はみな背を向ける。朝鮮で現在日本人と結婚しているのはわずか四〇〇組程度である。政府はこうした結婚を奨励しているとはいえである。朝鮮人女性は日本人男性を恐れている。日本人の男は結婚すると残酷になり、女性を重んじることはまずない。女性が間違いを犯せば、それが朝鮮人の欠点であるといい、決して自分の過ちだとはいわない。

朝鮮人はやさしいだろうか。三〇〇年にわたる李朝のゆえに、すべてが弾圧され、家族の支配下におかれている。封建的家族の力は依然として強い。今日の朝鮮では農業では生活できず、養蚕などほかの仕事をもたねばならない。朝鮮は李朝によって三〇〇年間、日本によって四分の一世紀抑えつけられてきた。この抑圧のゆえに、自由が朝鮮人の好きな言葉になっている。革命家でさえ、規律に従うことには容易に同意しない。従って、共産党の厳格な規律は朝鮮人には受け入れ難く、いかなる形態であれ「独裁」という言葉は嫌いである。多大の抑圧を受けた後ではこうしたアナーキスト的傾向も頷けるが、状況は過去に較べればはるかによくなっている。指導者は大衆運動のなかでどう活動すべきか、いかに組織すべきかを学びつつある。指導部は重要な問題であるが、日本が毎年計画的に打ち首にしたため指導者の数は非常に少ない。以前は指導者の間に絶えず個人的競争があり、誰もほかの人たちの命令に従おうとしなかった。誰も彼もが自分から率先して活動したがったが、党や個人の命令に従うことは好まなかった。規律は守られないが、民主主義の精神はみなぎっていた。朝鮮人はいったん大衆運動が組織されればすぐれた指導者になれる。

朝鮮人にとって問題は一貫して、外国でほんの一握りの少数集団であるところから来ているのであり、そこで自分の手に余る変化の激しい状況によって、左右に引き裂かれたり堂々めぐりさせられるのだ。さらに、朝鮮自体の問題との関連で正しい分析をすることも困難になる。亡命は病的に傷つきやすいものとなり、変則的で非常に困難な生活を強いられる。

　朝鮮人はさっさと働くが、中国と同様に慢慢地（マンマンタ）〔のんびりした〕な面もある。朝鮮人は清潔な白い衣服を好む。性格的にはイタリアと同じく半分島国、半分山国である。山は険しく中国のようになだらかではない。朝鮮人は極端に走り中国人の中道主義が好きではない。非常に敏感で赤面しやすい上に、おこりっぽくて傷つきやすい。だから朝鮮人はテロリストになるのだ。孔子の中庸を学んでも絶対に実践できなかったのである。

　朝鮮のわるい習慣は友好関係をぶち壊すことである。これは封建制による。現在、心理的にはましになっている。一九一九年以後、朝鮮人は政治生活にはいり、指導者に従うことを学んだ。帝国主義によって団結を強いられているのだ。自営農民の個人主義はいまや解体され地主と小作人の関係に変わってしまったため、こうした個人主義はもはや通用しない。

　朝鮮の女性は一度も纏足をしたことがない。女性たちは強くて健康だ。三枚のスカートをはく。いまでも朝鮮の森にすむ虎であることは変わりない。

　朝鮮人は幸せではないがインドシナよりはましである。フランス植民地は朝鮮よりも遅れていて教育も工場も劣っている。大学はひとつもない。広州でインドシナの同志に会ったことがある。[242]文化程度が低くて、共産党でさえ何の理論ももっていない。インドシナにはいまでも旧式の国家試験が残っている。一九二〇年に中国人の教育を目的にインドシナへ行った中国人は、フランス人の許可を得られなかった。許可されるのは労働者と商人だけで、知識人は絶対に入国を認められない。この中国人は労働者に変装してでかけたのだが、労働者タイプではないと見破られた。インドシナには男よりも女のほうが数が多い。遅れている雲南に近いせいもあって、インドシナの革命は非常に困難である。中国へ逃げてきて助けを求めても、乞食のように扱われる。中国から何の助力も得られないのだ。一九二七年、広東にいたインドシナの同志が入水自殺をした。フランスの人民戦線もインドシナを支援しない。

朝鮮人には今日の生活しかない。昨日も明日も確かではないからだ。だからわれわれ朝鮮人はひどく現実的である。外見では楽しそうでも実際には絶望している。朝鮮で幸せなのは子どもたちだけだが、中学校でさえ負傷者が出ているのだ。

中国の子どもはとても頭がいいが、歳を経るにつれ成長がとまり、若くして老成してしまう。朝鮮ではこのようなことはないし、日本でもそうだ。中国では学校を終えると、それ以上学び続けることがない——まさに馬馬虎虎（マーマフーフ）であり慢慢地（マンマンタ）だ。深く究めるとか深く教えるということをしないのである。中国人は服従するが、朝鮮人はしない。一九二三年、コミンテルンは中国では指導部が非常に重要であるとした。中国で重要なのは路線である。

（242）広州でインドシナの同志に会った　中国国民革命の時期の広州にはヴェトナムのホー・チ・ミンら多くの革命家が来ていた。ホーはソ連顧問のボロディンや中国共産党員の支援を受けてヴェトナム青年革命同志会を結成しインドシナ共産党結党の準備を行なうとともに、中国人・朝鮮人・インド人などと東方被圧迫民族連合会を組織して反帝国主義の国際共同闘争を展開した。文庫一六八頁参照。

朝鮮の歴史は長期的にみれば中国の歴史よりもましだ。朝鮮の民族主義者は決して中国人の下では働かないし、彼らを好きになったこともない。

以前の朝鮮にはなぜあれほどあまたの党派があったのだろう。この問題はすでに解決ずみである。朝鮮人は政治思想の歴史をもたず、科学的訓練も受けていないというのがその理由だ。さらに、本当の意味の大衆運動がないこともある。すぐれた指導者を育てるのは大衆運動しかないし、必要とされているのも大衆運動だけである。大衆運動の指導者は常に内発的に登場する。一九一九年以後、朝鮮の大衆運動は急速に発展したが、まだ一八年しか経っていないのだ。この間に一世紀にも匹敵する急速な発展を遂げた。だから私は朝鮮を固く信じている。

日本の知識人は簡単には動揺しない。中国のように同志を裏切るようなことは決してしない。帝国大学の有名なマルクス主義者河上肇(243)博士は一九一六年に左翼に反対したが、その後自分の誤りを認めてマルクス主義者のグループに加わった。彼はマルクス主義経済について多くの著作を発表し、帝国大学で大きな影響力をもっている。

一九二八年、日本の帝国大学で大勢の学生が逮捕され(244)、経済学部が捜査された。朝鮮人は全校の先頭に立って経済的自由を政府に要求した。政府は河上教授に辞職を求めたが、同教授は拒否した。一九二七年、彼は労農党(245)の結成に参加、その後公然の共産党の指導者になった。この党は一九二八年、田中義一によってつぶされた。河上教授は自分の金六万

(243) **河上肇** 一八七九―一九四六。経済学者。東大卒。京大経済学部教授となり、人道主義的立場から『貧乏物語』などを書いたが、次第にマルクス主義の立場に近づいた。二〇年代には労農党などの活動に参加したが、二八年の三・一五事件の後政府の圧力で京大を追放された。共産党に入党して検挙・投獄され、三七年六月一五日釈放された。

(244) **日本の帝国大学で大勢の学生が逮捕され……** 一九二五年末から翌年初めにかけて京都帝国大学社会科学研究会のメンバーらが逮捕され、三八人が治安維持法違反などで起訴された。「京都学連事件」の名で知られる。

(245) **労農党** 一九二六年に結成された合法無産政党。日本農民組合、日本労働組合全国評議会など左派が中心となり、共産党の影響も強かった。二八年の第一回普通選挙で二名を当選させたが、三・一五事件で多くの幹部が検挙され、翌月解散命令を受けた。

ドルを共産党に与えた。一九三三年、同教授は投獄されたが、数週間前に釈放された。日本人は決してスパイ行為はしない——いるのはプロのスパイだけだ。とはいえプロのスパイはいくらでもいる。

中国人と日本人の違いをみると、中国人は即座に反応しない。日本人は熱しやすく、友情が育つのもはやい。感傷的でもある。中国人は政治家であり外交家だ。日本人はすべての関係について明確な線を引く。中国人はこういうことはしない。日本人は学問でも深く究める。中国人は広く浅くであり、専門的なことは苦手である。胡適(フーシー)[246]は文学者であり、批評家、ジャーナリスト、政治家、哲学者でもあるが、そのうちのどの分野でも傑出しているわけではない。

日本人は自分の義務をわきまえ、死ぬのをいとわない。中国人は違う。日本の共産主義者はつぎの点で非常にすぐれている。(1)良心的である、(2)正直である、(3)大衆として勇気あり、恐れずに参加する。一九二八年以後は日本の共産党の条件は以下のように変わった。(1)誠実であること、(2)闘争の経験と階級的背景があること、(3)意識と理論があること。

日本人は獄中では非常に立派である。一九二五年に日本で投獄された朴[247]が私にそう語った。同志の間の結束ほど固いものはなく、まるでひとつの身体のようだという。彼らは勇敢で、歌をうたいながら死ぬ。公開の裁判を演説会場として宣伝したり、裁判をそのために利用することもある。自分の法的立場を弁護士と同じくらいよく知っている。中国人は

(246) **胡適**　一八九一—一九六二。アメリカ・コロンビア大学でプラグマティズム哲学のデューイに学んだ後、一九一七年帰国して北京大学教授となり新文学運動を指導した。『新青年』『毎周評論』『独立評論』などの雑誌の編集に携わったほか、三八年からは駐米大使も務めた。大戦後はアメリカ居住の後、台湾で死去。

(247) **朴**　『アリランの歌』に登場する朴均のことか。文庫八七頁以下参照。

こうしたことはまったく何も知らない。

日本人は友人には親切だが、敵には残酷である。朝鮮人もそうだ。共産党の同志は互いに固く結ばれている。

日本の母親は強くないので、赤ん坊も丈夫ではない。食べ物がよくないため身体も弱い。朝鮮の母親のほうが強い。

日本人は喜怒哀楽が激しい。甲状腺にきくヨウ素(海草)を食べるし、反応もすばやい。社会的には封建主義と資本主義をあわせもつ。愛国主義はひとつの宗教であるが、それは日本人が帝国主義者に長年抑圧されながらも、自由の可能性をもっているからである。日本の国営工場には一〇万の労働者がいるが、この工場はおそらく軍需工場である。したがって重工業の労働者の多くは愛国主義者である。日本人のプロレタリア階級意識はかなり進んでいる。彼らは天皇に好意をもっていないが、農民は天皇が好きである。

朝鮮人、日本人、中国人はそれぞれ大きな違いがあるが、私の見るところこの違いは歴史や経済状態、教育に起因する。日本人はすでに七〇年間、一定の事柄を信じるように教育されてきたし、この集中的な教育が大きな成功をおさめている。なみの男にとって自殺などは些細な事だが、善良で立派な男子にとっては、誠実さと純粋さの実証として、日本では衝撃的な印象を与えることができる。これはロシアもふくめて、程度こそ劣るがあらゆる東洋哲学についていえることである。一九三五年(ないし一九二五年)のヨッフェの自殺[248]は日本と中国で大きな影響を与え、それぞれの価値観に照らして解釈された。

(248) ヨッフェの自殺　本書二六九頁注参照。

日本では母親と息子の関係が非常に深い。革命家にとって自分の母親を殺すことは偉大なる愛のためである。母親は嘆き悲しみ、母子ともに狂気に走らせてしまう。息子が投獄されたり処刑されるくらいなら、死んだほうがましなのだ。母親は死んで幸せだし、息子も同じである――あるいは息子はもっといきいきと活動できる。一九一九年頃の日本では、息子と母親の多くが愛情から互いにたたき合っていた。

中国人と日本人の主要な相違は、日本では自己犠牲が崇拝の的であるのに対し、中国では大義とかほかの人間のために犠牲になることを享受しないし、よしともされない点にある。中国人には情熱がないが、これは地理的条件、食べ物、人口過剰、悲劇的歴史、膨大な問題などからくる性格にほかならない。南部の出身者は心が暖かく、広東娘は情熱的だ。恋愛においても、中国の青年はほとんど例外なく馬馬虎虎で、心を焦がすということがない。石や粘土と同じだ。激しい情熱があれば、ひとは公然と自由に他者のために犠牲になるのをいとわないものだ。中国人がもっているいちばん強い情熱は、自分の物質的利害が犯されたときに心に抱く憎しみである。革命によって中国人の性格は大きく変化する。いずれは完全に変わるだろう。

中国人について結論を述べるならば、彼らは外交的手腕があるといえる。朝鮮人はこうしたやり方は嫌いであるから、中国人をなかなか理解できない。われわれ朝鮮の同志は中国人といっしょに活動したり話し合う際の問題をしばしば論じる。日本人が相手の場合はそれほど厄介ではない。われわれは十分に理解しあえる。中国人は内密な話や策略を聞きたがる。

私は中国人のように空とぼけることができない。それに私がとぼけようとしても、中国人にはお見通しであることはわかっている。私には中国人のように隠し通すすべを学べないのだが、それでも私は昔とはすっかり変わったし、朝鮮ではみんな私とは認めず、私のことを生まれつきの中国人だと思っている。

中国人で嫌いなところがひとつある。彼らは他の人の間違いやささいな事柄を決して許さないくせに、自分に対してはどこまでも寛大になれるのだ。自分からは決して過ちを認めない。どうやって過ちを認めてよいか知らないし、他の人から指摘されるとその人を憎むのである。中国には正直な人間などいない。とはいえ一部の同志は私のために追放された。中国人のやり方に従うかさもなければ死ぬしかない。個人で中国人のやり方とたたかうことなど出来ない。中国人は金銭とか利益となると直感が働く。

どの中国人も内面と表面という二つの人格をもっている。その二つのバランスは他の人にはうかがい知れないが、おそらく状況の変化に応じていずれかに傾くのだろう。人を殺すのも計画を練るのもすべて秘密で、率直とか正直ということがまったくない。自分自身に対しても正直かつ率直になったことがなく、その都度必要に応じて二つの人格を行き来するのではないだろうか。自分の手で敵を殺したり、公然と戦いを挑んだりは決してせず、人を雇ってやらせる。明断とか決断は中国人には無縁である。すべてが差不多（チャープートウォー）〔まあまあよい〕なのだ。日本人は正直だ。中国人は賢い。日本人は文学的で傷つきやすい。中国人は政治的かつ経済主義的である。日本人は職業とか思想を容易に変えることができないし、闘争はきびしい。試験で二番になったからといって自殺する例もある。日本人は真先に雑誌を見て批評し、ひとつでも間違いがあるとさっさと捨てて省みない。二週間もたてば本も雑誌も古本屋行きなのだ。中国では何カ月も置いてある。日本の学生や知識人は貧乏だし、生活のために必死で働かなければならない。しかも迅速にやらなければならない。日本人は常に急いでいる。中国では電話一本かけるのも一時間待たされる。日本の取引はあっという間に終わる。中国はゆっくりしている――急ぐことなどまずない。日本人は資本主義的だし科学的だ。中国は封建主義的である。中国や日本で指導者になるのは難しい。中国では権力を維持することはたやすい。朝鮮のハングル文字は日本語よりも発達している。中国語の音は腹の底から発する――思想もすべて同じだ。日本人の性格では戦争を防げない。さもなければ全体の士気が失われてしまう。」

朝鮮の学生運動

（N・Wの注　以下はキム・サンの語ったことを私の本のために書きとめたものであり、後から付け加えたものはいっさいない。キム・サンはこれをまとめて語ったのではなく、さまざまなテーマで行なった対談のなかのあちらこちらで言及した。どのインタビューも最後は雑談で終わった。）

「朝鮮の学生運動は一九二六年に新たな段階に入り、一九二九年までの新幹会の活動の時期が続いた。この組織は半合法的な公然組織であった。

その次は一九二九年から一九三三年までで、左翼が最後の武装蜂起をめざし盲目的行動に走った時期である。これは中国における李立三主義に対応していた。朝鮮語では盲動主義と呼ばれた。日本では福本イズムという。現在われわれは行動第一主義と不必要な犠牲に反対している。

一九三三年以降現在までは統一した民族主義戦線の時期にある。これは大衆の組織化の準備として始まった。この時期の中心となったのは中学校であり、大学、高校はさほど重要ではなかった。学生数が少ないと同時に思想もさほど革命的でないためである。中学校の生徒の方が貧しい。

朝鮮の学生運動は今では他の活動から孤立した存在ではない。朝鮮では孤立した運動は不可能である。日本もそうだ。中国は国が広いのでそれも可能である。朝鮮ではあらゆる努力と力を集中しなければならない。当初は朝鮮の学生が独自の行動をとっていたが、現在はほかの階級勢力と密接な階級関係をもっている。中学校の生徒は農村でも都市でも貧しい両親と互いに関係し合っている。

学生運動が拡がる理由のひとつは、日本が朝鮮人も共学にして直接日本人の監督下におこうとしていることだ。朝鮮の学生は自分たちだけの別の学校を求めている。

朝鮮の学生運動は一九一九年の三・一デモに端を発し、その後まもなく青年会(249)が組織された。一九一九年から一九二六年までの運動はソウルの延禧専門学校(250)が中心となり、部分

(249) **青年会**　三・一運動後、朝鮮各地に合法的な青年会が生まれ、講演会や夜学などの啓蒙活動を行なった。ソウルではインテリを中心とする朝鮮青年会連合会が結成されたが、次第に社会主義思想の影響を受け、労働運動、農民運動、学生運動とともに社会運動の中で大きな比重を占めた。一九二四年には朝鮮青年総同盟が結成された。

(250) **延禧専門学校**　一九一五年アメリカ人宣教師H・G・アンダーウッドによって設立された儆新学校大学部が二三年に改称した。現在の延世大学校の前身。なお植民地期の専門学校はほぼ一六歳から二〇歳までの学生を対象にする三年ないし四年制の中等・高等教育機関であった。

的に朝鮮のキリスト者の資金援助を受けていた。ソウルの普成専門学校(251)と協成実業学校も純粋に朝鮮人だけの私立大学であり、日本の援助はいっさい受けていない。またソウルの協成中学校も同じである。ここでいう「私立」とは朝鮮人の「政府系ではない」学校という意味である。こうした学校はいまも存在している。

一九二六年に学生運動の中心は上記の専門学校から高等普通学校(252)に移った。その理由は以下の通りである。第一に、専門学校の生徒は高等普通学校の生徒よりもはるかに経済的に恵まれており、上層階級に属している。第二に、専門学校の生徒にとって仕事を見つけるのは非常に困難ではあるが、高等普通学校の生徒の就職難はもっときびしい。彼らの多くは工場労働者や農場労働者になるしかない。第三に、一九一九年以後の学生運動は何年もの間挫折し、勇気を失ってしまった。当初は学生たちは街頭に出て闘争することをまったく恐れていなかった――成功しようと失敗しようと気にかけなかったのだ。だが現在は学生も教訓を学び、賢明になったので、成功のチャンスがまったくなければなにもしないというくらい慎重になった。個々人はさらに慎重になり、やみくもに危険に飛び込むことはしない。個人的な英雄主義はたいてい無意味であることを学んだのである。

一九一九年以降のこうした学生運動の中心の移行に伴って、階級関係全般も移行した。一九一九年のブルジョア階級運動の中では、指導部は当然、国内でも国外でも大学生の手に握られた。一九二四年から二六年にかけてプロレタリア階級の力が強まると、貧しい高等普通学校の生徒たちが当然、運動の主流になった。民族主義運動が横ばいになっている

(251)　**普成専門学校**　一九〇五年に政府官僚李容翊が設立した普成学校は、一〇年天道教教主孫秉熙に引き継がれ普成法律商業学校となり、さらに二一年に普成専門学校に改称した。その後東亜日報経営者の金性洙の手に渡った。現在の高麗大学校の前身。

(252)　**高等普通学校**　朝鮮人だけが通う中等学校で、日本人の中学校に対応するもの。五年制で、一二歳から一六歳までの生徒を対象とした。

現在、高等普通学校の生徒は重要な要素となっている。彼らは貧困大衆と非常に近いからである。学生の多くは新幹会が公然化していた時期に運動に参加した。この組織は一九二九年に弾圧されてからは[253]、組織をもっていない。

朝鮮の学生は苦い経験から、独立した学生運動がもつ弱点を学び、根本的変革を実現できるのはプロレタリア階級だけであることを十分すぎるほどよく知っている。どのような活動もすべてプロレタリア階級と統合しなければならないからだ。朝鮮ではどこの学校も、政治的関係が判明した学生を追放する。したがって、今では極秘の活動になっている。

朝鮮の学生はおしなべて革命意識が強い。日本人がすべて技術的な職を握っているために、朝鮮人学生は産業に進出できない。彼らが革命に加わるのは、なによりも革命によって民族経済が復興し、職をもたらすからである。社会的には学生は専門職集団としての地位をまったくもっていないのだ。法律、医学、工学の分野でごく少数が仕事につく以外は、学生の就職口はまったくない。——その上機会も毎年狭まっている。職があるとしても中学卒に与えるほうがいいとされている。低賃金で働くし、それほど自尊心もなく知的でもないからだ。日本人の命令をおとなしく聞き、規則や指令通りにやるよう教え込むこともできる。日本にとって朝鮮人の事務員はほんの一握りいれば済む。読み書きに不自由しなければそれで十分なのだ。その結果、誰も彼もが新聞記者になりたがり、いまやどの新聞社にも大勢の記者がいて、記者室はまるで党本部のような政治センターになっている。

朝鮮の新聞は中国とはかなり異なる。中国ではたいてい、金と仕事が欲しいのでジャー

(253) 一九二九年に弾圧されてから 一九二九年一二月、光州学生運動を支援するため新幹会本部は「民衆大会」を開こうとしたが、事前に当局に知られ、執行委員長許憲はじめ幹部多数が逮捕された。その後も組織は存続したが、穏健派に替わった本部は急進的活動を控えたため、地方組織の反発を受けた。このような内部対立が一因となって三一年に解消するにいたった。

ナリストになる。だが朝鮮では、政治的な力と影響力をもつ道なのだ。編集長は間接的にスタッフと読者によって選ばれ、大規模な政治的支持層を代表する。そのうちのひとりが親日派に転じ、読者の希望に一致できなくなれば、読者は編集長と編集方針の変更を強く求める。『東亜日報』は朝鮮のブルジョア階級全体が多額の資金を出して支えており、ブルジョア階級は同紙を自らの政治的機関紙とみなしている。立派な社屋もあるし飛行機を購入したこともある。

この飛行機についてはこういう話がある。安昌男（アンチャンナム）(254)という朝鮮人飛行家が日本で勉強していた。日本人は彼に日本でもっとも旧式の危険な飛行機を与えて飛行させたが、安はどの日本人よりもうまく乗りこなし、見事な飛行を見せた。そこで日本人は安を日本の一級飛行士の第一位にするしかなかった。『東亜日報』は祝賀のしるしとして安のために飛行機を一機購入した。安昌男は中国に行き、閻錫山（イエンシーシャン）の軍に飛行士として加わった。閻と馮玉祥（フォンユィシャン）が蔣介石と戦っていた頃である。安は一九三〇年に殺された。

一時は数人の朝鮮人が日本で航空機の操縦を学ぶことが許されていたが、今では望ましくないとされている。こうした飛行士は勉強を終了すると、中国の支援を志願するからである。この戦争が始まるまでに、安昌男のほか二人の朝鮮人飛行士が中国軍の中で戦って殺された。ひとりはスン・ワンポー(255)という名の民族主義者で、彼は一九二五年、馮玉祥とともに戦っているとき張家口で殺された。もうひとりの朝鮮人飛行士は共産主義者で、江西に行って紅軍とともに戦った。福建の常州ちかくで南京政府の飛行機が墜落したことが

(254)　**安昌男**　一八九三—一九三〇。朝鮮最初の飛行士。日本の赤羽飛行機製造所を経て小栗飛行学校に学んだ。一九二二年東京・大阪間郵便飛行競技で優勝した後、朝鮮に帰還飛行をして民衆の大歓迎を受けた。中国に行き山西省の太原飛行学校の教官となったが、飛行機事故で死亡したといわれる。

(255)　**スン・ワンポー**　原文 Sun Wan-po. 不明。

ある。この朝鮮人飛行士は整備士ではなかったが、この飛行機をできる限り修理して自らソビエトの首都瑞金への試験飛行を行なった。彼は地形学を知らなかったため、誤って敵の領地に飛行した。広東に近い会昌に強制着陸させられた後、殺された。

一九三七年当時、朝鮮に全部で三七人の飛行士がいたが、訓練された場所は日本、中国、ソ連とさまざまだった。なかには中国空軍に入って日本と戦った飛行士もいるが、現在は中国の内戦で自分の身を犠牲にしようとする飛行士はひとりもいないだろう。

朝鮮の学生にどういう機会があるかを示す一例をあげよう。一九三三年、ヌンチェンの地方政府[256]が二〇円の月給で一人募集した。応募資格は小学校卒業だけであった。二〇〇人の卒業生が応募したが、その中には朝鮮の大学、高校、中学卒と並んで外国の大学を出た者たちも入っていた。

一部の大学卒業生はいまや北京や天津でアヘンを売るしかない。満州は日本人が独占しているので、この堕落の象徴のような商売ぐらいしか手を出せないのである。朝鮮人はそれを隠しほかの朝鮮人には決して自分の商売を教えない。面目を失ってしまうからだ。人間的な生活を続けるという要求によって、その生活自体が堕落しているのである。こうした朝鮮人は何をしてでも生きなければならない、さもなければ餓死するしかないと思っている。

朝鮮の中産階級は年々、分解しつつある。日本人が惜しみなく与える報酬は、朝鮮人が飢えたときにはアヘンを売らせることなのだ。朝鮮人労働者は誰ひとり、アヘン取引はや

(256) **ヌンチェンの地方政府**　朝鮮総督府の地方行政機関である道庁ないし郡庁であろう。地名ヌンチェンは原文 Nung Ch'en.

っていない。ただし中にはアヘン常習者もいる。こうした分子はいずれも破産した小ブルジョア階級とか商人である。

朝鮮では五月が卒業期である。卒業生はみな監視下におかれ、警察は卒業生の行動の隅々まで報告書を提出させている。日本人は戦闘的で貧しい卒業生については念を入れて良い仕事につけないようにする。こうした卒業生はたいてい学生運動の指導者だからである。唯一の総合大学(257)は日本政府の管轄下にある。そこでは階級教育を行なうことだけが入念に規制されている。

朝鮮のブルジョア階級は目下、朝鮮にある日本人学校のために朝鮮の金を使うことに反対しているが、この反対運動はまったく成功していない。日本人学校は朝鮮人の学校よりも恵まれている――設備やスタッフも整っているし、教師の給料も高い。

一九三五年、文部省は朝鮮にある学校をすべて管轄下に置くため、私立学校をすべて日本の学校と合体させようとした。しかし朝鮮人がこれを拒否したため、この案は撤回された。この計画の目的は、朝鮮語教育を破滅させ、朝鮮人全体をあらゆる面で日本化することにあった。この提案は民族主義感情を大いにかきたてることになり、中には朝鮮の私立学校で日本語教育を許可することに全面的に反対する論文を書いた朝鮮人も何人かいる。台湾では中国語を教えることも新聞で使うことも禁じられている――なにもかも日本語でなければならないのだ。朝鮮人はこの轍を踏みたくなかったのである。

一九一九年の朝鮮学生運動は、同じ年に起きた中国の五・四運動よりも規模が大きかっ

(257) **唯一の総合大学**　京城帝国大学のこと。一九二四年に予科が設置され、二六年に法文学部・医学部が開設された。学生数では朝鮮人は三分の一を占めるに過ぎなかった。植民地行政に必要な人材を養成することが第一の目的だったが、朝鮮人学生の中には独立運動、社会主義運動に参加する者も少なくなかった。

た。当時朝鮮ではすべての学生が大衆運動に参加した。

一九一九年以前の朝鮮学生運動のイデオロギー的指導者は李光洙（イーグァンス）である。彼は中国の陳独秀と同じ立場にいた。李光洙は朝鮮語改革運動の旗手でもあった。旧い中国の表意文字を使うことに反対して、朝鮮で日常使われている二五文字のハングル(258)だけを使うことを主張した。この改革運動は朝鮮では一八七六年に始まった(259)。この年、日本の明治維新と同時に朝鮮でも最初の民主主義運動が起こったのである。新思想をもちかえったのは留学生たちで、まげを切るといった近代化もこの時から始まった。カトリックの教えが最初にもたらされたのは李朝の初めだが、とくにこの時期にキリスト教の影響が強まった。一九一〇年に日本が朝鮮を占領したとき、新聞はすべて発刊禁止になった。一九二三年、李光洙と『東亜日報』は大衆向けの朝鮮語教育を開始して、中国語の表意文字のかわりに単純な朝鮮語のアルファベットを使うことを教えるようになった。この三週間のコースに参加した人の数は、二年間で二〇〇万人に達した。

一八八四年の民主革命でおおきな役割を果たした指導者は金玉均（キムオッキュン）(260)である。フランスに留学していた金玉均は中国の康有為(261)よりもはるかに進んでいた。その他の指導者はだいたいアメリカ帰りで、みんな当時のアメリカ民主主義の思想を身につけていた。

朝鮮で三日間の民主主義共和国が誕生したとき、金玉均は大統領(262)に選ばれた。

一九一九年以前の朝鮮人はアメリカにあこがれ、移民した者も少なくなかった。政治亡命者もアメリカに行き、庭師などをやりながら、祖国に帰って革命を指導する日を待ち望

(258) **二五文字のハングル**　今日使用されるハングルの字母は二四だが、一九二〇年代まではもう一つの母音字母（アの音を表わす）が使われることがあった。

(259) **改革運動は……一八七六年に始まった**　開化運動のこと。一八七六年は日朝修好条規（江華条約）が結ばれた年。

(260) **金玉均**　一八五一―九四。開化派の中心人物。名家に生まれ、高級官僚となったが、近代化を図るために活動した。一八八四年の甲申政変に失敗し日本に亡命。再起を図ったが、日本政府の圧力で実現できず、中国の李鴻章に会うため上海に赴いたところを朝鮮政府の刺客によって暗殺された。ここで金がフランスに留学したとされるのは誤り。また甲申政変までの留学先は日本と中国だったので、他の指導者がアメリカに留学したとするのも誤りである。

(261) **康有為**　一八五八―一九二七。政治家・思想家。清末に帝政を維持しながら体制改革を図る変法を主張、一八九八年の戊戌変法に加わったが失敗し国外に亡命した。孫文ら

んだ。今やソ連に行くことが流行りだが、これは決して簡単ではない。そこでいまだに日本に行き、非常に過激になって帰ってくる者が多い。

朝鮮の中学校で人気のある気ばらしは、いたるところに飾られた日本の天皇の写真を塗りつぶすことだ。一九二四年、一二歳の生徒がこの現場をみつかり、六カ月拘禁された。生徒たちはまた、日本の天皇を慕い天皇に従うようにと書いた通達も破り捨てる。一九二九年の冬、光州（クアンジュ）では二〇〇人の生徒が反日的態度を示したとして逮捕された(263)。この生徒たちは朝鮮人地主が小作人と交わした契約書も奪って破り捨てた。こうした行動が家から家へと八カ月間続けられたのである。なかには小学校の三年生とか四年生、五年生もいたが、ほかはみな中学生だった。これは中国の過激路線であって朝鮮のためにはならないので、共産党は中止を命じた。生徒たちは一〇人単位でグループを作り、一定の街角や電話番号で密かに集まってはでかけていき、地主に「正義にもとる小作契約」の再検討を要求したのである。

一九三五年、朝鮮の小学校の生徒数は総計六〇万人、旧式の学校の生徒は一五万人、さらに中学校、師範学校、商業学校、工学技術学校に通っている生徒は六万人であった。総合大学はソウルにある帝国大学のみである。これは官立で、学生数はふつう、朝鮮人が三〇〇人、日本人は三〇〇人以下である。八つの師範学校には約三〇〇〇人の学生が学んでいる。

朝鮮では日本人学校と朝鮮人学校はわかれている。日本人学校は「小学校」「中学校」

革命派と対立して「保皇、立憲」を主張した。辛亥革命後帰国し、儒教道徳を鼓吹する保守思想家として活動した。

(262) 三日間の民主主義共和国……大統領　開化派が樹立した政権は君主制の下での近代化をめざすものだったので、「民主主義共和国」「大統領」というのは誤りだが、キム・サンはアメリカ人ニム・ウェールズに理解しやすいようにこのように表現したのであろう。

(263) 光州では……逮捕された　一九二九年一一月から翌年三月まで全国で展開された広州学生運動のきっかけになった事件。ただし、以下で「小作契約書を破り捨てた」「共産党は中止を命じた」と述べられている点は、事実かどうか不明。

とよばれるが、朝鮮人の学校は「普通学校」「高等普通学校」とよばれる。日本人学校も朝鮮人学校も官費でまかなわれている。」

朝鮮ノートに含まれていた補足

「李光洙[264]について。彼は小説『開拓者[265]』にみられるように、人間の絶望を書くトルストイ主義者である。彼の小説はすべて、ブルジョア階級の生活、希望、挫折がテーマである。科学を愛する心、留学から戻っても仕事のない学生たち、はてしない労働に明け暮れながら追い立てられプロレタリア化する農民、たいてい悲劇に終わる自由恋愛などについて彼は書く。『開拓者』の主人公の妹は両親が認めない男を愛してしまう。ある深夜、家に戻った娘に母親は腹を立てて、その男とどんな関係なのかとつめよる。

「友達です」と少女は答える。

「誰が信じるもんですか」

「それなら、私の夫です」

そこで両親は娘に体罰を加える。その後娘は兄の部屋に行って毒をあおる。死に際に恋人に会いたいというので、両親は迎えを出しながら、お前が生きていてさえくれれば、これからはお前の好きなようにさせる、という。だが、娘は結局死んでしまう。そこで両親は兄にむかってなじる。「私らは財産をなくしてしまった。お前が妹にこんな新しい科学

(264) **李光洙** 一八九二―?。朝鮮併合前後、二回にわたり日本に留学。その時期から崔南善とともに新文学運動を起こした。一九一九年の東京留学生の独立宣言を起草した後、上海に渡り『独立新聞』を編集した。帰国後、「民族改造論」(一九二二年)などを発表、日本に対して妥協的な姿勢を示して物議をかもした。一九三七年に修養同友会事件で検挙されたが、その後、親日的文学活動を行ない、解放後、最大の親日派として批判された。朝鮮戦争中、北に連行されたといわれる。

(265) **『開拓者』** 一九一七年から翌年にかけて朝鮮語紙『毎日申報』に連載された。新文学の代表作の一つで、自由恋愛を唱えるとともに知識青年の苦悩を描いた。

がつくった薬をやって殺してしまったのだ」と。

李光洙は人生のさまざまな面を題材に多くの小説を書いたが、あくまでもブルジョア思想の持ち主で、共産主義的傾向はまったくなかった。崔南善（チェナムソン）[266]も朝鮮では人気のある評論家兼作家である。李も崔も古い朝鮮の英雄物語の翻案を多く手がけている。

李光洙は絶対にテロリズムを支持しなかったので、斎藤実[267]総督は一九二三年、彼を朝鮮に帰国させた。彼の思想ならば急進派やテロリストに対抗できると考えたのである。『東亜日報』の編集者になった李光洙は、この新聞を使って教育運動を始めた。彼はさらに『東光』『朝鮮青年』『開闢』[268]などの雑誌も発刊した。李は朝鮮でもっともすぐれた作家であると同時に、もっとも重要なジャーナリストであって、膨大な数の論説を書いている。キリスト者ではないがＹＭＣＡの指導者でもあり、いくつかのキリスト教団体を組織した。日本人は彼の活動を単に文化的なものとみなし、政治にかかわらず教育の分野にとどまっている限りは彼に異を唱えない。李光洙は四〇歳を超えている。英語に不自由せず中国語も解する。一九二三年から今日まで、朝鮮の歴史をかなり書いてきた。一九二〇年に私が上海で会ったときは主に詩を書いていた。当時のわれわれ学生は彼の詩をすばらしいと思ったが、現在はもっと批判的に見ている。

一九一九年から二四年まで、テロリストたちは日本人を暗殺したが、これは三・一の「平和」についての馬鹿げた話に対する反動であった。いっさいの目的に役立つのは血だけであると彼らはいい、「日本の天皇から朝鮮にいるいちばん下っ端の警官にいたるまで

(266) **崔南善**　一八九〇―一九五七。文学者・歴史学者。早稲田大学に学び、一九〇八年雑誌『少年』を発行して新文学の普及を図った。三・一独立運動の宣言書を起草して逮捕されたが、二〇年代以降は歴史研究に力を注いだ。総督府の朝鮮史編修委員会、満州建国大学に務めたため、解放後親日派として指弾された。

(267) **斎藤実**　一八五八―一九三六。軍人・政治家。海軍大臣を務めた後、三・一運動後の一九一九年朝鮮総督に就任。「文化政治」を唱えて民族運動の分断・懐柔を図った。三二年に首相となったが、内大臣を務めていた三六年に二・二六事件で殺害された。

(268) **『東光』『朝鮮青年』『開闢』**　いずれも一九二〇年代に発行されていた朝鮮語雑誌で、李はたびたび原稿を寄せていたが、李の発刊したものとするのは誤り。

殺さなければならない」「自由な人生の二五分は奴隷の生活の一〇〇日に値する」「銃と爆弾を手にすれば世界を征服できる」「行動の善悪を判断するのはわれわれ自身」などといったスローガンを掲げたのである。こうした言葉の中に彼らの哲学が含まれている。

一九二二年から二五年に大きなテロ事件が三〇〇件あった。そこでテロ主義に反対し教育による民衆運動と歴史の発展を主張していた李光洙が斎藤総督に呼び戻された。すると李光洙は日本のスパイ、裏切り者だといわれた。朝鮮の外ではいっせいに彼に対する非難が起こったが、国内にいる人びとは彼を信じた。彼は朝鮮に帰国して教育運動に加わるとともに、キリスト教のグループも含めて多くのグループをまとめた。ただし自分はクリスチャンではなかった。少なくとも一九一九年までの李はトルストイ主義者であって、修養同友会[269]に加わった。一九一九年まではテロリズムはパルチザンの間でのみ行なわれていた。彼らは大衆行動を理解していなかったので、孤立したやり方をとっていたのである。」

アメリカ人と宣教師たち

「一九一九年までは外国人宣教師は朝鮮人の独立運動に共鳴し支援していた。だが総督に就任した斎藤実は非常に巧妙に宣教師を利用した。以前のように彼らを弾圧する代わりに、ソウルに招いて助言を求めたのだ。これによって日本人に対する敵意が減じた上、クリスチャン分子もおとなしくなった。

(269) **修養同友会** 原文 T'uyao Suiyang Hui. 安昌浩が率いる興士団の国内組織として一九二六年に李光洙らがソウルで結成した団体。それ以前の修養同盟会と平壌にあった同友倶楽部が合同したもので、人格の修養を目的とする合法団体だったが、日本当局は三七年に独立をめざすものとして会員多数を検挙・起訴した。李らは転向を表明、日本に協力することを約束したため釈放された。

日本が朝鮮を併合する以前は、アメリカ人は朝鮮で多大の影響力をもっていた。朝鮮政府はアメリカ人の助言をよく聞いた。またアメリカ人は商売でも大きな利益をあげていたし、医者もたくさんやってきた。今では少数の宣教師と採金地しか残っていない。朝鮮人は昔からアメリカ人には好意を抱いていたが、それはアメリカ人が友人や商売人として個々にやってきたからであり、政治的な力を行使しなかったからである。そのため帝国主義者ではなくふつうの国際的交渉に当たっている人間とみなされたのだ。アメリカ人は利権や治外法権を要求したりしなかった。

朝鮮人の民主主義観は一部フランスからきた部分もあるがほとんどアメリカからもたらされた。朝鮮はフィリピンを除いて極東では唯一、アメリカを手本にした国である。南北戦争のあいだアメリカは一時、日本との関係で弱体化したが、日本はこれに乗じて急速に発展した。」

万寿山朝鮮人学校(270)

「この学校は北京近郊の万寿山麓にある皇帝狩猟山荘に開設された。一九二一年、朝鮮の民族主義者らが開校したものだ。六〇人の生徒がいたが、資金難のため一年しか続かなかった。

一九三一年の投獄された後、私は病を得てしばらく海淀にとどまった。そこでは安昌浩

(270)　**万寿山朝鮮人学校**　万寿山は頤和園そばの山。日本側の資料では、それより少し西にある香山に「執義学校」という名称で設立されたとされる。

が新村を作りたいと考えていた。夏の離宮[271]の近くに燕京大学があり、そのそばに満州族八旗の小村があった。彼はそこで朝鮮人の生徒一〇〇人を教える計画をたてていた。」

（H・F・S[272]の注　一九三四年から三五年にかけて夫と私は海淀に滞在し、私は燕京大学を聴講し、夫はそこでジャーナリズムを教えた。）

ある日、キム・サンはこう語った。

「私はこれまで出会ったどの人よりもあなたが羨ましい。あなたはなにもかもそろっている。第一に強国の市民であり、第二に結婚に恵まれ、夫はあなたの仕事を全面的に認めている。まだ若いのにすでに生きた歴史となっている。どこの国のどんな人でもすぐにひきつけてしまう個性もある。初対面の人でも、あなたと話せば自分の最上の面が引き出され、存在を高められた気持ちにさせられる。あなたは外面的にも内面的にも美しい。私が若い頃から憧れていた西欧文明の賜物をすべて持ち合わせている。聡明であると同時に人間に対する深い共感もある。やろうと思えば何でもできる。あなたに限界はないのだ。私に関していえば、あなたのおかげで私の自伝は不滅になった。ほかの人を不滅にするというのは、生きている間にもっとも神に近づくことだ。不滅ということばは神の本質と解されるからだ。」

一九三六年西安の教導団

(271) **夏の離宮**　頤和園のこと。
(272) **H・F・S**　ヘレン・フォスター・スノー（ニム・ウェールズの本名）の頭文字。

キム・サンは巻き毛の若い朝鮮人を連れてきた。名前は李といった。

「延安には朝鮮人はふたりしかいない」とキム・サンは説明した。「しかし前線に行けば、彭徳懐軍の司令官が朝鮮人だ。(273) 彼はもう何年も紅軍にいる。一二月一一日、臨潼で蔣介石が監禁されたとき、李は教導団と行動を共にした。それは一九二七年の広州コミューンの記念日だった。広州でも同じような教導団があったのだ。広東で蜂起があったあの夜は私もそこにいた」

「その記念日は国際的なものなのですか」と私は李に尋ねた。

「そうじゃないと思います。でもそれもあり得ないことじゃない。孫銘九はとてもロマンチックな人物ですから」

私は李に蔣介石が監禁されたときのことを話してほしいといった。全員学生で構成される特別訓練部隊の若くて未経験な青年たちが、臨潼で蔣介石を監禁するという重要で危険な任務の責任を与えられたという話に、私は驚いた。指揮をとった孫銘九自身、たった二六歳だった。これは無鉄砲で非現実的なやり方に見えたが、にもかかわらず、強獣(チャンス)(274)によれば、蔣介石将軍を機関銃で護衛していた第三憲兵隊数百人はほとんどこの若者たちに殺されたという。

蔣介石の特別警護隊である第三憲兵隊は、すべて藍衣社で訓練を受け、中国でも最強とみなされていた。司令官の蔣孝先(チャンシャオシエン)は蔣介石の甥といわれるが、かつては北京にいて主として革命的学生を逮捕する特務についていた。憲兵隊を殺した特別訓練部隊のほとんどが、同

(273) 彭徳懐軍の司令官が朝鮮人だ　武亭のこと。本書三〇六頁注参照。

(274) 強獣　李のペンネーム。本書二八〇頁参照。

じ北京の学生たちだったことはその報いでしかない。数百人の学生たちが張学良のよびかけに応えて、志願兵として西安に飛んできたのだった。市内の東北出身の学生はほとんど全員がでかけた。臨潼で蔣孝先と藍衣社の大半が死んだというニュースが届いたとき、北京中の学校であがった歓声を決して忘れない。彼は華北でもっとも嫌われていた。サディスト的な残酷さをもっている上に頭のいいファシスト的トリックを使ったからだ。

「蔣孝先はどうやって殺されたのですか」と私は李に聞いた。

「夜明けに臨潼の駅で捕まったのです。第一師団の平站部長が誰何して、身元が判明すると、その場で射殺されました。そこにいた者は全員歓声をあげました」

(注　教導団というのは特別訓練部隊のことで、士官候補生と学生の両方で構成される。西安事件が反ファシスト運動であったことは間違いない。ファシストの集結地点であった西安であえてファシスト集団に攻撃をしかけたという事実だけでも、中国で急速に強まりつつあったファシスト化の傾向を弱めた。しかし、ファシスト側も時を待たずに報復に出て、蜂起が失敗に終わった後は西安をテロ支配の下においた。主な指導者のひとり楊虎城[275]は、一九三七年に中国に帰った途端にファシストに暗殺されたし、張学良はいまなお囚われている。彼は一時、湖南の衡陽にいた。

上記の記述は『アリランの歌』の草稿として使うつもりだったが、割愛した。N・W。)

私は李をある個所で強獣（チャンス）と呼んでいる。たぶんこれが彼の名前だろう。

(275)　**楊虎城**　一八九三—一九四九。陝西省出身の軍人。辛亥革命に参加した後、陝西の軍隊に入った。国民党に加入、共産党員とも交流を持った。北伐に加わり、国民革命軍幹部として蔣介石を支え、陝西省政府主席に任命されたが、蔣との関係は悪化した。紅軍攻撃を命じられたが、張学良とともに西安事件を起こし、「内戦停止・一致抗日」を蔣に認めさせた。事件解決後、軍隊辞職と外遊を迫られたが、日中戦争勃発後の三七年一一月帰国。暗殺されたと伝えられたが、実際は逮捕・監禁され、国民党敗北直前の四九年九月、重慶で殺害された。

民主主義をめぐる対話

「あなたは哲学的なタイプに見えるから、ひとつ質問したいのです」と、私はキム・サンにいった。雨の降る午後、落ち着いた時間を過ごしていた時のことだ。「ひとつ気になることがあるのです。私は民主主義の基本原則を心から信じています。大衆の判断は常に正しいと思います。民衆を信頼しているし、自分の利害に反する行為をいつまでも決してやらないと思うのです。したがって、指導部の原則は多数の意志に基づくべきです。その意志が表現されていようといまいとにかかわらずです。指導部の真髄は、この意志を正確に評価し、それに方向性を与えることにあります。それ以外の行動は必ず過ちをもたらすだけです。したがって、個人的意見で多数の意志が正しいとか間違っているとみなすとしても、それにはかかわりなく大衆に従うだけでなく、その正しさを信じなければなりません。この問題をどう考えますか」

「ひとは大衆の意志に従うべきだと思います。しかし、それが正しいか否かというのはまた別の問題です」

この答えは正しい。

「ところで、例えば、右にいる英国労働党は非常に保守的だし、手を伸ばせば大きな力が手に入るという時にまったく無力でしょう。それでも、多数の信頼を得ていることは明らかです。英国労働党のことやこの重大な危機に不活発であることを考えると、労働者階級に対する尊敬が薄れる気がします」

「英国労働党が革命的になり、本当の権力を奪取するときは、全世界が共に革命的になるにちがいありません。これは偉大な責任です。おそらく大多数はそのことに本能的に気づいているのです」とキム・サンは言った。

「私は政党に属したことはありませんが、世界がこのままさらに混乱を深め、誰もが何かを組織することに関係せざるをえなくなれば、どこかの党に所属するしかないと思っています。しかし、どこの政党も少数派が支配しているし、彼らがおかす多くの過ちを許せないのです。大衆はいつでも許すことができる。しかし、過ちのつけを大衆に回す連中は決して許せない。政党はすべて過ちであり、大衆は自分の特定の意図に導かれたほうがましだとさえ思います。命令的な指導なしにね」と、私は意見を述べた。

これに対しキム・サンはこう答えた。

「しかし、状況の変化に従い、少数派は必ず先頭に立ち、それから多数の支持をとりつけられるのです。運動というのはまずどこかで小規模に始めるしかありません。民主主義のもっとも神聖な義務は、少数の反対を護るということです。そうすることで民主主義そのものを護るのです。しかし、党にしろグループにしろ、即座に大衆の支持を得られない少数派は、指導部となる資格がないと思います。彼らの側に真理があれば、すぐに支持はつくり出せるはずです。もしそうでないなら、間違っているし無用です。それが判断の基準です。私は真理を信じているし、真理は常に進歩主義者の側にあるのであって、決して反動主義者の側にはないことを知っています。私自身では、なにが真理であるかを見定めたらば、神を知るのであり、そこから何が正しいかを知るのです。指導者にとってなにより重要なことは自分や他人を欺かないことであり、正確な事実を知り、誤った情報に左右されて決断を下したりしないことです」

N・Wの観察　朝鮮人は諦念していて陽気ではない。中国人は諦念している上に陽気だ。日本人はストイックなところがマイナスに働いている。哲学的に三通りの表われ方をしているといえる。

（加地永都子訳）

《小説》

奇妙な武器

炎 光〔キム・サン〕

「奇妙な武器」解題

この小説は、キム・サンが中国語で書いたものである。原文は、北京(当時は北平)で発行されていた雑誌『新東方』第一巻第四期(一九三〇年四月)に掲載された。原題は「奇怪的武器」、作者は「炎光」である。

キム・サンは「覚書」の中で、次のように述べている(本書一九七ページ)。

「呉(呉成崙)の脱獄について私は詩と短篇小説を書き、一九三〇年一一月、炎光(Ying Kuang)作として中国語の雑誌『新東方』に発表された。『奇妙な武器』とか『めったにない銃』というタイトルだった。これで三〇ドル稼いだ。」

「炎光」のアルファベット表記は、現代北京語(普通話)では Ying Kuang にならないが、キム・サンが広東語で発音したのをニム・ウェールズがこのように表記したのであろう。「一九三〇年一一月に発表された」と述べているのも誤りで、実際には同年四月発行の『新東方』第一巻第四期に掲載されたのである。

呉成崙らによる田中義一暗殺未遂事件、呉の脱獄事件を生き生きと描いた小説の内容から見ても、呉と親しかったキム・サンが書いたものと考えて間違いない。キム・サンは呉から聞いた話にもとづいて、フィクションを折り混ぜながらこの実録小説を書いたのである。呉の脱獄については『アリランの歌』でも詳しく述べられているが、それともほとんど一致する内容であることは、作者をキム・サン(張志楽)と考える理由の一つである。

「奇妙な武器」原文冒頭(『新東方』第1巻第4期).

1930年代, 上海バンドの景観(『中支之展望』1937年, 大亜公司刊).

小説の末尾に、「一九三〇、三、八、廃都景山の東にて」と記されている。これは、当時キム・サンが景山東街東口の春湖書局を連絡先にしていた(本書四三四ページ)ことと一致する。

中国の雑誌『新東方』は、東方問題研究会が編輯する雑誌として、一九三〇年一月に創刊され、北平の新亜洲書局を発行所としていた。東方問題研究会は、「東方民族解放に努力する」「世界人類の平等を促進する」の二項目を「宗旨」に掲げる左派的色彩の濃いグループで、中国在住の朝鮮人や民族運動団体とも関係を持っていたようである。『新東方』は、アジア各地の諸問題、民族解放運動の実情などに関する論文を掲載する「東方問題専門誌」だったが、朝鮮関係の記事・論文もしばしば掲載されていた。『新東方』は一九三一年秋に国民政府から発禁処分を受け、以後の発行は困難になったようである。

この小説は、実話にもとづくものではあるが、キン・サン自身や呉成崙その他の人びとの活動に不都合をもたらさないように配慮がなされていることはいうまでもない。呉成崙の記憶違い、キム・サンの思い込みなどもあるだろう。いくつか事実と異なる重要な部分を指摘しておく。

まず、呉成崙らによる田中義一暗殺未遂事件が起こった時期の問題である。小説では、「一九二三年上海の黄浦バンド(外灘)で起こったある重大事件」としているが、実際に事件が起こったのは、一九二二年三月二八日のことである。

次に、呉成崙(小説では「呉成倫」となっている)、金益相、そして「李君」(李鍾岩のこ

と）の三人が一緒に上海にやってきて「韓国義烈団」（一般には「義烈団」と呼ばれるが、中国人読者のために「韓国」を付けたのであろう）を結成した、となっているのも事実と異なる。一九一九年に吉林で金元鳳らによって組織された義烈団にこれら三人が最初から加わっていたとは考えられず、三人が上海に来たのも異なる時期だったと見られるからである。

小説では、上海の共同租界を管理する工部局から日本総領事館に引き渡され、そこの留置場に入れられた呉は、「加藤という無政府党」の活動家と出会って、一緒に脱獄することになっている。しかし実際には、この日本人は田村忠一という人物で、無政府主義者ではなかったようである。

脱獄後、モスクワに学んだ呉が一九二六年上海を経て祖国朝鮮に革命のために帰ったことになっているのも、事実ではない。キム・サンとともに広州、そして海陸豊で活動し、上海に逃れた呉は、一九二九年、おそらく中国共産党の指令で南満州の磐石に移り、朝鮮人の組織化に力を注いだ。呉は、一九三〇年代、中共指導下に抗日武装闘争を展開した朝鮮人幹部の一人として活動を続け、「在満韓人祖国光復会」発起人にもなったが、日本軍の討伐作戦が強化され、抗日部隊が弱体化していった一九四一年、日本軍に投降するにいたった。その後、日本軍に協力することとなり、そのため解放後、熱河省承徳で八路軍に逮捕され、林西（現在内蒙古自治区）で病死したと伝えられる。

なお、脚注は水野が担当したが、訳者蒲豊彦氏の援助を得た。

（水野直樹）

小説　奇妙な武器

炎光〔キム・サン〕

1

これは一九二三年、上海の黄浦バンドで起こったある重大事件である。

2

凶暴な竜にも似た資本帝国主義が、封建集団の国々の境をつきやぶってからというもの、これまで平和な揺り籠のような世界にねむりこんでいた人びとは、今では眠りをかき乱されて落ち着きをなくし、もう安らかな幸福を夢みることができなくなってしまった。そいつはイギリスで生まれ、ドイツに遊び、さらに進んでアメリカに身を寄せている。喜び勇んでいる。自分が全世界の大覇王であるのがうれしいのだ。そいつが通り過ぎた場所では、これまで誰もそいつに勇敢に抵抗したことがなかった。自分が天帝の寵児であることを喜んでいる。世界中の権力者実力者は、みな自分の前にひれ伏し、喜んで自分の従順な子どもとなって自分の力を誇示し、そして自分が牛か馬であるかのように思っている群衆どもを虐げなければならないのだ。この世界には自分しか存在せず、自分がこの世界の主人なのだ、と感じている。

自分の子どもたちが一人ひとりみな「先天的」な梅毒持ちあるいは結核持ちで、どのようにしても長く生きられないことなど関係ない。そいつはただこう夢想するばかりだ。自分の子どもたちが、世界のすべての、牛か馬のような群衆に、まず、一人また一人と、すなおに、この自分のために自分が望むなにがしかをやらせるのだ。やり終えれば、その後は一人ひとり死んでもらう。仕事をやり終えた場所とは違う他のところで、さびしく死んでもらうのだ。そのあとは、この世界で、黄色い面のやせおとろえたあの者どもを見なくてすむ。彼らは生まれつき美しさを欠いている醜人なのだ。そして、あの愚かで落ち着きがなく騒がしいものを聞かなくてすむ。それは安らかでここちよい旋律にはあわない。世界は幸福のレンガで組み立てられ、まわりはただかぐわしい香り、ほのかな甘さ、美しさ、楽しさがあるのみである、そいつはただそう感じている。

多くの人にほめたたえてもらう必要はない。なぜなら、自分の従順な子ども以外の人間は、だれも自分を賛美する資格に欠けているのだ。そいつはこう考え、おごりたかぶり、恐いもの知らずである。そのうえ、自分の美しい夢を完成させようと、その足跡は全ヨーロッパをかけめぐり、アメリカ大陸に走り、それでもまだ足りず、そこで重く大きくまるで牛のようなその体を頼み、アジアの門戸を突き破った。ここ日本で、そいつはまた身ごもり、生まれ変わった。こうして、その子孫がまた日本で繁殖しはじめたのだ！

これがつまり現在の日本帝国主義者である。

日本は資本帝国主義の道をあゆみはじめてより、父親の志しを受け継ぎ、うやうやしく祖先の遺徳を発揚しようとして、舌を伸ばして人を食わざるをえなくなった。この時、最初に食われたのが台湾であり、二つ目に食われたのが朝鮮だ。その次は、表面は老いさらばえているが、そいつらにとっては内側にたくさんの英華を秘めているように見えるわれわれのこのお国に、順番が回って来ることになった。

日本帝国主義者はこのように大ぐらいだ。これでは「病が口から入る」ということがないだろうか。それがあるのだ！　そいつは病気をたくさん持ち、その上非常に危険なのだ、もしさまざまな病気が一度に爆発してしまったなら。

次に記すのは、日本帝国主義の体に現にあらわれている病いのひとつである。

3

今を去ること七年前の上海に、日本人（日本国内の被圧迫階級を除く）の眼には反逆者とみえるものが三人、朝鮮から逃れてきた。ひとりは李君[1]といい、ひとりは金益相（キムイクサン）[2]といい、そしてもう一人がすなわち呉成倫（オソンユン）[3]だ。彼ら三人はみな朝鮮に生をうけた青年である。その家庭は、いずれも国内では古くからの読書人の家柄として名が聞こえ、経済的地位も少なくとも中産階級だった。彼らの父母は、子どもたちに少しでも多く勉強させ、将来官吏となって財をなす足がかりをつくり、そして引き続き自分たちの家柄を誉れあるものにしてくれることだけを願っていた。彼ら三人はこのような満ち足りた家庭にうまれ、やすらかな生活をおくり、当然のことながらこの上なく幸せだった。

（1）　**李君**　李鍾岩のこと。一八九六—一九三〇。慶尚北道生れ。新興武官学校に学び、義烈団結成に参加。田中狙撃事件後、北京に移り、朝鮮に帰ったところを検挙され、懲役一三年の判決を受け、結核のため病気保釈中に死亡した。

（2）　**金益相**　一八九五—一九四二。京畿道生れ。義烈団員として一九二一年九月に朝鮮総督府爆破事件を決行し、北京に戻った後、田中狙撃計画に加わる。逮捕された後、長崎での裁判で死刑判決を受けたが、のち懲役二〇年に減刑された。満期出所後、日本人刑事に殺されたといわれる。

（3）　**呉成倫**　正しくは「呉成崙」。

加えて、父母はまた多くの希望、光のようにきらきら輝き、力そのもののように躍動する希望をもって、すがすがしい風がそよぐ時に、また緑の水をたたえた庭で、無意識に、しかし実はまた意識的に、一生懸命学校のなかへ、書物のなかへ向かうようにと彼らに言うのだった。彼らは幼い頃、いつも父母のこの暗黙の期待を受けいれ、一人ひとり、国内の学生たちの間、青年たちの間で、ひそかに父母の教えに向かって懸命の努力をした。彼らがふだん学校の内外を行き来するとき、その眼にはいつも金色に光輝く希望の花が浮かび、憧れに満ちてゆれていた。自分たちは前世に運命が定まって生まれてきた好運児なのだと、彼らはただそう感じた。すべてを見下しがち、侮りがちで、この世界は自分たちの世界であり、かたわらの自分たちとは違う人びとは、自分たちが立っている美しい垣根の外でそっと仰ぎ見るか、あるいは首をたれてため息をつくしかないのだ、と思っていた。

しかし、不幸な事実がやってきた。それは、彼らの身に洪水の氾濫のようにおしよせ、そして溺れさせてしまった！

あの美しい希望の花を懸命に追い求めようとしていたまさにその時、凶暴な竜にも似たあの日本資本帝国主義者がなぜか眼をきらりと光らせ、太った羊のような朝鮮国が静かに成長しているのを、ふと眼にとめたのだった。するとそいつは、餓鬼が突然ご馳走の山に気づきそれをかみしだくかのように、日本からわき目もふらず猛然とおどりかかり、肥えた羊のように見え澱粉質蛋白質等の美味に富んだこの朝鮮を味わい始めたのである。

朝鮮は毒竜がもたらしたこのひどく荒れ狂う洪水を被ってからは、上は国政をつかさどる王宮から、下は労働者農民の世界まで、みなこの水害にすっかり洗い流され、部屋じゅう泥だらけのありさまとなった。このとき、われわれの、金色に輝く希望の花を胸にひめ朝鮮に生をうけた三人の青年はどうなったのか。もちろんやはり逃れられず、洪水に溺れ息もたえだえだった。まだ人間の世界にいるとはいえ、しかし大水のなかで長らくもがき、そのあとようやく、幸運にも黄海の波頭が彼らを救い呉淞(ウースン)江入口の黄浦バンドに送りとどけ、そしてこっそりと岸にはい上がったのである。

これは彼らにとって、本当にこの世への再生だった！

岸に上がった後、自分たちがまだこの世にいることを喜び合い、そして祖国の多くの同胞が一人また一人とあの大水に呑み込まれたことを思い返すのだった。しかし今われわれ三人は、思いもかけずこの黄浦バンドに上陸することができた。これはなんという幸運、なんと喜ぶべきことだろう！　しかし、あの満ち足りた家庭、慈しみ深い父母、仲睦まじかった弟や妹そして親戚友人たち、これらが煙か雲となって全て空のかなたに消えてしまったことを、もう一度思いだした。かつてよく恋人を連れて遊びにいったにぎやかな街、青い山と澄みきった流れの郷村、花のかおりが鼻を打つ園、それが今ではどこも同胞たちの血の跡、泥とひとつに混ざり合った血の跡が一面にちらばっている。あのころのあの解放感、清らかさ、静寂さはもうひとかけらもなくなった。祖国はすでに鉄の獅子に踏みしだかれた子羊となり、完全に自由を失ってしまった。彼らはそこまで考えると、思わず六つの眼から同時に、金色に輝く涙のつぶを突然、はばかることなく、次々に黄浦江の上に一粒一粒と落とし始め、語りかけるのだった。

黄浦江よ！　黄浦江よ！
わたしたちの愛してやまない黄浦江よ！　永遠に忘れることのできない黄浦江よ！
澄みきった波を静かにたたえたそのえくぼ、ふかい哀れみをふくんだえくぼ、
あの荒れ狂う怒濤のなかから、わたしたちを救い深くその懐のなかに匿（かくま）い、
今また無事にこの岸に送り届けてくれる。
この慈しみ、愛、そして月よりも輝いているその心、
どのようにして、一体どのようにしておまえを記念し、感謝し、あこがれの気持ちを表わしたらよいのか！

黄浦江よ！　黄浦江よ！

愛してやまない黄浦江よ！　永遠に忘れることのできない黄浦江よ！

どうして知っているのだ、わたしたちが巣を失ったと同じ鳥、水の涸れてしまった魚だということを、
その慈しみ深い心根（こころね）のために、やさしいえくぼを浮かべ、あのさかまく怒濤の中からわたしたちを救い出してくれたのか？

もし、おまえが迎え入れてくれなかったなら、

そのときは、わたしたちは、きっとあの荒れ狂う波に呑まれて死んでいたことだろう。
この天国のような黄浦バンドを歩き回れるようになるとは?!
おまえと語り合える今日という日をむかえられるとは?!

黄浦江よ！　黄浦江よ！
愛してやまない黄浦江よ！　永遠に忘れることのできない黄浦江よ！
おまえこそきっとこの世の神なのだろう。
わたしたちを救い出してくれた、
ここは、なんと美しい、なんと栄えた都なのだ！
——ああ！　しかし、しかし、
この巣を失った鳥、水の涸れた魚、
どうしてこのままここで暮らして行けるというのだ！

思い出す、祖国の倒れた同胞を、
思い出す、家庭、父母、兄弟、姉妹そして恋人を、
思い出す、家の門の外にいつも並んでいた四頭だてのりっぱな馬車を、
思い出す、あのにぎやかな街、青い山と澄みきった流れの田園、
これら、すべてが、あの毒竜がもたらした洪水にすでにほとんど呑み込まれ、

このうえ何の、さらに生きて行く必要があるのか?!

このうえ何の、さらに生きて行く必要があるのか?!


黄浦江よ！　黄浦江よ！

愛してやまない黄浦江よ！　永遠に忘れることのできない黄浦江よ！

本当にこの世の神だ！

神よ！　ありがとう、わたしたちを救いだしてくれて、
きっとその慈しみが、今まさに洪水のなかでもがいているあの難民を救いに行け、とわたしたちに言うのだろう！

よし、分かった！　おまえの忠実で勇敢な信徒になろう、
災難のなかにいるあのおびただしい同胞を救いに行こう、
今わたしたちの熱い涙を、一滴また一滴とおまえの体の上に落とし、それをゆっくり広がらせ、最後にあの毒竜の巣穴にむかって飛びかからせ、それを完全に溺れさせるのだ。

ああ！　神よ！　安心してください、わたしたちは決して裏切ったりしない。

その慈しみのために戦わなければならない、わたしたちの家庭、父母、兄弟、姉妹、親戚友人、恋人のために戦わなければならない！　そしてなによりも四千有余年の歴史をもつ祖国のために戦わなければならない！

われわれは行く！　行って戦おう！

4

三人は、朝鮮から上海へ逃れてきて幾日も過ぎたが、祖国のためにどう復讐しようかという問題に一日中頭を悩ますばかりだった。結局、上海にいる朝鮮人青年を集め、『韓国義烈団』[4]を組織した。この団体が成立してからは、彼らはこれこそが祖国の復讐をする武器だと感じた。この団体を爆弾に鍛え上げ、あの日本全土を爆破し、もう二度と地球上に存在しえないようにするのだ。日本の服を着ているやつらは、一人ずつ全部すっかり殺し尽くす。それでようやく気持ちが晴れる。それでようやく自分たちの復讐が成功したといえるのだ。こうして彼らは、毎日朝から晩まで、寝についてから夢を見始めるまで、片時も休むことなく、敵を殺しに行こうと身構えていた。

この日、新聞に突然あるニュースが載った。日本陸軍大臣田中義一[5]（以下、田中と略す）が、×月×日××船に乗り、公務で東京から上海にやって来る予定だというのである。彼ら三人はこのニュースを見て、みな首をすくめて喜んだ。そして、こう決めた。一人は両手で刀を持ち、一人は両手で爆弾を持ち、一人は両手でピストルを持つ。話が決まると、呉成倫はピストルをさっと手に取って言った。「おれが先ず撃つ。君たち二人は、一人が刀、一人が爆弾を持ち、もしピストルが命中しなかったら、爆弾を持っている者がすぐに爆弾を目標にむかって投げつける。もし近づきすぎていたら、刀を持っている者がやってくれ」。彼がこう言い終えると、金君が爆弾を奪い取り、そこで刀は李君が持つことになった。

（4）**韓国義烈団**　正しくは「義烈団」。一九一九年一一月、金元鳳らによって中国吉林省で組織された独立運動団体。日本の高官、親日的朝鮮人などを対象とするテロを行なった。一九二〇年代半ばに活動方針を改め、三五年には民族革命党に発展解消した。

（5）**田中義一**　一八六四―一九二九。陸軍大将。一九一八年原敬内閣の陸軍大臣を務めた。二七年に政友会総裁として内閣総理大臣となり、対中国政策や国内治安政策で強硬姿勢を示した。なお、この事件の時には陸軍大臣ではなく、招かれてフィリピンを訪問、マニラからの帰途上海に立ち寄ったところを狙撃された。

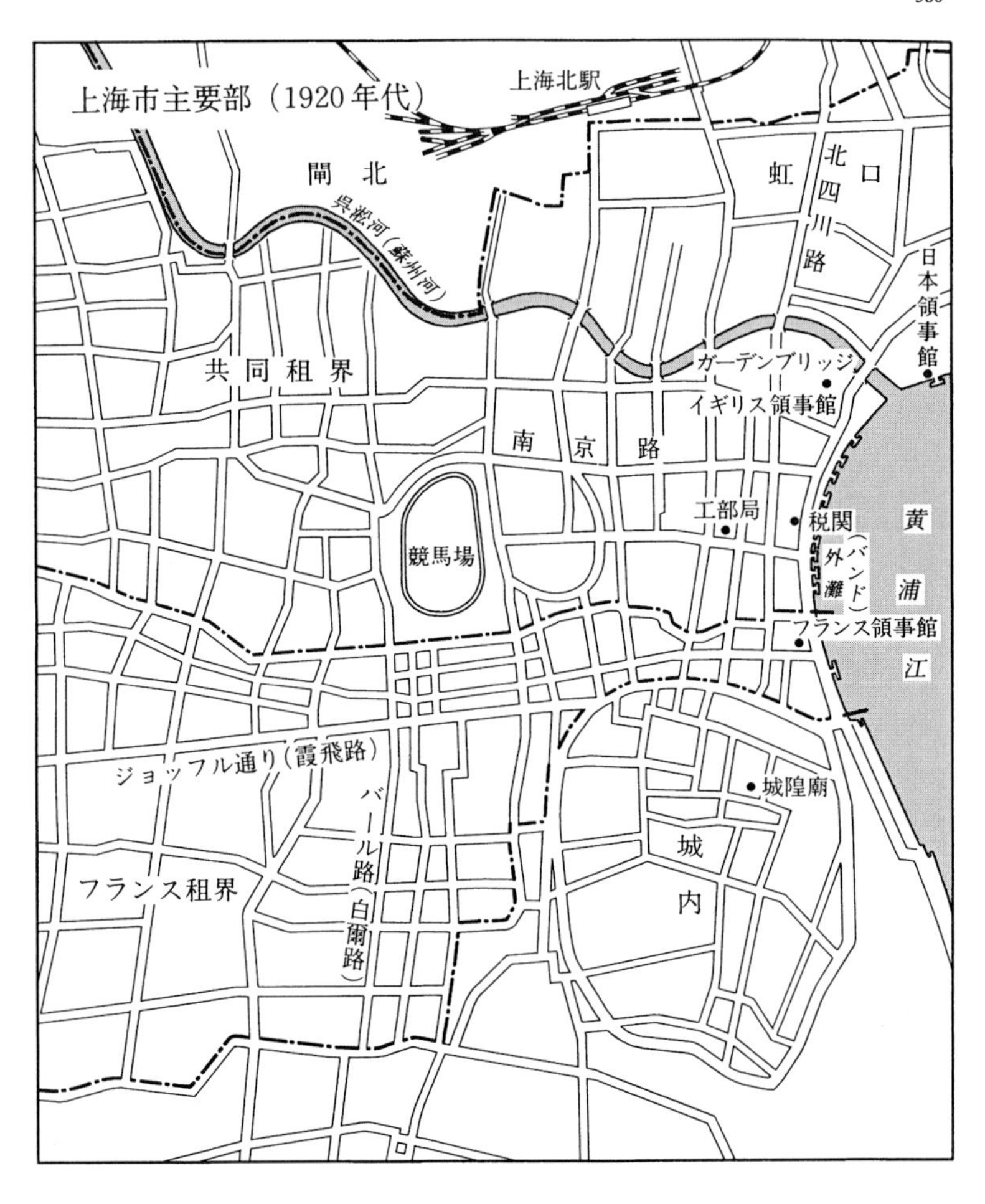
上海市主要部（1920年代）
上海北駅
閘北
呉淞河（蘇州河）
虹口
北四川路
日本領事館
共同租界
ガーデンブリッジ
イギリス領事館
南京路
工部局
税関
外灘（バンド）
黄浦江
競馬場
フランス領事館
ジョッフル通り（霞飛路）
城隍廟
バール路（白爾路）
城内
フランス租界

三人は役割が決まると、田中の最近の写真も一枚捜し出し、黄浦バンドへ持って行き日本船の着く埠頭で彼を確認できるようにした。手はずが整ってみると、もうまもなく昼過ぎになろうとしている。彼らは一緒に黄浦江の岸にむけて出発した。

三人は歩きながら考えるのだった。日本では功臣とはいえ罪悪は天下に鳴り響いている田中よ！　豺狼よりもさらに凶悪なあの暴兵をけしかけ、わが同胞を殺りくし、わが祖国を併呑した日本陸軍大臣よ！　もう休んでもいい時だ！　われわれの弾丸と刃の下で罪を悔いて死んで行け！　そして知るがいい、この世界では、おまえは殺人を楽しむ死刑執行人そのものだ！　おまえは日本でたくさんの人を殺したが、それはみなおまえたち日本のことだ、おれたちには関係ない。しかし今また血に飢えてわが祖国の同胞を殺し、死体は山野に横たわり、その血は河を染めた！　おまえはこのように獣のように人を殺し、それでも少しも悔いていないと言うのか？　よし、悔いなくてもいい。われわれが神の命を奉じ、正義のために、おまえのような悪党を地獄へ送り込んで懲らしめてやる。田中よ、罪悪に満ち満ちた田中よ！　知るがいい、水のとうとうと流れるこの黄浦バンドが、つまりおまえが最後に遊行した場所になるのだ！　知るがいい、おまえは今死ぬのだが、これは神がそれでもなお幾分かの憐憫の情をもって、このように安らかにおまえを死なせてやるのだ！　そうでなければ、おまえなどは刀でみじんに切り刻んでもまだたりない！

三人はこう憤り、しかしまた微笑をうかべるかのような面もちでさきを急いでいたが、ふと気が付くといつのまにか黄浦バンドについていた。左右に立ち並んだ獰猛な顔つきの日本兵、そして猟犬のような眼付きであたりを窺っている警官を見たとき、三人の中のひとりが少し怖気(おじけ)づいてしまったようだ。ああ！　こんなに軍警がびっしり埋まった所で田中を殺そうとして、危険はないだろうか？

この時、勇敢な呉成倫は、どうやって田中にピストルのねらいを定めようかと思案していたが、ふと振り返って仲間をみて、李君がすこしおびえた様子なのに気付いた。呉はそれを見て気はせき腹はたち、李君にむかって含めるように言った。この期(ご)に及んで怖気づくようなやつは、いいから行け、はやく帰れ、おれはどうしてもあいつらと一戦交えなければならないんだ！

彼が李君に腹を立てていたちょうどその時、突然「ボーボー」という音が、船がすでに河岸の前に着いたことを知らせた。三人は眼をこらしてその××船の上を見つめた。船が錨を下ろすと、おおぜいの人が岸から迎えに出た渡し船に乗り、「ポンポンポン」と岸に向かってまっすぐ進んでくるのが見える。このとき、呉成倫はいそいでポケットの中から写真をさぐりだし、手のひらに隠し、そっと、岸に上がってくる人たちと見比べた。そして、ふだん官府の中では威張り散らしているが、一旦外に出るとこっそりと人混みの中に隠れようとするあの田中大将を見つけ出した。その獰猛な顔つき、贅沢な衣服、血の臭いと汚れと罪悪で出来た体を眼にしたとき、呉は憎らしさのあまり気が狂いそうになった！「パン！　パン！　パン！」呉成倫は続けさまに三発撃った。

銃声が響いたあと、呉はすぐにまた振り返って金益相に言った。「どうだ？　当たった

上海の税関桟橋.

か！　はやく……はやく……はやく爆弾を投げるんだ！……はやく！……」

「ヒュー！」と音をたて、爆弾が金君の手から一つ投げ出された。

「あっ！　破裂しないうちにイギリス水夫に河の中へ蹴り込まれてしまった。見てみろ！」呉が慌てて言った。

「えい！　くそったれのイギリス水夫！　どうしておれたちの爆弾を河の中へ投げ込むんだ？　おまえも日本帝国主義の手下なのか？」

「あたりまえだ。イギリスの水兵はイギリス帝国主義の走狗だが、考えてもみろ、帝国主義と帝国主義、帝国主義の走狗と帝国主義の走狗はいつも一緒になっているんだ！——くそっ！　同志、田中はいったい死んだのか？」呉がまた気を取り直してたずねた。

「死んだ、死んだ、死んだに決まっている。おまえのあの三発はみんなしっかりした音だったじゃないか。見てみろ！　あいつは西洋のあのきれいな女と地面に横たわったままじゃないか？」金はこう証拠をあげて答えた。

「死んだのか、ほんとに死んだのか！　そうかおれたちは成功したんだ。祖国のために少しはうっぷん晴らしになるぞ！——あっ！　金同志！　警官がきた、早く逃げよう！」呉はそう言いながらまた振り返り、李君を捜して一緒に逃げようとした。ところが振り返ってみたとき、李君はもういなかった。彼はすぐさま金にたずねた、「李君は？」彼の顔には不安げな表情が現われていた。

「あいつか、ほうっておこう。ここへ来たとき、もうあまりやる気がなかったんだ。おまえが一発撃ったとたん、すぐにどこかへ逃げてしまった」。金はこう答えた。

「ああ、いまいましい、臆病な、信用のならない、いいかげんなエセ革命家め！　結局は最後になって逃げだした！　……よし！　今ははやく立ち去ろう。見てみろ！　あの死体のそばの洋服をきた若い西洋人がこっちに突進してくる。きっとおれたちを追おうとしているんだ。……くそっ！　同志！　まわりの警官もみんなやって来る。はやく逃げて、追いかけてくるやつをピストルで撃つんだ。逃げるんだ！　はやく逃げろ！　はやく！　……」

にげろ！　にげろ！　にげろ！　……はやく！　はやく！　はやく！　はやく！　……

パン！　パン！　パン！　パン！　……

5

呉成倫は田中に三発撃ち、田中が弾を食らって死んでしまったと思った。ところが、この死んだ田中は本当の田中ではなく、アメリカの著名な××王の娘(6)だった。ある若者と結婚して上海へハネムーンに来たのだ。彼女が田中のかわりに死んでしまった。彼女とその恋人は、東京で、田中が××船に乗り×月×日に上海へ向かうと聞いた。二人は田中が乗る船ならきっと快適なものに違いない、田中と一緒の船に乗って中国を訪れるのは光栄なことだろう、と余計なことを考え、そこで田中とともに××船に乗って中国へ来ることに決めたのだった。一方、田中は彼女がアメリカの貴族資本家の娘だと聞き、もちろん喜んで彼らを受け入れ、自分とおなじ船に乗せて上海へ来た。

(6) **アメリカの著名な××王の娘**　当時の新聞報道では、アメリカ・インディアナ州の炭鉱会社副社長W・J・スナイダーの夫人とされる。前年一〇月から夫とともに世界一周旅行団に加わって、ヨーロッパ、アジアを旅行していた。マニラから田中と同じ船に乗りあわせて、事件に巻き込まれた。

上陸する時、新婚の二人は手に手をとり、肩をならべ、ゆっくりと前へ進んだ。田中はこのときも歓迎のたくさんの人混みのなかをかき分け、彼女の尻にぴったりと付いて進んだ。田中は彼女にうっとりしてしまったかのようだ。なりふりかまわず、一緒に一度その宿まで行ってみなければならない、とでも思ったようだ。

ところが岸に上がってほどなく、「パン！　パン！　パン！」と何度か音がするや、彼女が突然「バタッ」と地面に倒れた。同時に、彼女の体を貫いた最初の赤い弾丸が、すでに灰色に変わりながら田中の体にぶつかり、かすかな痛みを残して地面に落ちた。田中はすぐに体をかがめ、地面に横たわったまま動かず、死んだふりをした。彼には分かっていた。これはきっと誰かが自分を殺そうとしているのだ。だがあいにく私は運が強すぎた。やつらはおれを殺そうとしてしくじり、かえって前にいた彼女を殺してしまった！　田中は従卒にすぐ犯人を追うよう命じた。そのあとようやくむっくりと起き上がり、たくさんの銃剣に守られて、日本領事館へと体を休めにむかった。

このとき、田中の従卒、警官、それにあの新婚のハネムーンに来ていた彼女の夫が、いっせいにわき目もふらず呉・金の両凶悪犯を追いかけた。二人は必死にさきを急ぎながら、振り向いてみると誰かがすぐそばに迫っている。そこでまた「パン！」と一発、そいつを地面に撃ちたおした。一度は、敵が銃を撃ってくるのをみて、まっすぐな路からすばやく曲がった路へ逃げ込んだ。飛んで来る赤い弾丸を避けようとするのだが、あるいは同志打ちになればもっといい。こうして逃げながら、「パン…パン…パン…」と後ろに向かって撃ち、全部で十何人かを死傷させ、最後に、呉成倫はフランス租界の袋小路に走り込んでしまった。あとを追っていたやつらが続々とやって来る。彼はもう逃げ道はないと知り、覚悟を決めて捕らえられた。逮捕されて途中まで来てみると、金益相がすでにさきに捕らわれの身になっていた。こうして、勇敢に戦った一組の青年が狼のような軍警どもによって工部局に送られ、拘禁されてしまったのである。

その晩、二人は獄中でいささか愕然としてしまった！　しかし、いま田中が弾を食らって死んだことを考えると、二人はまた誇らしく、うれしくなるのだった。田中の死は朝鮮復国の兆しであり、祖国の復讐の、最初の成功だ。同時にまた、かつての満ち足りた家庭生活、慈しみ深い両親や愛する友人の温かさがすぐにも戻って来る、その始まりなのだ。自分たちはいま捕らわれの身となったが、そんなに悲しまなくてもいい。たとえそのうち死刑に処せられても、祖国と同胞に顔向けができる。まして将来朝鮮が復興する日がくれば、きっと全国こぞって自分たちを記念してくれるだろう。ふたりはこのように思いをめぐらし、獄中にいることが少しも苦痛だとは感じなかった。ふたりはこう言っているかのようだった。この恥知らずの田中よ、誰もおまえに指一本ふれようとはしなかったが、今なんとおれたちの手で永久におさらばだ。どうだ、おれたちの恐ろしさは！　話をするふたりの顔には、笑みが漂っていた。

次の日、二人が日本領事館へ護送されるというニュースが、工部局(7)で看守をしているベトナム兵によって前もって秘かに彼らに知らされた。そのベトナム兵はまた、二人が亡国奴の

中国の新聞に掲載された呉成崙(呉宗義)らの写真(上海『申報』1922年4月2日).

(7)　工部局　上海共同租界の行政機関。一八五四年に設立され、当初の道路工事などから次第に業務を広げ徴税・警察などの組織を備えるに至った。工部局の実権はイギリス人の手に握られていた。

身で国外をさすらいながらも悲しみの中に沈んでしまうことなく、それどころか復讐雪辱の、世の中をあっと言わせる大事件をしでかしたことを知っている。これは祖国の現状と自分自身がいま敵の手先やその人殺しの道具になっているのに比べれば、まったく自分を慚愧の念に耐えられなくするものだ。そう思うと、自分という人間は敵の手下になりさがるほどなぜこんなにも卑しいのだろう、意志がどうしてこのように弱いのだろう、獄中のこのふたりの朝鮮の志士のような壮挙を行なうこともできず、祖国を滅ぼしたあのフランス帝国主義を打ち倒しに行くことも出来ない、と、自分を恨み、気を落とし、ふさぎこむのだった。だが一方、勇壮な壮烈な気概を獄中にみなぎらせた二人の志士をじっと見つめると、おもわず畏敬の念が、そしてまた哀れみの情が起こってくる。「偉大な韓国の志士よ、敬愛すべき勇敢な若者よ！　きみたちが田中を殺そうとしたことは、本当にこの上もなくすばらしいことだ。だが……」呉・金の両志士にこのように言う彼は、顔には真心と義憤の表情を浮かべ、牢の戸口の外に立っていた。

「だが、……どうしたと言うのだ？」呉と金が同時に尋ねた。

「だが、きみたち二人はきっと非常に危険だ。きみたちが殺そうとしたあいつは、実は死んではいないんだ」

「なんだって、死んでいない?!」呉・金はそれを聞くや、驚いてたずねた。だがすぐに、ふたりはまた自信ありげにあいつは死んだのだと言い、ベトナム兵が嘘をついているのだと思って厭わしくなった。

「死んではいない……たしかです！」ベトナム兵が改まった口調で言った。

「……」呉と金はそれでもなお騙そうとしているのではないかと疑い、ベトナム兵をじっと見つめるばかりだった。

しばらくすると、ベトナム兵は彼らが自分の話を本当だとは信じてくれないのを見て、そこであの日の新聞を捜し、そこに載っている「田中暗殺未遂」のニュースを切り取り二人に見せた。

呉・金の二人は彼の手から新聞の小さなきれはしを受け取り、そこに記されていることがベトナム兵の言うのとまったく同じなのを見て、思わず愕然としてしまった。

そこへ、呉・金二人の凶悪犯を日本領事館へ護送するという知らせがとどいた。命じられて牢の戸を開け二人を外へ出すとき、その牢番のベトナム兵が耳もとでささやいた。「なんとかして逃げるのです！」

二人はこのベトナム兵の言葉を聞き、また彼がさきほど教えてくれたニュースのことを思い起こし、ここでようやく、自分たちを騙そうとしているのではないかと疑ったのは、まったく彼に対する濡れ衣だと気付いた。二人はなにかお礼を言いたかったが、護送係のなんと荒々しいことか、少しの余裕も与えず二人を追い立てていった。

6

上海の日本領事館は虹口（ホンコウ）(8)にあり、ちょうど黄浦江岸に面している。その先には、とうとう

上海の日本総領事館（1924年頃）（外務省通商局『上海事情』大正13年）.

と絶えることなく、朝夕自分自身のために塵を洗いおとしているかのような揚子江が、東に向かって流れている。領事館の建築はすみずみまで西洋式を取り入れ、高さは約一五メートル、広さはすくなくとも……。外観全体は、様式の新しさと堅固さではどのような洋館にも劣らない。中は全部で四層に分かれ、そのうち二つの階は、いずれも最新の日本調度で、また西洋式中国式の美しい備品もいくつか置かれ、ことのほか至れりつくせりだ。これは領事館の館員が住むためである。ただ一階と四階だけは、かなり趣が違っている。一階に住んでいるのは、奴隷牛馬の地位に甘んじている何人かの使用人の類がほとんどで、したがって、そこの調度は、当然のことながら二階三階のような完全なものにするべきではないし、その必要もない。四階はもっぱら囚人を閉じ込めておくためのもので、まして調度などは問題にもならない。あるものと言えば、その階の空間のなかに、鉄条網で囲って作った大きな牢が一つと、その大きな牢の中に同じように小さな牢が一つ作ってあるだけだ。

呉成倫と金益相は工部局の留置場からでると、険しい眼付きをした十数人の兵士に車に乗せられ、護送された。二人は新聞で田中健在のニュースをみてからというもの、驚き、心を痛め、そして自分の無能さにあいそがつきるのだった。なぜ猛獣よりも凶暴なあの野郎――田中を殺さなかったのだ？　あいつを撃ち殺していれば自分たちはたとえ――どのように――死んでも、死にがいがあるというものだ。しかしいま、あいつを殺してはいない。それでは、これから日本領事館へ行くのは、あいつの辱しめを受けに行くということではないか！　……ああ！　ああ！　おれたちはなんて間が抜けているんだ！　……

（8）**虹口**　共同租界の中でも日本人が集中していた地区。俗に「日本人街」「日本租界」ともいわれ、ホンキューの名で知られていた。

二人は車の中で護送兵に監視されながら、自分たちの無能さに気を腐らせていたが、ふと頭を上げてみると、いつのまにか日本領事館の門の前に着いていた。二人は内心どきっとした。眼を怒らし口ぎたなく罵る数人の警備兵の前をまっすぐ進んで行く。この時、二人は獣のような日本の警備兵のその様子を見て、できることならすぐにでも粉みじんに殺してやりたかった。しかし、手も体もすでに自由を失っていることに改めて気が付くと、自分ながらまた苦笑せざるをえないのであった。

なぜか、二人が日本領事館の門をくぐってみると、金益相は罪がやや軽いとみなされているようで、呉成倫とは別の牢になった。このとき呉成倫の心はかすかに痛み、そして四階のあの小さな牢におしやられた。

この小牢は大きな牢の中の一角にしつらえられ、四方はぐるりと鉄条網の壁だ。壁の一つが窓に面し、その外には白みがかった藍色の空が見えている。整然として、統一がとれ、なんて愛らしいのだろう！　呉成倫がその小牢に足を踏み入れたとき、大きな方の牢に囚人が三人監禁されているのが見えた。いずれも笑みを浮かべ、呉の入獄を迎えた。呉はそれを見ても、ついに一言もしゃべらなかった。

水が流れるように時が過ぎ、呉成倫が日本領事館のその牢獄に入ってから、またたくまに幾日もたった。蜘蛛の巣のように織りなされた牢獄の鉄の壁と、鉄の棒がはめこまれた窓を見て、呉はこれがこの世と別れるひと駅目だと思った。時には窓に寄って外を眺めると、黄浦江に絶え間なく起伏する波が、すぐにまた別の波に粉々にくだかれ、そしてまた悠々と流れ去って行く。それはまったく人生の泡沫を象徴するかのようであり、心なしか悲しくなるのだった！

あるときは、彼は人間の残酷さに憤った。なぜ人は獣のようにいつも自ら同類を殺すのか。たとえば今の私のように、なぜ人殺しのためのピストルを手に持って誰彼を撃ち殺さなければならないのだ。呉はここまで来て、考え込み、自分のこの問題にまた自ら答を出すのだった。もしあの凶悪なペテン師日本がわれわれの祖国を占領しなかったら、あいつらと仇どうしになることがあっただろうか。もしあの悪らつな田中が自分の手先をあやつって祖国の同胞を虐殺し、そしてわれわれのような、いささか血気があり祖国の滅亡と同胞が理由もなく殺されるのを座視できない青年たちを、世界中をさまよい帰る家もない境遇に追い込まなければ、私もこのように容赦なく田中を狙撃するまでになっていただろうか！　また、もし仮に、われわれの祖国がいま非常に力を持ち、日本人に侮られないだけでなく、むしろ日本人もわれわれの祖国が強大なためいつも私たちと手をたずさえ、この世界で、いや少なくともアジアで、一人の人間の両の腕と言われるようにしたなら、その時は、わたしは日本人を敵視しないだけでなく、ましてこのような凶暴な行為に走っていただろうか！

ここに考え至って、呉は理解した。十分理解した。今のこの世界は、人が人を殺す世界、強い者が弱い者を殺す世界なのだ。彼は、この世界をひっつかんで小さなボールにし、力まかせに地面に投げつけ、みじんに砕いてしまえないのが口惜しかった。しかし、それがまったく空想にすぎないことは呉には分かっている。世界の国を一律平等にして、ただあの「血に飢えた」暴虐民族を一人ずつすっかり殺し尽くしさえすれば、この世界は平穏になる。だから、今回田中を殺そうとしたのは間違っていたなどとは言えないだけでなく、祖国を復興し、非業の死をとげた祖国の同胞の仇をうつためには、こうでもしない限り、もう希望はないのだ！

　牢の中でこのようなことを考え始めると、呉の心は、いつも煮えたぎった湯のような熱気に絶えずつき動かされ、「死刑にされるのではないだろうか」などということがすこしも心配にならないばかりか、むしろ、あやうく殺されそうになった田中が、今度のことの憂さ晴らしにわが同胞を殺そうと何か企んでいるかも知れないと考えるのだった。同時に、彼ら囚人を虎か狼のように考え、逃げ出しはしないかと毎日心配している看守兵、さらには自分とおなじく牢の中にいるあの、呉が初めて牢の戸をくぐった時、笑顔で入獄を迎えてくれた三人の日本人囚人さえ、あいつらはみな暴虐民族であり、すぐにも牢の戸を打ち破り、外へ走り出てやつらを一まとめに殺してやりたいと思うのだった。そのあと、もし逃走することができなかったら、ピストルで自分を撃ち殺し、日本のペテン師野郎に侮辱され死刑にされるのを免れるだけでも痛快だ！

　こう考えつつ、毎日朝から晩まで、晩からまた夜明けまで、眼を閉じて眠るとき以外は、呉はいつも憤りで胸をいっぱいにしているかのように、無意識にあるいは意識的に、しかし実際はまたひそかに、あの三人の日本人囚人に敵意を燃やすのだった。ある時はまた、牢門を見張っているあの日本兵にふと眼をむける。もちろん、いっそう憤りがつのる。

呉のこの時の心理は、日本人は全部悪者で、老若男女をとわず、すべてわれわれ朝鮮人の許しがたい敵だ、もし本当に牢門を打ち破って走り出すことができたら、きっとピストルを手に持ち、手当たり次第日本人を撃ち殺しただろう、といったものだった。こうして、一人でこの小さな牢に入り、いつも非常に孤独だった。さらに孤独につられて気がふさぎ、憂いに沈んだ！

大きな牢の囚人三人は、一人は加藤といい、もう一人はその妹の夫で、三人目は大工だという。加藤は無政府党として摘発され逮捕された。その妹の夫は、やはり無政府党の嫌疑で一緒に引っ張られたという。大工は、おそらく自分のことしか考えないしがない男なのだろう、詐欺で訴えられて捕まったのだ。(9) この三人はあの日、呉成倫が牢に入って来るのを見てから、みな呉に対し同じ運命のものがもつ敬意を示したが、残念なことに三人とも朝鮮語が分からず、呉成倫もまた日本語が分からなかった。というわけで、彼らは互いに自分の意志を伝えることはできなかったが、その後、十何日も暮らしてみると、呉成倫は一種の「遠く異国にあって、しかもまた同じくとらわれの身」の同情心にかられ、時には彼らに向かい、思わず顔に気の置けない表情をうかべるのだった。そんなとき加藤も、さらに親しみのこもった面もちで呉にこたえた。また、加藤は口では呉に対する敬慕の念を言い表わせないため、よく親指をつきだして呉成倫にこう言おうとした。「君はこれか！」

呉成倫は、加藤がこのように自分を賛美するのを見て、日本人を恨むあまり加藤の身にまで押し付けていたその怒りの炎が、知らず知らずしだいに消えていった。こうして、一カ月

(9) 囚人三人は……捕まったのだ　当時の新聞報道では、この三人は、内山副領事の名をかたり靴二足をだまし取った詐欺犯田村忠一、拳銃の密売をした古宮とその共犯藤田とされる。田村が小説で「加藤」とされる人物である。

あまり一緒に暮らすと、互いによく接触しているせいで、日ごとに親しくなっていった。

その日、まもなく日が暮れようとしていたころ、呉成倫は一人であれこれ脱獄を考えていた。しかしまた、小牢の四方の壁がみな鉄条網で織りなされているのを見て、決して逃げ出せはしないことを悟り、将来むざむざと日本のペテン師野郎に侮辱されないですむよう自殺しようかとも考えはじめる。こう思いつつ、腕で力いっぱい鉄条網の壁をなぐりつけ、叩き壊そうとしてみたが、結果はもくろみが完全にはずれたばかりか、叩く度に腕が悲しいほど異様に痛み、こうして、呉はまたふさぎ込むのだった。ちょうどその時、呉はうなだれ、何を考えるということもなく、ふと窓の外のすみわたった青空に目をやった。すると突然、暖かい南風にのって笛の音が聞こえてきた。呉ははっと神経を集中した。

「どこから聞こえて来るのだろう?」そう自問しながら、頭を挙げてあたりに聞き耳を立てようとした時、つづいてまた、細く、透き通った、そしてまたやさしさをたっぷり含んでいるかのような流れるような調子の言葉が、窓から彼らの住む牢獄の中に飛び込んで来た。この時、頭の回転のはやい呉は、きっと牢の中の人間とあの外で笛を吹いている人の間に何かの関係があってそうしているのだ、と判断した。思ったとおり、呉がすぐさま大牢の三人の囚人の動きに注意しようとした時、そのうちの一人、顔に何か特別な様子のうかがえる者が、笛の音に「ハイ」と答えた!

答えたのは、呉と親しくなっていた加藤だった。彼は朝鮮語は分からないが、今たいへん流行している英語は少し知っていた。加藤は、呉成倫がこのような外との関係に興味を示したため、つつみ隠さず英語で教えた。

「外で笛を吹いたのはわたしの妹です」そう言うと、傍らの人の方へ向きなおり、呉に指さして言った。「これが妹の夫です」

呉成倫はそれを聞くと、いそいで立ち上がり窓辺に寄って首をのばしてのぞいてみた。すると、和服を着て、下駄を履き、白粉ですっかり化粧をした年若い女が、窓の向いの屋上に立ち、まっすぐに彼をみつめて微笑んだ。この一カ月というもの憂いと苦しみに頭を占領されていた呉は、このとき突然、この美しい微笑みに、たゆたうようなすがすがしい世界へと引き込まれてしまった。

「……」

ぺちゃくちゃという日本語の音がひとしきり、今度は加藤の発声機――口から呉君の頭をふりむかせ、つづいて、またひとしきり前よりももっと細いぺちゃくちゃという音が、呉君の頭をまた引きつけた。

そんな音がなんどか往復し、呉成倫はいささか頭がぼんやりしてしまった。その美しい少女がもと立っていた場所から消えたあと、呉は加藤の方にむきなおり、いま彼女と何を話したのかとたずねた。聞いてみて、彼ら三人の罪状が分かった。一番重いのが加藤とその義弟だ。加藤はすでに懲役一年の判決をうけ、義弟は半年の懲役だけ、もう一人の大工は、詐欺未遂で懲役三カ月に処せられただけで釈放される、ということだ。こんなことが分かってから、加藤はさらに呉に告げた。天気がひどく暑くてのどが乾いたので、妹に梨を買いにやらせた、あいつが持ってきたら、みんなで梨が食べられる、と。

しばらくして、笛がまた鳴った。梨を買ってきたのだ。呉成倫が首を伸ばして見てみると、はたしてあの少女がハンカチに梨を一包みくるんで、呉にむかってニコニコしている。

みんなは梨が来たと聞いて大喜びだった。だが、どうやって梨を上の階まで上げるかということになると、誰もが黙りこくって向かい合ったまま、ただただ梨を食べたいと思うばかりだった。

ひとしきり思案し、頭もこぶしでポンポンと叩いてみたが、どうも梨を上にあげる方法がない。最後に、呉成倫がそんな様子を見てある方法を考えつき、彼らを救ってやった。

算段はできた。そこで、呉はさっそく手——手かせの着いたままの手——で慎重に、ベッドのござに編み込んであるひもを一本ずつはずし、それに箸を一つむすびつけて窓から投げた。ハンカチを箸に掛けてもらい、また引き上げるのだ。やってみると、思った通り梨が窓の外までやってきた。しかし窓の鉄格子の幅が梨の包みほど広くないため、呉は片方の手でしっかりとひもを握ったまま、もう一方の手の三本の長い指を伸ばし、一つずつ中に取った。こうして取りながら、大きな牢の三匹の餓鬼にわたして食べさせるのだった。最後になって、呉はそのハンカチのなかに小刀が一本あるのに気付いた。それを見るなり、呉は我を忘れて喜んだ。この小刀があれば、きっと日本のペテン師野郎を何人か殺せる。たとえ殺せなくても、少なくともあいつらに侮辱されなくてすむよう自殺することはできる。そう考え、体で大牢の日本人三人の視線をさえぎりながら、そっと小刀を取って隠した。この時、小刀に気づかれはしないかと、呉はその三人の日本人囚人にたえず神経を集中しつづけた。

　これは当然のことではあった。あの大きな牢の日本人三人は誰も梨を取る方法を思い付けなかったが、呉成倫のこの頭のよさのおかげでそれを上にあげることができたのだ。三人は呉に対して前から同情をともなった敬愛の念を示していたが、今またかさねて、なんて頭がいいのだろうという感謝の気持ちを、ニコニコとしたその笑顔に浮かべるのだった。加藤は呉の頭のよさに感心し、特別よけいに梨を食べさせた。

　呉は梨を手に持ち、ゆっくりと食べながら、一方その心はたえずあの小刀の上にあり、どうして使おうかと思いをめぐらせていた。

　こうして一日一日とひそかに計画を練っていると、牢の中にいることが少しも苦痛にならなかった。いつかきっと、なんとかしてこのひどい所からぬけだしてやる、と思うのだった。こうして、呉は牢獄の中で、たかぶる気持ちで日を過ごしていった。

7

　四月の気候、温暖な南方――上海――の陽の光は、いささか刺すように感じられる。そこで、上海に住んでいる人びとは、毎日一度入浴するのがほとんど通例になり、誰もそれからは逃れられない。日本領事館の牢獄にいる囚人も、やはり同様に彼らの神――ここではどう名付ければよいのか分からないので、恐れ多いがこう呼んでおく――の恩恵を受け、毎晩、入浴に行かせられ、その体の汚れをゆっくりと聖水で洗い落とす。これでようやく、将来天国へ登れるのだ。こうして、彼らは、もちろんうやうやしくこの洗礼を受けるのである。

だが、なぜか、神の慈愛は怠惰な人たちを感動させるのみで、生まれつきかたくなで自分でも罪深いことを知っているこの呉成倫は、長らく浴したのち、最後にはそれに背こうとした。

この晩、看守の兵隊がいつものように彼らを入浴につれに来たとき、呉成倫は仮病を使い、入浴に行けないといった。その兵隊は呉の青白くやせ細った顔を見て、彼が何を企んでいるのか見抜けなかったらしく、呉をそのままにして、大きな牢の囚人三人だけを連れて行った。

「これこそ神が授けてくれたチャンスだ！」看守の兵隊が囚人三人をつれて下に降りたあと、呉成倫の胸に熱気がうずまいた。呉はすぐに体を起こし、例の小刀の先端を足かせのネジに押しあて、そっと、ぐるっぐるっと回し、そのネジをゆるめようとした。何度かひねると、果たしてネジがゆるんできた。さらにもう少し力をいれると、なんとネジがこんな小刀でとれてしまった。この時、呉は大喜びで、また小刀で同じように手かせのネジをはずしに掛かった。まもなく、これもまた大成功だった。しかし入浴にいった三人の日本人囚人が上がってくるのではないかと思い、すぐにまたもとどおりにかせをした。かせをしてしばらくしたが、まだ彼らが上がって来る気配はない。そこで、この次にうまく開かないのではと心配し、またナイフで手足のかせをもう一度開き、うまく行くかどうか試してみた。実験の結果は全く申し分なかった。そこでまた改めて元にもどした。ちょうどもどし終わったとき、階段から「タタ」と音がして、入浴の人たちがもう戻ってきたのが分かった。

呉はまた寝たふりをして、じっとしていた。

このとき、かせを開けられるナイフがあると思うと、以前よりはずいぶん気が楽だった。今の呉成倫は決して日本のペテン師野郎にあの世へ送られるような人間ではない、と感じるのだった。日本人を何人か殺し、そして逃走する手段があるのだ。たとえそのようにできなくても、自殺ということに関しては、確信があり疑念の余地はない。

こう考えるうちに、あの真っ黒な夜の蛇はみるみる彼のまえから逃げ去り、その後に、赤くきらめく陽の光がまたやってきた。このとき、呉は少年のころの祖国の静かでさわやかな園を思いおこし、いっそう胸がおどってしかたなかった。幸い、時の流れは、憂いと喜びが入り交じった呉の心の中では、いつまでもその場に恋々とすることはできず、この大地を治める全権をやがてまた夕日に譲り渡し、つづいて、再び黒い夜が降りて来る。

こうして、入浴の時間がまたおとずれ、その階の人びとはいつものように出かけた。

この時、呉はまる一日かけて計画したことを試してみるのだった。呉は考えた。逃げ出すには、夜更けの人が寝静まったときに限る。だが、夜更けに逃げるとき、看守兵や警備兵はあるいは居眠りしているかも知れないが、どうみても、この大牢の日本人囚人三人は昼間たっぷりと寝ている。夜中にごそごそすれば、彼らに気づかれないだろうか？　そうなると、非常に危険だ！――「忌々しい日本のペテン師野郎め！」――呉はそう気遣いながら、加藤がくれた小さな櫛を一本の箸と一緒にし、さらに自分の皮のベルトをはずし、ピストルのようなものを作ろうとした。夜半の静まりかえった時に彼らを脅し、脱獄のじゃまをさせないようにするのだ。

腹を決めると、その小さな櫛を銃床に、箸を銃身にして、皮のベルトで銃床と箸の後部をくくり、さらにタバコの箱の銀紙で箸の前半分をしっかり包む。うまく出来上がると、窓のおぼろげな月の光のもとでそれをきらりとさせてみた。遠くからは真偽の区別がつかないではないか。呉はそこでまたニヤリとした。

ほどなく、入浴にいった人たちが戻ってきた。看守の兵隊はしばらくお茶を濁したあと、さぼって下へ寝にいってしまった。このとき、呉成倫は今だと思った。小牢の戸も鍵が掛かっていない。呉はさっそくナイフで手足のかせをはずし、大牢の中に飛び込んだ。左手にはナイフをにぎりしめ、右手にはピストルをもち、三人の日本人囚人を威嚇しはじめた。

「おい！　……」三人の日本人囚人は、突然、呉の手足のかせが外れ、両手の武器が月の光にきらめいているのを見て、驚いて言葉も出なかった。

呉成倫は彼らに言った。

「おまえたちも俺も、もう生きる望みはないぞ！　われわれ韓国の義烈団が数百人を出して、すでにこの領事館を取り囲んだ。もし私が出て来れないと分かると、この銃声一発を合図に四方から火を放ち、さらに爆弾でこの建物を爆破するのだ」呉はその三人の日本人囚人を、自分を逃がすように仕向けたいのだ。

「あ！　それじゃ……ど、どうすれば……いいんだ?」大工はおろおろと心配しだした。

「おれは三カ月の懲役になっただけで、もうすぐ満期になる。これじゃあ、これじゃおれは……おれは……どうすりゃいいんだ！」

「ああ！　これじゃ、おれたちの命も、みんな終わりじゃないか？　――そうだ！　きのう義兄さんの妹が言っていた。おれも六カ月の懲役になっただけで、すぐに出獄できる。これでは、おれたちはどうすればいいんだ？　……」加藤の義弟も泣きそうになった。

この時、加藤は呉の手の中のピストルとナイフを見て恐ろしくなったが、同時に、義弟の言葉を聞き、自分自身も妹から告げられた「懲役一年だけ」の知らせを思い起こしてしまい、いっそう狼狽するのだった。そこで呉成倫のために、「それじゃ早く逃げ出すんだ！」と言ってやった。

呉成倫はもちろん願ったりだった。呉は言った、「逃げ出すにはこの鉄の窓を叩き壊さなければだめだ。だが、どうすればできるんだ？」

詐欺犯の大工がとっさに一計を案じた。鉄窓の周囲の木枠を水で湿らせ、ナイフでその横にすきまを開けるのだ。そうすれば音がしない。すきまが開けば、木の枠は自然にすっかり取り外せる。そこであんたは逃げ出せるというわけだ。

他の者はその方法を聞き、「そうだ、そうだ」と大工にやらせてみるのだった。ところが一時間ほど削ってみても、依然としてまったく効き目がない。呉成倫はいささかあせり、「やはりこの戸を押し開けよう、この方がもしかしたら割合簡単かも知れない」

三人の日本人囚人は呉に戸を押せと言われ、一塊になり、力をふりしぼってやってみた。ほどなく、はたして戸が開いた。すると全員の顔色が変わり、部屋の空気も一変した。

この時、四人は喜びのあまり、早く行けと呉をせかせるばかりか、全部が一斉に逃げだそうとした。

しかし、呉成倫は人数が多いのは妨げになると、加藤だけに一緒に行くことを許した。行きがけに、呉成倫は、日本領事館が逃げずに留まった者の罪を重くし、なぜ通報しなかったのだと責めはしないかと心配し、そこで以前に梨をつり上げたあのひもを使い、さらに小刀で鉄線を少し切り取り、二人を牢の戸口に後ろ手に縛り付けた。さらに、布切れ紙屑ハンカチなどを二人の口におしこんだ。こうすれば、日本のペテン師野郎が見て、呉たちが逃げだしたのを知らせることが出来なかったと思うだろう。

始末をつけると、呉は加藤と二人で、そっと忍び足で四階からまっすぐ下まで降りた。一階の入口の外まできてみると、前方の塀の門の脇にいる警備兵がまったく気づいていない。彼らはその塀の横を這って外に出た。

8

呉成倫と加藤は日本領事館を逃げだしたあと、そのまま別れ別れになった。呉成倫はすぐさま人力車をつかまえ、フランス租界の朝鮮人が住んでいるところ(10)に向かった。到着すると、車を降りて戸を叩いた。しばらく叩いていると、ようやく人が出てきて驚いたようにたずねた。「だれ?」

呉は誰か出てきたのを見て、いそいで名前を告げ、早く戸を開けるように言った。ところ

(10) 朝鮮人が住んでいるところ　呉らが住んでいたのはフランス租界内の白爾(バール)路だったようである。

が、戸を開けに来たその人は、本物の呉成倫はすでに日本領事館に監禁され、絶対出てこれるはずがないと思い、どうしてもすぐには開けようとしなかった。

こうやり合っているうちに、中の人がみな驚いて布団の中から起き出し、耳を澄ました。声の主が分かると、みなはようやく呉成倫本人の声だと確認し、戸を開けて呉を中に入れた。

呉は中に入るや、一人一人友人たちとしっかり手を握り合い、今回田中を殺そうとしたが果たせなかったことや、捕まえられた時の様子などを語った。そしてこの脱走のもくろみがどれほどたいへんなことで、前途にはどれほど光が満ちあふれているかに話が及んだとき、友人たちはほとんど呉のために万歳三唱せんばかりだった。

ちょうどその時、悪い知らせが、またやってきた。

最初、加藤は呉と分かれた後、すぐさま妹の家へ走った。妹は加藤の話を聞き、自分の夫が出獄していないのを知り、そこで日本領事館に駆けつけ密告したのだ。領事館は知らせをうけるや、すぐに兵隊を派遣してフランス租界の朝鮮人の住宅を包囲し、逃亡した凶悪犯が中に隠れていないか捜査すると宣言した。

この時、呉成倫はちょうど友人たちと密談していたのだが、家の外が取り囲まれたと聞くや、すばやく地下室にかけこんで深々と身を隠した。日本兵が戸を開けて入り込み捜査したが何も得られず、すぐまた別の所へ捜しに行ってしまって、呉はようやく地下から這い上がってきた。

上にあがると、気持ちを落ち着け、上海にいては、いずれにせよ危険を避けられないと思った。そこで、その場で頭をすっかり剃り、普通の人の格好をして、夜明けとともに外国船に飛び乗り、ドイツに逃れた。

その日の朝、上海の各種新聞には、どこも呉成倫の写真が載り、捕らえるか密告したものがあれば、かならず多額の賞金を出すと書き立てていた。しかも、呉が日本領事館の獄中にのこした奇妙な武器も同時に公表されたが、世間の人には、それが何かは分かっても、なぜそのようなのかはさっぱり分からなかった！

また、呉成倫が上海を離れてほどなく、同志の金益相はすでに東京へ送られ、無期懲役の判決を受けたという。呉は祖国の復讐をし、犠牲となった同志のために戦おうと、ドイツにしばらく住んだ。しかし自分の革命事業にはあまり助けにならないと感じ、そこで向きを転じて世界革命の大本営――モスクワへと、革命を学びに行った。

一九二六年になり、中国の革命運動が異常に沸きたってくると、革命に情熱を燃やすこの亡命青年は、落ち着いた生活に安閑としておれず、またもはやる気持ちになるのだった。中国の革命運動と韓国の革命運動は、どちらも帝国主義を打倒しようとするもの、どちらも世界の革命運動の一部分なのだと感じた。革命に力を注ごうとするのなら、どの場所どの国でも飛び込んで行くべきだ！　さらに、現在の革命は、実際のところただ圧迫者と被圧迫者の区別があるだけで、国境などというものは、まったく封建集団のものであり、なんとしてもそれを消滅させなければならない。以前、革命運動に参加して田中を殺そうとしたころ、日本帝国主義に反対するあまり、すべての日本人、とりわけ下層の人びとまで全部、仇敵として殺してしまわなければならないと考えていた。そのころの自分のすべてだったこの幼稚な観念は、全くとりとめもなく、いま考えても恥ずかしい！　いまやるべきことは、すべての被圧迫民族とすべての被圧迫階級を呼び覚まし、ひとつになり、帝国主義者・圧迫階級にむけて総攻撃をはじめることだけだ。こうして初めて、個々の帝国主義者を打倒できる！　すべての圧迫階級を消滅させることができる！　またこうしてこそ、全世界の被圧迫民族とすべての下層階級が頭をもたげ、改めて自由平等な社会を建設することができる！　こう考えると、胸の中に潜んでいた革命への情熱が一度にどっと沸き上がり、呉を中国へと追い立てたのである。中国へ来てからは、呉は実際の革命運動にも加わった。しかし後、なぜか、また上海の以前住んでいた小さな部屋にもどり、そこに潜んでいた。

不思議と噂がもれ、呉が上海に戻ってほどなく、日本兵が家を包囲した。幸いその時は外に出ていて、日本兵には捕まらなかった。その後、呉はそのことを知り、そこで、また上海を離れ、ひそかに自分の祖国へと革命のために戻って行った。

一九三〇、三、八、廃都景山の東[11]にて。

（蒲豊彦訳）

（11）**廃都景山の東**　「廃都」は一九二八年南京に首都が移った後の北京（当時北平）のこと。「景山」は紫禁城（故宮）の北側にある景山公園を指す。キム・サンは小説執筆当時、景山東街東口にある「春潮書局」という本屋を連絡先にしていた。本書四三四頁参照。

第三部

《ドキュメント》キム・サンの足跡

水野直樹

まえがき

キム・サンが『アリランの歌』で語っている自らの生涯は、まことに波乱に満ちたものである。朝鮮・中国の革命運動の歴史、そして自らの思想的・精神的遍歴など、キム・サンという朝鮮人革命家が語る話を通じて、現代東アジアの歴史の凝縮された一面を私たちは知ることになった。しかし、キム・サンの生涯のすべてが『アリランの歌』で語られているわけではない。革命活動のさなかにあって、日本当局や中国国民党に知られると不都合を生じる部分は省略された。

『アリランの歌』に書かれていないキム・サンの歩みを明らかにしようとする仕事は、一九八〇年代になって中国、韓国、日本などで始まった。

中国では一九八六年に、キム・サンの略伝(権立執筆、朴昌昱主編『朝鮮族革命烈士伝』第二集、遼寧民族出版社、朝鮮文、に収録)が発表され、『アリランの歌』に記されていなかったいくつかの事実――とりわけキム・サンの死をめぐる事情――が公表され、私たちを驚かせた。

その後も中国各地の研究者らによってキム・サンの活動についての調査が続けられている。『アリランの歌』の朝鮮語版(延辺歴史研究所訳『白衣同胞の影』遼寧民族出版社)が一九八六年に刊行されたのに続いて、現在中国語版の刊行が計画され、さらにキム・サンを知る人びとの回想や資料を集めた本の刊行が準備されているとも聞く。キム・サンの生涯について

キム・サン(1934年頃).

は今後も新しい事実が明らかになる可能性がある。

延辺朝鮮族自治州では、『アリランの歌』をもとにしてテレビ・ドラマの制作が計画され、そのために中国各地で取材も行なわれている。そのシナリオを担当することになっている老作家劉登氏から私の手もとに取材日誌の一部が送られてきた。取材日誌には、キム・サンの未亡人をはじめ、彼とともに活動した人びととのインタビューの内容が記されている。断片的な回想だが、キム・サンの人となりを生き生きと伝える証言である。

劉氏の取材日誌に記された証言とその他の文献とにもとづいて、中国各地を転々としながら革命と解放を求め続けたキム・サンの足跡をたどってみることにしたい。『アリランの歌』で語られていることはなるべく省略し、そこに記されていない事実を中心に見ていくことにする。《　》で引用した部分が劉氏の取材日誌によるものである。

キム・サンの本名は張志楽だが、それ以外に多くの仮名を使っていた。時期により、また活動の種類によって使い分けていたため、各種の文献に異なる名前で出てくる。仮名には、張北星・柳子才・李鉄庵・劉漢平・劉清華・韓国劉・張明などがあり、筆名としては寒山・炎光・荒野などを使った。以下の引用文では、キム・サン(張志楽)の仮名(誤って別字で記されている場合を含む)には傍点を付けることとする。また、日本側資料の引用にあたっては、原文のカタカナをひらがなに改め、適宜句読点を付けた。引用文中の〔　〕は水野による訂正または補記である。中国語文献の翻訳に際しては、蒲豊彦氏の協力を得た。

北京 一九二二年―一九二五年

キム・サンは一九二〇年末頃から翌年まで、朝鮮独立運動の中心地の一つ上海に住んだが、上海でのキム・サンの生活や活動を知り得る資料は見当たらない。彼の歩みをたどることができるのは、北京からである。

キム・サンは一九二二年頃、北京協和医学院に入学した。協和医学院は、一九〇六年に協和医学堂として英米のキリスト教教派によって創立されたが、一九二一年アメリカのロックフェラー財団に買収され、正式に開校したばかりであった。中国における西洋医学教育の〝殿堂〟ともいうべきこの協和医学院に入学したキム・サンは、医学・科学の知識を学ぶとともに、英語を習得することになった。

当時の北京には数百人の朝鮮人が住んでいたが、一九二三年九月日本で起こった関東大震災の後には日本から多くの朝鮮人が移ってきたため、一時は一千人にも上ったといわれる。朝鮮人に対する迫害・虐殺を怖れて留学先を日本から中国に変えたのである。中国の大学で学ぶ学生らは、民族意識を高める活動を精力的に行なった。一九二五年の日本側の記録(朝鮮総督府警務局『在外不逞鮮人ノ概況』大正一四年五月)は、北京在住朝鮮人の活動を次のように記している。

「同地不逞者の牛耳を執れる韓僑同志会は『導報』、仏教留学生は『荒野』及『革命』、朝鮮学生会は『海外旬報』、高麗学生会は『新光』『新人物』『詩壇』『学苑』等の継続出版物を発行して熾んに共産主義或は民族主義を高潮し、更に転じては之等両主義は其の目的を異にするも道程を一にするを以て軋轢闘争を止めて宜しく共力(ママ)一致革命の完成に努力せざるべからずと絶叫する等、専ら民心の煽惑を策し〔以下略〕」

『アリランの歌』でキム・サンが述べているように、『荒野』と『革命』は金忠昌[1](本名金星淑・中国名金奎光)らによって刊行されていたが、『革命』の方は仏教留学生とは関係なく、左翼的な学生らによるものだった。

金星淑の「略歴」(李庭植面談・金学俊編集解説『革命家たちの抗日回想』ソウル、民音社、一九八八年、に一部紹介)には、次のように記されている。

「西暦一九二三年、倭賊〔日本帝国主義〕の追求が激しかったので中国に亡命して、北京国民大学で政治経済学を研究する一方、張建相[2]、梁明、金元鳳[3]、張志楽、李洛九らの諸同志とともに革命団体『創一党』を組織し、機関誌『革命』を編集、刊行しながら、当時の社会運動各団体の宗派的分裂と対立に反対して、統一的な革命政党の創立を主張した。」

解放後、韓国で李承晩独裁政権に反対する革新政党に参加するなど政治活動を続けた金星淑は、朴正熙政権の時代には政治活動もできず、貧窮のなかで一九六九年に死んだ。金は死

(1)　**金忠昌**　本書三三頁注参照。

(2)　**張建相**　一八八三―一九七四。慶尚北道生れ。日本留学を経て、アメリカのインディアナ州立大学卒業後、中国にわたり独立運動に参加、大韓民国臨時政府外務総長代理などを務めた。一九二二年一月、モスクワで開かれた極東諸民族大会に出席。三三年、上海で日本の警察に逮捕され、朝鮮に送還されたが、起訴猶予で釈放され、再び中国に脱出した。臨時政府国務委員、学務部長などを歴任。解放後、臨時政府の一員として南朝鮮に帰国。臨時政府から脱退し、民主主義民族戦線副議長、勤労人民党副委員長(呂運亨暗殺後は委員長)となり、穏健左翼の立場から南北統一に努めた。五〇年五月、第二代国会議員。李承晩政権時代に革新政党結成に尽力したが、スパイ容疑で逮捕された。四月革命後、革新政党運動に参加、軍事クーデタにより再び逮捕され、軍事裁判で懲役五年の判決を受けた。

(3)　**金元鳳**　一八九八―？。号若山。義烈団の指導者として数々のテロ事件を計画、指揮して日本当局に

の三年前に在米韓国人の政治学者李庭植氏のインタビューを受けたが、その記録を収録したのが、右の『革命家たちの抗日回想』である。

金の回想によれば、「創一党」のメンバーはおよそ二〇名だったという。キム・サンはその一人だったのである。石版刷りの朝鮮文雑誌『革命』は一九二四年から刊行され、三〇号ないし四〇号まで出た。

金星淑は、「朝鮮の共産主義者をひとつに統一するという抱負から『創一党』という名称を使った」と述べながら、一方で、「『革命』の路線は?」との問いに対して、「ごた混ぜでした。民族主義と共産主義のごた混ぜでした。私なども民族的共産主義者でしたが、その基本は民族主義でした。その時も今も、私の思想は民族主義です。私が基本的に民族主義の立場にあったことは、倭賊たちも知っていましたよ」と答えている。金のインタビューは反共の雰囲気が強かった一九六〇年代の韓国でなされたものであり、「民族主義」を強調せねばならなかったのであろう。そのことを考慮して推測すれば、「創一党」および『革命』の路線は、共産主義・社会主義思想に大きな影響を受け、それを基本としながら、民族独立への志向を強く打ち出すものであったといえる。

金が「創一党」と述べている組織について、北京でともに活動した張建相は、「われわれの集まりの名前は革命同志会といっていました。しかし、『革命』には北京反帝大同盟と刷り込んでいたので、世間ではその名前のほうが広く知られていました」(張建相の回想、同上書)と言っており、組織名称の点では金星淑の回想との間に食い違いが見られる。

恐れられた。一九二五年、広東の黄埔軍官学校に入学、中国国民革命に参加した。その後、マルクス主義に近づいたが、一九三五年に朝鮮民族革命党、一九三八年に朝鮮義勇隊を組織して、民族主義左派の中心となった。重慶に移った後には大韓民国臨時政府にも加わった。解放後、南朝鮮に帰り、民主主義民族戦線議長の一人となり、左右合作、南北統一のために力を注いだ。一九四八年に北朝鮮に移って政府閣僚その他の要職を歴任した。

キム・サンは『革命』を中心とするグループに加わって、金星淑から思想的影響を受けた。「私を共産主義者として育ててくれたのは金忠昌だった」とキム・サンは述べている。しかし、金は、「西暦一九二五年、中国の中山孫文先生が領導する国民革命運動に加担した関係で、北京政府の敵視するところとなり追放令を受けたため、中国国民党の援助を得て広東国立中山大学に転校し、政治学を専攻することとなった」(金星淑「略歴」、同上書)。

金が広州に去った後、キム・サンは別の団体に加わった。これについては、『アリランの歌』でも述べられていないが、当時の日本側の情報文書(昭和二年五月二二日調査、朝鮮総督府通訳官・北京派遣員木藤克己「北京在留朝鮮人ノ概況」)に次のように記録されている。

「北京社会科学研究会　本会は大正一四年一一月一五日の創立に係り、現在の役員は左の通りなり。

庶務部　車応俊、金奎河
経理部　李錫萃、金宇一
社交部　張志楽(本人は広東に行き不在)
運動部　鄭煥善、安潤哈
文芸部　黄梅春、李洛九」

社会科学研究会が結成された一九二五年一一月には、キム・サンは北京にいたことが確認できる。そしてその後、彼が広東に移ったことを日本側はつかんでいた。同研究会は、「社交」「運動」「文芸」などの活動を行なう学生の親睦団体だったようである。しかし、この団体も次第に急進化した。

「本会が一五年〔一九二六年〕五月一日附を以て発展〔発表〕したる宣言書に依れば、本会は共産主義革命が朝鮮民族解放の唯一の道程たることを是認し、朝鮮独立運動者を駆って共産主義革命の戦線に一致団結せしめんとするものにして、名を社会科学研究に籍(か)りて朝鮮革命の実行手段を講究しつつあるものと認めらる」(同上文書)。

この宣言の発表時にはキム・サンはすでに北京を離れていたと思われるが、彼も社会科学研究会の急進化と歩みをともにしていた。中国国民革命の本拠地広東に移ったことは、キム・サンのその後の運命を大きく変えることになったが、それは彼にとって必然的なものであった。

広州　一九二六年―一九二七年

広州に移ったキム・サンについて証言を残しているのは、義烈団のメンバーだった柳子明(4)である。柳は、著書『私の回憶』(遼寧人民出版社、朝鮮文、一九八四年)の中で、広州に集まった義烈団員の活動について述べている。柳はのち義烈団を離れてアナーキストとしての

(4) **柳子明**　一八九四―　。忠清北道生れ。水原農林学校を卒業し、三・一運動後中国に渡る。一九二三年頃、義烈団に加入し、上海、広州などで活動。一九二四年には在中国朝鮮無政府主義者連盟にも参加した。上海などの学校・農場で農業技術を教えたが、日中戦争が起きると朝鮮民族戦線連盟に参加して抗日闘争に復帰した。四二年大韓民国臨時政府議政院議員に選出され臨時政府にも関わった。解放後、台湾の合作農場を指導、その後湖南省の農学院で教鞭を取った。

(5) **黄埔軍官学校**　一九二四年一月、中国国民党は第一回全国代表大会を開き、「連ソ容共」の方針を決定したが、これにもとづいて同年六月、ソ連の援助を得て広州郊外の黄埔に軍官学校(のちに正式名称を中央軍事政治学校と改める)を設けた。校長に蔣介石、政治部主任に周恩来が就任するなど、国共合作の路線の下に運営され、のちに国共双方で活躍する多くの軍人を養成した。一九二五年から二七年までに、金元鳳ら三四

活動を続け、解放後も中国に留まり、湖南農学院教授を務めた。

「一九二五年冬に私は上海から広州に行き、義烈団を改造する会議に参加した。

当時、義烈団員たちは黄埔軍官学校(5)と中山大学(6)で勉強をしていたが、金若山〔金元鳳〕、李集中(7)、李敬守、朱烈、崔承年らは黄埔軍官学校で学び、崔円と李英俊(8)は中山大学で勉強をしていた。

呉成崙はソ連で勉強した後、広州に来て黄埔軍官学校でロシア語を教えていた。

〔略〕義烈団員たちは学習を通じて、過去のような単純な暴力運動では成功しないことを悟り、革命政党をつくることを要求した。こうして義烈団を革命政党に改造する問題が生じたのである。

われわれは数回の会議を開いて討議した結果、義烈団を朝鮮民族革命党に変えることに決定し、党の綱領を採択し政策を制定した。

この会議には、金若山をはじめとして呉成崙、張志略(すなわち金山)、柳子明らが出席した。」

柳は張志楽を「張志略」と書き間違えているが、それ以外にも柳の回想をそのまま信じることのできない部分がある。金星淑の回想(前掲書)では、義烈団の方針転換に反対し、従来どおりテロ活動を行なうべきだと主張したのは柳子明だったという。また、この時に「民族

名の朝鮮人が黄埔軍官学校本校を卒業した。

(6) **中山大学**　一九二四年に広東大学として開設され、孫文死後の一九二六年、その号をとって中山大学に改称された。国民革命の拠点広東で、黄埔軍官学校が武官を養成したのに対し、中山大学は文官養成の教育機関の役割を果たした。金星淑(金忠昌)らの朝鮮人もここに学んだ。

(7) **李集中**　一九〇〇(?)―四五。全羅北道生れ。義烈団員。一九二六年、黄埔軍官学校第四期歩兵科卒業。民族革命党中央検査委員、朝鮮義勇隊総務組組長、光復軍第一支隊総務組組長などとして活躍した。

(8) **李英俊**　一九〇〇―?。平安北道生れ。義烈団員。中山大学卒業後、桂林の中学に教員として勤めたという。一九三〇年代半ば、再び金元鳳らの活動に加わり、民族革命党中央委員、朝鮮義勇隊編集委員など務めた。

革命党」に改称したという柳の説明も、事実に合わない。義烈団を中心に民族革命党が結成されるのは、一九三五年のことである。

『アリランの歌』では、義烈団員や共産主義者によって「朝鮮革命青年会」が結成され、そのあと義烈団が「朝鮮民族独立党」に改称された、とされている(岩波文庫、一六一ページ)。

他方、日本側の資料(朝鮮総督府警務局『朝鮮の治安状況　昭和二年』復刻版、不二出版、一九八四年)に見られるのは、「韓国革命同志会」だけである。

「広東地方には国民政府の活躍以来一時多数の不逞鮮人蝟集し革命軍に投ずるの外、軍事政治学校(黄埔軍官学校)、飛行学校其の他に入学するものあり、一時四百名(昭和元年末調)に達せるの状況にあり、之等は昭和二年五月韓国革命同志会を組織せるが(以下略)」

これによるなら、韓国革命同志会は一九二七年五月に組織されたことになるが、実際には前年春頃に結成されていたと思われる。キム・サンが広州に来て間もなくのことであった。同じ日本側資料は次のようにも記している。

「留粤韓国革命同志会

本会は広東地方在住鮮人を以て組織せる最も有力なる団体にして一時会員約二百名を有し

黄埔軍官学校.

機関誌として『革命運動』を発行し居たるが、首領孫斗煥(9)の入露に亜で金元鳳一派亦上海に去りしより会員互に軋轢を生じ、本年〔一九二七年〕四月中山大学に於て第二次臨時大会を開き役員の改選を行なひたる処、執行委員として馬駿、鄭有燐、徐義俊、李英俊、蔡元凱、李活、金東洲、張志楽、金元植当選し次で執行委員会を開き常務委員の選挙を行なひたるに従来義烈団系を以て網羅したるを全部落選せしめ比較的穏健思想を有する左の三名当選したり。

庶務部委員　李英駿(ママ)
財務部委員　鄭有燐
宣伝部委員　張志楽」

この日本側情報は、一九二七年四月、キム・サンの通っていた中山大学で開かれた第二次臨時大会で義烈団系を排除して「穏健思想」を持つ張志楽らによる執行委員会が成立した、というものだが、事実にそぐわない。キム・サンと同じく中山大学に学んでいた李英俊も義烈団員だったし、蔡元凱は黄埔軍官学校の教官を務めていた人物で、いずれも「穏健思想」を抱いていたとはいえない。「李活」と記されているのは、のちに詩人として有名になる李陸史(10)であろうか。李陸史は、李活の別名を使い、一九三〇年代前半、南京で金元鳳らが運営していた朝鮮革命幹部学校に学ぶことになる。一九二七年に広州に来ていたとすれば、韓国革命同志会に加わっていたとしても不思議ではない。

ともあれ、キム・サンは中国国民革命のいぶきのただ中に身を置き、生涯で最も精神の昂

(9)　**孫斗煥**　一八九六―?。黄海道生れ。明治大学法科卒業後、中国に渡り、大韓民国臨時政府議政院議員、軍務部軍法局長となる。一九二五年頃広州に移り、黄埔軍校教官・校長室副官を務めた。その後も中国軍に勤務していたが、三〇年代に韓国国民党に関わった。四四年、臨時政府宣伝委員、議政院議員。解放後、南朝鮮に帰り、勤労人民党中央検査委員、左右合作委員会委員、民族自主連盟政治委員などを歴任。四八年九月には、朝鮮民主主義人民共和国最高人民会議第一期代議員に選ばれた。

(10)　**李陸史**　一九〇四―四四。慶尚北道生れ。本名は李源禄。一九二五年義烈団に加入して中国にわたり、二年後に帰国。義烈団の爆弾事件に関連したとして逮捕され、懲役三年の刑を受けた。三二年再び中国に行き、南京で朝鮮革命幹部学校第一期生となった。翌年帰国し、李陸史の筆名で詩・評論を書き始めたほか、中国文学の紹介にも力を注いだ。四三年北京に行き、帰国後検挙され、翌年一月北京刑務所で獄死した。

揚した日々を送った。そのような時期に彼は中国共産党(または中国共産青年同盟)に入党したと見られる。

しかし、国民革命は一九二七年四月の蔣介石のクーデタ、同年七月の国共合作の崩壊によって破局を迎え、共産党は武装蜂起路線へと転じることになる。

広州蜂起　一九二七年一二月

一九二七年一二月、キム・サンは、黄埔軍官学校の広州本校と武漢分校に学んだ朝鮮人らとともに、広州蜂起(広州コミューン)に参加した。蜂起の様子は『アリランの歌』に描かれているとおりだが、キム・サン(張志楽)の行動を証言する中国人の回想がある。広東革命博物館ほか編『中国共産党歴史資料叢書・広州起義』(北京、中共党史資料出版社、一九八八年)に収録されている賀誠[11]の回想である。賀誠は蜂起前、国民党軍の軍医をしていたが、共産党と連絡があり、蜂起への参加を決心した。

「蜂起に備えて、私は密かに薬品、器具を準備し、砲声が聞こえ始めると、ただちに出動して傷病者を救護した。同時に、革命に共鳴する医務処の同志に話し合いを通じての工作を行なって、なんとか彼らを救護部隊に参加させた。張瑞華[12]同志の革命への意志は非常に堅かった。私はさらに、北京での同窓生黄瀛秀と張志洛を広州で捜しだした。後者は朝鮮人だった。彼らはどちらもC・Y(共青団員)だった。蜂起の知らせは彼らをたいへん奮い立たせた。

(11) **賀誠**　紅軍第一方面軍衛生長として長征に参加。抗日戦争期に八路軍後勤部衛生部長を務め、人民共和国成立後は国務院衛生部副部長、人民代表大会四川省代表、全国政治協商会議常務委員などに選ばれた。文革期に批判されたが、一九七五年に軍事委員会総後勤部副部長になった。

(12) **張瑞華**　聶栄臻夫人。人民共和国成立後、全国人民代表会議河南省代表、政治協商会議常務委員などを務めた。

(13) **張太雷**　一八九八—一九二七。一九二〇年に天津で中国社会主義青年団(一九二五年に共産主義青年団と改称)を結成、のち中国共産党中央委員となった。国共分裂後、

〔中略〕私はここ〔蜂起部隊総指揮部〕で張太雷[13]、葉挺[14]、聶栄臻[15]同志に会った。私がここに来た理由を説明して、任務分担を求めると、太雷同志は私の手をしっかり握りしめて言った。『よかった。それはよかった。たいへんありがたいことです。同志、革命はまさしく自らの医者を必要としています。急いで救護部隊を組織して、われわれの同志にあそこで無駄な血を流させてはなりません』。葉挺同志は地図の上から頭を上げて、赤鉛筆で机をたたきながら、『それに陸軍病院がある。なんとかしてこちらの側につけて、負傷者救護を急がねば』と言った。さらに聶栄臻同志は、戦闘地点と救護を組織するやり方および必要事項をくわしく説明してくれた。彼らの指示を聞いてから、私は『承知しました』と答えた。私は敬礼をして、身を翻して走っていった。駐屯地にもどると、医務処の十数人はすぐさま割り当てを受けて、あるものは陸軍病院へ、あるものは地方の病院へ行き、黄瀛秀は女子大学生を看護活動に参加させに行った。張志洛同志は薬箱を背に負って、銃声の最も激しい方向へ走っていった。私は彼の力強い姿を見ながら心の中で考えた。一人の朝鮮同志がこれほど中国の解放事業を熱愛しているのは、なんと敬服すべきことだろうか！」

北京協和医学院で同窓だった賀誠のこの回想から、キム・サンは当初広州蜂起の救護部隊で活動したことがわかる。彼の勇敢な姿は、彼が医療活動にとどまらず実際の戦闘にも参加していたことをうかがわせる。

広州蜂起に参加した朝鮮人については、その活躍ぶりを記した記事が、中国共産党広東省

中共中央臨時政治局候補委員・広東省委員会書記として武装蜂起路線を実行した。広州コミューンの政治面での指導者。

(14) **葉挺**　一八九六―一九四六。共産党の軍人。ソ連留学後、国民革命軍第四軍独立団団長として活躍。南昌蜂起、広州コミューンの軍事面での指導者。抗日戦争期には共産党系の新四軍軍長となったが、一九四一年の皖南事変（新四軍に対する国民党軍の奇襲攻撃）で身柄を拘束された。

(15) **聶栄臻**　一八九九―　。四川省生れ。五・四運動参加後、フランスに行き苦学、社会主義青年団・共産党に加入。モスクワの東方勤労者共産大学で学んだ後、帰国し黄埔軍校政治部秘書を務めた。南昌蜂起・広州蜂起に参加。一九三一年江西ソビエト地区に入り、紅軍第一軍政治委員などを務めた。長征後は晋察冀軍区司令員、中共中央華北局第二書記、建国後は解放軍副参謀長・同代理、国防委員会副主席、国務院副総理、中共中央政治局委員、同中央軍事委員会副主席などの要職を歴任した。

委員会発行の新聞『羊城晩報』一九八二年一二月八日付けに掲載された。「広州蜂起に参加した朝鮮同志」(金雨雁・卜燦雄執筆)と題された記事の全文を紹介する。この中にも張志楽、キム・サンの名前が出てくる。

「広州蜂起は、大革命失敗後中国共産党が広州の革命的人民を指導して起こした都市武装暴動である。武装蜂起において朝鮮同志は中国の労働者、革命兵士と生死を同じくし、苦難を共にして、英雄的に戦い、血を流して犠牲となり、一つの感動的な国際主義の賛歌をつづった。

広州蜂起の時、広州にいた朝鮮同志は広州蜂起の主力となった教導団に主に集中していた。その中の第二営第五連隊は基本的に朝鮮同志で編成されており、金奎光〔金星淑〕が連隊の党責任者を務めていた。教導団以外では、砲兵連隊と黄埔軍校特務営にも一部の朝鮮同志がいた。広州蜂起前夜、第三国際〔コミンテルン〕もやはり軍事訓練を受けた一群の朝鮮青年を組織して広州に派遣し、戦闘に参加させた。蜂起のなかで多くの人びとが軍事参謀、指揮員、砲手、機関銃手などの重要な任務を分担した。例えば、朴建雄[16]らは独自の任務をもつ分遣隊長を担当した。当時広州の中山大学にいた朝鮮籍の学生も、やはり積極的に宣伝、救護などの活動に参加した。当時広州蜂起に参加した朝鮮同志は、少なくとも二五〇人以上には上るものと見られる。

一九二七年一二月一一日未明、広州蜂起はまず教導団において始められた。朝鮮同志楊達

金星淑(1927年広東中山大学卒業写真).

(16) **朴建雄** 一九〇五—?。平安道生れ。黄埔軍校第四期歩兵科卒業、広州蜂起に参加。その後、上海・南京などで活動し、金星淑らと朝鮮民族解放同盟を結成した。四〇年代に重慶で臨時政府に加わり議政院議員・軍務部秘書になった。四六年初め、南朝鮮に帰国、民主主義民族戦線中央委員、左右合作委員会左派代表を務めた。

(17) **李鏞** 一八八一—?。ハーグ密使事件(一九〇七年)で死んだ李儁の長男。中国浙江省の軍官学校に

夫(モスクワ軍官学校で学んだことがあり、すぐれた砲兵指揮官であり射手であった)は、蜂起の前に軍事総指揮葉挺に付き添って四標営〔教導団の兵舎〕に来て、決起大会に参加した。朝鮮同志李瑛〔李鏞〕[17](ソ連赤軍大学卒業)は、第一営営長葉鏞[18]同志の軍事顧問に任命され、敵の広州公安局攻撃の指揮に協力した。葉挺は自ら沙河の敵歩兵団と燕塘の砲兵団攻撃を指揮したが、楊達夫ともう一人の朝鮮同志金山(もと教導団翻訳官)は葉挺の軍事参謀を務めた。主に朝鮮同志で編成された教導団第二営第五連隊もこの方面の戦闘に参加した。葉挺は楊達夫を派遣して、砲兵団の武器接収のための工作を受け持たせ、朝鮮同志李彬(黄埔軍校第三期卒業生で、砲兵指揮員)には北部戦線の重要拠点の占領と警戒工作を受け持たせた。彼は一小分隊を率いて飛行場を急襲し、それを占領した後、飛行士がすでに逃げていなくなっていることに気が付き、ただちに飛行場の一〇機の飛行機を全部破壊してしまうよう命令した。そのすぐ後、彼はふたたび兵工廠に行って蜂起を策動し、任務を終えたのち、ただちに命令にしたがって指揮部にもどり、新たな任務を遂行した。

一一日明け方、総指揮部は朴振、呉成崙らの朝鮮同志を派遣し、一小分隊を率いて張発奎[19]、陳公博[20]ら反動の頭目を逮捕する任務を行なわせようとした。しかしながら、これらの反動分子はすでにあわてふためいて珠江の南岸―河南に逃げ出していた。

黄埔軍校特務営は軍校の右派学生を山上に追い払い、その後、船に乗って黄埔を離れ、蜂起に参加しようと広州に駆けつけた。特務営第二連隊長崔庸健[21]は軍校の中の他の朝鮮同志とともに蜂起に参加して、前衛部隊を担当した。

学んだ後、満州で朝鮮独立軍を指揮した。一九二一年にシベリアに移り、上海派の朝鮮人パルチザン部隊を率いて反革命軍、日本軍と戦った。広州コミューンの後、中共党員として満州で活動、日本警察に逮捕された。解放後、朝鮮民主主義人民共和国政府都市経営相、司法相などを歴任した。

(18)　**葉鏞**　?―一九二八。湖南省生れ。黄埔軍校第三期卒業後、国民革命軍第四軍教導団第一営営長を務め、広州蜂起に参加。海陸豊ソビエト地区に逃れたが、国民党軍によって捕らえられ、殺害された。

(19)　**張発奎**　一八九六―一九八〇。国民党左派の軍人。北伐の時、黄埔軍官学校卒業生からなる教導団を含む「鉄軍」を率いて活躍した。

(20)　**陳公博**　一八九〇―一九四六。中国共産党創立に加わったが、のち国民党に移り中央農民部部長などを務めた。日中戦争期、汪精衛親日政権の立法院院長、政府主席となり、日本敗北後、「漢奸」として処刑された。

(21)　**崔庸健**　一九〇〇―七六。平安北道生れ。中国雲南講武学校卒業後、

中山大学の革命的学生は、一一日朝、校警〔大学警備処?〕の銃器を接収して、校内の四名の国民党右派学生を鎮圧した。朝鮮籍の学生張志章らがこの行動に参加した。

武装蜂起の勝利にともなって、広州の労農民主政権――ソビエト政府が誕生した。何人もの朝鮮同志がソビエト政府の活動に参加した。例えば、金奎光は政府の粛反〔反動粛正〕委員会の工作に携わった。

戦闘は依然続いており、北岸市区の敵第四軍司令部など三カ所の残存拠点が相変わらず頑強に抵抗していた。葉剣英(22)同志は教導団砲兵連隊に、観音山を占領し敵軍の頑強な抵抗拠点を砲撃するよう命じた。砲兵連隊が観音山に大砲を備え付けた後、砲兵指揮官楊達夫は自ら敵第四軍司令部への砲撃を行なった。

一二日未明、総指揮部は会議を開き、四時半に攻撃を開始して北岸市区の敵軍残存拠点を掃蕩し、それとともに李福林(23)反動軍の盤据する河南に進攻することを決定した。教導団の朝鮮同志安清は命令にしたがって東堤で約二〇〇人の突撃部隊を組織したが、その中には朝鮮同志が六〇人いた。部隊は珠江を渡って、大塘にある李福林軍の巣窟を攻撃した。これは蜂起部隊最後の攻撃行動だった。残念なことに部隊がちょうど川を渡った時、嶺南大学付近で敵軍に阻止され、さらに敵の軍艦がやはり川を封鎖しようと駆けつけて突撃部隊への支援を断ち切ったため、この突撃部隊は孤軍苦戦の状態に陥ってしまった。

一二日朝、沙面〔租界〕の珠江川岸にいた帝国主義者の軍艦が我が蜂起部隊の陣地に向かって砲撃を始め、敵軍の上陸を援護した。とりわけ二艘の日本軍艦はいちばん猛烈に撃ちまく

黄埔軍校教官となった。広州蜂起に参加した後、東北地方黒龍江省に行き農民運動に取り組んだ。満州事変後、ソ連との国境に近い宝清・饒河地方で朝鮮人の反日遊撃隊を組織し、のち東北抗日連軍第七軍・第二路軍参謀長となった。一九四二年、抗日連軍残存部隊とともにソ連領に逃れてからは東北抗日連軍教導旅参謀長、中国共産党東北委員会書記を務めた。解放後、北朝鮮に帰り、朝鮮民主党委員長、北朝鮮臨時人民委員会保安局長、朝鮮人民軍総司令、朝鮮民主主義人民共和国内閣民族保衛相、副首相、朝鮮労働党副委員長、最高人民会議常任委員会委員長、国家副主席などを歴任し、常に金日成に次ぐポストにあった。

(22) **葉剣英** 一八九七―一九八六。広東省生れ。雲南講武学校卒業後、黄埔軍校教官、国民革命軍第四軍参謀長を務め、中国共産党に入った。広州蜂起後、一時ソ連に行き、その後は一貫して紅軍の最高幹部の一人として活躍した。中華人民共和国成立後は、広東省主席、全国政治協商会議副主席、中央軍事委

った。朝鮮同志李彬らはもはや命令を待ちきれずに、大砲を引き出して、激しく反撃を加えた。日本軍艦山本丸は被弾して逃走した。しかし、激しい砲撃戦の中で、李彬は不幸にも弾に当たって犠牲になった。

戦火が激しく交わされている中で、広州人民ソビエト政府擁護大会が西瓜園で依然として開かれていた。金奎光ら七、八名の朝鮮同志は代表として大会に出席した。午後、張太雷同志が弾に当たって犠牲になった。夕方には軍事形勢が悪化し、軍事指揮部は撤退の決定を下した。聶栄臻同志が総指揮部に駆け戻って撤退命令を伝達していた時、敵軍の一小隊が付近に突進してきた。聶栄臻同志と一人の朝鮮同志は猛烈な反撃を行なった。この朝鮮同志は機関銃手で、非常に勇敢に戦い、打ち負かされた敵はほうほうの体で逃げていった。

一二日夜、広州蜂起部隊の主力は撤退を開始し、東部戦線を守る朝鮮同志が全軍の後衛を担当した。崔庸健は黄埔軍校特務営とともに瘦狗嶺で反動的民団を撃退した後、撤退命令を知って、ただちに沙河へ駆けつけ教導団第二営と合流した。一三日早朝、敵軍の二個連隊が広九駅を襲撃占領し、一個連隊が沙河に進攻した。沙河を守る我が軍の後衛部隊は全力を尽くして反撃し、弾が尽き支援が絶えるまで半日にわたって激戦をくりひろげたが、ついに撤退した。この戦闘で一〇〇人以上の朝鮮同志が最後の血の一滴まで流し尽くした。大きな河で隔てられていたため、河南に進攻した突撃部隊には撤退命令が届かなかった。最も困難な状況の下で、この突撃部隊の指揮員を務めたうちの一人朝鮮同志朴振は、変わることなくすべての朝鮮同志を励まして最後まで戦闘を戦いぬいた。最後には、指揮部への連絡に派遣さ

員会副主席、全国人民代表大会常務委員会委員長などを歴任した。

(23)　**李福林**　一八七七—一九五二。国民党系の軍人。「土匪」あがりといわれるが、孫文の広東軍政府を支える軍事力の一端をにない、国民革命軍第五軍軍長となった。

れた二人の戦士が厳重な包囲を突破し、一人の戦士が好運にも脱出できたほかは、すべての戦士が壮烈に犠牲となった。

広州蜂起における朝鮮同志の革命的英雄主義と国際主義精神は、中国人民の心に永遠に刻まれている。」

この記事では、張志楽を張志章と誤記し、キム・サンとは別人と見なしているが、それは中国側資料とともに『アリランの歌』を参考にしたため、同一人物であることがわからなかったからであろう。前掲の史料集『広州起義』にも、『アリランの歌』の関係部分が収録されており、『アリランの歌』が広州蜂起を研究する上で重要な史料として扱われていることがわかる。

現在の広州市内中心部には、広州蜂起で犠牲となった人びとを記念する広州起義烈士陵園があり、その中には大きな土饅頭の「広州公社烈士之墓」がある。犠牲者の遺骸は国民党軍によってどこかに処分されたため、一体も見つからなかったというが、広州公社(コミューン)犠牲者を記念するために、一九五五年に作られたものである。烈士陵園の中には、広州蜂起弾圧の時に殺されたソ連領事館員を記念する「中蘇人民血誼亭」に向かい合う形で「中朝人民血誼亭」が建てられている。中国と朝鮮の人民が血で結んだ友好を記念するものである。血誼亭には三メートルほどの高さの石碑があり、表は葉剣英の筆で「中朝両国人民的戦闘友誼万古長青!」と刻まれている。「中朝人民の戦闘的友誼はいつまでも変わることがな

中朝人民血誼亭.

い！」という葉剣英のこの碑文は、一九六四年一〇月一日の日付である。そして、碑の裏側には次のように、広州蜂起に参加した朝鮮人を讃える文章が記されている。

「一九二七年一二月一一日、広州の労働者階級と革命兵士は中国共産党の指導の下に、轟々烈々たる武装起義を決行した。

起義に参加した革命兵士の中には朝鮮青年百五十余人がいた。彼らは中国の戦友とともに正義の旗を高く掲げ、肩を並べて戦った。最後は沙河の戦闘で陣地を堅く守り、大部分が英雄的に犠牲になり、無産階級の偉大な国際主義精神と何ものをも怖れない革命英雄の気概を示した。

広州起義において犠牲となった朝鮮同志は永遠に不滅である！

中朝両国人民の戦闘的友誼は万古長青である！」

海陸豊・上海　一九二八年

広州から海陸豊の農村に逃れたキム・サンらは、そこに建設されていたソビエトに参加して、地主、国民党軍と戦った。キム・サンがそこの共産党の学校で教えたことは、『アリランの歌』に詳しく述べられているが、それは中国側の文献でも確認できる。

一つは、広東省社会科学学会連合会ほか編『海陸豊革命根拠地研究』(北京、人民出版社、一九八八年)に収録されている張文淵「土地革命初期的東江党校」という論文である。

中朝人民血誼亭の石碑.

「一九二八年初め、広東省海豊県城にできた中国共産党東江党校、それはわが党初期の数少ない党校の一つである。

歴史資料の記すところによれば、中国共産党東江党校は一九二八年の一月二一日から二月二一日まで開設された。東江〝党校は校委を設けて、全校のあらゆる活動を管理した〟。校委には鄭志雲、陸定一[24]、劉錦漢、陳赤華、梁秉剛、咸声（朝鮮人）、張北星（朝鮮人）、李杉（朝鮮人）がいた。校委のもとに教務処と経理処を設けた。教務処は咸声が受け持ち、その下に政治学科、軍事学科、技術学科と編纂学科を設けた。経理処は卓学佐が受け持ち、総務部、宿舎部と炊事部をその下に設けた。工作人員としてはさらに翻訳員四人、速記員三人、鋼筆手（ガリ版切り）二人、印刷手二人、用務員二人がいた。」

名前の記される三人の朝鮮人のうち、咸声は広州時代から呉成崙が使っていた仮名であり、張北星はキム・サンの仮名である。もう一人の朝鮮人李杉の本名は明らかでない。

二つめの文献は、当時の共産党の報告文書で、右の張文淵論文に引用されているものの原資料である。海陸豊ソビエトを建設した中共東江特委が広東省委員会に宛てた一九二八年一月一九日付「中共東江特委の党校開設問題に関する省委あて報告」がそれで、中共海豊県党史弁公室・中共陸豊県党史弁公室編『海陸豊革命史料』第二輯（広東人民出版社、一九八六年）という資料集に収録されている。

（24）陸定一　一九〇六—　。江蘇省生れ。米国・ソ連に留学後、一九二四年中共入党、中央ソビエト区で共青団総書記を務めた。長征後紅軍第一方面軍宣伝部長、第一八集団軍政治部副主任を務め、四五年に中共中央委員、中央宣伝部長になった。人民共和国成立後、全国人民代表大会常務委員、党中央宣伝部長、中央政治局候補委員、国務院副総理兼文化部長などの要職を歴任。文革期に批判され失脚したが、七八年に復活、中共中央委員、党中央顧問委員、政治協商会議全国委員会副主席となった。

「党校の期間は一カ月（即ち一月二一日から二月二一日まで）とし、学生数は百人として、海陸豊、紫金、普寧、恵来、恵陽の各地に適宜配分する。党校には校委を設けて、全校のあらゆる活動を管理する。その委員は張北辰（星——資料集の編者による訂正）、咸声、劉錦漢の三同志とし、錦漢同志を書記とする。昨日（一七（八——同上）日）校委は第一回の会議を開いた。」

この報告によれば、党校設立当初の校委は三人で構成されていたが、そのうち二人が朝鮮人キム・サンと呉成崙だったことになる。クートヴェや中山大学で学び、黄埔軍官学校で教えた彼らの知識と経験が高く評価されたのであろう。党校の暫定的なカリキュラムも彼らによって作成された。カリキュラムには、「レーニン主義大要——六時間」「ソビエト建設——六時間」「第三国際と世界革命——六時間」「各国革命史の重要経験——六時間」「中国共産党史——一二時間」「中国共産党の組織とその政策——二四時間」「農民と土地革命——一二時間」「中国国民党史の批判——六時間」など政治思想・理論に関するもののほか、「軍事学——一二時間」「術科（軍事技術）——二四時間」「偵察術——八時間」「暴動術——一二時間」「宣伝技術——一〇時間」など軍事行動に関わるものも含まれていた。これらの授業が実際にすべて行なわれたわけではないが、そのうちの多くをキム・サンと呉成崙が担当することになったようである。

海陸豊ソビエトは、一九二八年三月、国民党軍による攻撃にあって崩壊し、キム・サンらは困難な逃避行の末ようやく香港を経て上海にたどりついた。途中で離れ離れになった呉成崙ともそこで再会したが、間もなくキム・サンは活動のため北京に移ることを決めた。当時、上海には朝鮮人の各種団体があり、民族解放のための活動をしていたほか、中国共産党の朝鮮人支部も作られていた。そのような上海を離れてキム・サンがなぜ北京に行くことにしたのか、その理由は明らかでない。後に見るように韓偉健との対立が、すでにこの時から生じていたのかもしれない。

北京　一九二八年―一九三〇年

北京に移ったキム・サンは、中国共産党のメンバーとして活動を再開した。『アリランの歌』では「党北京支部の書記」および「華北局組織委員会の一員」となった、とされているが、実際には北京市党委員会組織部長であった。

党活動の中でキム・サンは「劉玲」という女性と出会い、恋に落ちた。劉玲と思われる女性C女史は、現在も北京に暮らしている。八〇歳をこえる高齢で、人民検察院の幹部の地位にあった夫は、定年退職になった後、死去したため、幹部用住宅で一人住まいをしている。

《キム・サンと知り合ったのは一九二八年から二九年頃のことで、私が北京女子大生の時でした。当時の女子大は、北京西単南大街の石附馬大街(現在の北京第八中学校)にありまし

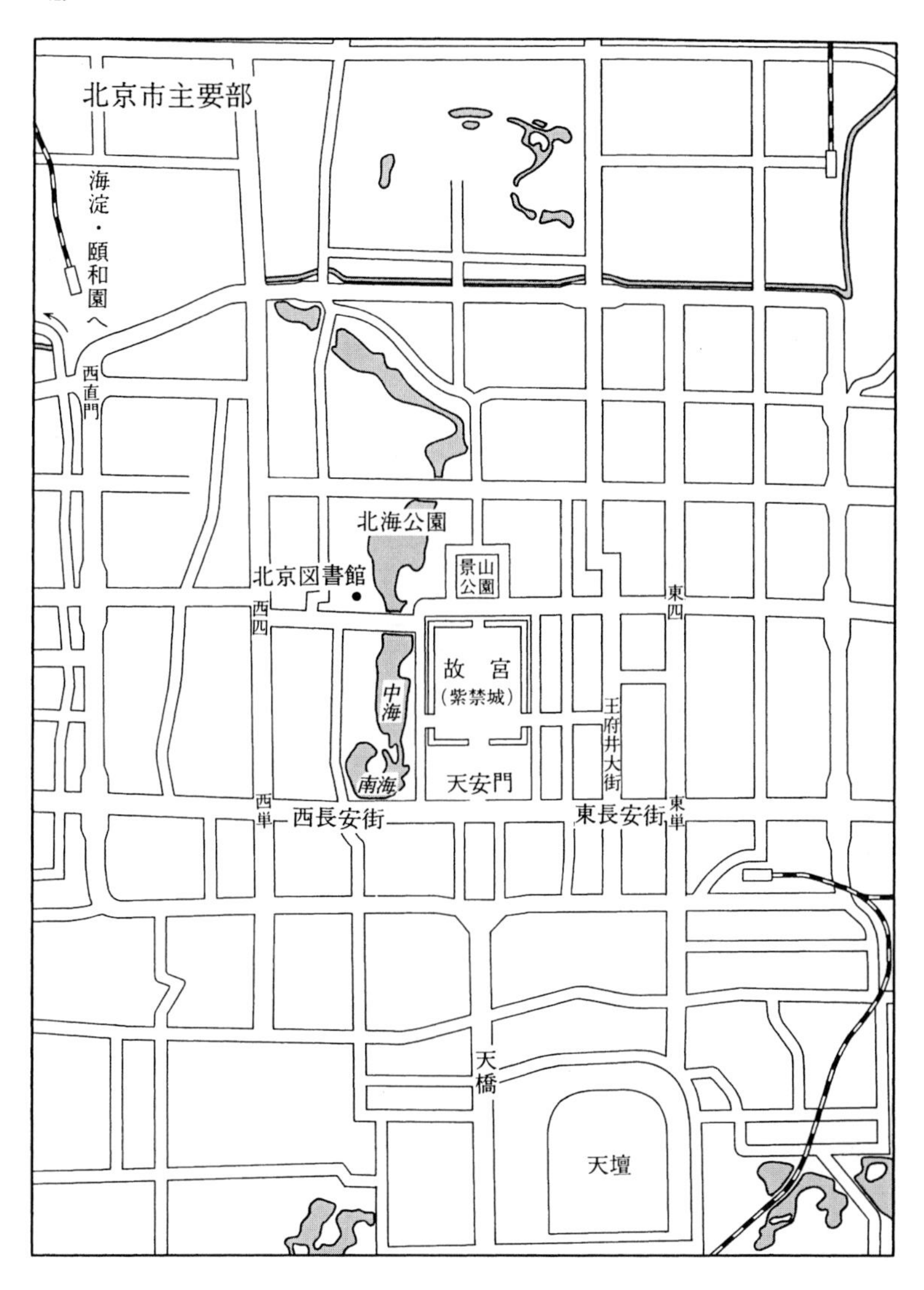

北京市主要部
海淀・頤和園へ
西直門
北海公園
景山公園
北京図書館
西四
東四
故宮
（紫禁城）
中海
南海
天安門
王府井大街
西単
西長安街
東長安街
東単
天橋
天壇

た。予科二年・本科四年制で、学生は約五〇〇名でした。大学には党の支部が秘密に組織され、北京市の党委員会の指導を受けていました。当時、市委書記は胡錫奎(25)(解放後、人民大学の指導者の一人でしたが、文革の時獄死しました)で、組織部長がキム・サンでした。このような関係で彼はよく学校に来ては組織の活動状況をきき、今後の任務を指示しました。その都度、彼は政治情勢について話してくれました。彼の指導の下に学校では校内の西山会議派(26)の学生を追い出し、新しい学生会を組織しました。その時私は学生会の主席に推薦され、その後三年生の時には学校支部の責任者を兼ねることになりました。

キム・サンは学校に来るごとに名前を替えていましたが、疑われはしないかと心配になり、彼に忠告したこともあります。彼の活動能力は非常に優れていて、話をするとユーモラスでよく人を笑わせ、幹部だからといって威張りちらすような態度がまったくなく、誰も近付きやすくて皆に歓迎されていました。

彼は香山(北京郊外)の寺に学習班を設けて、二カ月の間に一群の党員を養成し、唐山の炭坑へ派遣したことがあります。当時北京で地下工作をしていた張蘇(27)(のちにC女史と結婚)も大勢の青年をキム・サンに紹介し、党員の養成に協力していました。

北京にいた時、彼はいつも海淀区にある朝鮮人経営の牛乳場へ行っていると聞きましたが、当時彼の住所を聞くことは禁じられていましたので、はっきりとは知りませんでした。

生活は貧乏で、古いサージの服などを着ていました。煙草はしきりに吸っていましたが、お酒を飲んだかどうかは知りません。中国語はとても流暢でしたが、中国文を書くのはあま

(25) **胡錫奎** 一八九六―一九七〇。湖北省生れ。一九二五年中共加入、ソ連留学後、中共北平市委員会書記として活動。五年間投獄された後、冀東特別委員会書記、晋察冀中央分局宣伝部長、熱河省委書記などを務めた。建国後、中国人民大学副校長、中共中央西北局書記を歴任。

(26) **西山会議派** 国民党右派グループ。一九二五年一一月、謝持、鄒魯、張継らが北京の西山で会議を開き、反共・反ソ・国共合作反対の決議を採択し、反共活動を行なった。二七年の国共合作崩壊後、蒋介石指導下の国民党に合流した。

(27) **張蘇** 一九〇一―八八。河北省生れ。一九二七年に中共に加入し、北京・張家口などで地下活動に従事した。三八年以後、晋察冀辺区政府に参加、冀察行署主任、察哈爾省政府主席、華北行政委員会副主席などを歴任。建国後、最高人民法院副院長、全人代常務委員会委員などを務めたが、文革で失脚。復活後、最高人民検察院副検察長、中共中央顧問になった。

り達者ではなかったようです。読んでいる本はほとんどマルクス・レーニン主義の本でした。》

北京でキム・サンの指導を受け党員になった趙震仲の話も興味深い。石家荘(一九三五年頃キム・サンが活動した都市)に住む趙震仲は現在八四歳の高齢だが、数年前まで河北省人民代表大会副主任を務めていた。

《彼は私と同じくらいの背丈だったから、一メートル七八センチはあったでしょう。顔は栗色で、柳子才と名乗っていました。当時、彼は北平市委の組織部長で、蔚県で学生運動に参加していた私は張蘇の紹介で彼に会いました。彼はわれわれに社会発展史を講義してくれ、ソ連の状況などについても話してくれました。

入党の時、彼は一人ひとりについて鑑定(長所・短所などを評価すること)をした後、正式に入党手続きをしてくれました。彼は私に、仮名を使うように、と言いながら、趙越峡という名前を付けてくれました。記入する時にはラテン文字を使っていました。

その後、私は変装して天津を経由して唐山に行き炭坑の労働運動に参加することになりましたが、天津まで行ったところでそれより先に行けなくなり、北京に戻りました。それから彼の指示で、故郷の蔚県に帰って革命活動を行ないました。》

キム・サンは、北京で活動していた期間に、党の指令で満州の吉林と安東(現在丹東)に派遣され、朝鮮人共産主義者の中国共産党入党を促進する工作を行なうなど、党の地下活動に力を注いだ。

「北平殺人事件」 一九二九年

北京で中国共産党幹部として活動していた一九二九年秋、キム・サンの身に思わぬ出来事がふりかかってきた。その事件のために、張志楽の名前は朝鮮国内に広く知られることになる。

当時、朝鮮の新聞に「北平殺人事件」として報じられたその事件は、朝鮮日報記者李灌鎔(28)が北京で日本領事館員――前に引用した情報文書「北京在留朝鮮人ノ概況」を作成した朝鮮総督府派遣員の木藤克己通訳官――と接触したとして非難され、それをめぐる対立から張志楽ら四名の朝鮮人が対立派によって銃殺された、と朝鮮国内に伝えられた事件である。『東亜日報』『朝鮮日報』『中外日報』などの朝鮮語新聞が連日のようにこれを大きく報じ、ソウル(当時京城)では民族協同戦線組織新幹会のメンバーらによって「北平事件調査会」がつくられるという騒ぎになった。

『朝鮮日報』一九二九年一〇月二六日付の記事は、次のように伝えている。

北京朝鮮青年同胞の間で殺人

(28) **李灌鎔** 一八九一―一九三三。ソウル生れ。東京青山学院、英オックスフォード大学、スイス・チューリヒ大学で政治学・心理学などを学んだ。三・一運動期にヨーロッパ派遣朝鮮代表の一人として活動した後、帰国。延禧専門学校教授を務める一方、東亜日報、朝鮮日報の記者としても活躍し、新幹会にも関わった。光州学生運動に際しての「民衆大会事件」で投獄され、その後朝鮮日報編集顧問を務めていたが、海水浴中の事故で死亡した。

真相今日発表　侍天教堂で

北京で某事件によって朝鮮人同胞青年の間に争いが起こり、平北龍川出身張志楽(二六)と権鼎吉(二七)の二名が銃殺され、さらに二名が山海関まで追いかけられて銃殺された事件について、今日午後一時に市内堅志洞侍天教堂で発表される。

この記事で張志楽の年齢が二六歳となっているのは誤りであるが、「平北(平安北道)龍川出身」と記されていることは、注目される。キム・サンの出身地は、『アリランの歌』の記述に従えば、平壌の近郊ということになるが、それは日本当局の弾圧を避けるために出身地をぼかしたものであった。この記事と後で見るキム・サンの未亡人趙亜平女史の証言から、近年の中国の文献に記される「平安北道龍川郡北中面下長洞」をキム・サンの故郷と断定しても間違いないことがわかる。

「北平殺人事件」が報じられると、キム・サンは朝鮮日報社を通じて「調査会」に手紙を送り、事件が事実無根の虚報であることを明らかにした。手紙は、一九二九年一一月六日の『朝鮮日報』に写真入りで紹介された。

所謂北平殺人事件は無根の中傷的虚説

事実のないことを一部奸輩がでっち上げたもの

殺されたという張志楽氏の通信

キム・サンが北平事件調査会に送った手紙の封筒(『朝鮮日報』1929年11月6日).

北平にいる朝鮮人の間で某事件を動機として互いに主義上の争いが起こり、二名は北平市内で六穴砲〔六連発銃〕に撃たれて死に、二名は追いかけられて山海関で銃殺されたと某報に大きく記載されたため、朝鮮内一部社会ではこの事件の調査会まで発起するなど、さまざまな問題があったが、最近銃殺されたという人の一人である北平市景山東街東口春湖書局張志楽氏から本社を通じて、全然事実がないことで中傷的だ、と調査会に報告してきた。それを見るに、その大意は、

「所謂北平事件は奸巧輩のつくった話で、北平で青年四名が銃殺されたというのは全然事実のないことである。北平で李某の擁護派と反対派が争ったというのも全然ない事実であり、また本人が銃殺されたかのように国内新聞に記載されたが、本人はその時に北平にいもしなかったのであり、全然事実のないことであって、ある人のつくり出した話であることが明らかだ」

というものだが、これによって世上に風説のさかんだった北平殺人事件も根拠のないことが判明した。

張志楽の手紙は『東亜日報』『中外日報』にも紹介されたが、それでも事件は落着せず、その後も北平事件についての記事が朝鮮の新聞紙面をにぎわせた。一一月一九日の『朝鮮日報』には、殺人事件はなかったとする「北平朝鮮留学生会」の声明が掲載された。この声明は、徐廷晩なる人物が殺人事件の作り話をふりまいたと非難し、徐が殺人事件をでっちあげ

たのは彼が「北平に在留していたとき学生の間を行き来し中傷的・非難的言辞を弄して、関係者丁来東、呉南基、鞠淳葉等に若干の懲戒を受けたことがある」からである、としている。「北平殺人事件」がこれほど大きな騒ぎになったのは、なぜなのか。殺人事件がなかったことは確かだが、大騒ぎになるにはそれだけの理由があったと思われる。

張志楽の手紙や北平朝鮮留学生会の声明からも読み取れるように、北平在住朝鮮人の間には複雑な対立があったようである。キム・サンは「朝鮮とキム・サンについての覚書」の中で、北京にいた朝鮮人共産主義者が民族主義者を処罰するための「朝鮮人法廷」を設置した、と述べている(本書、一九四ページ)。実際に前年の一九二八年一〇月には、臨時政府の外交総長を務めたことのある朴容万が「日本のスパイ」であるとして暗殺されるという事件が北京で起こっていた。当時の北京在住朝鮮人の間に思想的な対立があり、キム・サンはこれに巻き込まれたと思われる。キム・サン自身は、民族主義者たちが開いた集会に乗り込んで演説したために、「頭を割られて死ぬところだった」と語っている(『アリランの歌』文庫三八七—三八八ページ)。

キム・サンの立場は微妙なものだったであろう。中国共産党の地下活動に従事していながら、この事件のために中国や日本の当局に自らの存在が知られることになり、しかも朝鮮人の間では民族主義者ともさらには共産主義者とも一定の距離を保たねばならないというのが、当時のキム・サンの立場だったといえる。

著述活動　一九二九年―一九三二年

地下活動、恋愛、朝鮮人の間での対立など、北京でのキム・サンの生活は、あわただしいものだったが、そのような中でもキム・サンは、小説や詩を書き、日本語の本を中国語に翻訳して出版している。

キム・サンの書いた小説「奇妙な武器」は、北京で出ていた雑誌『新東方』第一巻第四期（一九三〇年四月）に掲載された（本書第二部）。

キム・サンは、この短篇小説で三〇ドル稼いだ、と述べている（本書、二〇一ページ）。

キム・サンが書いた詩のうち、現在見られるのは、「同志よ、戦おう！」と題する一編だけである（原文中国語）。

同志よ、戦おう！

生きている限りは、
革命の道を歩み、
この世の敵を倒すため、銃と剣を手にとり、
輝く明日の世界のために、
さあ！　真っ赤な紅旗を高くかかげて踊り狂うのだ！

鋼鉄のような堅固さは、
われわれの陣営。
にかわのような団結は、
われわれの隊伍。
倒れても倒れても後からつづく突撃は、
われわれのやり方。
一二億五千万の抑圧された人びとは[29]、
われわれの友人！
けっして切りつくせないのがわれわれの首だ！
流されても流されても尽きないのがわれわれの血だ！
戦おう！　戦おう！
明日こそはインターナショナルを！

（蒲豊彦訳）

北京時代に、キム・サンは小説と詩を書いたほか、数冊の翻訳書を出した。そのうちの一冊は、日本語から翻訳した佐野学著[30]『フォイエルバッハ・マルクス・レーニンの人生観』である。中国語の訳書は、佐野学著・張北星訳『費爾巴哈・馬克思・列寧底人生観』（一九三二

(29)　**一二億五千万の抑圧された人びと**　この数字は、コミンテルン第二回大会（一九二〇年）の民族・植民地委員会におけるレーニンの報告に由来するものである。「帝国主義の性格的な特徴は、全世界が、われわれの見るとおり、今日、多数の被圧迫民族と莫大な富や強大な軍事力を自由にしているとるにたらぬ少数の抑圧民族とに分裂しているところにある。一〇億以上、おそらくは一二億五千万人を算する膨大な多数者、すなわち地球の総人口を一七億五千万人とみればそれの約七〇％は被圧迫民族に属している」（レーニン『帝国主義と民族・植民地問題』国民文庫）。

(30)　**佐野学**　一八九二—一九五三。大分県生れ。東京帝国大学卒業後、早稲田大学講師となる。日本共産党幹部として活動、二三年検挙され、三三年転向した。戦後は反共的な一国社会主義運動を行なった。

年八月一日、戦闘的無神論者同盟版、定価六角、一二〇ページ、発売所・北京崑崙書店・福華書社)となっている。

「張北星」は、すでに見たようにキム・サンが海陸豊時代に使っていた仮名である。キム・サンはこの名前でさらに数冊の本を翻訳したようである。同書の最終ページに掲載されている「出版予告」によれば、一九三二年八月から一〇月にかけて、レーニン『マルクス主義の基礎理論』上冊・下冊、レーニン『宗教論』、フォイエルバッハ『宗教の本質』の計四冊が、いずれも「北星訳」で刊行されることになっている。これらが実際に出たかどうか、現在のところ確認できない。

佐野の原書は、フォイエルバッハ、マルクス、エンゲルス、レーニンの著作にもとづいて無神論を主張するものであった。キム・サンはそれに「訳者序言」を付けている。

訳者序言

被圧迫大衆解放運動の激烈化とプロレタリアートの戦線が日増しに拡大強化していることは、これまで実践問題になったことのない宗教領域にも新たな闘争を喚起している。社会民主主義者は、宗教を単に私事にすぎないとしている。しかしながら、マルクス・レーニン主義者は、宗教を無産階級の敵とみなしてその闘争の戦術を決定する。

反宗教闘争は、プロレタリアートの指導の下に無産階級の一般的戦略の路線にしたがって実行されるほかない。

反宗教闘争は、後れた労働者、農民、小市民大衆を宗教の幻想と欺瞞から脱け出させ、階級闘争の各部隊に引き戻すことを主要な目的としている。

われわれの運動はすでに開始された。ここに提供するこの拙訳は、反宗教闘争の開始を記念する一つの記録である。この拙訳は通俗的でないため、広く労農大衆に読まれるものではないが、本書の内容は反宗教闘争の現段階における一つの指針的任務を果たしうるものと信じている。同時に、近いうちに労農大衆が読める通俗文献が現われ、大衆の勇敢な闘争が展開されることを期待している。

一九三二年六月二〇日訳者

これはもともと『無神論』という題で、一九二九年五月に翻訳・出版されたものとされている。とすれば、キム・サンは北京に移った直後から著述・翻訳に取り組んでいたことになる。それ以来、キム・サンは活動の合間をぬって、そして次に見るように逮捕・朝鮮送還の時期をはさんで著述に力を注いだ。しかし、キム・サンの書いたものと確認できるのは、今のところごく僅かである。

逮捕、そして党除名　一九三〇年―一九三三年

キム・サンは、一九三〇年一一月、広州蜂起記念日(一二月一〇日)の集会を準備しているところを逮捕された。『アリランの歌』に述べられているように、中国の警察から日本領事

館に引き渡され、朝鮮に送られて裁判を受けたが、「証拠不十分」で釈放された。故郷で二カ月過ごした後、キム・サンは翌年六月に北京に戻った。しかし、北京でキム・サンを待っていたのは、党からの除名(正確には党籍停止)という思いがけない処分であった。C女史は次のように語っている。

《彼が逮捕された後、戻ってきたのが余りにも早かったので、転向したのではないだろうかと疑われました。日本の法律がそんなに甘いはずがない、ということだったのです。それで彼は党の組織と関係を断たれ、同志の間でも誰ひとり彼をかえりみるものがおらず、生活はきわめてみじめでした。

その後、彼は保定に行き、学生運動を指導しましたが、その時手紙をくれたことがあります。授業用に必要だから地図を一冊送ってくれ、ということでした。それで地図の本を送りました。》

キム・サンの友人は彼を警戒し、近づこうとはしなかった。それは、韓という名の朝鮮人がキム・サンを「日本のスパイ」だと中傷しているからだ、と彼自身は考えていた。この韓との対立・確執については『アリランの歌』に詳しく述べられている。韓なる人物が誰であったか、長い間明らかでなかったが、一九二七、二八年に朝鮮共産党の指導者として活動した経歴をもつ韓偉健であることを証拠だてる二つの証言が存在する。

一つは、前に引用した金星淑（金忠昌）の回想（『革命家たちの抗日回想』）の中の次の一節である。

「韓偉健は中国共産党の中でも名が知られていました。鉄夫という筆名で文章も書き、理論も提示していて、それで中共党内でも鉄夫路線という言葉が広まりました。この時、中共党内では張志楽という朝鮮人共産主義者がいましたが、この人物が中共党内でたいそう名前が高かったんです。ところが、〔張志楽は〕韓偉健と仲違いしましてね。」

そしてもう一つは、一九三二年頃キム・サンと知合い、後に結婚した趙亜平女史の話である。趙亜平女史は、現在北京の地安門近くに住んでいる。

《「韓」という朝鮮人は韓偉健です。キム・サンは、韓がうしろで自分のことを悪く言っている、と憤慨していました。延安に行ってからも韓は康生[31]と密接な関係を持っていたようです。はっきりした根拠はないのですが、康生が上海で活動していた時、キム・サンも上海にいて、康生のやましいところを知っていたので、康生からいっそう恨まれたのかもしれません。》

党の査問、肺結核、自殺未遂など絶望の中で苦しんでいたキム・サンは、精神的、肉体的

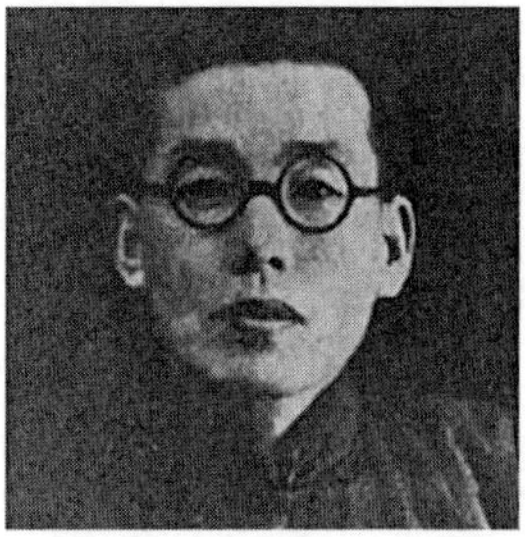

韓偉健（李鉄夫）．

（31）康生　本書八頁注参照。

に元気を取り戻すと、再び大衆運動の中に飛び込んでいった。一九三二年初め、北京の南西の都市保定、ついで農村部の高陽で教員をしながら大衆を組織する活動を行なった。しかし、一定の成果を勝ち得た段階で党から武装蜂起の指令があり、キム・サンらの反対にもかかわらず蜂起が決行され、弾圧によって組織は破壊された。

その後、北京に戻ったキム・サンは、趙亜平と暮らしはじめた。その頃の生活を趙女史は次のように語る。

《キム・サンは普段は酒を飲まない方でしたが、心に煩悶がある時などは、酒を飲むことがありました。極度の苦悩にあえいでいたこともあります。

はじめは湖南省出身だと思っていましたが、一緒になってから朝鮮人だということを知りました。

身長は一・八メートルくらいで、堂々とした体つきでしたが、少し近視でした。

生活はいつも貧乏で、彼のアパートに行った時、ベッドの敷布などとうに色褪せたものを使っていました。でも、本棚だけはぎっしり本がつまっていました。

話をする時は、早口というのでもなく遅くもないという調子で、声が大きく、普通の話をしていてもまるで演説でもしているようでした。普段の話でもいつも革命の「術語」を使うのが癖のようで、時にはユーモラスでした。

一九三三年、紅軍が国内戦争で勝利を重ねていた頃には、彼は壁に大きな地図を貼り、勝

(32) **北京図書館** 清朝末期に建てられた京師図書館を前身とする中国最大の図書館。北海公園西側に位置していたが、一九八〇年代に紫竹院公園の北に建てられた新館に移った。「四庫全書」などの古籍をはじめ一千万冊以上の蔵書を誇る。

(33) **左翼作家連盟** 中国左翼作家連盟。一九三〇年、上海で魯迅らが参加して結成された。国民党支配の下で革命文学運動を展開した。

(34) **李大釗** 一八八九—一九二七。日本

利した地点に小さな赤旗を立てて喜んでいました。

時間があれば、北京図書館(32)に行き、借りてきた本を翻訳していましたが、翻訳して出版した本を売るにも、秘密で売らなければなりませんでした。

キム・サンの実家に手紙を書いたことがあります。彼の四弟張志洪から返事をもらいました。その手紙の発信地は平安北道龍川郡北中面下長洞でした。》

二度目の逮捕と「私の告白」　一九三三年

キム・サンは、この頃左翼作家連盟(33)(左連)に加入して、活動していたようである。キム・サンが二度目に逮捕されたのは、一九三三年四月二六日のことだった。趙亜平女史は次のように語っている。

《彼は党から疑いを受け、無実の罪名を負っていましたが、私には彼に問題があるとは信じられませんでした。彼が逮捕されたのは、一九三三年四月のことです。北京で李大釗(34)の慰霊のため大衆を動員する工作をしていた時、組織に潜り込んでいたスパイの密告で大勢の同志が逮捕され、多くの人が寝返りし、地下組織が破壊されました。顧大川(35)同志もあの時ともに戦った同志です。その外にも、羅青(36)、朱效成、陶希晋(37)、王書良などがいます。》

「李大釗の慰霊」とは、一九二七年に張作霖軍閥政府によって殺され、その後北京市内の

留学後、北京大学教授に就任、雑誌『新青年』などに論文を発表して新文化運動を指導した。社会主義思想を研究、普及し、中国共産党初期の指導者となった。国共合作でも重要な役割を果たしたが、一九二七年四月、張作霖の北京政府により逮捕、処刑された。

(35)　顧大川　一九〇九—七〇。直隷省(現河北省)生れ。一九三二年中共加入、北京市委文化委員会書記を務めた後、民族先鋒隊全国総隊部組織部長、太行南区地委組織部長、太岳区党委副書記などとして抗日戦争を闘った。建国後、中共北京市委秘書長、農業部副部長になったが、文革期に迫害され死去した。

(36)　羅青　建国後、財政部物資管理総局局長などを務め、一九七九年に北京市政治協商会議副主任となり、社会学研究会(のち中国社会学会)副会長にも選ばれた。八五年引退。

(37)　陶希晋　一九七九年に全国人民代表大会常務委員会法制委員会副主任となり、民法などの起草にあたった。八三年全人大法律委員会顧問。

寺に保管されていた中国共産党指導者李大釗の遺体を北京郊外の墓地に葬るために行なわれた「公葬」すなわち社会葬のことである。一九三三年四月二三日、北京の左翼作家連盟、左翼劇作家連盟、社会科学家連盟などが中心となって催された李大釗の社会葬は、国民党政権に抵抗する示威運動として展開されたが、これをきっかけにして北京をはじめ上海、南京などで知識人に対する大弾圧が行なわれ、左翼作家連盟(左連)の中心人物多数が検挙された。李大釗社会葬の前日、北京大学で社会葬の準備に朝鮮人「金同志」が加わっていたという証言があるが、これはおそらく北京左連に加入していた金湛然あるいは金鏗なる人物であろう(『左連回憶録』下、中国社会科学出版社、一九八二年)。

キム・サンらしき人物が社会葬の活動に参加していたことを明らかにする資料はない。しかし、キム・サンは逮捕後の取り調べに対して左連への加入を認めている。次に引用するのは、中国警察の取り調べ中にキム・サンが書いた上申書「私の告白」(原文中国語)の全文である。

私の告白

李鉄庵　二八歳、広西省桂林人
現住所　西城区鉄匠胡同[38]一五号
現在の職業は日本語教員。

学校は本人が自ら経営する日本語補習班であり、この補習班が出来てまもなく一年になる。

(38)　**鉄匠胡同**　西城区には鉄匠胡同という地名は見あたらない。鉄炉胡同の誤りか。

この学校で教えている学生以外に、本人が学生のところへ行って教えているところがもう一カ所ある。授業をする以外のすべての時間を翻訳と読書にあてている。

本人が最近翻訳した本に「無神論」「宗教の本質」「徳意志〔ドイツ〕の経済恐慌と文化危機」の三冊がある。短篇論文の翻訳としては数十篇あり、その大部分は南京で出版されている『国際訳報』および『国聞周報』[39]などの刊行物に発表した。これらの刊行物では本人の名前を「荒野」とつけた。以上がこの一年来の本人の生活である。

本人の過去の生活

一九二二年広州の国立広東大学法科に入学、一九二六年日本の東京に行き、早稲田大学政治経済学科に入学、一九二九年四月卒業し帰国した。かつて上海の南洋医大で日本語教員を担当した。

本人と共産党との関係について

本人はかつて広州で広東大学在学中に中国国民党に加入し、一九二五年六月、同級生李秀然の紹介で共産党に加入した。当時、本人は広東大学法学院の国民党区分部の幹部をしていた。一九二六年日本に行った時、東京の神田区派国民党と関係をもった。当時の国民党は二派に分かれており、一つの派は芝区派(いわゆる右派)、もうひとつの派は神田区派(いわゆる左派)だった。一九二九年一月、本人は東京で左翼文学同盟(中国左翼作家同盟東京支部)に参加し、一九二九年四月に帰国してからも中国左翼作家同盟に加わった。当時上海の左翼作家同盟には二つの異なる見解があった。

(39)『国聞周報』本書二一八頁注参照。

一九三〇年一二月、広州暴動記念行事の際に逮捕され、翌年〔共産党から〕除名された。本人が出獄した後、彼らは根拠のない噂をふりまいて私に裏切り者のレッテルをはった。当時私を取り巻く環境はきわめて険悪だった。あらゆる人びとが私を白眼視した。しかし、私は不撓不屈の精神で彼らとたたかった。その結果、私に対する誹謗と危険はいっそう大きくなった。

このような状況の下で私の精神状態は日に日に消極的になり、甚だしくは自殺を決心するほどだった。このようにして、私の精神は墓場の門を叩いていた。

私は私個人に対する彼らの誹謗や中傷にこだわらず、ひたすら自分の知識を充実することに努力しようと決心した。これが私と彼らとの関係の終わりだった。

それは一九三〇年末のことで、その後の生活は前に述べたとおりである。

ここ二年の間、私がとってきた立場は、次のとおりである。

一、いかなる政党にも参加しない。

二、哲学・宗教・歴史・経済学を深く研究する。

三、中国の政治・経済問題を深く研究する。

四、共産党の盲動政策および国民党の対日無抵抗主義と国内軍閥混戦の局面に反対する。

民国二二年〔一九三三年〕五月七日　李鉄庵　謹呈

この上申書でキム・サンは、広州蜂起に参加したことを隠すためその時期には日本に留学していたとするなど、経歴を偽って書いているが、自らの思想や精神の歩み、そして当時の政治的立場、自らに課した生活態度などについてはかなり率直に記しているものと見られる。警察側が把握している左連での活動は認めながら、共産党とはもはや関係がないことを強調していることも、その時点でのキム・サンの心情を示しているかもしれない。

国民党政府はキム・サンに転向を迫ったが、キム・サンは拒否した。共産党員であるという証拠を見つけられなかった中国警察はキム・サンを日本側に引き渡した。キム・サンは再び朝鮮に送還され、取り調べを受けたが、左連メンバーであることだけを認め、共産党員の容疑は否認した。日本側も証拠がなかったため、キム・サンを再び釈放せざるをえなかった。

北京・石家荘　一九三四年―一九三五年

一九三四年一月、北京に戻ったキム・サンは、趙亜平と結婚をし、北京の西直門近くに家を借りて共に暮らすことになった。家庭教師などをして生活費を稼ぎながら、中国語のローマ字表記の研究会に加わった。「覚書」では、「中国大学で語文研究会(ラテン化研究会)を組織した」とされている(本書一九八ページ)。北京の私立中国大学は当時左連などに加わる左翼的な学生の多い大学で、魯迅も講演にやってきたことがある。キム・サンはおそらく左連との関わりを回復したのであろう。

同年冬ないし翌年春、キム・サンは河北省の省都石家荘に移った。劉漢平がここでの彼の名前だった。しばらく新聞編集の仕事をし、さらに鉄道労働者の学校で教え、それを通じて労働者の組織化に努めた。

一九三五年一二月、北京で抗日のために国内の団結、民主化を求める一二・九学生運動が起こると、キム・サンはこれを支援する石家荘でのデモを組織したといわれる。当時、キム・サンの指導を受けた陶希晋は次のように回想している(『石家荘党史資料』第一輯、一九八六年)。

「劉漢平は一九三五年春夏の後、石家荘に来た。最初は彼一人だったが、のちに家族を呼び寄せた。当時、彼は張拙民という弁護士の家に住み、日本語を教えるという肩書をもって姿を現わしたが、実際には知識分子の工作を行なっていた。その目的は石家荘で党の組織を回復することだった。この人はたいへん才能があって、日本語、ロシア語、英語など数カ国語を話すことができた。歌も上手にうたい、マルクス・レーニン主義のレベルはかなりなものだった。私はいつも弁護士の家に行っていたが、彼は私と話しすることが割合多かった。主な内容は我が党の歴史で、過去の立三(李立三)路線[40]、それまでの数次にわたる革命闘争と〝二七〟ストライキ[41]失敗の経験・教訓や国共合作問題など、さまざまなことを話した。そのような時期に私は劉漢平の紹介で入党したのである。劉漢平の妻趙亜平が最初の子を産んだ時、出産の手助けをしたのが朱璉[42]だった。康瑞華、王書良の話では、われわれ数人がその年の冬、羅青の家で会議を開いた時、劉漢平が会議の席上で〝今日から君たちは党員である〟

(40) **李立三路線**　二〇一頁注参照。

(41) **二七ストライキ**　一九二三年二月に行なわれた京漢鉄道(北京・漢口間)労働者のストライキ。総工会(労働組合)結成を禁止した軍閥呉佩孚に対して労働者は抗議ストライキを行ない、鉄道全線が止まった。二月七日に武漢でのデモに対して軍隊・警察が発砲したため、三二人の死者を出す惨事となり(二七惨案)、他の地方でも工会幹部や共産党員が大量に逮捕され、ストは敗北に終わった。

(42) **朱璉**　一九二一—七八。江蘇省生れ。女性。蘇州の産科医院を卒業。一九三五年共産党に加入、婦女抗日救国会を組織し主席となる。のち八路軍一二九師団衛生部長、延安中国医科大学副校長などを務めた。建国後は南寧市副市長、衛生部衛生司長などを歴任。

と宣言した、ということだ。私はそんなことがあったのを覚えており、確かに彼はそのような話をしたが、しかし当時彼は党員ではなかったので、彼の話は当てにはならなかった。河北省委が特派員李衡を石家荘に派遣してきてから、彼〔劉漢平〕が拡大した党員を審査して、省委の批准を経てようやく承認されたのである。」

石家荘の共産党史(同上『石家荘党史資料』)も今では、キム・サンの活動を高く評価している。

「一九三五年九月、かつて中共北平市委組織部長を務めた朝鮮人劉漢平(原名張志楽、それ以前は張明、劉清華、韓国劉、李鉄庵などの名前を使ったことがある)は、石家荘にやってきて(当時北平市の党組織は彼が日本の特務ではないかと疑い、彼が逮捕・釈放された後、まだ組織との関係を回復していなかった)、正太鉄道[43](石家荘・太原間の鉄道)の労働者と職員の間でマルクス・レーニン主義を宣伝した。一〇月、劉漢平は京漢鉄路扶輪学校の教員朱效成、周家華らと組織関係をつなぎ、党支部を成立させ、朱效成が書記となった。同年冬、劉漢平は、さらに王書良、蔡友堂(王一新)、康瑞華、田珍、郭樹棟、陶国華(陶希晋)、朱璉らを入党させた。一九三六年一月、〔中共党〕北方局は李衡(李致光)を石家荘に派遣し、劉漢平が拡大したこれらの党員を審査・批准した後、中共石家荘市工作委員会を成立させた。工委書記は王書良、組織部長は康瑞華、宣伝部長は陶国華だった。」

(43)　**正太鉄道**　石家荘と太原(山西省の省都)を結ぶ鉄道。一九〇七年に完成した。石家荘はもとは寒村だったため、近くの正定を名称にとったが、その後正太鉄道と京漢鉄道の接続点にあたる石家荘が都市として発展した。現在は石太線と呼ばれる。

キム・サンが築いた労働者の組織は、共産党から認められたが、キム・サン自身の党籍は回復されないままであった。そのことが石家荘で活動を続けていく上での障害となったと思われる。これについて、陶希晋は次のように記している(同上書)。

「ある日私の家で李衡が私に〝君は知っているか？　劉は党員でないんだ〟と言った。それを聞いて私はたいへん驚いて言った。〝彼が党員でないとすれば、われわれはいったい何なのだろうか〟。李は、〝たいしたことではない。君たちには何の問題もないだろう〟と言った。のちに李衡が私に劉漢平の情況を簡単に説明してくれたところでは、劉漢平はかつて広州暴動に参加したことがあり、北京市委の指導を担当していた時に逮捕されたが、組織は彼が日本の特務かトロツキー派ではないかと疑って、彼の党籍を停止した、とのことであった。しかし、劉漢平は石家荘で少なからぬ工作を行ない、党に不利益となることがなかったので、一度審査してみようとのことだった。〔中略〕

劉漢平同志が石家荘において功労があったことは正しく記しておかねばならないし、石家荘党史でも十分に肯定的に評価しなければならない。彼の主要な功労は、一九三一年から一九三三年まで我が北方党が王明の左傾路線の指導の下に重大な破壊と損失を受けた後、彼が石家荘に来てマルクス・レーニン主義を宣伝して共産党員を拡大し、石家荘の党組織を回復・発展させる上で、好ましい基礎を固めたことにある。」

上海・南京　一九三六年

一九三五年の冬ないし翌年の初め、キム・サンは上海に行った。党籍問題を解決することも一つの目的であったようだが、主要な目的は朝鮮人の独立運動団体結成を話し合うことにあった。のちにキム・サンは、「朝鮮の運動は重要だ。……当時私は共産党との関係が切れていたため、党から党籍の回復を望むかどうかと問われた。私は、いや望まない、その必要はないと答えた。私は朝鮮の側で働きたい」(「覚書」、本書二一八ページ)と、上海行きの動機を述べている。

キム・サンは、十数年来の親友金星淑(金奎光)や黄埔軍校出身の朴建雄らと朝鮮民族解放同盟を結成した。この組織についてはあまり資料がなく、詳細は明らかでないが、一九三六年初め頃、上海で金星淑、朴建雄を中心に二〇名弱のメンバーで結成されたとされる。「共産主義」の旗印を掲げてはいたが、中国共産党ともコミンテルンとも関係がなく、統一戦線の形成を第一の目標とする立場をとった。後に中国在住朝鮮人の連合戦線として結成される朝鮮民族戦線連盟や朝鮮義勇隊の構成団体となったが、一九四〇年代には大韓民国臨時政府にも加わることになり、「正統」共産主義の路線とは異なる歩みを見せた組織である。

上海で朝鮮民族解放同盟結成に参加したキム・サンをめぐっては、複雑な問題があったようである。一九二九年の「北平殺人事件」、韓偉健との確執、中国共産党からの除名などの〝傷〟を持つキム・サンに対して不信感を抱く者がいたからである。

当時、南京郊外で金元鳳らが運営していた朝鮮革命軍事政治幹部学校(朝鮮革命訓練班)に学んでいた文正一氏は、次のように語っている(金賛汀「『アリランの歌』が聴こえてくる」本書四七三―四八〇ページ)。中国共産党指導下の朝鮮独立同盟で活動し、解放後も中国在住朝鮮人の中で共産党員として高い地位についていた文氏は、退職後も北京に住んでいる。文氏は、キム・サンの経歴には多くの問題がある、と現在も考えているようである。

「上海で朝鮮民族解放同盟を発足させたんだが、その中心が金奎光と朴建雄と張志楽でね。金奎光と朴建雄は当時、中国共産党を脱党していて、張志楽だけ党籍がはっきりしないが党員だったんだ。脱党した人びとと一緒に活動したことにも、こだわりがあったんだと思うよ。(中略)張志楽たちが上海で組織した朝鮮民族解放同盟からも、当時、南京に人が来ていて、その組織は南京に移動していたと思うよ。朝鮮民族解放同盟の同盟員たちについては、私もよく知っているし、交際もあった。そんなことから、張志楽も南京にやって来たんじゃあないのかな。(中略)張志楽が南京に来た時、私たちの仲間が『彼は、かつて中国共産党員だったが最近は、そうではないようだ』というような話があってね。われわれも、その辺になると確実なことがわからなかった。また、それを知るような立場にもいなかった。ただ、朝鮮人共産党員としては上海から李維民(44)が指導に来ていて、彼は張志楽を知っていて、一緒にいた。(中略)何かいろいろ話し合っているようだった。」

(44) 李維民　生年不明。一九三〇年代初め、中共吉林市特別支部書記を務め、のち関内に移った。四一年に華北朝鮮青年連合会組織部長、翌年華北朝鮮独立同盟執行委員として活動。解放後、北朝鮮に帰り、北朝鮮労働党中央委員会民主事業部長、最高人民会議副議長、咸鏡南道人民委員会委員長などを務めたが、五八年延安派粛清に伴い職務を解任された。

南京でも同胞の朝鮮人から不審の目で見られたキム・サンを親しい友人として迎えたのは、北京と石家荘でキム・サンの指導を受けた中国人羅青だった。羅青も当時、共産党との関係を断たれていたようである。羅青は次のように証言する（前掲『石家荘党史資料』）。

「私は一九三六年二月末に石家荘を離れた。劉漢平はその年の四月南京に私を訪ねてきた。当時私はまだ活動をしていなかった。南京に来た後、劉漢平は、上海からやってきたのだが自分の問題はまだ解決がついていない、と言ったので、私は彼に延安に行って中央で解決することを勧めた。上海にいた時、彼は金奎光のところにいたが、金奎光は、劉漢平には上海の統一戦線工作のことがわかっていない、上海では彼の問題のためにいつも人びとと騒ぎを起こしている、と言ったという。劉漢平は南京にきてから、私の再三の勧めでようやく延安に行くことに同意した。一九三六年八月一日、私は彼に服を買ってやり、〔南京の〕浦口駅から汽車に乗るのを見送った。出発の時、私は彼に二百元を渡して旅費にするように言った。」

キム・サンが南京にいた一九三六年五月、鄭律成(45)という朝鮮人青年がキム・サンと金奎光の紹介で南京の羅青を訪ねてきた。鄭は抗日救国を趣旨とする五月社に加わって音楽活動を行ない、のちに延安に行き、作曲家として活躍した。羅青は、キム・サン、鄭律成とともに過ごした南京の日々を次のように回想している（『南京日報増刊週末』一九八三年九月二四日）。

（45）**鄭律成**　一九一八―七六。全羅南道生れ。本名鄭富恩。一九三三年南京の朝鮮革命幹部学校に学んだ後、上海、南京で抗日活動に従事しながら音楽を学び、三七年に延安に入った。抗日軍政大学、魯迅芸術学院、朝鮮革命軍政学校で教え、「延安頌」「八路軍行進曲」（のち「中国人民解放軍行進曲」）などを作曲した。解放後、北朝鮮に帰ったが、中国にもどって中国籍を取得。中央楽団などで作曲家として活躍した。「朝鮮人民軍行進曲」の作曲もある。

「鄭律成の紹介者張明は、私が最初に知り合った朝鮮の友人だった。一九三〇年に私が北平で上部の党組織と接触した時、彼と知り合ったのだった。その時、彼は北平地下市委の組織部長だった。彼はもと日本帝国大学医科大学の学生だったが、卒業前に中国に来て革命に参加した。かつて広州蜂起と海陸豊暴動に参加したことがある。のち北平で地下闘争に従事していた時逮捕され、ほどなく日寇〔日本帝国主義〕に引き渡され、平壌監獄に送られた。しばらくして彼は脱獄して再び中国に逃げ帰った。一九三六年六月、張明は招きに応じて南京の漁民の家〔羅青が住んでいた家〕に来て二カ月ばかり暮らした。玄武湖(46)の亭(あずまや)・榭(うてな)(47)の一つひとつ、荒れ果てた台城(48)、鶏鳴寺(49)、明の故宮遺跡(50)、中山陵(51)のどれにも張明、鄭律成と私の三人の長嘯と悲歌が留められている。張明は平壌で脱獄できたことを証明することができなかったため、党の組織関係を失っており、そのために是非とも延安に行かねばならないと考えていた。八月初め、私と律成は彼が浦口駅から出発するのを見送った。誰もそれが永遠の別れになることを知らなかった。」

延安　一九三六年―一九三八年

キム・サンが延安に移ったのは、「西北方面の中国ソヴェト地区派遣代表として、朝鮮民族解放同盟および朝鮮人共産党員から推挙された」からだ、とキム・サンは述べている(『アリランの歌』三五四ページ)。しかし、朝鮮民族解放同盟の承認を得てのことではあろうが、

(46)　**玄武湖**　南京市内にある自然湖。古くは水軍の訓練に使われたが、清末に公園となり、市民の憩いの場となっている。

(47)　**榭**(うてな)　台の上に建てられた吹き放ちの家屋。水際や湖上につくられる。中山陵近くにある水榭が有名。

(48)　**台城**　三国時代の呉王朝(四世紀)の宮殿遺跡。鶏鳴寺の南にある。

(49)　**鶏鳴寺**　玄武湖の南にある寺。仏教が盛んだった南朝の梁王朝の時代(六世紀)に建てられ、その後焼失。一九世紀に再建された。

(50)　**明の故宮遺跡**　明の太祖(朱元璋)によって建てられ、北京に遷都するまでの約五〇年間宮殿として使われたが、清代初め戦火にあってほぼ焼け落ち、現在は午朝門などいくつかの遺跡が残るに過ぎない。

(51)　**中山陵**　孫文(孫中山)の陵墓。南京市内東部の紫金山中腹の広大な敷地にある。孫文死後四年の一九二九年に完成した。

延安行きの第一の目的は党籍問題を解決することだったのである。中国で朝鮮解放のために活動するには、やはり共産党員でなければならない、とキム・サンは考えたのではないか。党籍を回復した上で、朝鮮解放のための運動を中国共産党に承認させること、これが延安をめざしたキム・サンが心の中に抱いていたものだった。しかし、問題を解決できないまま、延安滞在は長引いていった。その間、キム・サンは抗日軍政大学で日本経済、物理学などを教えた。

一九三七年になると、延安に二人の朝鮮人がやってきた。一人は韓偉健(李鉄夫)、もう一人は「覚書」に登場する「李という若い朝鮮人学生」である。韓はその年の七月一〇日に延安で死ぬが、「李という若い朝鮮人学生」は今も中国に健在である。そのL氏は、キム・サンの延安時代を次のように語っている。

《私は一九三七年の春延安に到着し、紅軍大学[52]の第二期生として学びました。武亭[53]は第一期を卒業後、再び紅軍前線指揮部の作戦科長にもどっていきました。当時紅軍総政治部の主任だった楊尚昆[54]の紹介で雲楊鎮で武亭と会ったことがあります。

張志楽は延安城内にある外事処の招待所で日本に関する問題を研究していました。何か革命に関する資料を書いていました。彼についてはそれ以前にも名前を聞いたことがありましたが、直接会うのは延安が初めてでした。その後たびたび会うようになり、ニム・ウェールズにも一緒に会いに行きました。その後、党の代表大会があった時には、李鉄夫が参加し、

(52)　**紅軍大学**　中国共産党が抗日軍政幹部を養成するために設けた教育機関。長征後の一九三六年六月、陝西省瓦窰堡(延安の北)に「中国抗日紅軍大学」を正式名称として成立した。毛沢東が教育委員会主席、林彪が校長を務めた。翌年一月延安に移り、「中国抗日軍事政治大学」に改称した。

(53)　**武亭**　本書一六二頁注参照。

(54)　**楊尚昆**　一九〇七— 。四川省生れ。一九二六年上海大学在学中に中共に加入し学生運動に従事した。ソ連留学後、上海で労働運動、抗日運動を指導、三三年に中央ソビエト区で党校副校長、紅軍第一方面軍政治部主任となった。長征後、野戦軍政治部主任、中共北方局書記、統一戦線工作部長、中央軍事委員会秘書長などを務めた。建国後は中共中央弁公庁主任、中央書記処候補書記、全国人民代表大会常務委員、政治協商会議常務委員、広東省党書記などを歴任したが、文革で失脚。七八年に復活、広東省党委員会第二書記、党中央委員、全人大常務委員会副委員長、中共中央軍事委員会常務委員兼秘

彼は参加しませんでした。》

ニム・ウェールズのインタビューを受けていた頃、キム・サンは問題の解決に希望を持っていたようである。南京でキム・サンを見送った羅青は、次のように述べている（前掲『石家荘党史資料』）。

「一九三七年、劉漢平は延安から私に手紙を送ってきて、延安の抗大（抗日軍政大学）で教えており、非常に元気だ、と書いていた。また、彼の問題と私の問題は解決したとも言っていた。」

キム・サンが手紙に、「問題は解決した」と書いたのが、党籍の回復を示すかどうか明らかでない。羅青、そして自分自身に希望を持つように、と言い聞かせるものだったのかもしれない。しかし、キム・サンの希望は複雑な政治力学の中で打ち砕かれ、翌一九三八年、キム・サンは中国共産党自身によって〝処刑〟されるにいたる。

キム・サンの〝処刑〟をめぐる詳しい事情は、今も知ることができない。中国共産党の記録文書にはその経緯が記されているというが、家族にも閲覧は許されていない。ただ知り得るのは、キム・サンが〝処刑〟されたのは、一九三八年秋だったということだけである。

C女史は抗日戦争終了後、キム・サンの消息を党幹部に尋ねたが、明確な答は返ってこな

書長などとして最高実力者の一人となった。八八年から国家主席、八九年から中共中央軍事委員会主席。

かった。

《〔解放後〕張蘇がキム・サンの写真を持って葉剣英主席に会いに行き、それを見せながらきいたことがあります。葉主席は、彼が広州コミューンの時後方勤務にたずさわっていた、と言っていたということでした。

北京が解放されてから、胡錫奎同志に彼のことを尋ねたことがあります。はじめは「今いない」と言っていましたが、その後もう一度きいた時には「病死した」ということでした。その後、他の人から「処理された」と聞きました。「処理された」というのは、組織から処分を受けたということです。

私は彼との関係で党組織からしばらく活動を停止すると言われました。それからずっと党の活動に参加することができませんでした。抗日戦争の時には、重慶などで周恩来の夫人鄧穎超らと一緒に活動して仲良しだったのですが、党の組織問題は解決できないままでした。一九八三年にキム・サンの問題が解決した後、一九八五年に党の活動に復帰することができました。〝しばらく〟が五〇年余りにも長引いたのです。》

中国で書かれたキム・サンの略伝（前掲『朝鮮族革命烈士伝』第二輯、所収）は、次のように記している。キム・サンの〝死〟に関して、これまでに中国で公表された唯一の文献である。

「一九三八年に陝甘寧辺区(55)保安処ではキム・サン同志の経歴を審査した。〃反逆者ではないか?〃〃日本特務ではないか?〃〃トロツキー派ではないか?〃という多くの疑問を持って審査したが、結論をくだす根拠がなかった。そこで康生は〃秘密裡に処断〃せよとの指示を出した。キム・サン同志は無実の罪で殺された。その時、彼は三三歳だった。」

キム・サンが処刑された理由は、この文献が述べているように、二度にわたって国民党に逮捕され日本当局に引き渡されたにもかかわらず釈放されてもどってきたこと、そのために「日本のスパイ」ではないかと疑われて党を除名されたことのほかに、「トロツキー派」ではないかという疑いを持たれたことにあったようである。「覚書」(本書二七〇ページ以下)で、キム・サンはトロツキーにも批判的な見方を示しているが、それより強い口調でスターリンが多くの革命家、理論家を追放し逮捕していることを指摘している。当時はまだスターリンによる粛清の実態は伝えられていなかったが、キム・サンはソ連で起こっていることに大きな疑問を抱いていたことがうかがえる。そのような疑問を「革命根拠地」である延安で口にしていたとすれば、一九三七年一一月にモスクワからもどったばかりの康生に「トロツキスト分子」と見られることになったのも不思議ではない。

L氏は〃処刑〃の事情を、次のように語っている。

(55) **陝甘寧辺区** 陝西・甘粛・寧夏(現寧夏回族自治区)の三省にまたがる抗日根拠地。一九三七年九月に陝甘革命根拠地を改称して設けられた。辺区政府主席は林伯渠、首都は延安で、抗日戦争の全国的中心となった。

《張志楽の最期については、紅軍が八路軍となり[56]前線に出発した時、私も従軍して延安を離れたため、そのいきさつを知りませんでした。その後、前線から延安に帰り鄭律成から聞いて知ったところでは、張は前線へ行くことを志願して、党の許可を得て、王という当時トロツキー分子と疑われていた人物と一緒に前線に行くことになり、鄭律成らも見送ったが、その後、保衛局の人から聞いたところでは、前線に行ったのではなく、「天国に行った」ということでした。前線に行かせるふりをして途中で殺害したらしいというのです。》

キム・サンが延安に到着してしばらく後の一九三七年四月、石家荘に残っていた趙亜平は、男の子を生んだ。

《延安から初めて手紙を送ってきた時、何十元かのお金を一緒に送ってきました。子供のお産をしてから私は彼に手紙を書きました。その返事が来ました。「私はいま延河の河辺に立っている。涙は延河の砂地を濡らしている。遠からず延安を離れて前線に行くつもりだ。いつ、どこで死ぬかわからない。子供を育てて大きくなったら、白衣民族のため奮闘する人間に育ててくれるよう頼む」と書かれていました。一九三七年のことです。それが最後の手紙でした。手紙はずっと保存していましたが、文革の時、小さなガラス瓶に入れて、二階へ上がる階段の板に穴があったので、そこに隠しておきましたが、その後どうしたのか、なくなってしまいました。

(56)　紅軍が八路軍となり……日中戦争が始まると、国共両党は第二次国共合作にもとづいて共産党軍を国民政府軍に組み入れた。陝甘寧地区の中国工農紅軍が国民革命軍第八路軍に改編されたのは、一九三七年八月二二日のことである。総指揮に朱徳、副総指揮に彭徳懐、参謀長に葉剣英が就任した。

趙亜平.

一九三九年、黄敬同志[57]（当時中共華北局責任者の一人）に彼について尋ねたことがありますが、「もう死んだ」とのことでした。

私は彼との関係で、当時婦女会の主任を免ぜられ、一般の学生となり、生涯を監視の対象として生きてきました。

一九四五年に敵〔日本軍〕占領地区の地下工作者の指示で張家口市の婦女会主任に任命されましたが、審査があった時に辞めさせられました。》

趙亜平女史は、その後、北京で婦女幹部学校副校長、中央林業部教育司副司長などを務めた。心臓病を患い、自宅で闘病生活をしている。

父親の顔も知らずに育ったキム・サンの遺児高永光氏は、いま五〇代なかばになり、北京で国家計画委員会に勤務している。


《母は生まれて三カ月の私を河北省安国県の実家に預けて、冀中地区[58]〔河北省中部〕の抗日活動に参加しました。私は外祖母のもとで八歳まで育った後、一九四四年に母をたずねて晋察冀辺区[59]〔山西・察哈爾・河北にまたがる抗日根拠地〕に行きました。翌年母が高という人と結婚することになり、継父の苗字を名乗るようになりました。

一九四九年、継父が北京に転勤することになり、私も北京にきて中学を卒業しました、一九六二年に天津の南開大学物理学部を卒業後、ハルビンに配属され、一九七八年に北京に転

(57)　**黄敬**　本書一三六頁注参照。

(58)　**冀中地区**　一九三八年四月、河北省中部に設けられた抗日根拠地。五十数県、人口一千万人がこの中に含まれた。晋察冀辺区の一部をなした。

(59)　**晋察冀辺区**　一九三八年一月、山西（晋）・察哈爾・河北などの省にまたがって成立した抗日根拠地。辺区政府主席は聶栄臻。日本軍の後方に存在する「敵後根拠地」の一つとして重要な役割を果たした。

勤してきました。

実父に会ったことはありませんが、その関係で四人組が打倒されるまではいわゆる〝教育を要する青年〟とされ、ずいぶん苦労しました。実父については母から聞いたこと以外は、昔キム・サンと一緒に活動した人びとを訪ねて聞いた話しか知りません。しかし、実父の遺言にしたがって私の族別は朝鮮族であり、私の二人の息子も戸籍に朝鮮族と登記しています。

キム・サンに対する組織の公正な結論は、一九八一年に初歩的なものを得ましたが、一九八三年一月二七日、中共中央組織部で全面的な審査が行なわれ、「キム・サンに対する死刑は、その当時の特殊な歴史的条件の下で発生した誤って処理された事件である。それゆえ、彼にかぶせられた一切の無実の罪名を取り消すとともに、その名誉を回復し党籍を回復する」という結論を得ました。しかし、まだ〝烈士〟に追認されていないことを、残念に思っています。》

『アリランの歌』が聴こえてくる

――中国にキム・サンの遺家族を訪ねて――

金 賛汀

北京に『アリランの歌』を訪ねて

一一月上旬、北京はすでに寒いだろうという予想に反し、今年(一九八八年)は暖かい日が続いていた。北京は六度目の訪問であるが、今回の取材旅行は、もともと、私の執筆構想の中になかったテーマなので、取材旅行ではいつも伴う事実に対する事前の強い予想と興奮で神経がピリピリした状態の旅ではなかったが、『アリランの歌』についての新事実の発掘にジャーナリストとしての好奇心はかきたてられていた。

話は一九八六年の八月ごろのことだった。民涛編集委員会の代表・李恢成が、アメリカのコネチカット州にニム・ウェールズを訪ね、『アリランの歌』についての背景や彼女の想いを聞いて来て、熱に浮かされたように、そのことを語っていた。李恢成からニム・ウェールズに会って来たと聞かされたとき、私は、彼女がまだ生存中だとは思ってもいなかった。「へえー、ニム・ウェールズって、まだ生きていたの」と驚いたものである。それほど彼女の『アリランの歌』は遠い昔に読み、感銘を受けた書物であったからである。大学時代に読んだ『アリランの歌』は、私に国家と民族と革命という問題を一人の朝鮮人革命家の生き方を通して、考えさせてくれた書であった。そんな三〇年も前の愛読書の筆者はすでに物故していると錯覚していたが、李恢成たちは、そのニム・ウェールズにインタビューをし、その記録は『民涛』一・二・三号誌上〔本書第一部に抄録〕に掲載された。

当時、李恢成は会うたびにニム・ウェールズを語り、私もいささか、「またか」とその熱中ぶりにあきれる思いで話を聞いたものである。

そんな会話の中で、中国には『アリランの歌』の主人公キム・サンの御子息や、その母親である中国人の妻が生存しているが、その人たちからも話を聞ければ、キム・サンと当時の朝鮮解放・革命運動についての背景が、もっと人間味を帯びて鮮明になるのではないかというようなことが一九八七年に話題になった。私も、その役割が自分に回って来るとは考えなかったので「それはおもしろいですね」と簡単に同意した。「そうだろう、君もそう思いますか？　まったくそのとおりだろう」と李恢成は嬉しそうだったが、「それで、それを君が担当してくれないか」というのである。「え！」とびっくりした。私はまさか、自分がやるとは考えてもいなかったから他人事として同意したが、所在地も、氏名すら明確でないキム・サンの息子や中国人の妻を探し出す苦労を思うと、とても「おもしろい、やってみよう」なんて言えることではない。いささか慌てたが、「おもしろい」と同意している以上、嫌だと拒否はしにくい。李恢成は困惑して沈黙してしまった私に「君は中国には何度も取材に行っているから何とかなるんじゃあないか」と簡単に言う。たしかに、在中朝鮮族の取材のために四度、中国を訪れていた。それは、私の主たる執筆テーマである在日朝鮮人史と表裏の関係にある在中朝鮮人史を取材することで、在日朝鮮人の歴史を日本帝国主義の朝鮮植民地支配との関連で、より立体的に把握しようと考えたからである。そんなことから、いささか中国の事情に通ずるようになったが、そのために簡単に引き受けられないのである。中国は日本のように自由に何でも取材できる国柄ではない。しかるべき機関と連絡を取り、信用できる紹介者をみつけ、きちんと会見、取材の約束をしなければ、仕事ができない。それに、事前にそれほど準備しても、一〇〇パーセント成功の確率はないというあやふやさが中国にはある。ましてや取材者の居住地、そして、氏名すらあやふやな情況では簡単には引き受けられないので沈黙したのである。しかし、熱心にキム・サンの遺家族取材をして、その会見記を『民涛』に掲載したいと説く李恢成の表情を見ると、「駄目ですよ、無理だと思いますよ」とは言えず、つい気弱になって、「そうですね。……来年、中国に行く機会があれば、予備調査をして、できる見通しが立てば、会いに行きましょう」ということで、その場の話は終わった。

一九八八年六月中旬、朝鮮の経済合弁事業についての取材許可を申請しておいたところ、当局からの許可が出た。大韓航空機事件の後で、日本と北の朝鮮の間は断絶状態にあって、北の朝鮮の情況がなかなか正確に伝わってこない時期でもあったので、ジャーナリストとしてはその地に入ってみたいと考えていた。そんな時期の取材許可なので、すぐ出かける準備をした。平壌には北京回りで行くので、北京で在中朝鮮族の知人に会い、キム・サンについて知っている人がいるかどうかを確かめてくると民涛社の同僚たちには約束した。

往路、北京では一泊しかしなかったので、キム・サンの遺家族についての予備取材はできなかったが、帰路、北京で数日、宿泊する予定だったので、その時に調べることにした。

帰路、平壌から北京に着いた次の日のことである。同行していたモランボンの経営者・全鎮植氏から「今日、北京モランボンの焼肉店が開店するが、そこに、北京在住朝鮮族の有力者をほとんど招待してある。老幹部たちも来られるが、君も一緒に来ないか」と誘われた。すぐに同意した。老幹部たちの中に、キム・サンとその遺家族について知っておられる人がいるかも知れないというかすかな期待があったからである。

その開店祝の席上、意外な人に会った。文正一氏である。北京在住朝鮮族の有力者ということになれば、文正一氏が来ておられるのは当然といえば当然なのであろうが、一九八五年の夏、延吉市で会った時の初印象が強烈だったので、突然の出会いで私が驚きもしたのであろう。

文正一氏は在中朝鮮族の中では「出世頭」と見られていた人である。「見られていた」という過去形になるのは、現在は趙南起氏が最高の要職にあるからである。趙南起氏は中国人民解放軍総後給部部長、中国軍事委員会委員、上将という肩書きを持つ中国人民解放軍のナンバー3である。

趙南起氏はまだ五〇代の若い世代であるが、文正一氏は七〇代の後半の世代で、すでに第一線を退き、年金生活者である。私が延辺で会った時は中国共産党中央紀律検査委員会委員、人民政治協商会議常務委員の肩書きがあった。

文正一氏は京畿道の出身で、若い時から、朝鮮の解放、中国革命の活動に参加、東北地方での革命戦争を指導し、闘い抜いて来た老闘士である。

北京モランボンの焼肉の煙が漂う席上で私との偶然の出会いを驚き、「北京にはいつ来たんだ？　ここに座りなさい」と自分の横の席を空けてまねく。

再会の「カンペ」を何度かくり返して、雑談をした後、ふと思い出し、キム・サンの遺家族について聞いてみた。

「知っているよ」

と何でもないような軽い返事が返って来たので、驚き、いや、むしろ、あわててしまった。「本当ですか？」「ああ」ということで、くわしく聞いてみると、キム・サンの名誉回復について、文正一氏も働きかけたことがあるからだという。

あまりに簡単にキム・サンの遺家族のことが判明したので驚きはしたが、こんなチャンスはまたとないと、「私も会って話を聞きたいのですが、御紹介いただけませんか」と申し入れると、文正一氏が急に真面目な顔付になって、「ここでは話もできないので……」と店の小部屋に私を連れ出した。そして「キム・サンについていろいろ書く人がいるが、なぜ、君たちはキム・サンに興味を持つのか？　中国革命、そして中国で朝鮮革命に貢献した朝鮮人は多く、その人びとから見れば、キム・サンはほとんど革命には貢献していないと言ってもいいくらいだ。たまたま彼がスノー夫人と知り合ったので書物になり、有名になっただけで、そのような人物を在中の朝鮮人革命家の代表としてとりあげるのは問題がある」

という内容の話をして、私がキム・サンの遺家族に会うことにあまり賛成してくれない。私が「彼が革命家として偉大であったといっているのではなく、スノー夫人の書物で書かれていることを検証し、さらに、当時、多くの無名の朝鮮人革命家たちが、革命に青春を捧げたというその時代について記述したいのです。それは、私達朝鮮民族がアジアの近代史の中で積極的な役割をはたした誇りうる遺産だと思うからです」

「だとするなら、もっと功績のあった人びとを取り上げるべきではないのか」

と、こちらの意図が理解してもらえない。

在中朝鮮族として中国共産党の主流を歩んできた文正一氏にとっては当然の発想なのであろうが、私たちとは、その点での価値観の違いがあることをすぐに気付いた。

これは説得には時間がかかるぞと思った。いずれにしろ、文正一氏がキム・サンの遺家族について御存知なら、いくらでも機会はあると、その日は、そのまま別れた。

日本に帰って来て、李恢成にキム・サンの遺家族のことは文正一氏がよく御存知のようだと伝えたところ、「すぐに紹介してもらって、取材しようよ。君、中国に行って来てよ」という。そこで文正一氏と連絡を取ったが、返事がはかばかしくない。北京大学に留学している私の長女に事情を話し、文正一氏に会いに行くように、そして、取材の件を頼んでくるように伝えておいたところ、娘から「文正一先生がお父さんに、来るなら、いつでもいいから来なさい、紹介ぐらいはしてあげますと伝えなさいといっておられます」という返事が電話で入ったのが一九八八年の九月の終りごろであった。

『アリランの歌』の出版を渋ったキム・サンの妻

一九八八年十一月二日、北京市復外大街の文正一氏の自宅を訪ねた。天安門から自動車で約五分と交通の便のいい街の大路に面した高層アパートの四階に文正一氏の住居はあった。

一日、北京空港からホテルに着き、自分の部屋に入って、すぐに文正一氏の自宅に電話を入れると、「やあ、やはり来たのか」と苦笑ぎみに話し、「明日、九時に私の自宅まで訪ねて来なさい」ということであった。

住宅難の北京で文正一氏のアパートは中国人の個人住宅としては非常に大きい。そこに老夫婦とお手伝いさんとの三人の生活だという。

挨拶を交わした後、見るともなしに部屋にかけてある漢文の掛軸を見ていると、署名のところに金九とある。文正一氏が大韓民国臨時政府の活動家たちと親交があったことを想い出した。

「金九先生の揮毫の書ですね」

「ああ、そうだよ。つい最近、南朝鮮から金九先生の親戚の者が訪ねて来てね……」

というような話になった。そんな話が一段落した後、キム・サンについての話に移って行った。

「前にお会いした時、キム・サンの名誉回復に一役買ったというお話でしたが、どうしてキム・サンの遺家族と知り合っておられるのですか」

という質問に文正一氏は
「なあに、最初は偶然のことなのだ。たまたま中国で『アリランの歌』の朝鮮語出版の話があって、そのことが切っかけなんだ」

という。

「たしかに七、八年前だったが、政府機関に保管してあった『アリランの歌』を読んだ遼寧民族出版社の人から、一九三〇年代の中国で活躍した秀れた朝鮮人革命家のキム・サンという人のことをスノー夫人が書いているが、それを訳して出版したい。先生にも御協力をいただきたいというような話があった。その時は本の内容も良く知らなかったが、朝鮮人革命家の秀れた活動なら積極的に紹介すべきだと思い、『いいことだから出版しなさい』と励ましておいたんだよ。

そして、機会があって瀋陽に行った時、このような本だと本を見せられ、その本の中の写真を見ると、その写真は私の知っている張志楽なので、『キム・サンとは張志楽のことか』と聞くと、そうだというので『それはちょっと待て、この人の経歴はいろいろと問題があるんだ』ということで出版をしばらく中止させて、北京に帰って来て、張志楽の中国人の連れ合いを訪ねて行ったんだ。

彼女は再婚していて、農業部で働いていたが、自宅を訪れ、出版の話をすると、彼女は反対をしてね」

「反対をしたのですか?　なぜなのですか」

「それが、それは良くないと言うんだ。なぜなのか聞くと、張志楽の革命経歴については自分は良く知らないからという。聞いてみると、一時期(『アリランの歌』によれば一九三四年初から一九三六年八月まで)しか一緒でなかったし、それ以前のことも、それ以後のことも知らないからということで反対しているので、私も立場上困ってね。それでは、経歴について、もう少しくわしく調べてみようということで張志楽の友人——最も親しかった友人金奎光（『アリランの歌』では金忠昌となっているが、中国名は金奎光）の奥さんのトゥ・ジュンフィに会いに行ったんだ。（『アリランの歌』では金忠昌が愛した広東人の妻とある）」

「トゥ・ジュンフィ——と言うんですか？　どんな字を書きますか」

と聞くとペンで漢字を書こうとして、

「えーと、えーと杜君恵だったかな忘れてしまった」と言って、「もの忘れが激しくてね」と笑う。正式には杜君慧[1]である。

「その方は生存されているんですか」

「いや、昨年死んだよ」

「そうですか……。それでどうなりました」

「金奎光は解放後、自分の子と妻を残して南朝鮮に帰国しているんだ。それで、その奥さんを訪ねて行くと、彼女は、いろいろ背景が複雑だから、出さない方がいいと言うんだ。金奎光たちは中国共産党を脱党して上海で朝鮮民族解放同盟を組織したという前歴がある。その組織活動は反革命運動ではないにしても、いろいろと問題になる活動があるということなんだろう。まあ、それで彼女も出版しないほうがいいというんだな。彼女は張志楽が二度も日本の官憲に逮捕されながら、二度とも、比較的簡単に釈放されているのが不審の目で見られていると言うんだ。それで張志楽が釈放され北京に帰って来た時も、疑惑の目で見られ、

（1）**杜君慧**　一九〇四—八一。広州生まれ。一九二六年中山大学卒業後、日本に留学。帰国して中国共産党に加入し、上海で金奎光とともに左翼作家連盟で活動。雑誌『婦女生活』を編集しながら上海婦女界救国会組織部長、全国各界救国会理事として抗日運動に参加し、戦争中は武漢、重慶で児童保育活動に従事した。戦後は、北京の女子中学校校長を務め、中華全国民主婦女連合会（現在の中華全国婦女連合会）執行委員候補、全国政治協商会議委員にも選ばれた。金奎光との共訳で『社会科学詞典』『教育史』などを刊行した。

活動できない状態にあって河北省に行き、そこでも志を得なかったので上海に出かけて行ったと杜君慧は言うんだ。

　上海で朝鮮民族解放同盟を発足させたんだが、その中心が金奎光と朴建雄[2]と張志楽でね。金奎光と朴建雄は当時、中国共産党を脱党していて、張志楽だけ党籍がはっきりしないが党員だったんだ。脱党した人々と一緒に活動したことにも、こだわりがあったんだと思うよ」

(2)　**朴建雄**　本書四二〇頁注参照。

何のための延安行きだったのか

「上海から延安に張志楽は行くんだが、あれも正式に党から派遣されたんではないんだ。党の文献では記録がないんだよ」

という説明になる。たしかに、『アリランの歌』でも正式に党から派遣されたということではなく、「西北方面の中国ソビェト地区派遣代表として、朝鮮民族解放同盟および朝鮮人共産党員から推挙されて……」となっている。

「党から正式に派遣されたのではない」と文正一氏が語っているが、キム・サンはなぜ、党から派遣されていないのに延安に行ったのだろうか？　と思った。そのことが、その後の張志楽の死と何か関係があるのだろうか？　一瞬そんな想いが頭の中をかすめた。党の代表でないとすると、張志楽の延安行きの目的は何であったのだろうか？

『アリランの歌』の中でも張志楽が何のために延安にまで苦労して出かけて行ったのかの明確な説明はない。

ニム・ウェールズ女史はキム・サンの延安行きについては、筋の通った説明を受けなかったのではないだろうか？　『民涛』のインタビューの中では

「中国人はキム・サンを理解できませんでした。彼らにはキム・サンがなぜ延安にまで来るようなことをするのか到底考えも及ばなかったのです」

と語っているが、そのあと

「北京で中国人が彼をスパイだと非難したとき、なぜ彼は延安に行ったんでしょう。とても危険なことです」

とも言っている。スノー夫人にも「何故、危険を冒して延安へ行ったのか」は、やはり大きな疑問として残っていたのである。『アリランの歌』の記述では、張志楽は朝鮮人革命家が多く闘っていた旧満州の東北地方での闘争に参加したいと考えていたのに、東北を遠く離れた延安に何のために行ったのかがよく理解できない。

そんなことを考えていると、文正一氏が張志楽の処刑について語りはじめたので、一瞬体が緊張するのを感じた。

「延安でスノー夫人たちが去った後、当時延安の警備責任者をしていた高崗[3]が張志楽の処置を検討していて、『日帝の特務』だと推測して自分の部下に『長期的に休養させろ』と命じたんだよ。この『長期的に休養させろ』ということは、当時は銃殺を意味していた。それで『日帝の特務』として銃殺されてしまったんだ」

文正一氏の話を聞いて「あれ？」と思った。張志楽の処刑を命じたのは中国の刊行物、

(3)　高崗　一九〇五—五四。一九二六年に中国共産党に加入し、主に陝西省で活動。陝甘寧革命根拠地創設に加わり、辺区保安司令部司令員、中共中央西北局書記などを務めた。戦後は中共中央政治局委員、東北局書記、東北軍区司令員、東北人民政府主席として東北地方で解放戦争を指導。人民共和国成立後、中央人民政府副主席、国家計画委員会主任になったが、五四年に反党陰謀を計画した容疑で逮捕され、獄中で自殺した。

『朝鮮族革命烈士伝』第二集(遼寧民族出版社、一九八六年刊)では康生とされている。そのことを確かめると文正一氏は
「ああ、康生は当時、延安の防衛区の責任者だったが、彼がやったのではなく、高崗が命じたんだ」

と自説を曲げようとしなかった。これは文正一氏の思い違いではないかと思ったが、話を続けた。

「それに『アリランの歌』でのいくつかの記述の中で信用できないと思う部分があってね。韓という朝鮮人について、『私に対抗する隠れた動き』とか、張志楽に対して韓が政治的にも個人的にも『不倶戴天の仇となったつもりだった』とか書いてあるが、そんなことありえない。韓偉健は当時張志楽よりは、はるかに活動歴も長く、影響力もある古参幹部で党の有力な活動家だった。彼は、張志楽と張り合わなければならないような人ではない。それに、北京市の共産党関係の歴史の調査はかなり細かいところまで調査がいきとどいていて、関係書類が集められている。韓偉健に関する資料はあるんだが、張志楽については資料は皆無だというんだ。そんなことで、『アリランの歌』の一部は信用できないということになってね」

という。

「結局、張志楽の連れ合い、友人の反対と、記述の一部に誤りがあるということで、出版は見送りにしようという雰囲気になっている時、張志楽を研究している人が訪ねて来て、張志楽は反革命ということで処刑されているが、どうも『特務』ではないようだ。何とか名誉

回復のための手段はないのかと言う。私も張志楽が反革命的なことをしたとは思っていなかったので、わかった、党の組織部に再調査をお願いしてみようと言うことで、党の組織部に出かけて行って、張志楽が日本の特務だったという証拠はあるのか？　ということで問題にしたんだ。私の働きかけの前から、キム・サンの息子の高永光は何の証拠もないのに特務というのはおかしいと問題提起をし、父親の名誉回復のために訴訟を起こしたんだ。その訴訟で再調査がなされ、調査の過程で処刑時の書類や、関係書類が探し出され、それらによって『日帝の特務』ということが、何の根拠もないことが確実になった。一九二〇—三〇年代には証拠がなく、心証だけで処刑された人もいたんだ。高永光が訴訟を起こした当時の党の組織部長が胡耀邦[4]で、そんな人たちの名誉は回復しろと指示したので、張志楽の名誉も回復されたんだ。一九八三年のことだったと記憶しているが」

南京での張志楽

「ところで、文正一先生は、張志楽とはどこでお会いになったのですか？」

「一九三六年の南京でだよ」

「え？　一九三六年の南京ですか？」

「そう」

と明快である。私が「え？」と驚いたのは一九三六年、張志楽が南京に行ったという記述が『アリランの歌』の中にない。それで一瞬、文正一氏の記憶違いではないのかと思ったが、

（4）**胡耀邦**　一九一五—八九。一九二八年に紅軍に入り、長征後延安の抗日軍政大学で学んだ。鄧小平と関係が深く、新民主主義青年団・共産主義青年団中央書記として頭角を現わしたが、文化大革命時に失脚。復活後、社会科学院副院長、中共中央組織部長を経て、八一年に党主席(のち総書記)になったが、八七年解任。八九年四月に死去したことがきっかけで民主化を求める学生・市民の運動が起こり、天安門事件へとつながった。

文正一氏は確信を持って断言した。

そして、当時の南京の複雑な国民政府支配下の政治情勢とそこに集まっていた朝鮮人民族解放闘争活動家、コミュニスト、とその組織について説明した。

「当時の南京の状況を話すと、長くなるが、おおまかに話すと、進歩分子たち、――金九先生をも含めた民族解放主義者やコミュニストは進歩分子の金若山の組織に属していたんだ。張志楽も金若山とは知り合いだった。金若山は一九二五年の広東黄埔軍官学校入学生で四期生だったが、本名は金元鳳といった。民族主義者で、その立場からの解放運動をしており、朝鮮民族革命党を結成して、その党首だったが、南京では朝鮮人部隊を組織していた。そこにはいろんな立場の人がいたが、私もその派に入っていた。別に思想を同じくするためでなく、朝鮮解放の志が一致していたということなんだ。金九先生は、私たちのような共産主義思想を抱く者も〝進歩分子〟ということで、排撃するのでなく、受け入れてくれましたからね。

しかし、安重根――あの伊藤博文を狙撃して、命を奪った安重根の弟[5]がやはり当時、南京にいた。彼が、金九先生に『赤い奴らも部隊にいるのは許せない。彼らは追い出すべきだ』と強く進言してね。そんなことで、あとでわれわれは追い出されるようになってしまったんだ。

当時、南京は国民党の支配下にあったから、国民党指揮の朝鮮人部隊の中に紛れ込んでいなければ、私たち共産主義信奉者は生きては行けなかった。

（5）　**安重根の弟**　安恭根のこと。一八八九―？。教員をしていたが、安重根の事件で中国に亡命し、独立運動に加わった。大韓民国臨時政府などに関わり、金九と中国国民党とのパイプ役を務めた。

御承知だとは思うが、朝鮮人の部隊は当時の南京に二つあった。

一つは私たちが属していた金若山の部隊、もう一つはキム・オクパン(6)の部隊なんだ。当時南京には韓国独立党(7)、朝鮮革命党(8)、新韓独立党(9)、大韓人独立団(10)などの団体、組織があったが、いろいろと名称が変わって臨時政府の系列になっていく。いずれにしても、これは、皆、蔣介石の国民党が承認した部隊なんだ。

金九先生が国民党によって認められるようになったのは一九三二年四月に、金九先生指導下の韓人愛国団員尹奉吉が上海の虹口公園で行なわれた天皇の誕生慶祝式で、爆弾を投げ、当時の中国侵略日本軍司令官白川大将を殺害したからなんだ。あの事件で蔣介石は金九先生を高く評価し、保護するようになったんだ。

当時上海など中国の各地は日本軍の制圧下にあって、蔣介石軍は歯が立たなかった。そんな時、日本軍の最高司令官を殺害したのだから蔣介石としても溜飲が下がる思いだったんだろう。

それで金九先生に対する評価が変わり、南京に招かれたんだ。それまで国民党の支配地、特に南京の街では金九先生たちは敵視されていましたからね。それは、思想的な問題ではなく、日本との関係で騒ぎが起きれば、国民党が迷惑だというような自己本位的なもので、それが、日本軍との関係が決定的な敵対関係に変わったことで、金九先生の組織も『戦力』として評価され、優遇されるように変わったんだ。

そんなことで、南京で金九先生だけでなく、朝鮮解放運動家たちに対する評価も変わり、

(6) **キム・オクパン**　不詳。

(7) **韓国独立党**　一九二〇年代末に上海で金九、安昌浩、趙素昂らにより結成され、大韓民国臨時政府を支える中心勢力となったが、三〇年代前半に金九グループが離脱して趙素昂に率いられていた。

(8) **朝鮮革命党**　一九二九年吉林省で結成された政党。満州事変後、崔東旿、李青天、柳東説など主要メンバーが南京などに移って活動を続けた。

(9) **新韓独立党**　一九三四年南京で洪震、尹琦燮らによって組織された政党。

(10) **大韓人独立団**　米国に居住する朝鮮人によって組織されていた大韓独立団のことか(在中代表申翼熙)。以上の四団体は、金元鳳の率いる義烈団とともに一九三二年に韓国対日戦線統一同盟、次いで三五年には民族革命党を結成した。これらは、大韓民国臨時政府の金九グループを除く右派・中道左派の統一戦線組織であった。

受け入れられるようになったので、東北地方で闘っていた民族派や共産主義者たちも多く南京にやって来たんだ。

彼らは、南京にあった二つの朝鮮人部隊のどちらかに属した。その部隊に入らなければ、南京では生きられなかったからなんだよ。そのどちらかの部隊に属していても、隊員たちは誰がどこでどのような活動をしていたかということは、ほぼ、皆知っていて、誰が民族主義者で、誰が共産主義者なのかもわかっていた。しかし、そのことに触れないというような暗黙の了承があってね。

崔昌益(チエチャンイク)(11)とか許貞淑(ホジョンスク)(12)だとか韓斌(ハンビン)(13)だとかが、当時南京にやって来たのも、南京がそんな情勢下にあったからなんだ。

私は崔昌益の組織に属していた。そこで、南京では十月会という組織を作った。会員たちの多くは朝鮮で弾圧された朝鮮共産党の生き残り組で、その十月会を基礎にして、その後、朝鮮青年正義同盟という組織を作ったんだ。南京には、当時、そんな名称の組織が多くあった。それらも、同じ人間が、時期の違った時に違った名称を名乗るというようなことが多かった。

張志楽たちが上海で組織した朝鮮民族解放同盟からも、当時、南京に人が来ていて、その組織は南京に移動していたと思うよ。

朝鮮民族解放同盟の同盟員たちについては、私もよく知っているし、交際もあった。そんなことから、張志楽も南京にやって来たんじゃあないのかな」

(11)　**崔昌益**　一八九六―?。一九二〇年代前半、ソウル青年会に加入して社会主義運動を始めた。満州でも活動したが、第三次朝鮮共産党事件で逮捕され、三五年出獄後、中国に渡り金元鳳らと独立運動を展開。のち延安に移って朝鮮独立同盟副委員長となった。解放後、北に帰り、財政相・副首相など政府と労働党の要職を歴任したが、延安派の中心人物として金日成と対立し、五六年除名された。

(12)　**許貞淑**　一九〇二―　。弁護士許憲(のち南朝鮮労働党委員長)の長女。日本、中国に留学後、社会主義運動・女性運動に参加。光州学生運動を支援しようとして逮捕され、出獄後、中国に渡った。崔昌益と結婚し、朝鮮独立同盟で活動。解放後、北に帰国。北朝鮮人民委員会宣伝部長、内閣人民宣伝相、労働党中央委員、司法相、最高裁判所所長などの要職を歴任。七〇年代以降、民主女性同盟副委員長、祖国平和統一委員会副委員長などとして日本、ソ連、中国を訪問したことがある。

(13)　**韓斌**　一九〇三―?。ロシア領

「文正一先生も、南京で出会った張志楽とは交友があったのですか?」

「いや、私は当時、青二才でね、若かったから、活動の大先輩たちと対等に話せるような立場になかった。

張志楽が南京に来た時、私たちの仲間が『彼は、かつて中国共産党員だったが最近は、そうではないようだ』というような話があってね。われわれも、その辺になると確実なことがわからなかった。また、それを知るような立場にもいなかった。ただ、朝鮮人共産党員としては上海から李維民(リイミン)[14]が指導に来ていて、彼は張志楽を知っていて、一緒にいた」

「その李維民氏は現在、生存されておられるのですか」

「いや、解放後朝鮮に帰り、教育相などを歴任したんだが、その後、行方不明だよ」

「張志楽はその李維民氏とは一緒に生活していたのですか」

「そう、何かいろいろと話し合っているようだった」

文正一氏は張志楽が李維民と何を話していたのかはわからないという。

何のために南京に行き、南京では何をしたのであろう。その点について『アリランの歌』には何の記述もない。

文正一氏の話を聞きながら、張志楽の南京訪問とその後の延安への旅がどこかで結びついているのではないかという思いはあったが、それを裏づける話は文正一氏の回想の中からは出てこなかった。

沿海州生れ。レニングラード国立大学政治学科卒業後、ソ連共産主義同盟に加入。満州、朝鮮国内で社会主義運動に参加。第三次朝鮮共産党事件の時、検挙を逃れモスクワに行った。再び朝鮮にもどって共産党再建に努めたが、逮捕され服役。出獄後、崔昌益とともに中国に渡り、独立運動に加わった後、延安に移って朝鮮独立同盟副委員長を務めた。解放後、北に帰国して新民党副委員長、ソウルでも南朝鮮新民党結成に努めた。四七年再び北に行き、人民軍幹部となったが、その後消息不明。四九年に粛清されたともいわれる。

(14) **李維民**　本書四五二頁注参照。

南京時代の回想が終わった時、その時期のことを良く知っている張志楽の中国人妻、趙亜平に会って、その間の事情を聞くのが、解明の早道だと思った。それで張志楽の中国人の妻と彼の子息に会いたいので、ぜひ紹介して欲しいと文正一氏にお願いすると、

「中国人の妻はなかなか会いたがらないと思うよ。再婚していたから、その中国人の夫の問題もあるからね」

「息子さんには会えますか」

「ああ、息子の方は、父親の名誉回復のために努力したのだから、会いたいと言えば会ってくれるよ」

「それでは、ぜひ高永光氏に御紹介をお願いいたします」

「うん、いいよ。高永光には、私から話すより、もっといい男を紹介しよう。高永光に何度も会って話を聞いている李光浩(仮名)という男だ。在中朝鮮族の歴史の研究などをやっている男なんだが……。すぐに、彼の職場に私の車を回して、来るように伝えるから、三〇分ほど、待っていなさい」

と言う。そして、電話器のところに行き、どこかに電話をかけた。

「ああ、君か、今、自動車を回すから、すぐ、こちらに来なさい。少し頼みたいことがある」

とかなり一方的な電話のかけかたなので、びっくりしたが、電話の相手とはそのような関係にあるのであろう。

四〇分ほどして、小柄だが精力的な感じの李光浩氏が部屋に入って来て、

「どうしたんですか、急に呼び出したりして」

と不審そうな面持ちで文正一氏に尋ねる。

「こちらは日本から張志楽のことを調査に来た金賛汀氏だ。君に高永光と連絡を取って、案内して欲しいので来てもらったんだ」

と私の用件をかいつまんで説明し、張志楽の妻、趙亜平とのインタビューもなんとか準備できるようにして欲しいと私の取材目的を頼んでくれた。李光浩氏は

「そうですか、高永光氏とは連絡をとるようにしましょう。今、北京にいるならば、すぐに会えますから」

と簡単に引き受けてくれ、夜に私の宿泊ホテルの部屋に電話を入れると約束してくれた。

高永光氏は朝鮮語を少しでも話せるのだろうか？　一瞬、そんな疑問が脳裏をかすめたので、李光浩氏に聞いてみると、全然、話せないという。

文正一氏がそんなやりとりを聞いていて、李光浩氏に

「君、通訳と案内も引き受けてくれよ」

という。李光浩氏はその依頼も

「いいですよ。私が引き受けます」

と簡単に承諾してくれたので、正直なところホッとした気持になった。

高永光氏は「朝鮮族」を名乗っていた

その夜、ホテルの部屋に李光浩氏がわざわざ訪ねて来てくれて、高永光氏が出張で地方に出ていて、帰ってくる予定が二日後だという。どうしますかということであるが、出張から帰ってくるのを待つより仕方がない。「待ちます」と答えたものの、少々不安ではあった。中国では二日後に帰ってくると言っても、そのスケジュールどおりになることが少ないからである。

しかし、待つより仕方ない。

その時、李光浩氏が自分の取材手帳をとり出し、高永光氏の経歴を見せてくれた。

高永光　男、50、民族・朝鮮族
職場　国家計画委員会科技司　処長
一九三七年・四月二〇日生　河北省安国県東仏落村
一九四五年―四九年　晋察冀辺区
一九四九年―五七年　北京学修
一九五七年―六二年　天津南開大学
一九六二年―七八年　ハルビン工学院教師
一九七八年―　　　国家計画委員会

となっている。その経歴書を見て、自分の民族を朝鮮族としていることに、ちょっと驚いた。「母親も、養父も漢族なのに高永光氏はどうして漢族ではないんでしょうかね」と李光浩氏に聞くと「さあ……御本人に聞いてみてください」と笑う。それは、そうだと思った。

その夜、李光浩氏とは連絡を取り合う約束で別れた。

次の日も、そして職場に来ているはずのその次の日も、高永光氏は職場には出勤していず、「まだ帰っていない」という返事だと李光浩氏が連絡してくる。これは困った、と思った。予感が的中したなと苦笑いしたが、苦笑いばかりもしていられない。李光浩氏の話によれば中国では出張から帰って来て、三日ほど、出勤しない人も少なくないというのである。だから、出張を終えて帰って来ていると思うので、明日の朝、職場に連絡を入れて、まだ出勤していなければ、直接、自宅まで訪ねて行こうという。それがいいだろうと、連絡を待つことにした。


翌朝、李光浩氏から「やはり、出張からは二日前に帰っていて、今日、出勤してきたと言っていますよ。今日の勤務後、国家計画委員会の面会室で会う約束をしましたが、それでいいですか」と連絡が入る。

午後三時過ぎ、李光浩氏と、中国に旅行中の岩波書店の平田賢一氏と三人で国家計画委員会の建物に向かった。平田氏は岩波書店刊の文庫本の『アリランの歌』の編集担当者である。

私が高永光氏に会いに中国に出かけると日本で話したところ、たまたま、平田氏もその時期、中国に旅行中なので、ぜひ、会見の席に参加させて欲しいという要請があった。それで、平田氏の宿泊ホテルに約束の時間と場所を知らせておいたところ、かけつけて来たのである。

国家計画委員会の建物に入り、待合室のようなところで、李光浩氏が「ここでしばらく待っていてください。呼んで来ますから」という。

一〇坪ぐらいの小さな待合室に何人もの中国人が人を待っていた。その部屋は中国のバスや地下鉄に乗ると漂う、ニラの臭いのような空気がたちこめていた。

そこで五分ほど、待っただろうか、李光浩氏が高永光氏と一緒にやって来た。

背丈があり、きりっとした顔立ちの高永光氏が握手を求めてくる。高永光氏の顔立ちを見て、ニム・ウェールズ女史が『民涛』誌上のインタビュー(一号)でキム・サンについての印象を「彼は中国人にくらべて、とても背が高かったですよ。……スペイン人の顔をしていたのです」といった言葉を思い出していた。

待合室には他の中国人も多く、とてもそこで話をするような雰囲気ではない。李光浩氏が高永光氏と中国語で何か話し合っているが、結論が出ない。李光浩氏に

「どうしたのですか？　何か問題があるのですか」

「いや、できれば、高永光氏の自宅を一度訪ねる方が現在の生活がわかっていいと思い、あなたの自宅に行こうと申し入れているのですが、自分の家は外国の人を案内できるような状況にはないので、どこか、外で話をしたいといっているんです。それで、少しだけでもあ

なたの家を見て外に行こうと言っても、いや、外でということで押し問答ですよ、どうします」

「急に高さんの自宅に行くのも失礼でしょうから、ホテルの私の部屋に行きましょう。その方が落ち着くでしょう」

と提案し、その旨伝えてもらった。同意を得て、待たせておいたタクシーで私のホテルに向かった。

ホテルへの車中、高永光氏は今年の四月、東京・大阪・福岡を旅したという。国家計画委員会の仕事での出張で約二〇日間滞在したとのことであった。事前にわかっていれば、日本で会えたのにと残念であった。車中で平田賢一氏を岩波文庫の『アリランの歌』の編集担当者だと紹介すると、握手を求め、「お会いできて大変うれしい」という。『アリランの歌』を普及してくれたことを大変、喜んでいるとも言う。

そんな雑談を交わしながらホテルに着き、私の部屋で落ちついた後、インタビューに入った。

「まず、お聞きしたいのですが、御自分の父上のことは幼い時から知っておられましたか」

「私は一九三七年四月に河北省安国県(15)で生まれましたが、当時、父親はそこにはいず、父親の顔は知りませんでしたし、幼時は父親のことは何も知らなかったのです」

「お父上のことを知るようになったのは、いつ頃ですか」

(15) 河北省安国県　石家荘の東北八〇キロにある町。

「父親が何者であるかという詳しいことは、かなり後まで知りませんでしたが、幼い時から自分の民族が朝鮮だということは知っていました。それも、朝鮮民族という明確な概念で理解していたのでなく漠然とです。というのは、私は河北省の田舎で生活をしていて、幼い時、物心がつくようになって、村の悪童どもが、喧嘩などをすると、すぐに私のことを『高麗パンマンイ、高麗パンマンイ』(パンマンイとは朝鮮の婦人が洗濯用に使うきぬたの棒のこと、中国人は使用しなかった)と囃したてるので、他の子供と自分は違うのだと考えていたのです。ただ、その『高麗パンマンイ』という言葉の意味が理解できなかったので、何だろうと、いろいろ想像しました。高麗とは中国語では高梁と発音が同じなので、最初は、自分はその高梁と何か関係のある人間なのかなあと思っていたんですが、どうも違う。それに『パンマンイ』というのもよくわからない。それで、何かよくわからないけど、自分は他の中国の子供と違うんだということが幼時の自分の民族に対する認識なんですよ。

父親の顔を写真で知ったのも小学生の時です。

一九四五年に母親が父親の写真を見せてくれて、これがお前の父親だと教えてくれました。その写真で初めて、私は父親の顔を知ったのです」

「一九四五年というと八歳の時ですね」

「ええ、そうです」

「その時、朝鮮人の革命家だという説明を受けたのですか」

「いいえ、母親は父親だとは教えてくれましたが、朝鮮人だとは教えてくれませんでした」

「すると、父親が朝鮮人だと確実に知ったのはいつですか」

『高麗パンマンイ』なんて言われていたので中学校に入学する頃には、どうも自分は朝鮮人なのではないかなあと思っていたのですが、大学に入る時、初めて、母親がお前の父親は朝鮮人だということを教えてくれたんですが、その時もそれ以外のことは教えてくれませんでした。反革命、間諜の罪で処刑されたということになっていたので、母親は教えたくなかったのでしょう」

「学校はどこの学校に行っておられたのですか」

「小学校の四年までは河北省の生まれた土地の学校でしたが、その年、一九四七年に北京が解放された時、北京に来て、北京の小学校に入学しました」

「当時、お母さんは何をしておられたのですか」

「当時、母親は張家口市[16]女性同盟――婦女同盟の主任をしていて、北京に来てからは婦女幹部学校の副校長になっていました。一九六五年の文化大革命の直前には国家林業部の教育司の副社長として仕事をしていました。その後、心臓病で退職するまで、その職にありました。現在は心臓を患い、自宅で闘病中です」

「お母さんは解放前は河北省におられたのですが、その時は党活動をしておられたのですか」

「母親は三二年度から地下活動に参加しており、三七年、私の生まれた時は河北省中部、

高永光氏.

(16) 張家口市　北京の西北一五〇キロにある都市。

大行山脈の内陸側で活動をしていました」

「それも地下活動ですか」

「いや、その時は八路軍によって解放された解放区——抗日革命根拠地で活動をしていたんです」

「その時、お母さんは再婚されておられましたか」

「いいえ、母の再婚は一九四五年になってからです」

「そうすると、その時まで、お母さんは一人であなたを育てられたのですか」

「そうです。それはひどい苦労で、私は北京に来るまで白い米の飯なんてもの、見たこともありませんでしたから」

「そうですか。そして、北京の中学校を卒業された後、大学ですが、大学はどこでしたか」

「天津の南開大学です」

「たしか、周恩来元総理が卒業された有名な大学でしたね」

「ええ」

「先ほどからのお話だとその時、お母さんから、お父さんのことをお聞きになったのですね」

「ええ、聞いたことは聞いたのですが、前にも話しましたように朝鮮人の革命家だということだけで、それ以外のことは何も教えてもらえなかったのです」

「すると、父親の革命家としての経歴や延安での処刑について知るようになったのはいつ頃ですか」

「それは文化大革命が始まってからです。文化大革命が起こると、私の母親に問題があるということで何度も査察されるということがありました。そんなことから、なぜ、そんなに査察を受けるのかということで調べてみて、父親の経歴を知るようになったのです」

文化大革命の迫害と名誉回復

「文化大革命の時はどこにおられたのですか」

「私はハルビン工学院で教師をしていました」

「そこでは迫害を受けるということはなかったのですか」

「迫害はありました。しかし、当時ハルビンの情勢は複雑で二つの派が争っていて、一方の派は私を逮捕しろと要求していました。しかし、情勢が流動的で、時間がたち、情勢が変化したこともあって幸い逮捕されませんでした。

その時は友人も同僚も、私が『反革命分子』と繋がりがあるということで、誰も近寄る人がいず、大変孤独な日々でした。

だから、もし、何か変なことをしゃべって引っかかるようなことがあれば、父親の問題も出て来て、大変なことになるので、言動に細心の注意を払いました」

「その時、結婚されておられましたか」

「とんでもない。当時、独身でしたが、私に近寄る人もいないのです。若い女性たちも、私のような立場の人間と恋愛することはタブーで、恐れていましたから、私は結婚どころの騒ぎではありません。文革の時は恋愛もできませんので、結婚もできず、結局、結婚は文革が終わってからです。だから晩婚でした」

「逮捕はされなかったということですが、紅衛兵の査問などは受けられたので、大変だったのではないのですか」

「それは大変でした。私は何も知らなかったのに、何回も呼び出し調査を受けましたが、本当に何も知らないので、そのまま要監視ぐらいの処置で放置されていました」

「お母さんは大変だったのではないですか」

「それはもう、大変な目に遇っています。査察を受け、監禁され、そこで調べられました」

「そんな厳しい状態に置かれている時に父上のことをお知りになったとのことですが、どのように、お父上のことを教えられたのですか」

「母も、最初はくわしく話してくれなかったのですが、父の死が普通の死ではないと思っていたので、監禁を解かれて、帰って来た母に、二人だけになった時、父のことを問いました。その時、初めて、母は父の活動歴とその最期について語ってくれたのです」

「どのようにお話しになったのですか」

「母は、父について、非常に強い意志の持主で、純粋に革命への使命感を燃やしていた人であった、日帝の特務だとか、変質者（日本では〝転向者〟と言う）だとか、トロツキストではなかったといっていました。それを母は確信を持って語っていました。母は父が国民党の特務に逮捕された時、父と一緒でしたから、その時の父の毅然とした態度をよく知っており、その後の結婚生活からも、その思想信条には絶対的な信頼感を崩していませんでした」

「それはお母さんが、父上について語られたことですが、あなたが直接、調査をされたということもあるのですか」

「私も、その後ですが、調べる必要があって、何人かの昔の父親を知っている人を訪ねて行き話を聞きました。一人は石家荘時代の活動を知っている羅青氏で、もう一人は金奎光氏の奥さんだった杜君慧氏です。この方は広州時代の張志楽をよく知っている人です。

この人びとの話と、母の話を合わせてみると、父の罪名が誤りであると確信しました」

「その方々は、張志楽氏について何と語っておられたのですか」

「皆、非常に意志力の強い秀れた革命家だという評価でした」

「それであなたは父上の名誉回復のための行動を取られたのですか」

「ええ、そうです。一九七八年、党中央組織部に父親の名誉回復のための調査を要請したのです」

「その時、文正一氏も党組織部には一緒に働きかけてくれたのですか」

「それはよく知りません」

「文正一氏は自分も党組織部に働きかけたと言っておられますよ」

「そうですか？　党中央組織部は再調査をしてくれ、いろいろと書類や資料を検討した結果、結論として、張志楽を日帝の特務として処刑したのは大変な誤りであった、これは徹底的に訂正しなければならないということになったのです」

「そのような結論を党中央組織部が下すようになったのは、調査の過程で、いろいろな資料が出て来て、その資料の調査から潔白が証明されたと思うのですが、どのような資料が調査の過程で出て来たのですか」

「それについては、私はよくわかりません。党中央組織部の仕事ですから、私ごときが関与はできないし、その資料なども見せてもらえませんでした」

「何も見せてくれなかったのですか」

「ええ、個人的な問題として調査をしているのではありませんので。ただ、調査の過程での話は聞かせてもらいました。一つは解放後押収した、国民党の書類についての調査です。国民党側が父親を逮捕して、拷問にかけながら調査した書類があるそうです。

その調査報告書では、何も白状しないしぶとい奴だという書類が出て来たということと、中国政府が押収した日本の治安関係書類の中に張志楽を見つけ出し逮捕しろという指示書のようなものも発見されたということです。

その他、日本側で作成した父の調書のようなものも発見され、そこでは変質しない（転向しない）奴と書かれていたと言われています」

「父上の処刑の指示書のようなものも出てきたのですか」

「ええ、あったそうです」

「文正一氏はその指示書の署名者は高崗だと言っていましたが……」

「いいえ、それは誤りです。康生です」

やはり康生だったのかと改めて処刑命令者を確認したが、通訳をしてくれた李光浩氏が「文アバイ(おじいさんという北部朝鮮の方言)も老いて記憶力が落ちたのでしょう」と苦笑いする。それに「そうでしょうね」と同意して高永光氏に質問を続けた。

「どうして、康生が父上を逮捕し、処刑したのですか」

「当時、延安の情勢はかなり複雑でした。敵区からいろいろな人が入り込んでいましたし、その中には特務分子もいました。そんな情勢下だったので、保安担当の責任者になっていた康生が極左的な処置を取り、多くの人が処刑されたのです。父も二度逮捕され、一、二年で出獄したことが疑いの目で見られていたのです」

「康生は当時、何をしていたのですか」

「たしか、社会部の部長でした。社会部というのは、反革命分子を粛清する任務を担当していたのです。その部署の責任者ということです」

「その康生が父上を処刑するように命令した指示書は残っていたのですね」

「ええ、今もあるそうです」

「直接、その康生の署名のある書類を見られましたか」

「いいえ。自分で見てはいませんが、党組織部の調査の担当者が、そのような書類があると教えてくれたのです」

「そのような党組織部の調査の結果、父上の名誉が回復されたのですが、名誉が回復されたということで、党は、あなた方家族に何かしてくれたのですか？　例えば補償とか？」

「いいえ。何もありません。補償をしてもらうとか、そんな類いのことではないのです。これは人間の名誉に関する問題です。私たち家族は父が革命のために倒れた烈士であることが認められたことで満足なのです。父の無念もそれでいくらか晴らされることでしょう。父が日帝の特務という汚名を着せられたことで母はずっと苦労してこられました。そして、父と親交関係にあった人びとも皆、特務と関わりがあるということで調査を受けて社会的に苦しんでいましたから、父の名誉が回復されることで、父の友人だった人びとも、皆、解放されて、ほっとしていました」

「そうですか……その名誉回復までには結局、どのぐらいの歳月が必要だったのですか」

「父は一九三八年に処刑され、一九八三年に名誉回復を党で解決してくれたのです。実に四五年もかかりました」

「名誉回復以前と以後では、あなた方一家の社会的な立場に違いはありますか」

「それはあります。母は文化大革命の時もそうでしたが、何か事件が起こり、国内政治が揺れるたびに調査を受け、査察されました。

しかし、母は信念の強い人でしたので、そのたびに父の潔白を主張し、自分の信条を守り抜かれました。

しかし、そのために、要監視扱いを受けていたのも事実ですし、国家機関での地位も高くなることはありませんでした。母は古くからの党の活動家で、本来ならば、かなり高い地位の国家幹部にもなれた人ですが、父の『日帝の特務』の妻というレッテルのために、昇級できなかったのです。もう老齢で、職に就くこともありませんが、名誉の回復は、そのような社会的ないろいろな制約から解き放たれることになります」

党籍回復を目的として延安に

「そうですか……。話は変わりますが、文正一氏は南京でお父さんと会われたといっておられますが、『アリランの歌』では南京のことについては何も触れられておりません。お父さんが南京に行かれたことについて何か御承知ですか」

「父は一九三五年、石家荘で党に復党しようとしたのですが、その保障をする組織なり人が周辺にいなかったので、上海に行ったのです。そこで党員として復党しようとしたのですが、そこでも、復党がむつかしいということで、党中央を訪ねろということになって、その途中南京に寄り、さらに天津に寄って復党についての要請をしたようです。しかしその旅では、何の解決にもならないので、延安を訪ねろということで延安に行ったのです」

「その南京滞在の時、文正一氏と会われたのでしょうか」

「たぶん、会われたのでしょう。文正一氏は南京の特別訓練班というところの若い訓練生でしたから」

「そのようですね。お父上が一九三五年に南京に行かれたことは、どこで調べられたのですか」

「母から聞きました。それから、杜君慧女史と羅青氏が、その間のいきさつをいろいろと語ってくれました」

「羅青氏は現在も御存命ですか」

「ええ、八八歳の高齢ですが、まだ達者なものです。ただ老齢ですので、記憶があやふやになっているところはありますが……」

「羅青氏は張志楽氏の活動歴についてよく知っておられますか」

「一九三五年から延安に行くまでのことは知っておられます。羅青氏は石家荘時代、張志楽の指示で地下活動をしたことがあるとのことです」

「この方たちに会われて、話をよく聞かれたのですか」

「ええ、聞いたのですが、当時の地下活動は、自分の接点だけしか知りませんので、杜君慧氏も羅青氏もお互いの活動は知りません。彼らの話をつなぎ合わせて、どうにか全体像が浮かんで来るのです」

「そんな話を聞かれ、それを記録に取っておかれましたか」

「それが記録は取ってないのです。私は文筆活動が苦手なものですから」

「それでは、今、資料はどのようなものがありますか」

「遼寧民族出版社から発刊された『白衣族の影』と河北省石家荘市の党史の中で少し記述

されているのがありますが、それも複写をしていませんので、直接、保持していませんが党員としての活動としては記録されていないようです」

ここまで高永光氏が語った時、それまで疑問だった、張志楽が危険を冒してまで、そして、自分が希望していた東北地方ではなく、なぜ延安に行ったのかが理解できた。

張志楽は、自分の党員としての地位を確実にするために延安まで行ったのであろう。なるほどと思った。その目的であれば、『アリランの歌』の中で自分の延安行きの目的を明確にニム・ウェールズに語らなかったことが理解できる。

党員としての地位保全の問題は純粋に党内問題である。それは、スノー夫人のような党外の人には話せる事柄でもないし、話してはいけない問題でもあったであろう。

南京、天津訪問が党員として地位保全の問題と関連があるとするならば、そのことについても語れなかったのであろう。

その時、文正一氏が語っていた言葉を思い出した。文正一氏は「(当時南京には)朝鮮人共産党員としては上海から李維民(リイミン)が指導に来ていて、彼は張志楽を知っていて、一緒にいた」のを目撃したという。

張志楽は南京に朝鮮人共産党員の指導的立場にあった李維民を訪ね、党籍回復の問題について申し入れたのであろうが、李維民にはその権限がなかったので、党中央を訪ねる他に「復党」する道がないということで延安まで出かけて行ったのであろう。ということであれば、危険を冒しての延安行きは理解できる。党員としての地位を確保しないことには張志楽があれほど望んでいた、東北地方での革命闘争を通じての日本帝国主義の打倒と朝鮮解放闘争に参加できないからである。

高永光氏の説明を聞いて、長い間の疑問が解けた。しかし、志と違って「日帝の特務」の疑いを持たれ、処刑された張志楽の悲劇を通して、一九三〇年代、中国で朝鮮の解放を闘った朝鮮人革命家のドラマチックではあるが、何ともいえない悲惨さをかい間見る思いがした。

そんな思いで、気持が沈んだのであろう。少し会話が途切れたので、あわてて、インタビューを続けた。日本を発つ前、北京で高永光氏に会えば、昔、張志楽が生活していた場所に案内してもらおうと考えていたので、その場所を高永光氏が知っているのかどうかに興味があった。話題をそちらに転じた。

キム・サンとは誰なのかの調査

「張志楽氏が中国で生活をしておられた場所については御存知ですか」

「北京と石家荘についてはだいたい地名は判明しています。しかし、約五〇年も歳月が過ぎ、街の変化も激しく、昔、生活していたところは変貌しており、名残りになるものは何もありません」

ということで探しても意味がないという。それはそうであろう。ここ一〇年の中国の変貌は激しく、昔の面影など探し出せそうもない。

日本での発想は、しょせん、現場を知らない「発想」にしかすぎないなと苦笑いしつつ、高永光氏に、『アリランの歌』を読むに至る経過を聞いてみた。高永光氏は英語・朝鮮語・日本語は理解できないので、漢語の『アリランの歌』を読んだのであろうが、漢語で中国では『アリランの歌』は出版されていない。その間のいきさつを聞き、『アリランの歌』を読んだ感想を知りたかった。

「遼寧民族出版社から『アリランの歌』の出版の話があったのはいつ頃ですか」

「一九八一年か二年のことでしょうか? 遼寧民族出版社の金さんという四〇ぐらいの女性の編集者が私の自宅に訪ねて来て、日本語版の『アリランの歌』と香港から出版されていた漢訳の『アリランの歌』を見せてくれました。そして、出版社か歴史研究所あてのスノー夫人の手紙も持参していて、手渡してくれました。

遼寧民族出版社の金さんは延辺歴史研究所の人びとの訳した『アリランの歌』を出版したいということでしたが、彼女が私を訪ねてくる前に、延辺の歴史研究所から研究員が私を訪ねて来ました。『アリランの歌』を訳して出版したいということと、父のことについての調査でした」

「その時、延辺歴史研究所を通じて、スノー夫人と連絡がとれたのですか?」

「そうです」

「スノー夫人からはいつごろ手紙をもらったのですか」

「一九八一年のことで、父の名誉回復以前でした」

「延辺歴史研究所とスノー夫人と、あなたとの連絡はどのようにしてできたのですか」

「延辺歴史研究所で『アリランの歌』の序を訳した段階で、この書の主人公は誰なのかが問題になりました。フィクションなのかどうかということですね。それでスノー夫人に確認の手紙を出し、それが実在の人物だということがスノー夫人の手紙で判明したので、調査を始めました。そして、北京にも調査に来た研究員がいろいろな老幹部たちに話を聞いて、どうも金奎光が主人公のようだという人がいたそうです。『アリランの歌』は御承知のように張志楽が銃殺になった経過は書かれていませんので、解放後、南朝鮮に帰って活躍した金奎光だという人がいたのです。

それで金奎光氏の中国の妻が北京に住んでいるということで、訪ねて行った先が杜君慧女史でした。そこで、本の内容などを話していると杜君慧女史が、その人は金奎光でなく彼の友人だった張志楽のことだと語ったのです。杜君慧女史と母の趙亜平は知り合いでしたので、延辺歴史研究所の所員は母を訪ねて来ました。それで、母から連絡があり、私もスノー夫人が自分の父のことを書いていたのだということを初めて知りました。それで、スノー夫人に自分の父親のその後のことなどを手紙で知らせたのです。延辺歴史研究所の人びとも、スノー夫人の『アリランの歌』の存在を香港から出版された漢訳文を読むまで知らなかったということです。スノー夫人からは私が手紙を出したので返事をいただきました。その手紙は現在保管してあります」

「そうですか、香港の出版社から出た漢訳文[17]の『アリランの歌』を読まれた時、どのような感想を持たれましたか」

(17)　香港の出版社から出た漢訳文　尼姆・韋爾斯、金山著『在中国革命隊伍里』江山碧訳、南粤出版社、一九七七年。

そう聞くと高永光氏は、ちょっと、はにかんだように、そして、てれたように、声をつまらせ、何と答えたものかと言葉を探していた。そして

「初めて読んだ時、心が激動したというか感無量という思いでした。それまで父親について、母親から聞いたりしていましたが、それは部分的なことで、よくわからないところも多かったのが、全体像が理解でき、父親の全革命活動歴を知って、心が震える思いでした」

と語ったが、そう話している時の高永光氏の表情は特に変化があるということでなく、むしろ、淡々と語るという感じであった。

「英語も日本語も御存知でないということですが、『アリランの歌』の漢文訳——香港の出版社の訳ですが、それは完全な訳なのですか」

「いいえ、全訳でなく抄訳ですので、スノー夫人の書いたものを全部、読んだということにはなりません。中国では『アリランの歌』は朝鮮語訳だけしかありません。それも日本語訳の重訳です。その香港の出版社の訳本を入手した時、すぐにその出版社に手紙を出して、その訳者と連絡を取ろうとしたのですが、返事はありませんでした」

「先ほど、心が震える思いでしたという、感想を述べられておられましたが、どのような部分に、そのような思いを抱かれましたか？　最も感動した記述はどの箇所でしたでしょうか」

と聞くと、またちょっとてれたように小さく笑って

「初めて、父のことを知ったので、どの箇所ということでなく、全編についてです」

「涙が出るようなことがありましたか」

「いいえ」

という。通訳をしている李光浩氏が
「北の朝鮮人も泣くことが少ないですが、中国人はもっと少なく、感動して泣くということはまずありません」

と補充説明をしてくれた。そう言えば思いあたることがある。友人が「中国人はよほどのことがないと泣かないですよ」ということを教えてくれたことがあるが、そのあたりは在日朝鮮人や日本人がすぐに泣くのとは違うようである。

「その中国語の『アリランの歌』を読まれたのは、一九八一年ごろだったということですね」

「ええ」

「すると、父親の名誉回復のために、中国共産党組織部に再調査を要請した時は、『アリランの歌』という本があることも御存知なかったのですね」

「ええ、全然、知らないでいました」

と語り、知っていれば、もっと積極的に働きかけることができたのにと残念そうであった。

「お父さんが延安におられるとき、小説を書いておられたという話がありますが、御存知ですか」

「知っています。一九三六年から三八年の延安滞在中に『白衣族の影』という本を書いていて、未完であったと聞いています。遼寧民族出版社の本は、その表題になっています。ただ、私は朝鮮語がわかりませんので、その本が読めないのが残念です」

白衣民族の解放のためにという延安からの手紙

「お父さんの書かれたという原稿は残っていないでしょうね」

「自分は知りません」

「延安から、お父さんが、お母さんに手紙を出したりしませんでしたか」

「父から手紙は一度だけ来たそうです」

「ただの一度だけですか」

「母は一度だけだと言っています」

「いつごろのことですか」

「一九三七年の春か夏かはっきりしませんが、その頃です」

「その手紙は残っていますか」

「文化大革命の時までは残っていました。その時、母は何度も査察を受け、収監されたりしましたし、家も何度も家宅捜査を受けました。いろんなものを押収されました。それで母は恐くて、父親からの手紙を家の壁と壁のすき間の中に入れ、隠しておいたのです。文化大革命が終わった後、探したのですが、なくなっていました。

何年間もの間のことですから、どうなってしまったのか……その時、父の写真も全部押収され、二度と手元には帰って来ませんでした」

「そうですか……その手紙には何と書いてあったか御存知ですか」

「はい、読んでみましたので知っています。まず、延安の生活ですが、その中で康生の疑惑を受けて、査問などで不愉快な生活を送っているということでした。そして、私が生まれたことを手紙で知って、喜んでいる。男の子だから、大きくなったら、軍隊に入れて、軍人にしよう。そして、白衣民族の解放のために闘える男に育てようと書いてありました」

「お母さんは何度も手紙を書かれたのですか」

「数回、書いたと言っていました。そのうちの何回が父の手元に渡ったかわかりませんが、母の手紙で私が生まれたことを知ったのでしょう」

「そのような資料になる文献、文書のようなものは現存していますか」

「父のもの、そして一九三〇年代の母の父に関するものは、今は何もありません。ただ私の父の名誉回復のための要請で党の組織部が調査してくれた中で、北京市地下党の活動が記録としてあるようです」

「それはどこにあるのですか」

「私は見ていませんが、北京市党史編纂室というのがあります。中国の地方別に中国の共産党史を編纂しているところですが、その北京市の党史編纂室にあると思います。しかし私はよくわかりません。石家荘にも多分、あると思います」

「お父さんや、お母さんの御親戚について知っておられることはありますか」

「母の親戚は、母が三人姉妹の長女でしたが、下の妹はすでに死亡していますが、中の妹、私の叔母は目が見えず、耳が遠くなっていますが、河北省に生存しています」

「お父上の御親戚はどうですか」

「調べてみませんので、わかりません。今まで、そんな余裕もありませんでしたから……。母に聞いた話ですが、父の二度目の逮捕の時、北京の監獄か、留置所かに朝鮮から、父の二番目の兄さんが訪ねて来たといっていました。

母も、父の紹介で、その人、私の伯父さんですが——に会ったと言っていましたが現在はどうなったのかわかりません」

「あなたには御兄弟がおられますか」

「張志楽の息子は私一人ですが、母が再婚した後、生まれた兄弟が、妹二人、弟一人です」

「高永光さんは姓が高姓ですが、それはお母さんが再婚された中国人の夫の姓ですか」

「私が生まれた時は、母親の姓を名乗って、趙永光でした。母親が再婚した後、高姓を名乗るようになりました」

「そうですか。高さんの出身民族のところには朝鮮族と戸籍に書かれているようですが、それはどうしてですか」

「それは、父親の名誉回復がなった後の一九八五年に、国に申し入れ、民族籍を漢族から朝鮮族に改めたのです」

ここで、通訳をしてくれた李光浩氏が、中国では戸籍に必ず出身民族名が記載されるが、その民族名が両親が同族の場合は、無条件でその民族名が載る。しかし片親が違う場合、成人するまでの期間は親がどちらかの民族名を記載しておき、成人後に本人に選ばせるという。

「私は二人、息子がいますが、私が民族籍を変更するとき、息子二人も朝鮮族にしました」

「奥さんは漢族ですか」

「ええ」

「反対はなさらなかったのですか」

「いいえ、祖父が——息子たちのですね——偉大な革命家であるなら、その民族名を名乗るべきだと賛成してくれました」

「文化大革命ではあなたも、お母さんも大変な苦労をなさっておられるのですが、それについてはどのような御感想をお持ちですか」

「文化大革命は中国の革命の歴史の中で起こった一つの悲劇で、誰を恨むとか、誰に責任をとらせるとかいえる種類の事件ではありません。そういう意味では仕方のなかったことでもあると思っています。歴史の流れを理解して自分たちの置かれた境遇も考えなければならないと考えています」

「お父さんのこともですか」

「個人的には腹立たしいとは思いますが、やはり、当時の歴史的背景の認識なしには理解できないことです。……しかし、大切なことは、父親の名誉回復が四五年後になされる処置がとられたということだと考えています。

四五年前のことを調査し、その事実関係をきちんとさせる努力を国の機関ができるということは、やはり大変なことではないでしょうか」

「お母さんも同じ考えですか？　恨みの心があるのではありませんか」

「母親も同じ考え方をしています。やはり歴史の流れの認識なしには理解できないということを良く知っていますから」

そんな答えで、すんなりと「そうですか」とか「そうですよね」とはとても納得できなかった。中国共産党の説明では一九三八年当時、キム・サンだけでなく、他にも多くの無実の革命家が処刑されているが、それは多分に康生個人の性格や権力欲、一部指導者の政策的な誤りとなっている。しかし、そのような単純なものではなく、世界的な規模での社会主義革命遂行上の誤謬と密接な関連があったと思われるが、その点での理解がなされているのであろうかと高永光氏の説明を聞きながら思っていた。

康生はいうまでもなく、中国共産党政権の特務機関の創立者の一人である。康生は一九二四年に中国共産党に入党したが、そのわずか二年後の一九二四年から党の特務機関である政治保衛局の仕事に足を踏み入れている。その後、ソ連に派遣され、ソ連の秘密警察機関であるG・P・U（ゲプウ）で基礎訓練を受けた。一九二八年に初めてソ連を訪問した康生は、その後、一九三五年まで三回も訪ソしているが、そのたびにソ連の秘密警察で訓練を受けた。

　一九三五年、四度目の訪ソをなし、一九三七年までソ連に滞在していた康生は、当時、やはり訪ソ連中であった陳雲たちとともにＮＫＶＤ（内務人民委員部）――ソ連の秘密警察機関は一九一七年にチェーカ（非常委員会）が創立されたが、何度も改編され名称を改めた。一九三五年、康生の四度目の訪ソ時にはＧ・Ｐ・Ｕ（ゲプウ）がＮＫＶＤと改称していた――の訓練所で学んでいた。

　当時、ソ連は大粛清の時代であった。それは一九三四年一二月に起きたソ連中央委員会政治局員でスターリンに次ぐナンバー2の地位にあったキーロフの殺人事件から始まった。この殺人事件はキーロフに対する個人的な恨みを抱いた一青年の犯行にすぎなかったが、スターリンはこの事件をソ連共産党内部の反スターリン派の一掃と信用できないと考えていた幹部党員の追放・粛清のための「反革命分子による暗殺事件」にデッチあげ、ソ連に対する日、独のファッシズムの侵略という国際的な緊張関係を利用しつつ、ソ連共産党、政権内の全面的な粛清運動に発展させた。多くの幹部が無実の罪で処刑・流刑になった。その尖兵がＮＫＶＤであった。

　康生は、そんな時代のソ連で、粛清の遂行担当者であったＮＫＶＤで訓練を受けていたのである。

　同じ時期、一九三六年は中国では世界を驚愕させる「西安事件」が発生した。そして、国共合作がなり、ソ連滞在中の康生や陳雲たちも延安に帰ることになった。スターリンは康生たちを送り帰すためにツポレフＴＢ３爆撃機を延安まで飛ばし、高性能の無線機や対空機関砲などを中国紅軍への贈り物として、持たせた。

一九三七年一一月二九日、延安に帰った康生たちを迎えた延安では政治局の会議がただちに開催され、新しい機構と指導部が決められた。

その時、康生は政治保衛局の長として、指導部に加わった。約一年後の一九三八年一一月に康生は政治保衛局を「中央社会部」と改名した。高永光氏が康生を「社会部の部長」と表現していた「社会部」とはこの特務機関のことなのである。

康生がソ連から帰って来て、政治保衛局の長になった当時、この特務機関が遂行すべき事柄は実に多かった。そんな中でも最優先的に実施されたのが、敵からのあらゆる破壊工作と謀略から延安の政権と党要人と街を守る仕事であった。

延安が共産党の支配下に置かれるようになり、政権が誕生すると、街は急激に人口が増大し、多くの人びとが流れ込んで来た。そんな人びとの中には日本軍のスパイや、国民党の特務機関員が当然、混入していた。しかし、それに対応する組織も方法も初期の延安には確立していなかった。康生の特務機関は延安の政治的防衛の仕事に全力を挙げた。その活動の一つに敵側のスパイ摘発があった。

その時、康生はスパイ摘発方法として、ソ連のＮＫＶＤで見聞した「反党分子」の摘発・処分手法をそのまま用いたと思われる。一言で言えば、「疑わしき者は総て処分しろ」式の暗黒の裁きと処分の方法である。

キム・サンは過去二回、日本の官憲に逮捕され、比較的軽い刑で釈放された。その代償に、寝返って、日本の官憲のスパイになったのではないかと疑われ、査察を受け、そして逮捕されて処刑されたのであろう。

高永光氏の「歴史的背景の認識」という発言が、このような事実関係を踏まえての発言なのかどうかを知りたかったが、それをその席で聞ける雰囲気ではなかった。

引き続き、事実関係の質問を続けた。

「お母さんは張志楽氏と結婚されて、『日帝の特務』の妻ということでその後、大変苦労されることになるのですが、その結婚を後悔するようなことをあなたにおっしゃったことはありませんか」

「そのような考えはしたことはないと思います。なぜなら、自分の夫について、最後まで信じていましたし、そして、いつも、いい人だったと語っていたからです。

自分の夫、張志楽を非常に才能があり、情熱があり、革命的純潔性の高い人物であると信じていましたからね。そして、現在も尊敬し、崇拝していますから」

「ぜひ、お母さんともお話ししたいですね」

「母とお会いになれば、いいのですが、現在、自宅で病で伏せております。心臓が悪く、現在は心臓メーカーをいつも体に付けているので、ちょっと会見は無理ですね」

「米国からも研究者が来ていましたが、何度お会いになりました」

「南カリフォルニア大学のトッテン教授ですね。二度中国を訪問され、二度とも会いました」

「トッテン教授はお母さんとも会われて話を聞いて行かれましたか」

「いや、トッテン教授からはそのような要請を受けませんでしたので、教授は母とは会見していません」

朝鮮語で話したいという高永光氏

このような会話が二時間以上に渡って続いた。外はすっかり暗くなっていた。長い緊張したインタビューであったためか、奇妙に空腹をおぼえ、高永光氏を夕食に誘った。少し遠慮していたが、李光浩氏にも誘われたので、気が軽くなったのか、「じゃあ」ということで、ホテルの食堂で酒を飲みながら雑談を交わすことにした。

ビールが入り、中国の地酒白酒が入るうちに高永光氏の口もなめらかになったが、何度も何度も口を突いて出る言葉は「私は朝鮮族の偉大な革命家の父を持ったことを大変名誉に思っている」という言葉であった。この言葉を公然と人前で話せるようになったのは、ここ五年ほどのことである。それまで父親は常に〝負〟の存在であったし、それによって社会的な抑圧を受けたのであるから、恨みの対象にしかすぎなかったのではないかという私の想像を質問にして〝本音〟として高永光氏の心境を聞こうとしたが、

「母が父は立派な革命家だといっていたので、私もその言葉を信じていた」という公式な返事しか返ってこなかった。しかし、名誉回復時までには大変な心の葛藤があったことは、その言葉と裏腹に窺えるものがあった。

それは、文正一氏と高永光氏の『アリランの歌』出版に関する微妙なくい違いからも、想像できる。『アリランの歌』の朝鮮語訳本の出版の話があった時、文正一氏は杜君慧・趙亜平両女史の反応を「出版しないほうがいいのではないか」と反対、もしくは消極的な態度として受け取っている。そして「彼女たちが反対なら、何も出版することもない」と思ったと言うが、高永光氏は「そんなことはなかったと思いますよ」と答えている。「なぜですか」という問いには「母は父を尊敬し、純粋な革命精神を信じていましたから」という返事になる。

その間の微妙なくい違いを理解するには、「時代」と「名誉回復」の問題を抜きには考えられないと、中国の朝鮮族の歴史の研究者で通訳を務めてくれた李光浩氏は解釈してくれた。

「文正一氏が趙亜平さんを訪ねられたのは一九八三年の名誉回復以前ですね。当時、張志楽氏については日帝の〝特務〟であるという罪名だけはありましたから、張志楽の〝自伝〟のようなものが出て、そのことで、また、騒ぎになり、迷惑を被りたくないという思いは趙亜平・杜君慧両女史の思考の中にあったと思いますよ。だから、当時は反対したのでしょう。

しかし、八三年以降は、情況が違ってきます。正式に党組織部から中国共産党中央委員会の名で張志楽氏の〝特務〟の汚名が消され、名誉回復がなったのですから、どんどん、宣伝して欲しいということになります。だから、本を出版することに反対しないし、むしろ、積極的になられるでしょう。高永光さんが朝鮮族に民族籍を変えられたのも、そのような事情があってのことでしょう」

と説明してくれた。

それで、文正一氏が趙亜平女史を訪ねて行った時の趙阿平氏の説明に納得がいく。

文正一氏の出版の話に趙亜平女史は「……それは良くない、張志楽の革命経歴については良く知らない。一時期しか一緒でなかったし、それ以前のことも、それ以後のことも知らないから」と反対したということであったが、文化大革命の時の何度もの査問に対しても、そのように答えて来て、自分の「潔白」を証明してきたのであろう。出版の話があったときも名誉回復される以前のことであったから、そのように答えることで、身辺への警戒を計ったのであろうか?

文正一氏の話と、高永光氏の答えの微妙なくい違いとその解釈をあれこれと思い出していると、高永光氏が私のグラスに中国製のクセのある青島ビールをつぎながら

「あなたは私と同じ年に日本で生まれ、日本で育ったのに、朝鮮語が話せていいですね。私も朝鮮語が話せればと、つくづく思います。習う機会もなく、若い時に、習おうという意志もなかったのですが、現在、朝鮮語を話せる在中朝鮮人たちを見るとうらやましいですよ。父は中国語・英語・ドイツ語も話せたといいますが、私は語学の才能がないのか、中国語だけしか話せなくて残念です」

と言う。

高永光氏の語学力についてニム・ウェールズ女史は

「キム・サン……の息子は北京にいます。彼は上手な英語を話します……」と語っている

『民涛』二号のインタビューで）が高永光氏は英語を話せない。女史は高永光氏からの手紙が上手な英語であったので、英語を話せると誤解したのであろうが、手紙は中国文を英文に訳したもので、訳者はもちろん、他人である。

高永光氏が父親の生涯を活字で、それも朝鮮文で知りたいという思いは切実なものがあるように思えた。それは何よりも、張志楽についての記述は在中朝鮮人たちの出版物に掲載されるからであろう。中国の延辺朝鮮族自治州で発行されている朝鮮語新聞『吉林日報』の一九八五年四月二五日号から「《真の赤い不死鳥》―キム・サン」という表題で張志楽の革命的生涯が連載されている。その内容はニム・ウェールズの『アリランの歌』の抄訳で、新しい事実はないが、「赤い不死鳥と呼ばれていた」とか「キム・サン同志」というような、形容詞がついていて、中国共産党、もしくは公的機関の張志楽に対する評価が示されている。

そのような記事が新聞に掲載されていることを高永光氏は知っており、そのことを人伝に聞くと、直接自分の目で読んでみたくなるのもまた人情であろう。

そんな想いを酒を酌み交わしながら語っていると、日本の植民地支配下で故郷を離れて、異国に住まざるをえなかった同族としての同じ想いが、そこはかとなく、にじみ出て来て、琴線に触れるものがある。

酒が入り、とりとめもない雑談を交わしながら、話題に違和感がなくなり、旧友のような感情が広がる。民族とは不思議なものだと思った。

その日、遅くまで話を交わし、再会を約して別れた。ホテルの玄関を発車する自動車の中から高永光氏が手を振るのに応えながら、軽い興奮をおぼえている自分に気付いた。

処刑時のことを〝知っている〟李輝氏

高永光氏のインタビューを終えた後、在中朝鮮族の中国朝鮮族史の研究をしている何人かの人に会って、張志楽を知っている人に会おうと思った。趙亜平、文正一、杜君慧氏以外に張志楽を知っている人がいるかどうか、また、そのような人が生存しているかどうかということである。

文正一氏は「そんな人はもう、生存していないよ」という返事である。上海で朝鮮人共産主義者のリーダーとして党の指導的立場について、南京で張志楽と一緒にいたという李維民(リイミン)氏も一九四五年に朝鮮に帰り、一時教育相などを務めていたが、文正一氏は「李維民氏も金日成政権下で延安派として追放されてしまったので、今も生きているとは思えないが……」ということになる。

張志楽とかつて一緒に活動した人はいないのかと思っていたら、高永光氏の話から、石家荘市に羅青氏が生存しておられることを知った。しかし、年齢が八八歳で、病弱ということでは聴き取りも困難であろう。

その他にもいないかということで探してみたところ、在中朝鮮族の歴史を研究しておられる田洪烈氏から、

「李輝先生が張志楽を知っていると思いますよ。多分、処刑時のことも」

という返事をもらった。「え!?」と思った。そんな人物がいるのか？　高永光氏や文正一氏の話からも浮かび上ってこなかった人物である。田洪烈氏とホテルで待ち合わせ会った時、本当にそんな人物がいるのかと半信半疑「李輝という人はどういう人物ですか」と質問すると

「彼は張志楽が延安にいた時、朝鮮人共産主義者として、やはり延安にいました。かなり早い時期に延安に入りました。たしか、スノー夫人が張志楽と共同で執筆したり、話し合っている時も、その席にいたのではないかと思います。そんな話をちらと聞いたことがありますから」

という。「え?」と思った。まさか、張志楽とスノー夫人との話し合いの席にいた朝鮮人が生存しているとは思ってもいなかったからである。

田洪烈氏の話を聞いて、それが『民涛』二号のインタビューの中でニム・ウェールズ女史が「ああ、そう、もうひとり若い人にも会ったわ。私を訪ねて来た若い朝鮮人がいたって言いましたでしょ」と語っているが、その姓が李であるとしか判明していなかった若い朝鮮人なのだろうか？　と思った。

李輝氏はたぶん、ニム・ウェールズの語っていた「李という姓を持った朝鮮人少年」のことであろう。年齢を聞くと田洪烈氏は七〇歳前で六七、八ではないかという。

「まだ生存しておられるのですね」

と確認する私に田洪烈氏は

「ええ」

「お会いしたいですね」

と言う私に、田洪烈氏は

「実は、その方はある都市に住んでおられるのですが、大変複雑な政治的条件下にあるというのである。

と言って、中国南部の都市名を明らかにし、大変複雑な政治的条件下にあるというのである。

「李輝氏も解放後、朝鮮に帰られ、かなりの要職につかれていましたが、北の朝鮮から延安派が粛清された時、金日成政権に追われて、中国に亡命して来て、中国政府の保護下にあります。北側で現在も追及中の人物ですし、彼もそのことを知っていますので、自分の所在を明らかにしたくないので、今、どこにいるかを公表しません。

しかし、今、北京に来ているはずですので連絡はとってみます」

ということであった。なるほど、そのような背景があるなら、文正一氏も高永光氏も知らないはずだと合点した。

そしてそんな、田洪烈氏の話を聞いて「うーん」と溜息が出た。いろいろ複雑な背景があるのだなあと、改めて、歳月の流れと、歴史の重さを感じた。

その後、田洪烈氏からの連絡で、李輝氏が北京には滞在していないということで、延安時代の張志楽については聞くことができなかった。いずれの日にか、その機会はあるだろうと思った。

■岩波オンデマンドブックス■

『アリランの歌』覚書
―キム・サンとニム・ウェールズ

1991年5月28日 第1刷発行
1991年11月15日 第2刷発行
2014年1月10日 オンデマンド版発行

編 者 李恢成(いふぇそん) 水野直樹(みずのなおき)

発行者 岡本 厚

発行所 株式会社 岩波書店
〒101-8002 東京都千代田区一ツ橋2-5-5
電話案内 03-5210-4000
http://www.iwanami.co.jp/

印刷/製本・法令印刷

ISBN978-4-00-730088-2 Printed in Japan